臺灣歷史與文化 研究輯刊

十九編

第 8 冊

臺灣仕紳望族傳統漢文化的繼承與衝突

詹慧蓮 著

花木蘭文化事業有限公司

國家圖書館出版品預行編目資料

臺灣仕紳望族傳統漢文化的繼承與衝突／詹慧蓮 著 -- 初版
-- 新北市：花木蘭文化事業有限公司，2021〔民 110〕
目 4+282 面；19×26 公分
（臺灣歷史與文化研究輯刊十九編；第 8 冊）
ISBN 978-986-518-456-8（精裝）
1. 氏族 2. 家族史 3. 中國文化 4. 臺灣史
733.08   110000672

ISBN-978-986-518-456-8

臺灣歷史與文化研究輯刊
十九編　第八冊　　　　　　ISBN：978-986-518-456-8

臺灣仕紳望族傳統漢文化的繼承與衝突

作　　　者　詹慧蓮
總 編 輯　杜潔祥
副總編輯　楊嘉樂
編　　　輯　許郁翎、張雅淋　美術編輯　陳逸婷
出　　　版　花木蘭文化事業有限公司
發 行 人　高小娟
聯絡地址　235　新北市中和區中安街七二號十三樓
　　　　　　電話：02-2923-1455／傳真：02-2923-1452
網　　　址　http://www.huamulan.tw 信箱 service@huamulans.com
印　　　刷　普羅文化出版廣告事業
初　　　版　2021 年 3 月
全書字數　254700 字
定　　　價　十九編 23 冊（精裝）台幣 60,000 元

臺灣仕紳望族傳統漢文化的繼承與衝突

詹慧蓮　著

作者簡介

詹慧蓮，民國六十年出生，國立臺灣師範大學國文學系博士。著作有《魏晉南北朝夫婦關係之研究》（國立臺灣師範大學國文學系碩士論文，2001 年 6 月）、《臺灣仕紳望族傳統漢文化的繼承與衝突——以五大家族為中心的討論》（國立臺灣師範大學國文學系博士論文，2014 年 7 月），以及〈台灣傳統漢文學中「水沙連」的自然觀〉（《台灣人文生態研究》第十一卷第一期，2009 年 1 月）、〈《周易》〈夬〉卦〈大象〉「居德則忌」探析〉（《應華學報》第十三期）2013 年 6 月）單篇論文。

提　　要

　　臺灣的仕紳階級，從清代發展而來，經科舉、任官制度的洗禮，主要是繼承漢文化的中原傳統。臺灣的開發，以海島之地理位置，具有海商貿易的特色。在這樣的背景所發展的大家族，一方面具有儒教的傳統背景，一方面又不斷面對新的文化與思潮的衝擊。臺灣的歷史，除了原本在這塊土地生存的南島語系的原住民，這四百年來，又分為荷治時期、明鄭治期、清治時期、日治時期與中華民國時期。臺灣一方面是一個非常多元的元素組合；另一方面卻又在不同的統治與政權中，遭受壓制與迫害。本論文以五大家族作為研究對象，大家族一方面為維護家族既有的地位與利益，具有保守性；另一方面又以其擁有龐大的資源，對於新思潮吸收快於一般人民，而具有開放性。在大家族的崛起、經營與分產的過程中，儒教家族倫理是否對家族企業發展有所助益？抑或與現實社會產生矛盾？家族倫理則顯現在宅第空間的安排，傳統孝道、男女有別的觀念，是如何被實踐？又面臨什麼樣的現實衝突？在現代化中又有什麼突破與局限？在大一統的中國情節下，大家族懷抱著傳統漢文化的情感，不論是祖國派、待機派、親日派，各自又面臨了什麼困境？今日在臺灣民主社會中，傳統漢文化仍是臺灣重要的元素之一，客觀審視傳統倫理中對環境倫理與公民意識的不足，父權對於子女、婦女的壓迫，同時在民族運動中得到啟發，對金權勾結的監督與批判，以建立臺灣的主體性，使臺灣成為現代化具有理性精神公民意識的社會。

目

次

第一章　緒　論

　　現代化之前所延續的，通稱為傳統。〔註1〕臺灣傳統文化是多元的，包括有南島文化和漢文化。以南島文化而言，即使在今日已經是極少數的平埔族，至今仍保留有祖靈「阿立祖」〔註2〕崇拜與若干影響臺灣文化傳統的元素（如：拜「地基主」的祭祀文化，語素「兜」是平埔族指稱家的形象意涵等）。至於漢文化，可從仕紳階級與庶民百姓二者窺探查知。仕紳階級平日所習的是傳統儒學經典，《四書》、《五經》、史傳、詩詞，其連結的部分為漢文化的中原傳統，而納捐、科舉或軍功的行為舉措，背後的目的都是為了取得功名；至於庶民百姓，連結的則是閩南式文化信仰，表現在民間的宗教信仰中，如媽祖、關公、開漳聖王、廣澤尊王等，都有勸善、忠義、孝行的張揚，成為定安社會的輔助力量。

　　當我們現在檢視臺灣的傳統時，平埔族傳統已成微弱的存在，需要的是保留延續其文化種子；民間宗教信仰當中的理性思惟未有發展，反而其中的迷信成分，為統治者所用，孔子、媽祖幾乎成為統治者的守護神，宗教的文化與祭儀應當保存，但政治部分則當滌清；〔註3〕至於仕紳階級，擁有最大的權力與資源，主導整個國家、社會走向，承繼中原的傳統，面對時代變遷與現代化潮流，一方面維護既有的價值與權勢，而顯其保守性，一方面擁有更

〔註1〕莊萬壽，〈現代化與現代性〉，《國文天地》339 期（2013 年 8 月），頁 12。

〔註2〕文化部臺灣大百科全書，〈阿立祖〉，下載日期：2014 年 3 日 30 日，網址：
　　　http://taiwanpedia.culture.tw/web/content?ID=12009。

〔註3〕莊萬壽，〈台灣文化的困境與台灣國民意識的建構〉，收於莊萬壽，《台灣文化論》（臺北：玉山社，2003 年），頁 288～296。

多的機會接觸現代世界新思潮,理應有開創性。在日治中期,板橋林家、霧峰林家、高雄陳家、鹿港辜家、基隆顏家,以其產業經濟規模而稱之為臺灣五大家族,在漢文化的繼承與現代思潮吸收所呈現的新舊衝突具有代表性,故本文以五大家族為主,論臺灣的仕紳望族對於傳統漢文化的繼承情形,與面對日本統治、世界新思潮的衝擊與回應,以檢視傳統漢文化如何影響我們現在的社會生活,提供一個反思的契機。

第一節　研究動機

當中華民國建國百年時,國史館展出「百年風華──臺灣五大家族特展」〔註4〕,筆者一面參觀,一面不免心生矛盾。此特展是為了慶祝「中華民國」的百年,然而展出的「百年家族」卻非在中華民國下的百年、也非在中華民國的政權中所成就出來的臺灣五大家族;如何用一個慶祝中華民國建國百年的心情去參觀臺灣百年的五大家族,真是讓筆者深感不適。跳出中華民國建國百年的框架,既然名之為臺灣五大家族,研究五大家族,就等於研究泰半的臺灣歷史與文化,過去的殖民文化,現在的臺灣民主社.會,在這一塊美麗又多元的土地上,究竟是展現了什麼樣的特色,五大家族應是一個很好的介面。

1947年《論語半月刊》上,有一篇〈鬼話臺灣〉,記載一位臺籍曾任教師的鬼,對於中國來臺的教師們日常生活與教學的怨言:

> 祖國來的教師們學問如何,我不敢批評;至於日常生活,卻有些叫我們看不慣的地方。那自然也許是我們不對,但是祖國來的人又一致稱讚我們。這就使我迷惑了。我們每天除了上課,至少有八小時都在學校;祖國來的教員下了課就好像交了差,尤其是中學教員。我們有各科研究會,研究的題目也許很淺薄,可是我們在研究。祖國來的教員好像不屑於作這些事。他可以在宿舍喝酒,唱〈楊延輝坐宮院〉,可以遲到曠課,男教員可以領女學生看電影,同事之間可以因戀愛而鬧出「問題」,可以隨地吐痰、洒〔擤〕鼻涕,甚至……。我決不敢說內地來的人都是如此,也決不敢說本省人沒有一個人如

〔註 4〕國史館,「百年風華──臺灣五大家族特展」,展覽地點:國史館臺北館區四樓特展室;展覽日期:100 年 10 月 25 至 100 年 12 月 20 日。

此；但是這些現象絕對是光復以後才有的。〔註5〕

可以想見當時臺灣社會在回到「祖國」懷抱時，對於來自中國與日本統治下教師的明顯差異。這當然不是全面性的描述，但也指出了祖國與臺灣之間經過五十年的不同政治社會制度所產生的差異與不適。然而臺灣漢人畢竟佔了最大數，隨著漢人移入的漢文化仍是影響臺灣最廣泛的元素。那麼，究竟臺灣對於傳統漢文化的繼承情形為何？在新舊思潮的交會之際又有什麼樣的衝突？對於現今生活在臺灣的我們，又有什麼必須惕勵？

再以近現代東亞地區檯面上權力核心的領導人物，若細究其背景，通常也有「原來如此」之嘆！臺灣在儒教文化圈內，〔註6〕權力世襲的特色非常濃厚，尤其是在一黨獨大的威權統治，如臺灣的蔣中正、蔣經國父子，新加坡的李光耀、李顯龍父子，〔註7〕朝鮮的金日成、金正日、金正恩祖孫三代，〔註8〕都是最明顯的例子。臺灣即使在今日民主時代，領導階級都不脫廣義的世襲色彩。〔註9〕另一方面，擁有政治上的權力，也就擁有經濟上的實力，政與商，名與利，原本是兩個不同的面向，實際上是一條緊密的環鍊，像是獨門秘方，自成階級。

臺灣的「政商名流」核心統治階級，論者有「舊五大家族」、「新五大家族」和「外四大家族」之稱；〔註10〕其中舊五大家族橫跨清治、日治與中華

〔註5〕洪去火，〈鬼話臺灣〉，載《論語半月刊》130 期（上海，1947 年 6 月），頁554。感謝李筱峰教授提供〈鬼話臺灣〉之全文。

〔註6〕本文使用儒教一詞，而非「儒學」，是採用子安宣邦對於儒教的定義：「包括儒學的學術體系，並有作為『社會性教說』來發展的文化、思想體系。」參見：子安宣邦，〈從當今日本質問儒教〉，收於國立成功大學中國文學系主編，《臺灣儒學研究國際學術研討會論文集》（臺南：臺南市文化中心，1997 年），頁393。

〔註7〕關於新加坡與儒教關係，可以參見鍾志邦，〈儒家思想與新加坡治國之道〉，收於《臺灣儒學研究國際學術研討會論文集》，頁431～455。

〔註8〕朝鮮為儒教文化圈，如「守喪三年」便是其中一例，據報載：「在朝鮮，自古以來就有為去世的父母守孝3 年的傳統。1994 年7 月8 日，金日成突發心肌梗塞去世，金正日雖然成為實際上的最高領導人，但他是在經過3 年守孝期後，才正式接班。」參見：網易新聞中心，〈金正日守喪3 年才正式接班〉，下載日期：2014 年5 月13 日，網址：http://news.163.com/11/1220/05/7LMMTK270001121M.html。

〔註9〕此處主要是指沒有基層的訓練，而直接接收繼承祖父與父親的政治資源者。

〔註10〕陳柔縉提到，所謂「舊五大」，指日據時期興盛的五大豪族，從北到南分別是基隆顏家、板橋林家、霧峰林家、鹿港辜家及高雄陳家。「新五大」，指崛起於中華民國政府遷臺以後，包括連戰家族、國泰集團蔡家（分枝為霖園和富

民國時期，是吾人藉著家族認識臺灣歷史、文化，甚至是認識臺灣人性格非常好的憑藉。尤其是日治時期可說是臺灣新舊時代交替的重要關鍵，不論是「在倫理、曆法、繪畫、音樂、戲劇、服裝、飲食、士風、男女關係、衛生習慣、漢學發展、聘金禮制各個文化層面，都可以發現新舊並呈的文化現象。」〔註11〕以纏足、薙髮、吸食鴉片被總督府認定是臺灣的三大陋習，〔註12〕也是舊文化明顯的表徵。纏足影響婦女甚大，〔註13〕1900 年 3 月 20 日臺北「天然足會」成立，〔註14〕當婦女解開纏足，男主外女主內關係的開始解構，婦女從身體解放出來，而能擁有較獨立的形體自由與更多的社會參與；薙髮則是對中原清國政權的認同，斷髮運動的展開，與清國滅亡有明顯的關連，1911 年，臺北有「斷髮不改裝會」之成立。〔註15〕至於鴉片，因涉及總督府稅收等問題，所以雖是臺灣陋習之一，但卻無法斷然處理，而以漸禁、專賣、吸食牌照等方式加以管理，直至 1944 年 9 月總督府才終止製造，1945 年才廢除鴉片專賣，才完全禁絕。〔註16〕大體上來說，總督府對於臺灣的文化習俗，採取漸禁方式，以避免引發臺人的反感，增加統治的難度。大家族則常被要求作為一般民眾的樣板，必須先行改變；大家族也因受新式教育與接觸新文明的角度，對於傳統習俗文化有所反省，對於天然足、斷髮與戒鴉片，有的是配合總督府的政策，有的是基於現代性衛生的考慮，當然也受中國及世界風潮改變的影響。傳統舊文化與現代新文明的衝突，尤其表現在受傳統文化

邦兩集團）、新光集團吳家、「臺南幫」統一集團吳家，以及永豐餘集團何家。「外四大」，指涉外省籍在臺灣的四大家族，分別是蔣介石父子家族、前副總統陳誠及嚴家淦兩家、前國防部長俞大維母家的曾國藩家族。參見：陳柔縉，《總統的親戚：揭開台灣權貴家族的臍帶與裙帶關係》（臺北：時報文化，2011 年），頁 15。

〔註11〕翁聖峯，《日據時期臺灣新舊文學論爭新探》（臺北，五南，2007 年），頁 23。

〔註12〕矢內原忠雄著、林明德譯，《日本帝國主義下之台灣》（臺北：財團法人吳三連台灣史料基金會，2004 年），頁 216。

〔註13〕洪敏麟以為纏腳的社會背景有以下五個面向：一、可使女子安於家；二、利於控制妻妾；三、美的追求；四、家世財富的象徵；五、男性的怪癖。（參見：洪敏麟，〈纏腳與臺灣的天然足運動〉，《臺灣文獻》27 卷第 3 期（1776 年 9 月），頁 144～146。）而這些多與父權思維有關。

〔註14〕參見〈天然足會發會式次第〉，《臺灣日日新報》，1900 年 3 月 23 日，第 2 版。

〔註15〕參見〈斷髮不改裝會發起人會誌盛〉，《臺灣日日新報》，1911 年 1 月 24 日，第 3 版。

〔註16〕林礽乾、莊萬壽、陳憲明、張瑞津、溫振華總編輯，《台灣文化事典》（臺北：師大人文中心，2004 年），頁 1018。

影響的舊文人身上，而這股新舊文化衝突與調合，化成文字留下的記錄，便反映在新舊文學的論爭中，〔註17〕不只是形式上的文體，也包括了道德禮教的內涵。

今日臺灣社會已經是一個資本主義的民主社會，日常生活實際上接觸最多的已不再是親族舊識，人與人之間的互動也不再是儒教傳統農業社會標舉的五倫可以涵括，所以群己的倫理、人與環境的倫理等都必須建立。對臺灣社會而言，目前最缺乏的是理性精神與公民意識。今日，我們看見社會上因軍隊管教失當與立院審議服貿引發的公民運動，〔註18〕足見公民意識已在臺灣社會展現。而理性的精神，不是單純的切割傳統，而是還原傳統，告別傳統，〔註19〕走向現代理性公民社會。

第二節　研究範圍

筆者父母沒有男嗣，對於父母而言，這似乎是一種缺憾，家族中也經常聽聞重男輕女的論調，所以從小就有女子應當也可以承家的意識。而後，在人與人的應對進退之間，經常與學校中教授的現代觀念有所背違，傳統對於社會的影響還是非常的大，一套理想的現在價值觀如何能建立？於是乎筆者在碩士論文便以〈魏晉時期夫婦關係之研究〉〔註20〕為主題，希望對於「傳統」有進一步的了解。在歷史當中，人與人的關係真的就和長輩心中的傳統是一樣的嗎？然而人稱「亂世」的魏晉時期，一方面國家控制較其他「盛世」弱，一方面也融入了北方民族的文化，夫婦的關係和吾人以為的傳統是很不同。若把場景拉回臺灣的歷史，是不是也會有不同的答案？於是對於臺灣這

〔註17〕新舊文學的課題，論者頗多，其中 1954 年廖漢臣的〈新舊文學——臺灣文壇一筆流水帳〉為論者必引篇目，其他如 1998 年施懿琳的〈日治時期新舊文學論戰的再觀察——兼論其對台灣傳統詩壇的影響〉、2001 年葉連鵬的〈重讀日據時期台灣新舊文學論戰——起因、過程與結果的再思考〉等等，已累積相當成績。詳見翁聖峯《日據時期臺灣新舊文學論爭新探》，〈自序〉，頁 1。

〔註18〕「軍隊管教失當」之例，以 2013 年 7 月所發生的「洪仲丘事件」為代表；「立院審議服貿」之事，以 2014 年 3 月 18 日起至 2014 年 4 月 10 日止，為期共 24 天的「太陽花學運」為代表。

〔註19〕此處是轉用李日章，《還原儒家・告別儒家——形塑後現代臺灣心靈的第一步》（新北：康德，2008 年）書名之詞。

〔註20〕詹慧蓮，〈魏晉時期夫婦關係之研究〉（臺北：國立臺灣師範大學國文學系碩士論文，2001 年）。

塊土地，傳統的漢文化曾經是以什麼樣真實的面貌出現？就材料而言，大家族是一個很好媒介。然而一旦將場景拉到臺灣，筆者關心的不再只限於家庭，還包含了經濟與政治。臺灣史上有名的家族非常多，除了五大家族之外，臺南父子進士施瓊芳和施士洁家族，新竹的開臺進士鄭用錫家族，臺灣水田化運動的施世榜家族，臺北大商李春生家族，雲林政治文化人才輩出的廖文毅家族等等，筆者勢必難以全面掌握處理，為了討論家族企業，以經濟面標舉的五大家族，成為筆者的首選。同時，以產業為代表的五個大家族去討論傳統漢文化，是否有範疇上的誤差？筆者以為漢語家族的特色是即便是以產業發跡的家族，崛起之後，仍然極力培養子女在文教上發展，而且在家族內的倫理，會比平民時期更向傳統靠攏，所以以五大家族為本文討論中心，確有其合理性。

故本文研究範圍以五大家族：板橋林家、霧峰林家、高雄陳家、鹿港辜家、基隆顏家為中心，從其家族來臺始祖或引領家族發跡人物為始，由清治、日治到中華民國政府遷臺，時間斷限在 1950 年。

一、「傳統漢文化」與「衝突」的界說

臺灣傳統漢文化，意指漢人在臺灣所承襲的中原文化、閩南式文化以及民間傳統觀念。中原文化以儒學為其主要內涵，以家族而言，包括重視孝道、長幼之序，婦女貞節等綱常之教；以社會而言，則有士為四民之首的士大夫觀念；以國家而言，則有夷夏之辨，大一統的思想等。至於閩南式文化，除了含括儒學文化之外，主要表現在民間信仰與習俗等面向，本文特別著重在表現孝道的喪禮這個部分。至於民間傳統觀念，可由中國農業社會所發展出的價值觀作為切入點，本文以家族為範圍，故主要聚焦在「上以光宗耀祖，下求多子多孫」的家族觀點。職是之故，本文將以家族主義、家庭倫理、國族認同為寫作範圍，進行討論。

至於衝突，主要在繼承傳統之際，由於個人、社會甚至倫常之間因新思想觀念所帶來的變化所產生的衝突，此為社會轉型之際最真實的面貌。在 1920 年代新的世界思潮，包括民族主義、自由主義與男女平等等，透過留學生、文化組織等傳入臺灣。臺灣的領導階層，尤其是大家族，最早接受新思潮的衝擊，而其本身與家族也是最傳統、最保守的維護者與實踐者，新舊兩相撞擊之下，必定產生衝突。通常表現出思想與行為的衝突；對自家的道德要求

與對他人批判標準不一的衝突；在倫常之間，以孝親論，當父親妻妾成群時，就有順從父親或守護母親的衝突，在家族與國家之間，即有忠孝難兩全的衝突；另外，臺灣由於受日本異族統治，必定也衍生文化與國籍認同之間的衝突。本文以五大家族為討論範圍，在新舊與政權交迭間所產生不一致而造成的衝突，將一一進行辨析。

二、關於五大家族

五大家族人物繁多，為達提綱挈領之效，以下先進行五大家族及其人物關係概說，並以本文述及範圍為要，其世系則參照文末附錄之世系表。

（一）板橋林家

板橋林家，祖籍福建漳州龍溪，來臺之祖為林應寅，[註21]乾隆四十三年（1778）來臺，據《板橋林本源家傳》稱，林應寅「少家貧，從父（林廷竹）讀，勵志力學」，[註22]「以洪水蕩其產」[註23]，生活困難，「時臺灣新闢，邑人賈於斯者輒富。」[註24]為謀營生，來臺設館授徒於淡水之新莊。應寅次子平侯於乾隆四十七年（1782）來臺依親，乾隆五十年（1785）林應寅「以平侯與優貢生王天台之女有朱陳約」[註25]，攜平侯歸里完婚，以老之將至，不復出。林平侯婚後數月，仍往淡水，[註26]札根臺灣。平侯受僱於米商鄭谷，有經商長才，在鄭谷資助下，開始自己的事業。乾隆五十一年（1786）林爽文（1756～1788）事件，中南部遭變，米價大漲，林平侯獲利豐厚。除了米業，林平侯也經營鹽務與航運，成為擁資數十萬的大商。林平侯是板橋林家來臺的第一世，即成臺灣巨富，這在其他家族極為罕見。[註27]

平侯有五子：國棟、國仁、國華、國英、國芳，為來臺第二世，分家為飲、水、本、思、源五記。其中國華、國芳為實子，「林本源」乃本記林國華和源記林國芳的合稱。林國華生子維讓、維源，其弟國芳無子，以維源過繼

[註21] 為求行文之便，五大家族重要人物之生卒年請參見文末附錄所列；至於隨文出現的相關人物，生卒年則列於姓名之後。以下不再加註說明。
[註22] 王國璠，《板橋林本源家傳》（臺北：林本源祭祀公業，1984 年），頁 8。
[註23] 王國璠，《板橋林本源家傳》（臺北：林本源祭祀公業，1984 年），頁 10。
[註24] 王國璠，《板橋林本源家傳》（臺北：林本源祭祀公業，1984 年），頁 10。
[註25] 王國璠，《板橋林本源家傳》（臺北：林本源祭祀公業，1984 年），頁 8。
[註26] 王國璠，《板橋林本源家傳》（臺北：林本源祭祀公業，1984 年），頁 8～10。
[註27] 許雪姬，《板橋林家——林平侯父子傳》（南投：臺灣省文獻委員會，2000 年），頁 119。

其祧，林國芳歿後，其妻又收養林家賬房葉東谷（1821～1850，道光壬辰舉人）之子為次子，名維德（或得或濂），〔註28〕板橋林家三大房即維讓、維源、維德，為來臺第三世。林維讓為大房，傳爾昌、爾康，光緒十七年（1891）爾昌病逝，卒年29歲，無子；〔註29〕光緒二十年（1894）爾康去世，卒年28歲。〔註30〕爾康傳熊徵、熊祥，長子熊徵兼祧爾昌，熊祥為遺腹子，熊光為養子。林維源為二房，傳爾嘉、祖壽、松壽、柏壽。爾嘉為贈子，原名為陳石子，是林維源元配陳氏兄弟陳宗美的嫡生長子，〔註31〕「林維源有一子叫林訓壽，是大太太所生，後夭折，越數年仍無子，遂以大太太之大哥為子。此人原叫眉壽，後改為爾嘉」〔註32〕；祖壽、柏壽、松壽為實子。林維德為三房，子三人：彭壽、鶴壽、嵩壽。另熊徵有子明成，熊祥長子衡道，祖壽長子宗賢、宗毅等。

（二）霧峰林家

霧峰來臺第一世林石，祖籍福建漳州平和。乾隆十一年（1746），有諭旨准許在臺內地移民回到原籍攜取眷屬東渡團聚。林石此年18歲，毅然趁機與人結伴首次渡海來臺，旋因祖母來信歸鄉，七年後祖母去世，第二年（即乾隆十九年，1754）再行渡臺，墾居大里：

> 是時彰化開闢未久，土厚泉甘，太高祖（林石）成算在握，即卜居於揀東堡大里杙莊。莊外負深山，溪流交錯，土番據之，每出殺人。

〔註28〕關於三房林維德（得），故宮檔案（參見：黃富三，〈清季臺灣之外來衝擊與官紳關係：以板橋林家之捐獻為例〉，《臺灣文獻》第62卷第4期（2011年12月），頁135。）與〈林家改革內情〉（《漢文臺灣日日新報》，1910年5月27日，第5版）稱「維濂」，早逝。

〔註29〕王國璠，《板橋林氏家傳》（不著出版者，1975年），頁39。

〔註30〕王國璠，《板橋林氏家傳》（不著出版者，1975年），頁42。

〔註31〕陳石子（林爾嘉）為陳勝元五子陳宗美嫡生長子，6歲時才過繼給板橋林家。陳勝元因漳泉械鬥，隨軍來臺平息事端，與林國華、國芳結為好友；國華子維讓、維源游學廈門，拜陳勝元（1797～1853）的好友陳南金為師，此後，林維源經常到陳勝元家拜訪，陳勝元便將3女許配給林維源。參見：柯榮三，〈林爾嘉的一天——從《林爾嘉日記》窺其日常生活〉，《台灣研究集刊》2007年第1期，頁38。

〔註32〕陳三井、許雪姬訪問，楊明哲紀錄，《林衡道先生訪問紀錄》（臺北：中研院近史所，1992年），頁26～27。按：根據上註柯榮三之研究，陳石子（林爾嘉）為陳氏五弟之子，但林衡道則以為是陳氏（大太太）大哥之子，何者為是？待考。

太高祖不畏艱難，防禦周至，購地而耕。治溝洫、立阡陌，負耒枕
戈，課晴習雨，勤勞莫敢懈。數年家漸裕，拓地亦愈多。〔註33〕

林石以墾田起家，長子林遜「撫字佃農、招徠商旅」〔註34〕，當時，林石歲
入約有一萬石，〔註35〕長子林遜負責掌管佃農事宜，足見林石一家已經不必
自己耕種並從事商業買賣。然經同莊人林爽文一事牽連，受陷入獄，且被籍
沒家產，後雖平反，林石出獄之日即病卒旅邸，〔註36〕原本要歸還的家產，
遭官員索金萬元，終未能歸還。

　　林石長子林遜，是為霧峰林家第二世，先林石而亡。林遜的未亡人黃端，
領二子瓊瑤、甲寅別居阿罩霧，是為第三世。甲寅二歲喪父，六歲即遭林爽
文之事，雖「家破產沒」，「稍長習賈，懋遷有無。」〔註37〕在缺乏資金的情
形下，甲寅能夠有營商，還有一段傳奇，據〈家傳〉言，一晚林甲寅夢中有土
地神託夢告之：「吾嘉汝孝行而性純樸，吾座下有金十二，將以賜汝；汝其勉
力為之！」〔註38〕甲寅就利用這筆資金營商，無往不利。累積了資本之後，
便在阿罩霧向當地「土番」購地墾田，又在附近山區「伐木燒炭，又操其利」，
〔註39〕〈家傳〉稱甲寅「歲可入穀四千石」。〔註40〕

　　林甲寅有子四人：定邦、奠國、振祥為實子，四吉為養子，是為第四世。
第四世分家，按其家族居住的位置，定邦派下是為「下厝」，有子文察、文明、
文彩，文彩先行分家故不論，文察稱大房，文明稱二房；奠國派下是為「頂
厝」，有子文鳳、文典、文欽。「文」字輩是為第五世。定邦與奠國以甲寅的財

〔註33〕臺灣銀行經濟研究室，《臺灣霧峰林氏族譜》（臺北：臺灣銀行經濟研究室，
　　　　臺灣文獻叢刊第298種，1971年），〈太高祖石公家傳〉，頁101。
〔註34〕臺灣銀行經濟研究室，《臺灣霧峰林氏族譜》（臺北：臺灣銀行經濟研究室，
　　　　臺灣文獻叢刊第298種，1971年），〈太高祖石公家傳〉，頁104。
〔註35〕臺灣銀行經濟研究室，《臺灣霧峰林氏族譜》（臺北：臺灣銀行經濟研究室，
　　　　臺灣文獻叢刊第298種，1971年），〈太高祖石公家傳〉，頁102。
〔註36〕林石出獄當日即病逝旅舍一事，按鄭喜夫考證，〈家傳〉所述似有隱諱，出獄
　　　　當天病逝，如非病重特准釋放就醫之情形，即可能係就處決。（參見鄭喜夫，
　　　　《臺灣先賢先烈專輯（第四輯）林朝棟傳》（臺中，臺灣省文獻委員會，1979
　　　　年），頁4。）麥斯基爾則推論林石或許用賄賂離困境。參見：麥斯基爾著、
　　　　王淑琤譯，《霧峰林家──臺灣拓荒之家》（臺北：文鏡，1986年），頁75。
〔註37〕臺灣銀行經濟研究室，《臺灣霧峰林氏族譜》，〈曾高祖甲寅公家傳〉，頁105。
〔註38〕臺灣銀行經濟研究室，《臺灣霧峰林氏族譜》，〈曾高祖甲寅公家傳〉，頁105。
〔註39〕臺灣銀行經濟研究室，《臺灣霧峰林氏族譜》，〈曾高祖甲寅公家傳〉，頁105。
〔註40〕臺灣銀行經濟研究室，《臺灣霧峰林氏族譜》，〈曾高祖甲寅公家傳〉，頁106。

富，擁有私人武力與地方聲望，成為地方上的土豪。定邦受推舉為連莊總理，在與草湖莊土豪林和尚（？～1851）衝突中亡故，[註41]其長子文察繼承其武力部隊，為父親復仇後，[註42]自行投案。咸豐四年（1854）閩南小刀會竄擾臺灣沿海，文察戴罪立功；其後西渡入閩、浙平定太平軍；同治二年（1863）奉命回臺，督同文明、文鳳等，攻斬戴潮春（？～1864）黨羽林日成（？～1865）；翌年太平軍入閩，文察被迫再次西渡，奠國率臺勇從之，文察戰亡於漳州，奠國因缺遣散臺勇費，羈留在福州，卒於旅邸。在臺的霧峰林家以武力接管了戴潮春黨羽的田產，包括四塊厝莊人林日成與同夥草屯洪家等及其部下的土地及灌溉水源。[註43]林家田產迅速擴張，卻也招致了林家族敵的反擊，同治四年（1865）出現首樁控林案，五年又一樁，六年後，控林案大量出現，計有二十件之多，[註44]文明赴彰化縣公堂受審時，突然遭以謀反的罪名「就地正法」。奠國長子文鳳勸阻以武力復仇，選擇以司法的手段伸冤，由武鬥改為文鬥，以文明之母林戴氏出面，四次京控，從同治十年（1871）年開始到光緒八年（1882）結案，歷時長達十二年。[註45]據麥斯基爾（J. M. Meskill）統計，花費可能達五十萬兩，黃富三稱之為「霧峰林家的中挫」，下厝為此產傾債積，家道中落。經過此一事件，林家學會調整官紳關係，文鳳

[註41] 關於總理一職，清廷對臺灣的統治方法，只有徵收租稅及鎮壓暴動，其他則全部交由本地人自治，自治人員如總理、莊正、董事、老大（即莊者）等，其職位主要是由大墾戶（大租戶）、業主（小租戶）、殷戶、（資產家）及耆老（德高望重者）等經廳、縣認可者擔任。其職責由維持莊堡、街莊的治安到戶籍、稅務、公共事務等，工作範圍相當廣範。（參見涂照彥，《日本帝國主義下的台灣》（臺北：人間出版社，1994年），頁369。）至於《臺灣霧峰林氏族譜》及其他書中所稱林定邦身分為連莊總理，而稱林和尚為魚肉鄉民的土豪惡霸，黃富三據〈軍機檔〉與〈奏銷案件〉等林和尚反而才是總理，而林定邦為連莊總理完全是錯誤。（參見黃富三，《霧峰林家的興起（1729～1864）》（臺北：自立晚報，1887年），頁123～124。）而林定邦與林和尚衝突的原因一說為水源及其他事務，一說定邦引誘和尚的妾。（參見麥斯基爾著，王淑琤譯：《霧峰林家──臺灣拓荒之家》，頁106。）

[註42] 霧峰林家多人死於非命，《禮記》：「父之讎，弗與共戴天。」為父復仇，也是傳統漢文化的一部分。參見漢·鄭玄注、唐·孔穎達疏，《禮記注疏（十三經注疏本）》（臺北：藝文印書館，2001年），卷一，〈曲禮上〉，頁56。

[註43] 麥斯基爾著、王淑琤譯，《霧峰林家──臺灣拓荒之家》，頁148～149。

[註44] 黃富三，《霧峰林家的中挫（1861～1885）》（臺北：自立晚報，1992年），頁119～120。

[註45] 黃富三，《霧峰林家的中挫（1861～1885）》（臺北：自立晚報，1992年），頁227。

「在與衙門的接觸的過程中意識到了儒生的重要性，乃讓兩個弟弟接受傳統教育，他是林家繼承林甲寅之後第一個鼓勵士紳化的人物。」〔註46〕

　　光緒十年（1884）中法戰爭擴及臺灣，霧峰林家藉此效忠清廷，奪回基隆，建立軍功，重建官紳關係。光緒十一年（1885）臺灣建省，巡撫劉銘傳（1836～1896）積極推動「開山撫番」政策。林文察長子林朝棟為中路撫墾局局長，負責中部撫墾工作，劉銘傳「乃給予『林合』墾契，許其在中部沿山之野及近海浮復地招佃力耕，並許其全臺樟腦以獲利。」〔註47〕林合墾契由林朝棟和林文欽共同持有，據麥斯基爾推算，1890 年代早期樟腦的利潤，朝棟與文欽各有一萬五千兩，〔註48〕可謂為林家帶來巨大的收入。1895 年臺灣割讓議成，林朝棟攜眷西渡後，晚年曾在漳州辦樟腦局，也曾兼辦石油。明治三十二年（1899）日人將實施樟腦專賣制度前，林文欽「以樟腦事物務赴香港，並醫痔疾。十月二十一日寅時，卒於旅寓。」〔註49〕

　　霧峰林家「朝」字輩為來臺第六世，下厝大房文察有子朝棟、朝雍、朝宗，二房文明有子朝昌、朝選（紹堂）、朝成、朝斌、朝鑑、朝崧（俊堂、癡仙）；頂厝「朝」字輩多以字行，文鳳有子朝璇（紀堂），文典有子朝璣（烈堂）、朝洲（澄堂），文欽有子朝琛（獻堂）、朝華（階堂）。〔註50〕下厝大房、二房計有九人，頂厝有五人。至下厝「資」字輩，是為來臺第七世，大房朝棟有子資鍠、資銓（仲衡）、資鏗（季商）、資鏘、資鑛（瑞騰），朝雍子資樹（根生），朝宗子資彬；二房朝昌子資興、元標，朝選子資修（幼春、南強）、海棠（少波）、資炯、資瑞，朝成子資基，朝斌子資堃（少梅），朝鑑子資僅，朝崧子陳琅。而頂厝來臺七世中，紀堂有子四人：魁梧、津梁、松齡、和鶴年；烈堂有子五人：垂拱、垂珠、垂芳、垂立、垂凱；獻堂有子攀龍、猶龍、雲龍；

〔註46〕李惠萍，〈清代後期臺灣霧峰林家與官府關係研究〉，廈門大學碩士學位論文（2006 年 5 月），頁 58。
〔註47〕臺灣銀行經濟研究室，《臺灣霧峰林氏族譜》，〈先考蔭堂公家傳〉，頁 119～120。
〔註48〕麥斯基爾著、王淑琤譯，《霧峰林家——臺灣拓荒之家》，頁 279。
〔註49〕臺灣銀行經濟研究室，《臺灣霧峰林氏族譜》，〈先考文欽公家傳〉，頁 114。
〔註50〕「癡仙」為朝崧廣為人知之「號」，在相關文獻中，多稱朝崧為「癡仙」，本名較少提及。以下人名，如在本名後加上括號者，多為行於社交場合中之字、號或別稱，並未限定為該人名之「號」，為求行文方便，僅以括號註記。如林朝琛，字獻堂，號灌園，多數資料並未稱其為「林朝琛」，而以「林獻堂」稱之，後文則使用常見之名稱。以下准此，不再另行加註。

澄堂有子垂明、垂訓；階堂有子陸龍、夔龍。來臺七世，為數眾多，再加上霧峰林家的女兒，〔註51〕是一個非常龐大的家族。

（三）高雄陳家

陳家祖籍為福建泉州同安，開臺始祖陳元約在1780年代移渡來台，定居在打狗灣內苓雅寮，第二世陳來，第三世陳金花，陳金花長子陳中和。在陳中和之前，陳家完全是一個尋常人家，〔註52〕捕漁為業。〔註53〕陳中和十六歲入陳福謙「順和棧」任職習商。1860年代之後，臺灣開港通商，「陳福謙擔任買辦，主控打狗的糖業貿易」，〔註54〕而陳中和的經營長才受到陳福謙賞識，生前曾留下「中和必須重用」的遺訓，當陳福謙逝世後，陳中和卻與順和棧第二世東家漸生芥蒂，於1887年離開順和棧，另外創立「和興行」，明治三年（1870）以來，橫濱就有順和棧的存在，將臺糖直銷日本，而「陳中和經營的和興，主要是向日本輸出。」〔註55〕陳中和以順和棧累積的經驗，從事國際糖業貿易，其後建立起高雄首屆一指的世族大家。

陳中和有子十人：啟貞、啟瀛、啟南、啟峰、啟滄、啟川、啟琛、啟清、啟安、啟輝。其中啟瀛、啟滄二人早逝；啟貞為元配吳榮困養子，啟峰、啟清、啟安、啟輝為繼室孫款所出，另啟南亦列入孫款戶下；〔註56〕妾劉玉名下有啟川、啟琛兄弟。

（四）鹿港辜家

辜顯榮祖籍在福建泉州惠安，從宋朝至明朝，泉州的繁榮逐漸凋疲，辜顯榮的第十三代祖先仁蒗，遂於康熙初年，遷移到鹿港。〔註57〕辜顯榮父親辜琴，在辜顯榮二歲時已病逝，並無資料可進一步推求。追本溯源，有兩種

〔註51〕詳見文末附錄之「霧峰林家婚姻表」及「霧峰林家教育仕宦表」。

〔註52〕戴寶村，《陳中和家族史——從糖業貿易到政經世界》（臺北：玉山社，2008年），頁84～85。

〔註53〕陳啟川先生文教基金會，〈創辦人——陳啟川先生傳略〉，下載日期：2014年4月15日，網址：http://www.frank-chen.org.tw/jiashi.asp。

〔註54〕戴寶村，《陳中和家族史——從糖業貿易到政經世界》（臺北：玉山社，2008年），頁87。

〔註55〕矢內原忠雄著、林明德譯，《日本帝國主義下之台灣》，頁276。

〔註56〕趙祐志，〈日治時期高雄陳家的資本網絡分析：以企業經營與投資為中心〉，《臺灣文獻》第62卷第4期（2011年12月），頁427。

〔註57〕辜顯榮翁傳記編纂會原著、楊永良譯，《辜顯榮傳》（臺北：財團法人吳三連台灣史料基金會，2007年），頁49。

說法：其一為《辜顯榮傳》所言，書中提到辜顯榮為明末辜朝薦之旁系：

> 辜朝薦，字在公，廣東揭揚人。明崇禎元年（1628），進士及第。初於江南安慶歷官，後晉京師，大受重用。當北京破亡，朝薦南歸金門，延平王尊為上客。後入台灣，逝於島中。〔註58〕

另一說法為《勁寒梅香──辜振甫人生紀實》一書之推論，辜家來臺第一世為辜安平，其父辜禮歡定居馬來半島，「辜安平從小送回國內讀書，參加科考中了進士，曾在林則徐手下做官，後來調職台灣，從此定居台灣。他應是辜顯榮祖父。」〔註59〕

辜顯榮有子八人：孝德、皆的、斌甫、岳甫、振甫、偉甫、京生、寬敏。其中孝德為辜顯榮兄辜忠之子，因辜忠早逝而繼養；正室陳笑未生男，領養皆的；二房翁富，無出，領養斌甫；三房張悅，生岳甫；四房施過，生振甫；五房黃寶；六房為日籍岩瀨芳子，生偉甫、京生、寬敏三子。岳甫有子濂松。

（五）基隆顏家

顏家祖先居福建泉州安溪，其祖顏浩妥於乾隆四十年代為造臺中大肚溪石磐（蛇籠），東渡來臺，「乾隆六十年大荒，致損資本棄工事而歸，尋卒於安溪烏塗鄉黃柏堡。」〔註60〕嘉慶初年，顏浩妥三子玉蘭、四子玉賜二次渡臺，為顏家渡臺始祖，居梧棲一帶，以捕漁為生；分類械鬥起，嘉慶十四年（1809）顏玉蘭昆仲避而北上，定居碇內。道光五年（1825），十五歲的渡臺二世顏斗猛「從事採煤於焿仔寮之跌死猴地」，〔註61〕家道改善，買入八堵基隆河畔之荒地闢為良田。道光二十八年（1848）後又購入鰶魚坑基隆河畔溪洲地，疏導墾之。〔註62〕顏家經工、漁之後兼農而礦。斗猛有子三人：正選、尋芳、正春，是為顏家來臺第三世，長子正選為異姓養子，次子尋芳，過繼與歿於原鄉之長兄斗文為後，由三男正春持家。尋芳曾從師讀書識字，兼習農事，「亦與族黨並從礦」，〔註63〕尋芳有子三人：東年、燦慶（雲年）、

〔註58〕辜顯榮翁傳記編纂會原著、楊永良譯，《辜顯榮傳》（臺北：財團法人吳三連台灣史料基金會，2007年），頁50。

〔註59〕黃天才、黃肇珩，《勁寒梅香：辜振甫人生紀實》（臺北：聯經，2005年），頁60。

〔註60〕唐羽，《基隆顏家發展史》（南投：國史館臺灣文獻館，2003年），頁74。

〔註61〕唐羽，《臺陽公司八十年志》（臺北：臺陽，1999年），頁13。

〔註62〕唐羽，《基隆顏家發展史》（南投：國史館臺灣文獻館，2003年），頁74。

〔註63〕唐羽，《臺陽公司八十年志》（臺北：臺陽，1999年），頁14。

瀛州（國年），是為來臺第四世。至光緒十六年（1890），基隆河發現砂金，顏正春採金致富，嗣任七庄總理，按慣例，可御七品官服，組鄉團練。乙未變革，結怨者以此指控顏正春參與抗日臺獨之行動，經侄顏雲年以「秉筆代舌」方式，與日警交涉，說明「保家護族原委」而「詞甚痛切」，願代家人領罪，折服諸警，並受邀為日軍之通譯。〔註64〕雲年有子四人：元配柯砧生欽賢，妾藍哖生德潤、德修；妾穆氏生德馨；國年有子十人：嫡出滄海、滄波、滄濤、滄浪、滄溟、滄江，庶出朝邦、朝元、朝熙、朝勳；以上十四人為顏家來臺第五世。

三、五大家族如何排序

　　以五大家族而言，林文龍在《百年風華：臺灣五大家族特展圖錄——鹿港辜家》言：「臺灣五大家族的形成，並無確切的時間點，大約日治中期已經約定俗成。」〔註65〕司馬嘯青著《臺灣五大家族》一書，將基隆顏家安排成五大家族之首，踵接其後者為霧峰林家、高雄陳家、板橋林家、鹿港辜家。〔註66〕據唐羽在《基隆顏家發展史》一書中提及，屏東藍家的藍敏對於顏家列為五大家族第一，以為「非但未妥當，能入五大家族與否，仍待商榷。」〔註67〕唐羽也述及司馬嘯青為顏家丁顏梅的學生，因此對於五大家族位次的安排，「似乎僅就人際之較近，選擇以開端，並非在寫歷史而試行定位。」〔註68〕司馬嘯青一書出後，五大家族似乎也就成為大家習以為常的一個專有名詞，然而「臺灣五大家族」的標準為何？其順序又當如何排列？

　　陳鴻圖以為，世家大族要能夠形成，必須本身要有豐厚的條件和外在社會網絡的整合兩方面兼具才可。家族本身的條件包括：一是要有相當數目的財產；二是要有祭祀公業；三是要有出色的領導人；外在社會網絡則包括共同的信仰圈、防禦圈、和市場圈的融入，並與勢力家族結合。〔註69〕以家族本身的條件而言，「世家大族」之所以為大，並非族眾的數量之大，而是家族

〔註64〕唐羽，《基隆顏家發展史》（南投：國史館臺灣文獻館，2003年），頁129。
〔註65〕林文龍編著，《百年風華：臺灣五大家族特展圖錄——鹿港辜家》（南投：國史館臺灣文館，2011年），頁23。
〔註66〕司馬嘯青，《臺灣五大家族》（臺北：自立晚報，1987年）。
〔註67〕唐羽，《基隆顏家發展史》，頁3注7。
〔註68〕唐羽，《基隆顏家發展史》，頁3注7。
〔註69〕黃紹恆、陳鴻圖、林蘭芳編著，《台灣社會經濟史》（新北：國立空中大學，2012年），頁111。

產業之大；祭祀公業則點出了家族世代的累積，有能力累積的，唯有優秀的領導者。以外在社會網絡而言，「信仰圈、防禦圈」出現在較早期的臺灣移民社會，一旦進入仕紳階級，即有士大夫情節，雖然支持儒學與傳統民間信仰不遺餘力，卻鮮少領導組織信眾，成為國家武力的一環，故本文暫且不論信仰圈與防禦圈二者。至於市場圈的融入與勢力家族的結合，可以從各家族的資金網絡、婚姻締結、文化與社會事業的聯結，探究世家大族何以成其大。基於陳鴻圖之見與筆者所見資料來看，臺灣之所以出現這五大家族及其標準的界定，或可由「資產」與「出色的領導人」這二個部分簡單析論其緣由。

以「資產」而言，臺灣發展的歷史軌跡，早期以墾租為家業大宗，臺灣開港後，買辦取代了大租戶的地位；日本治臺後，株式會社的投資成為估算資產的標準。板橋林家與霧峰林家為墾租時期的大租戶，收租穀在一萬石以上者為全臺之豪強，是清治中後期的大家族；〔註70〕1860年代之後，臺灣開港通商，外商來臺買賣需要中間商人，稱為「買辦」，臺灣經濟版圖移轉，買辦逐漸取代了大租戶的地位，成為臺灣經濟的新貴，李春生（1838～1924）與陳福謙（1834～1882）並稱南北兩大買辦。陳中和在陳福謙過世後自立門戶，從事國際糖業貿易；日治時期，經營的糖、鹽等產業資產已經有五百萬，〔註71〕可說是介於舊勢力家族與新興勢力家族之間。至於新興勢力家族的崛起，與日本統治有關，包括有鹿港辜家專賣事業以及基隆顏家礦產事業，〔註72〕而辜顯榮在專賣的基礎上，於1918年買下爪哇糖，一舉獲利千萬巨利；〔註73〕顏氏家族在1940年代已有十家直系會社，繳交資本已達690萬，由此來看，日治中期以此五家為五大家族，確有其資產上之根據。〔註74〕

以「出色的領導人」而言，板橋林家自來臺第一世林平侯始，經林國華、林國芳、林維讓、林維源，在擴展家族產業都有莫大的貢獻；霧峰林家來臺

〔註70〕當時，劉永福「又強迫富人另行捐獻，當時臺灣富人並不稀少，有1000～4000萬銀圓者共4人」，可惜的是文中並未指出是4人。參見臺灣銀行經濟研究室編，《臺灣經濟史六集》（臺北：臺灣銀行經濟研究室，臺灣研究叢刊第54種，1957年），頁70。

〔註71〕〈陳中和家紛糾經過・原因婦人維屬之階・依一高雄人知者詳談〉，《臺灣日日新報》，1929年2月7日，第4版。

〔註72〕涂照彥，《日本帝國主義下的台灣》，頁393。

〔註73〕辜顯榮翁傳記編纂會原著、楊永良譯，《辜顯榮傳》，頁631。

〔註74〕至於日本時代其他家族是否尚有資本額超過500萬圓，本文不做全面檢視，只以五大家族的資產代表。

第一世林石，已是地方上的領袖，第三世林甲寅經商致富，第四世林定邦、林奠國分家後，定邦一系，屢有軍功，主要是大房林文察派下，林朝棟、林季商乃至林正亨，都在武力上有所展現；而奠國一系，自林文鳳、林文欽、林獻堂，都是出色的族長。以高雄陳家而言，陳中和發跡壯大，陳啟貞、陳啟琛、陳啟清、陳啟川等諸子皆有所表現；辜顯榮、辜振甫、辜濂松相傳；顏家則有顏雲年、顏國年和顏欽賢領導。一個能力夠強，輩分夠高的家族領導人承襲，更是一個世家大族的形成關鍵。

那麼，五大家族的順序該當如何？是依照財富的多寡？政治上的影響力？還是地域上的由北至南排序？本文在論述五大家族時，將以發跡時間的先後為主，依序為板橋林家、霧峰林家、高雄陳家、鹿港辜家、基隆顏家。

第三節　文獻探討

目前探討五大家族的論述頗多，或從原始材料切入報導，或從相關著作加以分析。以下就原始文獻、研究專書、單篇論文等三方面擇要略述；又，為求行文簡潔，相關出版項請參見文末之參考文獻。

一、原始文獻

首先是原始文獻部分，與五大家族有關的第一手資料，包括：族譜、相關人物口述歷史、日記等。族譜部分，霧峰林家有林獻堂主編的《臺灣霧峰林氏族譜》、基隆顏家有顏欽賢編輯的《顏氏族譜》。口述歷史訪談記錄部分，板橋林家有〈林熊祥先生訪問記錄〉、《林衡道先生訪問紀錄》、《林衡道先生訪談錄》，霧峰林家有《霧峰林家相關人物訪談紀錄（下厝系）》、《霧峰林家相關人物訪談紀錄（頂厝系）》，基隆顏家有《魏火曜先生訪問紀錄》、《陳逸松回憶錄》。日記部分，已出版者有林獻堂《灌園先生日記》，由中央研究院臺史所、近史所於 2000 年開始出版，至今已出版至第二十七冊，日記內容從 1927 年開始，止於 1955 年，中缺 1928、1936 年，前後長達 27 年；此日記除了紙本書籍印行於世，並有收於「臺灣日記知識庫」的全文電子資料庫可供查考，十分方便；〔註75〕未出版者如林紀堂、林癡仙、陳岺、楊水心的日記。

〔註75〕中央研究院臺灣史研究所，〈臺灣日記知識庫〉，下載日期：2014 年 3 月 30 日，網址：http://taco.ith.sinica.edu.tw/tdk/%E9%A6%96%E9%A0%81。

〔註76〕至於張麗俊雖非五大家族人物，然當時與霧峰林家關係密切，因此其《水竹居主人日記》內容頗多資料可供參考，此日記亦收錄於「臺灣日記知識庫」網站中。另外，辜岳甫的妻子辜顏碧霞自傳式的小說《流》，其中也有頗多關於家族內互動與觀念的呈現；雖然此書為小說體，但裡頭所描述的人物、事件與辜顯榮家族有高度的對應，故筆者亦將此書列為討論鹿港辜家的材料。

　　至於《台灣文獻匯刊》中收錄《林爾嘉日記》共有 5 冊，分別是 1919、1926、1927、1928、1931 這五年的日記內容，然而實際翻閱，敘述非常簡略，「實質意義上可能偏向于『行事曆』、『備忘錄』或『記事本』而已，亦即對林爾嘉來說，他並不認為有詳錄的必要，也無意抒發太多私密心聲于其中。」〔註77〕然對於林爾嘉在廈門與其本家陳家的關係，提供了資訊。

　　至於日治時期《臺灣日日新報》、《漢文臺灣日日新報》、《臺灣時報》與民族色彩的《臺灣民報》系列等，對於大家族重要人事動態、觀點意見的報導，都是取材重要的憑藉。

二、研究專書

　　論者對五大家族各個面向的研究頗為豐富，與家族史、家傳、個人傳記、回想錄等，相關的有：王國璠《板橋林氏家傳》及《板橋林本源家傳》；麥斯基爾著、王淑琤譯《霧峰林家——臺灣拓荒之家》；黃富三《霧峰林家的興起（1729～1864）》、《霧峰林家的中挫（1861～1885）》、《林獻堂傳》；陳漢光、王詩琅撰，黃富三、陳俐甫編《霧峰林家之調查與研究》；許雪姬《林正亨的生與死》；戴寶村《陳中和家族史——從糖業貿易到政經世界》；辜顯榮翁傳記編纂會原著、楊永良譯《辜顯榮傳》，黃天才、黃肇珩《勁寒梅香：辜振甫人生紀實》；唐羽《基隆顏家發展史》；司馬嘯青《臺灣五大家族》，以及戴月芳《台灣大家族》等。

　　與歷史文化背景研究有關者，在清治時期部分，如朱仕玠《小琉球漫誌》、江日昇《臺灣外記》、余文儀《續修臺灣府志》、周元文《重修臺灣府志》、周鍾瑄《諸羅縣志》等書，皆可從臺灣銀行經濟研究室所出的《臺灣文獻叢刊》

〔註76〕許雪姬，〈介於傳統與現代之間的女性日記——由陳岑、楊水心日記談起〉，《近代中國婦女史研究》第 16 期（2008 年 12 月），頁 227～250。
〔註77〕柯榮三，〈林爾嘉的一天——從《林爾嘉日記》窺其日常生活〉，頁 43。

系列查得，這套叢刊也收錄在中央研究院的「漢籍電子文獻」資料庫中。日治時期，如《台灣總督府警察沿革誌》、吳文星《日治時期臺灣的社會領導階層》、葉榮鐘《臺灣民族運動史》、矢內原忠雄《日本帝國主義下之臺灣》、涂照彥《日本帝國主義下的臺灣》等，以上專書道出日治時期的臺灣歷史、文化、政治、經濟等諸多面貌。

與人物群像的相關記錄有關者，如鷹取田一郎《臺灣列紳傳》、葉榮鐘《台灣人物群像》，以及林衡道口述、洪錦福整理《臺灣一百位名人傳》等，可從個別人物言行的記錄描述，窺探當時社會活動面貌。

至於五大家族所遺留下來的相關文物，也為論者所關注。如許雪姬、徐裕健、夏鑄九等《板橋林本源園林研究與修復》，國史館所出的《百年風華：臺灣五大家族特展圖錄》，以及林芳媖出版《霧峰林家花園、萊園、五桂樓：台灣歷史建築瑰寶再創新生命》等。

另外還有陳柔縉在 1994 年出版《總統是我家的親戚》與據此刪補 1999 年出版的《總統的親戚》，藉由錯綜複雜的人際網絡，爬梳出背後隱藏的微妙關係，可以從中看出五大家族以裙帶網絡建立起相互聯結的政商關係，其亦有可觀之處。

三、單篇論文

單篇論文部分，許雪姬研究成果頗為豐富：對於板橋林家的研究，有〈日治時期的板橋林家——一個家族與政治的關係〉、〈臺灣總督府的「協力者」林熊徵——日據時期板橋林家研究之二〉、〈林熊祥先生事蹟考——日治時期板橋林家研究之三〉等文；對於霧峰林家的研究，有〈皇民奉公會的研究——以林獻堂的參與為例〉、〈反抗與屈從——林獻堂府評議員任命與辭任〉等文；其他如〈日治時期台灣人的中國大陸經驗〉，對於臺灣籍民有更深入的探索。

另外，黃富三曾寫了〈清季臺灣之外來衝擊與官紳關係，以板橋林家之捐獻為例〉、〈試論臺灣兩大家族的性格與族運——板橋教家與霧峰林家〉，可以看到世族大家在時代的轉輪中如何立於不敗之地。陳慈玉主要研究基隆顏家，包括其產業與婚姻，如：〈日本殖民時代的基隆顏家與臺灣鑛業〉、〈婚姻與家族勢力，日治時期台灣顏家的婚姻策略〉等。李毓嵐亦有〈《林紀堂日記》與《林癡仙日記》的史料價值〉、〈日治時期臺灣傳統文人的女性觀〉、〈林獻堂生活中的女性〉等文章，藉由世家大族的日記等材料進行分析，探索分析

大家族的不同面向。

　　而對臺灣歷史政治社會觀察的有莊萬壽〈現代化與現代性〉、〈台灣精神史緒論〉等文，對於臺灣傳統予以分析與批判，並從臺灣發展的歷史脈絡中，探尋建立臺灣主體性的可能。

　　以上文獻探討，無論是原始文獻、研究專書，還是單篇論文，提供了筆者橫向與縱向的觀念建立與基礎材料的整理分析，其中或有說明未全之處，將在本文其他章節加以申論並予以闡發。

四、取材與研究的限制

　　透過上述說明，可以看到論者對於五大家族材料與研究上的不均衡。從時間的縱向角度來看，板橋林家與霧峰林家在清治時期已經成為臺灣大家族的代表，板橋林家是臺灣第一富豪之家，霧峰林家是第一世家；而高雄陳家、鹿港辜家與基隆顏家則到日治時期才擠入世家的行列，在臺發跡歷史短，原始材料相對較少，相關的研究材料自然不如板橋林家與霧峰林家。如以板橋林家與霧峰林家比較，霧峰林家材料又相對較多，研究也比較豐富，究其原因，首先是霧峰林家在臺的族人眾多，且地位崇高，如以臺灣人所擁有的清朝官品而論，林文察所任的福建陸路提督兼水師提督只在福建提督王得祿（1770～1842）之下，其所留下的文物，如宮保第，是傳統官家建築，雖在1999年9月21日集集大地震之後倒塌，但今已修復，仍是一個可以了解傳統漢文化的重要憑藉；此外，林獻堂所留下的二十七冊日記內容，更是家族史中難得可見的豐富材料；至於其他族人的詩作、日記等也都提供了資訊以供解讀，故霧峰林家在取材上勢必成為最多的代表。而板橋林家材料相對來說較霧峰林家少，據林衡道云：

> 一是光緒二十一年日軍侵台時舉族內渡，曾攜走部分資料，留台之資料後來散佚。攜到廈門的資料由林維源放在舊府保管，維源死後，由其子爾嘉保管。爾嘉次子剛義在日本神戶高工求學時，曾在舊府建一玻璃之化學實驗室，後因為化學實驗出差錯，爆炸引起火災，遂將舊府及資料一併燒燬。二是林本源後人因恐引起財產糾紛，不輕易將資料示人。〔註78〕

根據上述所言，除了因內渡時將部分資料攜走之外，在臺資料的散佚，廈門

〔註78〕陳三井、許雪姬訪問，楊明哲紀錄，《林衡道先生訪問紀錄》，頁8。

林家意外事故的發生，以及後人不輕易將資料示人等因素，種種資料的不易取得，也是板橋林家研究資料少於霧峰林家的原因。

第四節　研究步驟

　　大家族的發展興衰與臺灣的歷史關係密切，在解讀家族的活動與參與事件時，必須對其相應的臺灣歷史背景有一定程度的了解。本論文著手之際，即從目前出版、研究資料最多的霧峰林家入手，以林獻堂展開筆者的閱讀思考之旅。首先展讀林獻堂日記，對於林獻堂日記中所記載的家族史資料，尤其是日治時期頂厝相關的資料相對較為完整，同時林獻堂往來人物非常眾多，參與的事件層面非常廣泛，藉此對日治後期有一概略了解。然而因為日記受限於 1927 年後，故以《臺灣日日新報》為文本，還有各家族譜、家傳、家族發展史、相關資料庫等，逐一將刊載各家族資料予以閱讀、歸納，包括家族的成員、產業、教育、仕宦、婚姻、禮俗等所反映的家族倫理。

　　在解讀日治時期大家族各種面向的過程中，當然必須上求其源，尤其是霧峰林家與板橋林家在清治時已成臺灣兩大家族，這兩個家族的興盛與清朝的統治政策有極大關連，甚至影響各家族族運的起落，研究清朝的教育、科考制度，漢人在臺的開發與械鬥事件，官紳之間的關係，都關係著對各大家族的認識。

　　當研究大家族的產業時，大家族資產的累積究竟與儒教是否有關連？當討論大家族的繼承制度時，也就必須了解臺灣當時法令和社會上對於繼承制度的規定與爭論；當焦點放在大家族中的家庭倫理時，也就必須了解傳統漢文化在家族中父親對兒子的掌控、婦女禁限等現象，而導致家族婦女封閉與家族子弟紛爭不斷；當懷抱中國情結與在臺灣立足所產生的矛盾與衝突時，各大家族在國籍認同與對日本總督府的不平等統治態度上的差異，又是一個值得探究的面向。

　　然而研究各家族發展與特性最終的目的，並不只是研究傳統漢文化在家族發展的情形與影響，而應更進一步理解，在面對日本統治與世界的民主運動、自由主義思潮，繼承傳統漢文化的大家族是以怎樣的態度，發生了怎樣的衝突，而當有怎樣的調整或堅持時，最後會得到怎樣的結果。尤其在今日，學術的研究要有現代化的精神，現代化，必定是本土化，臺灣在歷史上的命

運，曾經歷不同的政權，從西荷到明鄭，從清治到日治，而至中華民國；也曾經歷不同的制度，有經濟殖民，有封建專制，有日本殖民與強人政治，以至今日的民主政治。然而時至今日，臺灣社會，仍處處可見兄弟為爭產而鬩牆，政治上仍有未經歷練即空降的黨政權位世襲痕跡，在國際立足上，仍有親中之爭。這些問題，只要是臺灣仍擁抱傳統漢文化，仍未建立自己的主體性，便會繼續在這個漩渦打轉。於是一方面解讀各大家族發展軌跡，一方面也檢視其面臨的衝突，更要思考轉變的可能。經過這一個歷程，來趟閱讀之旅就不再是說過去的故事，而富有現代的意義。

於是本文在這樣的閱讀與思考下，首先考察了臺灣仕紳望族儒教的社會基礎；其次探討各大家族的崛起、發展及其分產繼承中的儒教與現實之衝突；再往家族倫理細究，從空間到孝道文化與婦女地位等議題；再者，以普遍存在臺灣漢人心中的中國情結，論國籍與文化認同之差異所造成的矛盾與衝突；最後回到現今臺灣社會，儒教價值觀仍有其餘力，其中仍有待突破與轉化。

第二章　臺灣仕紳望族儒教的社會基礎

　　臺灣原本為南島語系部落社會，漢人、日本人、荷蘭人，以及西班牙人等陸續來臺，殖民臺灣。西班牙人與荷蘭人對歸順的原住民傳教與經濟殖民，時間較為短暫，雖未建立政權，仍對原住民的文化與社會產生影響；地理位置的影響，一水之隔的漢人，移入最多，來臺統治時間最長，歷經明鄭、清朝與中華民國三個政權，以閩粵為主的漢人成為臺灣島上絕大多數；日治時期，以資本主義將臺灣帶進現代化，對臺的建設影響最大。其中荷、西為歐洲基督教文明，時代較久遠，統治時間較短；中、日則同為儒教東亞文明，成為形塑今日臺灣文化面貌最重要的元素。

　　外來的殖民文化對原住民的影響與改變最大。謝世忠《認同的污名》一書中，曾對原住民在臺的地位進行分析：1620 年以前殖民勢力未入臺，原住民是臺灣島上的唯一主人；荷蘭人、西班牙人以優勢的物質力量及宗教宣揚的狂熱來影響原住民，此時歸化的平埔族失去優勢地位，原住民已是主人之一，但仍保有大部份的主人地位；鄭氏統治至清朝後期，平原丘陵和少數山地的原住民失去優勢地位，原住民是為半個主人；清朝後期至日治霧社事件之前，清光緒元年（1875）確立開山撫番方針，臺灣山地全面解禁，此時原住民時而與強力的外來勢力對抗，保有自我肯定的信心和意識，直至日治時期霧社事件後已無力抗衡，此時原住民少部份是主人；1930 年霧社事件血腥結束，代表外來勢力完全勝利，原住民完全失去主人的地位。〔註1〕

〔註 1〕謝世忠，《認同的污名──臺灣原住民的族群變遷》（臺北：自立晚報社，1987年），頁 19。

　　以漢人而言，17 世紀開始，閩粵漢人大量移入新闢之地，殖民臺灣，歷經數代繁衍，已然完成土著化。在多次的政權移轉替換中，土著化的漢人依舊無法成為臺灣的主人。明鄭把臺灣視為逐鹿中原的養息所，清朝長時間以邊陲視之，日本人以不同的民族入主臺灣，中華民國遷臺又視臺灣為暫時棲息所，每個殖民政權刻劃出臺灣的殖民文化。

第一節　原住民與殖民文化

一、荷治時期平埔族與漢文化關係

　　荷治時期，為管理平埔族，進行教化工作，留下了平埔族的文字，推遲延後了漢字在平埔族的進展；另一方面在推行業務時，扶植了平埔族男性長老，在政治層面上男性地位擡頭，對漢人父系社會進入平埔族有一定的助力。

（一）平埔族文字

　　17 世紀初期至中葉（1624～1662），荷蘭人據臺灣南部共 38 年，西班牙據臺灣北部，為推行政策之必要，扶植相翼之勢力，均採以宗教作為教化方針。1627 年，荷蘭東印度公司（Vereenigde Oost-Indische Compagnie，簡稱 VOC）特別指派宣教師（其初任者為 Georgius Candidius）在「普羅民遮（Provintia）城，即以今之臺南為中心並附近南北各平埔番社，逐漸著手布教，同時將學堂附屬於教會，於此教育番人子弟，總計收容數百學生，其中有靈以能用羅馬拼字書寫番語者」；〔註2〕並進行《新約聖經》及教條等番語翻譯，在學堂教授荷語一科目。至於西班牙人，則在臺灣北部傳教、設學校、譯聖經，以及撰輯附有文法之番語集，但因在臺時間僅 16 年（1626～1642），成效較不顯著。〔註3〕

　　用羅馬拼字書寫平埔族語，所書寫的文字是為「紅毛字」，又稱「紅夷字」或「紅彝字」。荷蘭人去臺後仍繼續使用傳授。會使用紅毛字者稱之為

〔註2〕伊能嘉矩，《臺灣文化志（下卷）》（臺中：臺灣省文獻委員會，1985 年），頁283。

〔註3〕伊能嘉矩，《臺灣文化志（下卷）》（臺中：臺灣省文獻委員會，1985 年），頁283。

「教冊」或「教冊番」，相當於平埔族語將讀書人稱之為「Sumaketsia Vero」，即「學字者」之義，《諸羅縣志》云：「敘麻格者謎路，士人也。」〔註4〕乃其正確的漢字音譯。明鄭時期，視教冊為知識階級，高拱乾《臺灣府志》載：「偽鄭不分男婦，概徵丁米：識番字者，呼為教冊番，每丁歲徵一石；壯番，一石七斗；少壯番，一石三斗；番婦，亦每口一石。」〔註5〕明鄭對「教冊番」所徵丁米，較之「壯番」、「少壯番」為少，這是對能夠書寫文字階層的一種禮遇；〔註6〕而《諸羅縣志》稱之為「士人」，可見漢人的士大夫觀念隱然其中。紅毛字的特色是：「橫書為行，自左而右；字與古蝸篆相彷彿……紅毛字不用筆，削鵝毛管為鴨嘴，銳其末，搗之如毫，注墨瀋於筒，湛而書之紅毛紙。」〔註7〕直到19世紀初期嘉慶年間，在平埔族土地贌契中，仍然有使用羅馬字拼寫平埔族語，或以漢文為契約字附上番語之對譯，即俗稱「番仔契」的「新港文書」。另外，平埔族也使用羅馬拼字為工具，筆記漢人所教授之漳、泉系統的閩南語之讀音，如「10ni　3goij　105sit」即「10年3月15日」之漳州語之標音；「Hibi」是「蝦米」漳州語之標音等。〔註8〕

（二）村落頭人制

傳教之外，荷蘭東印度公司為了管理上的需求，對歸順的平埔族實行「村落頭人」制度，也對平埔族的社會產生影響。以西拉雅為例，一般而言西拉雅的女性地位比起男性要來得優越，可以從婚後隨妻的居住型態、家系由女兒繼承，以及對孩童性別偏好女童等等可窺見一二。西拉雅人為了緩和家族中男性在兄弟、丈夫、父親與舅父等角色，對家族權力爭取或實踐上所帶來的衝突，村落內部有以男性年齡級層的社會組織機制，其中存在著一種叫Takasach 的政治組織，成員係來自全村四十至四十二歲年齡的男性，即男性年齡級層的長者所擔任，Takasach 或譯為村落議會，不具備決策權，而是負

〔註4〕清・周鍾瑄，《諸羅縣志》（臺北：臺灣銀行經濟研究室，臺灣文獻叢刊第141種，1962年），卷八，〈風俗志〉，頁176。

〔註5〕清・高拱乾，《臺灣府志》（臺北：臺灣銀行經濟研究室，臺灣文獻叢刊第65種，1960年），卷五，〈賦役志〉，頁161。

〔註6〕伊能嘉矩，《臺灣文化志（下卷）》（臺中：臺灣省文獻委員會，1985年），頁286～289。

〔註7〕清・周鍾瑄，《諸羅縣志》，卷八，〈風俗志〉，頁163～164。

〔註8〕伊能嘉矩，《臺灣文化志（下卷）》（臺中：臺灣省文獻委員會，1985年），頁288～293。

責執行全體村民共同參與的村會中所決議之事，〔註9〕以及確定村民遵循女祭師（尪姨）透過祭祀、與靈界溝通後所得的指令。

村落議會經荷蘭東印度公司加以巧妙應用，成為殖民地政治中屬意「被創造、扶植的首長」，將西拉雅社會中男性年齡級內最具權威、但任期只有二年 Takasach 長老，轉換成東印度公司在村中的代表，並負責仲裁糾紛，且視其工作適任程度而可無限延長任期的村落頭人制度。其影響之一，兩性在村落層級社會權利地位起落，尪姨被東印度公司排除，而公司在村落層級政治事務上對村落頭人的依賴，呈現村落社會權利的提升男性與抑制女性。〔註10〕村落頭人制對母系社會平埔族中的男女地位，產生了位移變化，對於日後儒教父權主義植入平埔族社會，有輔翼之效。

二、清治時期平埔族儒化

平埔族儒化研究以莊萬壽〈台灣平埔族儒化〉一文最具有開創性與代表性，文中指出「儒化從社學開始……受過儒化教育的兒童，不斷的成長，進入村社，改變平埔族社會的文化價值，而且與漢人通婚，也越來越多母系家庭可以得到漢人男子勞動力的支持。亦易使家庭組織走向閩客化。」〔註11〕以下從教育與習俗上，探討南島語族在官方利誘下儒化的情形，使臺灣由南島語族文化為主，漸次成為漢人文化。

（一）平埔族受儒學教育與利祿的誘導

歷代興學的目的在於實踐尊君親上之儒學大義；清政權進入臺灣，將歸化的平埔族逐步納入儒學教育體系。儒化的過程，清政府最重要的政策即是

〔註9〕荷蘭傳教士干治士（Gerorge Candidius，1597～1647）在1627年5月4日到了臺灣，跟台南的西拉雅族相處十六個月之後，於1628年12月27日寫成了一篇記錄，葉春榮根據相關文獻加以註解，其中有一段關於村落議會的紀錄：「這些村莊沒有共同的頭目來統治他們，每個村莊都是獨立的。任何村落裡都沒有頭目統治，他們可能有個名義上的「議會」，包括十二個聲名良好的長老（councilors），他們每兩年一任，屆滿選出他人代替。長老的年紀約四十歲，而且所有的長老都同年」參見：干治士著、葉春榮譯註，〈荷據初期的西拉雅平埔族〉，《臺灣風物》44卷3期（1994年9月），頁217。

〔註10〕康培德，〈荷蘭時代村落頭人制的設立與西拉雅社會權力結構的轉變〉，收於國立臺灣師範大學歷史學系、臺灣省文獻委員會合編，《回顧老臺灣展望新故鄉——臺灣社會文化變遷學術研討會論文集》（臺北：國立臺灣師範大學歷史學系，2000年），頁4、12、21。

〔註11〕莊萬壽，《台灣文化論——主體性之建構》（臺北：玉山社，2003年），頁221。

透過科舉制度的誘導，以儒學教育為內容，引導原住民歸化成為順民，以盡納稅服徭役的義務。〔註12〕在學學子則必須在外表的服裝、髮型上符合清人的習慣與規範，參與官方的考試則必須符合官方格式，改漢姓是基本的條件。另外，平埔族長時間與閩粵人接觸，其婚喪禮俗、語言、倫理價值觀等都受到漢人儒教的影響。

1.「土番社學」

清治時期，官方為歸化的平埔族設置啟蒙學校，方志稱之為「土番社學」。為平埔族而設社學，最早設立於康熙二十五年（1686），由諸羅縣縣令樊維屏在西拉雅人的新港社、目加溜灣社、蕭壠社、麻豆社所設置的四所社學。〔註13〕其設置的緣起為「蓋仿楚、粵、滇、黔等省邊隅州縣設學延師教訓苗、蠻、猺、黎子弟之制，就歸化番社，設立社學，擇熟番子弟之秀穎者入學讀書，訓以官音。」〔註14〕其教學教材與漢人無異，同為四書五經，以「君臣父子之大義」作為講授主旨。〔註15〕

2. 份生

進入社學最終目的在於取得更高的社會地位，官方便用「份生」制度獎勵學習表現優秀的學員：

> 肄業番童，拱立背誦，句讀鏗鏘，頓革咮離舊習。陳觀察大輦有司教之責，語以有能讀四子書、習一經者，復其身，給樂舞衣巾，以風厲之。癸卯夏，高太守鐸申送各社讀書番童，余勞以酒食，各給四書一冊、時憲書一帙。不惟令奉正朔，亦使知有寒暑春秋；番不記年，或可漸易也。〔註16〕

〔註12〕伊能嘉矩研究，熟番之要件，須符合下列各項一以上為準：其一、須遵服教化，其二、須服事徭役；其三、輸納番課。參見：伊能嘉矩，《臺灣文化志（下卷）》，頁219～220。

〔註13〕清・高拱乾，《臺灣府志》，卷二，〈規制志・社學〉，頁33。

〔註14〕清・丁紹儀，《東瀛識略》（臺北：臺灣銀行經濟研究室，臺灣文獻叢刊第 2種，1957年），卷三，〈學校・習尚〉，頁29～30。

〔註15〕如康熙五十二年（1713）北路營參將阮蔡文躇察北路番界之際：「召社學番童與之語，能背誦《四書》者輒旌以銀、布；為之講解君臣父子之大義，反覆不倦，諸番皆感悅。」參見：清・周鍾瑄，《諸羅縣志》，卷七，〈兵防志〉，頁134。

〔註16〕清・黃叔璥，《臺海使槎錄》（臺北：臺灣銀行經濟研究室，臺灣文獻叢刊第4種，1957年），卷八，〈番俗雜記〉，頁171。

康熙六十一年（1722）陳大輦（？～1724）任福建分巡臺灣廈門道兼「臺灣學政」官職，在巡視各社社學，對「能讀四子書、習一經者」，即予以獎勵，方式是復其身與給樂舞衣巾。「復其身」制度，始於西漢「為博士官置弟子五十人，復其身。」﹝註17﹞即是免除徭役，使在學學生成為特權身分；「給樂舞衣巾」即是擁有「佾生」的身分，﹝註18﹞佾生即佾舞生，又稱「樂舞生」，清廷及文廟舉行祭祀活動時充任樂舞的童生，文執羽箭，武執干戚，合樂作舞。雍正元年（1723）臺灣府知府高鐸除了贈社學學童四書外，又贈一套清曆「時憲書」，時憲書即時憲曆，﹝註19﹞讓不知清廷曆法的平埔族，漸漸成為清廷王化內的一員。到了雍正末年，在平埔社中正式文書由紅毛字改用漢字，尹士俍《臺灣志略》云：

> 從前各社中有習紅毛字者，以鵝毛管蘸墨，橫書自左而右，謂之「教
> 冊」；社中出入簿籍，皆經其手。今則簿籍皆用漢字。﹝註20﹞

平埔族放棄了荷蘭人用羽管筆由左而右橫書形式的以拉丁語拼寫之平埔族語，改為由右而左直書形式的漢字，尤其在官府文書的往來上，「是時漢文教育之勢力，已有顯著勝過荷人舊化之影響。」﹝註21﹞

乾隆二十八年（1763）任臺灣鳳山縣學教諭朱仕玠（1712～？）撰寫的《小琉球漫誌》，描述當時「番社考試」的情形：

> 凡歲科試，番童亦與試。自縣、府及道試，止令錄《聖諭廣訓》二
> 條，擇其嫻儀則、字畫端楷者，充樂舞生。間有能為帖括者，通計
> 四縣番童，不過十餘人。道試止取一名，給與頂帶，與五學新進童
> 生一體籤掛。初，熟番有名無姓，既準與試，以無姓不可列榜，某
> 巡臺掌學政，就番字加水三點為潘字，命姓潘。故諸番多潘姓，後
> 別自認姓，有趙、李諸姓。﹝註22﹞

﹝註17﹞ 漢·班固撰、唐·顏師古注、楊家駱主編，《新校本漢書集注并附編二種》（臺北：鼎文書區，1986年），〈列傳〉卷八十八，〈儒林傳〉第五十八，頁3594。

﹝註18﹞ 巡道陳大輦選其秀者為佾生。連橫，《臺灣通史》（臺北：臺灣銀行經濟研究室，臺灣文獻叢刊第128種，1962年），卷十五，〈撫墾志〉，頁422。

﹝註19﹞ 清代因避高宗弘曆諱，改稱「時憲書」。

﹝註20﹞ 清·劉良璧，《重修福建臺灣府志》（臺北：臺灣銀行經濟研究室，臺灣文獻叢刊第74種，1961年），卷六，〈風俗〉，頁106。

﹝註21﹞ 伊能嘉矩，《臺灣文化志（下卷）》，頁296。

﹝註22﹞ 清·朱仕玠，《小琉球漫誌》（臺北：臺灣銀行經濟研究室，臺灣文獻叢刊第3種，1957年），卷八，〈海東賸語（下）〉，頁80。

乾隆中期每年仲春之際，訓導巡視所屬的平埔族社，查考學童學習的情形。
在考核選拔上，有縣、府、道三級考試，學生只須默寫《聖諭廣訓》十六則中
的二則，其中結構優美，筆畫端正的，就得以充任樂舞生（佾生）。《聖諭廣
訓》的內文分為康熙〈聖諭十六條〉與雍正〈廣訓〉兩個架構。康熙九年
（1670）頒布聖諭十六條，通行全國，使庶民日常誦記。士子考試，並須默
寫。繼而雍正帝於雍正二年（1724）逐條細加申解，定名為《聖諭廣訓》，嗣
即推廣全國，成為民間銷行最廣之書。下至知書之士，上自地方高官，均須
親身倡率宣講。〔註23〕陳大輦原定「能讀四子書、習一經者」給予「佾生」
獎勵，而實際考核實行，卻不得不降低要求。真正能作科舉應試的文章帖括
之番童，四縣中總計只有十餘人，道試只取一名，中試者即為生員（秀才），
與其他由五經考試的生員，同樣授與代表等級的冠飾頂戴，一起參加中式者
所舉行簪花掛彩的儀式。而平埔族學童為了參加官方的考試，必須有符合漢
人習慣的姓氏，方可名列榜上。學童就由學政命姓，當時命姓為潘，而後有
自己認姓趙、李諸姓。平埔族學童在科試的規範下，必須改漢姓，後來自己
認姓，意謂著平埔族學童在利祿的鼓勵下，主動認同王化之下的漢人文化。

3. 另榜鄉試

同治九年（1870），依臺灣道黎兆棠（1827～1894）之議，在「佾生」之

〔註23〕王爾敏，〈清廷《聖諭廣訓》之頒行及民間之宣講拾遺〉，《中央研究院近代史
研究所集刊》第 22 期（1993 年 6 月），頁 255～276；廖振旺，〈「萬歲爺意思
說」——試論十九世紀來華新教傳教士對《聖諭廣訓》的出版與認識〉，《漢
學研究》第 26 卷第 3 期（2008 年 9 月），頁 225～262。至於內容，根據胡建
偉《澎湖紀略》的記錄：「康熙九年頒上諭十六條：第一條，敦孝第，以重人
倫。第二條，篤宗族，以昭雍睦。第三條和鄉黨，以息爭訟。第四條，重農
桑，以足衣食。第五條，尚節儉，以惜財用。第六條，隆學校，以端士習。
第七條，黜異端，以崇正學。第八條，講法律，以儆愚頑。第九條，明禮讓，
以厚風俗。第十條，務本業，以定民志。第十一條，訓子弟，以禁非為。第
十二條，息誣告，以全良善。第十三條，誡匿逃，以免株連。第十四條，完
錢糧，以省催科。第十五條，聯保甲，以弭盜賊。第十六條解讎忿，以重身
命。雍正元年，欽定聖諭廣訓十六章，頒發直省，恪奉遵行。澎湖每月朔望
會同協營各官，在媽祖宮公所恭設香案，請上諭牌位，行三號九叩禮畢，分
班東西階坐；講生登講席，宣講二章。先用官音宣講一遍，次用土音細為詳
講，俾環聽民人，咸盡通曉。又平時令各澳社師，將廣訓十六章教令蒙童自
幼熟讀，俾令家諭而戶曉焉。」參見：清·胡建偉，《澎湖紀略》（臺北：臺
灣銀行經濟研究室，臺灣文獻叢刊第 109 種，1961 年），卷之三，〈官師紀〉，
頁 56～57。

上，以另編字號方式，給予平埔族取得正式功名的機會：

> 臺灣道黎兆棠札廳議核，以臺地熟番中有堪造就者，若照舊章僅取
> 佾生，阻其進取，無以群與觀感；自先於郡城設學舍，取屯千把及
> 各頭人子弟，次及番民子弟，擇秀穎者入學讀書，宣講《聖諭廣訓》，
> 授以朱子《小學》，熟後再令習《經》，札各廳亦仿照舉行。一、二
> 年後，果能漸通文理，當援照黔省苗學例，另編字號考試，請設學
> 額，一體鄉試。其塾師如教導有方，亦照烏蒙設學例，六年准予充
> 貢，俾歸化者親遜成風云云。旋議，示諭熟番子弟，准其自同治九
> 年始，一體投考明志書院，另列一榜，優給膏伙，以廣招徠；會同
> 鹿港理番同知孫壽銘詳覆在案。惜番童頗少，不果行。〔註24〕

黎兆棠建議淡水廳在城外設二私塾，其特點有三：一、漢番共學，熟番子弟
不需再額外行特殊教育，學習的內容、次第與漢人無異，先宣傳講述《聖諭
廣訓》，接著教授朱子啟蒙書《小學》，熟習之後再令學童學習儒《經》；二、
提升「番童」更大的入學誘因，除了原有的「佾生」獎勵之外，學習成績優秀
者，以另編字號的方式參加省城的鄉試，以獲取正式的功名肯定，參與鄉試
合格者即是舉人，已經可以依科選官。三、對於教學成效優良的老師，擔任
六年教職後，便可以「充貢」，取得貢生資格，進入國子監就學。

　　黎兆棠的建議獲得認可，實施方式為先讓所有的平埔族學童全部參加明
志書院的入學考試，科考時採增額錄取的方式，並給予優厚的獎助學金（膏
伙），希望能吸引更多的原住民學童入學，漢人與原住民一起受書院教育。但
很可惜的是，因為入學的平埔族學童太少，所以無法實行。其後，光緒三年
（1877）之丁丑歲試，以首舉生員，撥入臺北府學者，僅有淡水番童陳寶華
一名而已。〔註25〕至於鄉試名額，「正額外量取一名，不必作為定額」，〔註26〕
實際上入學考試平埔族人極少，並未蔚然成風，更可能出現無人可選的窘境。

〔註24〕 鄭鵬雲、曾逢辰纂輯，《新竹縣志初稿》（臺北：臺灣銀行經濟研究室，臺灣
　　　　文獻叢刊第 61 種，1959 年），卷三，〈學校志〉，頁 98～99。

〔註25〕 伊能嘉矩，《台灣文化志（下卷）》，頁 299。

〔註26〕 光緒三年（1877）議准：「臺灣所屬熟番，援照湖南郴州猺童取進成案，嗣後
　　　　歲、科考試另編字號，於正額外量取一名，不必作為定額；如應試人少，文
　　　　理平常，任缺毋濫。」參見：臺灣銀行經濟研究室編，《清會典臺灣事例》（臺
　　　　北：臺灣銀行經濟研究室，臺灣文獻叢刊第 226 種，1966 年），〈事例（一）〉，
　　　　頁 92。

4.「熟蕃」部落「孔子會」

光緒五年（1879），鳳山縣下淡水社平埔族，組成「孔子會」團體，崇祀孔子：

> 立設合約字人，下淡水社放縤屯千總劉天水、佾生邱貞吉、陳飄香、王有祥，土目王力良、劉盈科，番耆趙三貴、劉振元、潘有義、劉登貴、潘三光、潘阿妹、趙紅孕、潘肇基、潘紅孕、邱仕開、趙應開、潘貴生、林海生，並林開賢、潘阿望等為崇祀典，以接文風事。竊維孔聖德配天地，道冠古今，刪詩書、定禮樂、作春秋，鑄史鎔經，萬世師表，百王維欽，朝廷崇祀，況我番黎，向化日久，已蒙學憲取入黌宮，即稱斯文之風，豈可依前無知，不效先王崇祀乎！予等故以設席公議，將項物莊公租粟四百八拾餘石，抽出壹百石交付殷實妥人經理收貯，放生立業；一為孔聖祀典饗祭之費，立功建業之源；二為社番子弟延師修業，俾番童上進有階，文風日盛，萬代留存勿墜，神人兩得，豈不美哉！其餘租粟，仍交通土收繳番丁餉。自立約以後，務必照約而行，不可有遺規心情，日後祀典盈豐不息，再行舉議永遵，毋違施行，同立合約字三紙壹樣付執，螽斯振振，瓜瓞綿綿，存照。……大清光緒五年歲次己卯再置新合約開會名人總列於左（人名省略）。〔註27〕

孔子會的組成分子有：官員、佾生、土目、耆老等，其目的為仿效官方祭祀孔子的釋奠禮，廣推文風。同時採用漢人提撥田租為學田的方式，作為祭祀與延師教育子弟的費用。規約中稱此為「萬代留存」、「神人兩得」的美事。由此可知，漢人教育的觀念內涵、經營的方法，已經漸漸深入平埔族的平民百姓。

5. 開山撫番政策下的原住民教育

社學衰微之後，清政府在外強窺伺臺灣之際，對臺灣開發轉為積極，開山撫番政策再起，光緒十一年（1885）臺灣建省，翌年在各番界設撫墾局，由撫墾局設立學堂，有義學、義塾、學堂等形式，「計有：臺北番學堂、恆春縣義塾、鳳山番學社、卑南義學、頂破布烏莊番學、巒大社番學、楠仔腳蔓社學

〔註27〕臺灣銀行經濟研究室編《臺灣私法人事編》（臺北：臺灣銀行經濟研究室，臺灣文獻叢刊第 226 種，117 種，1961 年），〈熟蕃部落孔子會規約書〉，頁 276～277。

堂共七處。」〔註28〕「以楠仔腳蔓社學堂為例，比照書院規模造番學堂，招徠原住民孩童，施以教化。授以簡易漢字、以《訓番俚言》為主，兼授《三字經》。」〔註29〕由於臺灣地位受到清廷重視，山禁解除，原住民的教育從平埔族推展到高山族。光緒十八年（1892），蔣師轍（1847～1904）《臺游日記》載：「臺北新塾，聞有番僮十餘人，頗循循就規範，惜所以惠恤之者不至。夏秋疾疫，間有死亡，嚮學之心或因以沮。」〔註30〕以臺北新塾為例，原住民學童也只有十餘人，就學者還遇到傳染病而死亡，雖然政策有心推行，而實際成效是有限的。

清政府只希望平埔族接受教育，成為納稅服徭役的順民。從教育而言，雖然設置社學、義學、學堂，給予佾生、增額錄取的優渥條件，然而真正能夠在教育、考試上進入仕途者，可說是微乎其微，同時烙印著「番籍生」的印記。

（二）平埔族受漢人習俗與倫理價值觀影響

平埔社民，在信仰、姓氏、語言與禮俗上，都在漢文化的強勢主導下，漸漸產生了變化。以西拉雅族信仰為例，今日臺南左鎮的復興宮，仍保有公廨「合壇」的情形，主祀神明為漢人的池府千歲，廟內右邊就是祭祀西拉雅族的阿立祖，顯現了漢人與平埔族信仰融合的情形。至於改用漢姓、使用漢語、婚喪用漢俗，都是平埔族儒化的重要表徵。

1. 改用漢姓

清治初期來臺的官員，由於對平埔文化不理解，以漢人的角度看平埔族，認為平埔族無姓氏，如《臺海使槎錄》記南路鳳山平埔族：「無姓氏，三世之外即互相嫁娶。祖孫或同名，子多者名或與伯叔同。」〔註31〕王雅萍提到：

中國統治者喜歡替少數民族賜姓……一般在封建王朝時期皇帝賜姓是百年難得的殊榮，雖然皇帝賜姓的目的不外是表德、示寵、征心，在近代以前在潛意識一直存有中原文化較先進的社會裡，上自

〔註28〕文化部臺灣大百科全書，〈楠仔腳蔓社學堂遺蹟〉，下載日期，2013 年 10 月 22 日，網址：http://taiwanpedia.culture.tw/web/content?ID=8063。
〔註29〕文化部臺灣大百科全書，〈楠仔腳蔓社學堂遺蹟〉，下載日期，2013 年 10 月 22 日，網址：http://taiwanpedia.culture.tw/web/content?ID=8063。
〔註30〕清‧蔣師轍，《臺游日記》（臺北：臺灣銀行經濟研究室，臺灣文獻叢刊第 6 種，1957 年），卷二，頁 48。
〔註31〕黃叔璥，《臺海使槎錄》，卷七，〈番俗六考〉，頁 154。

> 皇帝官僚士大夫階層，下至一般民眾，都有一種文化優越感，都喜
> 歡替人賜姓、改姓名。〔註 32〕

以上見解，大致說明了中國統治者的行為。而平埔族改用漢姓的方式，「有指日為姓者，有由官長賜其姓。」〔註 33〕吳子光（1819～1883）〈淡水廳志擬稿〉中提及平埔族為何多姓潘的傳說：「相傳土番未得姓時，有點者欲用夏變夷，而未得其方；漢人紿之曰：姓未易討好也，唯潘字有水、有米、有田，姓莫如潘宜。番大喜。」〔註 34〕「潘」有水有米有田，以這些生活上實際所需的物品，迎合人們的心裡需求，所以平埔族多姓潘。成書在日治時期的《安平縣雜記》中有關四社番姓氏的情形：

> 清乾隆間招撫歸化，其時政府委用官員係潘、金、劉三姓之官，入
> 山招撫，凡在其時就撫之各社生番出山化熟者，如是潘官所招，一
> 概隨同姓潘；金官所撫，一盡姓金；劉官所撫，一盡姓劉。此生番
> 當時化熟之初，只有潘、金、劉之姓而已。〔註 35〕

這是由官長賜其姓。吳子光於 1839 年二度來臺，寓居岸里社，接觸到當地的巴宰族：「嚮有名無姓，今亦臆造漢姓。除岸社番姓潘外，餘則趙、錢、孫、李，各自成一家數。按此與陸鴻漸筮易定姓相類。」〔註 36〕岸里社社民是自己取姓，並無一定的標準，自成風格，除了最大姓潘之外，還有趙、錢、孫、李等姓，就像唐代的陸羽不知所生，自筮得蹇之漸，乃姓陸，名羽，字鴻漸一樣。巴宰族自為漢姓，從原本外來勢力賜姓改姓，至自願性的自擇漢姓，漢人強勢文化淹沒了原住民的民族主體性，認同漢人，欽羨漢人，成為原住民主要的方向。

2. 使用漢語

語言是一種指標，一個語言即標示著一個民族，當語言消逝，即意謂著

〔註 32〕王雅萍，〈他們的歷史寫在名字裡——透過姓名制度的變遷對臺灣原住民史的觀察〉，《臺灣風物》44 卷 1 期（1994 年 3 月），頁 69。

〔註 33〕王松，《臺陽詩話》（臺北：臺灣銀行經濟研究室，臺灣文獻叢刊第 34 種，1959 年），下卷，頁 54。

〔註 34〕清·吳子光，《臺灣紀事》（臺北：臺灣銀行經濟研究室，臺灣文獻叢刊第 36 種，1957 年），附錄三，〈淡水廳志擬稿〉，頁 88～89。

〔註 35〕臺灣銀行經濟研究室編，《安平縣雜記》（臺北：臺灣銀行經濟研究室，臺灣文獻叢刊第 52 種，1959 年），〈調查四番社一切俗尚情形詳底〉，頁 56。

〔註 36〕清·吳子光，《臺灣紀事》（臺北：臺灣銀行經濟研究室，臺灣文獻叢刊第 36 種，1957 年），卷一，〈紀番社風俗〉，頁 29～30。

該族文化的消逝。平埔族與漢人接觸，其語言也發生了變化。漢莊有閩、客之別，即使同一社社民，近閩者習閩，近客者習客。光緒二十年（1894）任儒學訓導倪贊元在《雲林縣采訪冊》中提到：「柴裏社番潘姓，在縣城東門內，風俗與土著、客莊大略相似。」而且因為與客莊為鄰，所以「女無裹足」；而「至於分住城外及尖山坑內者，男女多販柴為活。言語一如漳人，詢其番語奚若，率無以應；即間有頭目老番，亦僅知一二，如下所採番話云。」〔註37〕居住東門城內者與分住城外及尖山坑內的社民，其語言的變化就不同，在此《采訪冊》中，一般社民已經不會說自己的語言，即使頭目和老者，也僅能略說一二，平埔族的語言已經大量流失。

以巴宰族為例，1897 年伊能嘉矩所進行的全島番地巡察旅行，調查筆記載於《隨觀抄記》，提到當地巴宰族當時使用的語言情形是：「（鯉魚潭）城內大多數的男女熟番都了解用羅馬字拼寫的巴則海（巴宰）語，彼此之間用巴則海番語交談，只有與土人〔漢人〕接觸時，才講漢語。」〔註38〕顯然平埔族在漢族的往來中，逐漸失落了自己的族語。能夠精通而流利使用並推廣巴宰語的巴宰族長老潘金玉已於 2010 年過世，巴宰語仍在埔里的愛蘭教會教授，大概仍有十餘人會說巴宰語。2001 年李壬癸與土田茲出版《巴宰語辭典》，〔註39〕2006 年賴貫一、程士毅出版《阿霧安人的話語和腳蹤‧巴宰語實用手冊》，巴宰族的語言並未全部消失，若能進入官方教育的一環以教育巴宰族人，才能真正延續下去。語言延續下去，文化才能傳遞下去。

3. 婚喪禮俗所顯現的儒教價值觀

在禮俗上，由婦唱夫隨的母系社會，成為夫唱婦隨的父系社會，乾隆二十八年（1763）任臺灣鳳山縣學教諭朱仕玠撰寫的《小琉球漫誌》記錄著平埔族婚俗已受漢人的影響：

> 熟番初歸化時，不擇婚，不倩媒妁。男皆出贅，生女則喜，以男出
> 贅女招夫也。……邇日番社亦知議婚，令媒通好，以布帛酒果或生

〔註37〕清‧倪贊元，《雲林縣采訪冊》（臺北：臺灣銀行經濟研究室，臺灣文獻叢刊第 37 種，1959 年），〈斗六堡〉，頁 30。

〔註38〕伊能梅陰子手記、楊南郡譯註，《隨觀抄記》，《臺灣風物》47 卷 2 期（1997年 6 月），頁 87。

〔註39〕李壬癸、土田茲，《巴宰語辭典》（臺北：中央研究院語言學研究所籌備處，2001 年）。

牛二先行定聘禮；亦有學漢人娶女，不以男出贅者。〔註40〕
原本平埔族，不求門當戶對，不須媒妁之言，在適婚年齡時，男女自由婚戀，
婚後是「男歸女家」，由婦女持家耕作；乾隆中期，婚姻習俗已有很大的不
同，出現了「議婚」的情形，而非自由戀愛，媒人往來其間，婚後是女歸男家
的娶婦，不是男歸女家的出贅。而原本光著腳的平埔族婦女，已有傚閩人婦
女「纏足」情形，〔註41〕婦女改變勞動的習性，是平埔族受漢人父系影響的
現象之一。

　　清治末期的平埔族，在婚喪等禮俗部分大致上已經與閩粵漢人相同。如
四社平埔族喪禮，除了「問向」一俗保留了尪姨投身亡者之魂以詳細告訴親
人致死的緣由，其他「喪祭，一切禮節，猶若閩人」、「喪祭殮葬及延僧功果，
均同閩人」。〔註42〕雲林柴裏社喪俗中與漢人最大的不同，即是以歌舞的方式
送別死者：「臨喪則將屍扶出中庭，郡番歌舞為戲，以贈死者；既畢，哭泣悲
號。葬之日，視家貧富，分一股業以殉葬。」〔註43〕至於分一股業作為殉葬
的費用，很可能是受到漢人祭祀公業的習俗影響。

　　另外對長者的禮節，也受漢人影響，如「遇尊長，卻步道旁，背面而立，
俟其過，始行。若駕車，則遠引以避。」〔註44〕平埔族對長者的尊重方式，
顯然與《孟子・告子下》：「徐行後長者謂之弟」的漢俗相似，〔註45〕與原本
原住民麻達（未娶之番）山林平野中崇尚「善走」習性實大不相同。〔註46〕

〔註40〕清・朱仕玠，《小琉球漫誌》，卷八，〈海東賸語（下）〉，頁82～83。

〔註41〕「男婦俱跣足，近或衣衫履靸，彷彿漢製。南路番婦竟有纏足者。」參見：
　　　　清・朱景英，《海東札記》（臺北：臺灣銀行經濟研究室，臺灣文獻叢刊第19
　　　　種，1958年），卷四，〈記社屬〉，頁59。

〔註42〕臺灣銀行經濟研究室編，《安平縣雜記》，〈調查四番社一切俗尚情形詳底〉，
　　　　頁59。

〔註43〕倪贊元1894年2月1日到任署臺灣府雲林縣儒學訓導，1894年7月卸任，
　　　　任雲林縣儒學訓導期間纂有《雲林縣采訪冊》一書。參見：清・倪贊元，《雲
　　　　林縣采訪冊》，〈斗六堡〉，頁30。

〔註44〕清・朱仕玠，《小琉球漫誌》，卷八，〈海東賸語（下）〉，頁83。

〔註45〕漢・趙岐注・宋・孫奭疏，《孟子注疏（十三經注疏本）》（臺北：藝文印書館，
　　　　2001年），卷十二，〈告子下〉，頁210。

〔註46〕連橫《臺灣詩乘》提到：「鉛山蔣心餘太史有『臺灣賞番圖』，為李西華黃門
　　　　作，詩中有曰：『麻達（未娶之番）穴耳雙巨環，薩豉（薩豉宜乃銅器，如捲
　　　　荷）繫背頭艾纏（番以艾纏首）；編竹箍腰捷鬥猿（番以善走為雄，幼即以竹
　　　　箆束腰令細）。出草捕鹿鹿壓肩（獵曰出草）。』」參見：連橫，《臺灣詩乘》（臺
　　　　北：臺灣銀行經濟研究室，臺灣文獻叢刊第64種，1960年），卷二，頁59。

荷蘭人入臺，以拼音方式創造了新港文字，平埔族的語言仍舊保留下來；經營上用村落頭人制，則改變了原本平埔族母系社會的價值，與儒教的父權思想接引。進入清治時期，清廷以漢人儒教系統統治平埔族，以強勢的經濟、文化為後盾，加以利祿引導，以儒教的「父權」價值觀改變平埔族，致使平埔族人出現污名的感受，正如謝世忠所言：

> 污名的感受必定是建立在一種有意識、潛意識、及無意識等性質的「比較」基礎上；兩組人在經比較過程之後，共同認定了某一方極端弱勢的地位，「污名」在這時開始扮演了角色，弱勢的一方感受到深深的羞恥，這種強烈的負面感覺來自弱方對自己身份地位的判斷，弱方對另一方如何對他作判斷的想像，以及強方真正對弱方的判斷等。〔註47〕

平埔族因居於社會經濟劣勢地位，在社會文化上又被迫以漢人訂定的遊戲規則與漢人較量，自然產生嚴重的自卑感，進而試圖拋棄自己原有的價值觀而認同漢人的各種價值，有的已經完全忘卻自己的語言文化，有的則在漢人面前隱藏，平埔族從臺灣土地的主人轉而為被統治者，甚且有消失之虞。

第二節 臺灣漢人儒教社會

明鄭與儒學的關係，學者切入分析的角度或有不同；如，陳昭瑛曾經從「鄭成功本人與儒學的關係、南明諸儒與臺灣的關係、明鄭在臺灣的文教建設」加以觀察。〔註48〕筆者以漢人大量移民臺灣，鄭成功（1624～1662）儒生出身背景在臺延續南明政權，與其後鄭成功嗣子鄭經（1642～1681）立國學，是為臺灣成為儒教社會的基礎。

荷治時期，漢人移民來臺原因約有下列數端：受荷蘭人的貿易引誘、〔註49〕鄭芝龍勸巡撫熊文燦以福建饑民移置臺灣，〔註50〕鄭成功帶來的官兵和眷口及招納流亡的民眾。〔註51〕漢人移民來臺日漸增多。

〔註47〕謝世忠，《認同的污名——臺灣原住民的族群變遷》，頁27。
〔註48〕參見：陳昭瑛，《臺灣儒學：起源、發展與轉化》（臺北：正中書局，2000）。
〔註49〕曹永和，〈鄭氏時代之臺灣墾殖〉，《臺灣銀行季刊》6：1（1953年9月），頁199。
〔註50〕曹永和，〈鄭氏時代之臺灣墾殖〉，《臺灣銀行季刊》6：1（1953年9月），頁192。
〔註51〕曹永和，〈鄭氏時代之臺灣墾殖〉，《臺灣銀行季刊》6：1（1953年9月），頁198～199。

　　鄭成功，原名鄭森，福建南安人。父鄭芝龍，母為日籍田川氏，七歲時由日本回福建南安，父鄭芝龍雖為武人出身，仍「延師肄業」極力栽培他，十五歲時「進南安學弟子員」﹝註52﹞。明崇禎十一年（1638），鄭成功考中秀才，又經考試成為南安縣二十位「廩膳生」之一。崇禎十四年（1641），迎娶福建泉州惠安進士禮部侍郎董颺先侄女。崇禎十五年（1642），「鄭森赴福省鄉試。」﹝註53﹞1644年，進入南京國子監深造，拜入江浙名儒錢謙益門下。1645年清兵攻入江南，鄭芝龍等擁立唐王於福州即位，鄭成功得到唐王賞賜，封忠孝伯、御營中軍都督，賜國姓「朱」、改名「成功」。翌年（1646）鄭芝龍降清，鄭成功領兵繼續抗清﹝註54﹞，以明朝命臣，轉戰四處，後因糧餉問題，1661年攻入臺灣。1662年鄭成功驅逐了荷蘭人，奉明正朔，改臺灣為東都，﹝註55﹞改赤嵌地方為「東都明京」，﹝註56﹞中央設有吏、戶、禮、兵、刑、工六官，﹝註57﹞地方設有一府二縣——承天府和天興縣（嘉義）、萬年縣（鳳山）。鄭成功同年逝世，子鄭經即位。1664年鄭經失去大陸後來臺，南明永曆帝業已被吳三桂縊死，鄭經廢東都，以「東寧」稱全臺灣，但仍然使用「永曆」年號。1665年，臺灣政局初定，鄭經採陳永華（1634～1680）之議，在臺灣建孔廟設儒學：

﹝註52﹞清・江日昇，《臺灣外記》（臺北：臺灣銀行經濟研究室，臺灣文獻叢刊第60種，1960年），卷一，頁42。

﹝註53﹞清・江日昇，《臺灣外記》（臺北：臺灣銀行經濟研究室，臺灣文獻叢刊第60種，1960年），卷二，頁48。

﹝註54﹞鄭成功一生矢志抗清，和母親遭清軍之害有很大的關係。1644年清軍入關，1645年鄭芝龍透過關係取得幕府特許，將鄭成功之母田川氏接到南安縣與鄭成功團聚，但次年清軍攻陷安平，田川氏遭到清軍凌辱強姦，自縊而死。黃宗羲《賜姓始末》載：「成功大恨，用彝法剖其母腹，出腸滌穢，重納之以斂。」參見：明・黃宗羲，《賜姓始末》（臺北：臺灣銀行經濟研究室，臺灣文獻叢刊第25種，1958年），〈賜姓始末〉，頁1。

﹝註55﹞臺灣省文獻委員會編印，《臺灣史》（南投：臺灣省文獻委員會，1994），頁155。

﹝註56﹞明鄭・楊英，《從征實錄》（臺北：臺灣銀行經濟研究室，臺灣文獻叢刊第32種，1958年），頁189。

﹝註57﹞臺灣銀行經濟研究室編，《鄭氏關係文書》（臺北：臺灣銀行經濟研究室，臺灣文獻叢刊第69種，1960年），頁4。另外，明永曆九年（清順治十二年，1655年），隆武即位，賜姓朱。其後，因明昭宗和鄭成功勢力相隔遙遠，特准鄭成功設置六官及察言、承宣、審理等官方便施政，同時允許他委任官職，武官可達一品，文職可達六部主事。鄭成功每次拜封官員，都請寧靖王朱術桂等明宗室在旁觀禮，以示尊重體制。參見：許雪姬總策劃，《臺灣歷史辭典》（臺北：文建會，2004），「朱術桂」條目，頁303。

〔永〕華見諸凡頗定，啟經曰：「開闢業已就緒，屯墾略有成法，當
速建聖廟、立學校」。經曰：「荒服新創，不但地方侷促，而且人民
稀少，姑暫待之將來」。永華曰：「非此之謂也。昔成湯以百里而王、
文王以七十里而興，豈關地方廣闊？實在國君好賢，能求人材以相
佐理耳。今臺灣沃野數千里，遠濱海外，且其俗醇；使國君能舉賢
以助理，則十年生長、十年教養、十年成聚，三十年真可與中原相
甲乙。何愁侷促稀少哉？今既足食，則當教之。使逸居無教，何異
禽獸？須擇地建立聖廟、設學校，以收人材。庶國有賢士，邦本自
固；而世運日昌矣」。經大悅，允陳永華所請。令擇地興建聖廟，設
學校。於承天府鬼仔埔上，鳩工築豎基址，大興土木起蓋。〔註58〕

陳永華以商湯、文王憑藉一方而成就王業，勉勵鄭經「立學校」以培育人才
的重要，「十年生長、十年教養、十年成聚」，其目的不在建設臺灣，而是三十
年厚植實力，可與中原比並。鄭經大悅，接受了陳永華的建議，在承天府鬼
仔埔破土興建孔廟。孔廟完成，旁置明倫堂（講堂），即是典型廟學合一的儒
學學校。

康熙五年丙午（附永曆二十）正月，建立先師聖廟成（今臺灣府府
學是也），旁置明倫堂。又各社令設學校延師，令子弟讀書。議兩州
三年兩試，照科、歲例開試儒童。州試有名送府，府試有名送院；
院試取中，准充入太學，仍按月月課。三年取中式者，補六官內都
事，擢用陞轉。三月，經以陳永華為學院、葉亨為國子監助教，教
之養之。自此臺人始知學。〔註59〕

永曆二十年（1666），孔廟與明倫堂完成建置，臺灣始立國學，〔註60〕同時

〔註58〕清‧江日昇，《臺灣外記》，卷六，頁235～236。
〔註59〕清‧江日昇，《臺灣外記》，卷六，頁236。
〔註60〕中國傳統的教育制度，高明士稱為「廟學」，即包含祭祀空間「孔廟」與講學
空間「明倫堂」。廟學教育體制的建立，根據高明士的考証：「其事可考者始
於東晉孝武太元十（385）年。太元九（384）年，在尚書謝石的建議下，『選
公卿、二千石子弟為生，增造廟屋一百五十五間』翌（385）年二月立『國學』
也就是這時候開始國子學增建完成，而開始實施國子學教育。」至於全國各
地，從中央到地方學校普遍完成廟學制，恐要等到唐太宗發展官學教育以後。
貞觀四（630）年，太宗詔令全國縣學皆建置孔子廟（《新唐書‧禮樂志》），
在此之前，只京師及各州學完成學制。從此以後，自中央國子監到地方縣學
為止，皆須具備「廟學」制。直到清代為止，公立的官學制度，仍沿襲唐太
宗規定縣學為止的「廟學」制，即連後來出現的書院制度，也是屬於廟學制

「各社令設學校延師，令子弟讀書」，也開始了原住民的儒化教育。接著就是開科考試，儒童經州試、府試而院試，院試通過後直接進入太學（即國子監）。按明制，院試當進入府學、州學，顯然明鄭時沒有府學和州學，謝浩就《臺灣外記》分析：「明鄭在臺開科固已有之，但又似非完整的科舉制度。要之，亦是一種權宜措施。」〔註61〕三年後如能及格，即能「補六官內都事」。由此可見，明鄭時已將科舉考試的制度帶入臺灣，教育、考試、養仕合而為一。鄭經以陳永華為「學院」，負責督導學政，以葉亨為「國子監助教」，實際負責教授生徒。

從鄭成功攻取臺灣，鄭經立國學，其目的並非建設臺灣，而是作為後勤的儲備，期望有朝一日能夠逐鹿中原。「臺人始知學」之論，也僅是就漢人儒學而論，至於平埔族所習的紅毛字、《聖經》等，則存而不論。然而明鄭成為在臺的第一個漢人殖民政權，以官方力量推動儒學，明鄭治臺歷時雖僅二十二年，卻已將漢人所建構的教育、官僚體系合一的制度移植至臺灣。

清朝以滿人入主中原，以少數民族統治漢人，更仰賴儒教作為統治工具，收攬人心。臺灣納入版圖，官方對士子以科考收攬，一般廣大的平民百姓則以民間宗教教化，從而形成了一個儒教的空間。

一、科舉功名與學校教育

康熙二十二年（1683）清廷派遣明鄭降將施琅（1621～1696）征臺，鄭克塽（1670～1707）投降，並未立即將臺灣納入版圖，臺灣的去留在清廷內部討論了八個月之久，才由康熙定案。對清廷而言，將臺灣納入版圖治理，是迫於不得已的選擇。康熙採用了施琅之議，認為棄守臺灣，臺灣勢必又成亂源之地；李光地（1642～1718）議用三年輪調的班兵制，以避免臺灣再次成為清廷海外威脅的勢力。基於上述的前提，清廷治臺政策頗為消極。來臺治理官員，雖吏治不清，然二百一十二年治臺中仍出現許多重視文教官員，康熙一朝即有季麒光、高拱乾、陳夢林（1664～1739）、周鍾瑄（1671～1762）及藍

的形式。參見：高明士，《中國教育制度史論》（臺北：聯經，1999 年），頁49
～50。

〔註61〕謝浩就《臺灣外記》分析：「明鄭在臺開科固已有之，但又似非完整的科舉
制度。要之，亦是一種權宜措施。」參見：謝浩，〈科舉制度在臺述略〉，頁
393。

鼎元（1680～1733）等，可謂秉持「庶矣富之教之」之孔訓。〔註62〕

　　清朝科舉制度，學校和科舉相輔而行，故臺灣開科考試，需與學校的設置一同討論。清朝的教育政策是先計稅賦，稅賦足則設學校，〔註63〕故府、縣學的學額多寡也是依據稅賦而定的。康熙二十四年（1685）福建總督王國安（1642～1709）定案臺灣稅賦，康熙二十五年（1686）季麒光再請設學校。方志中記載府、縣學成立的時間有許多不同的版本，據謝浩考證，當於康熙二十六年（1687），因為這一年，四學官才到職，學官應包括教授（府學）、教諭（縣學）和訓導（府、縣學，初設時不設），可說是學校的校長、副校長兼老師，當時稱之為「學老師」。有了學官，教導和管理學生的工作才能進行，故臺灣雖於康熙二十三年（1684）入版圖，遲至二十六年（1687）才設學開科。〔註64〕

　　進入府、縣學，須參加縣、府、院一連串的考試。縣試在各縣進行，由知縣主持。通過後進行由府的官員所主持的府試；通過縣、府試的便可以稱為「童生」，參加由各省學政或學道主持的院試。院試每三年舉行兩次，學政主考，包括入學考試與在學生員檢核考試。入學考試如果在辰、戌、丑、未年的稱為歲試；寅、申、巳、亥年則稱為科試。歲試目的旨在取進文武生童，科試目的與歲試相同，唯不取進武生。通過院試的童生獲得「入學」資格後，稱為「生員」（即俗稱秀才）。生員，可以到官辦的府、州、縣學讀書。入學後經過學政的選拔，方可報名鄉試。生員分三等，成績最好的稱「廩生」，由公家按月發給糧食；其次稱「增生」，不供給糧食，「廩生」和「增生」是有一定名額的；三是「附生」，即才入學的附學生員。府、縣學生員每年都必須參加由學政所主持的歲科考試，歲科考試共分六等，分別優劣以定獎懲，其中「一、二等為科舉生員」，謝浩稱之為「鄉試預考」，〔註65〕學校歲科考試優秀者才擁有參加科舉考試，赴省參加鄉試的資格，其成績評定，關係著學員未來。鄉試及格者為舉人，可以分派任官，正式進入仕途，即是取得功名。

〔註62〕語出《論語》：「子適衛，冉有僕。子曰：『庶矣哉！』冉有曰：『既庶矣，又何加焉？』曰：『富之。』曰：『既富矣，又何加焉？』曰：『教之。』」參見魏·何晏注、宋·邢昺疏，《論語注疏（十三經注疏本）》（臺北：藝文印書館，2001年），卷十三，〈子路〉，頁116。

〔註63〕謝浩，〈科舉制度在臺略述〉，頁397。

〔註64〕謝浩，〈科舉制度在臺略述〉，頁398。

〔註65〕謝浩，〈科舉制度在臺略述〉，頁402。

　　除了參加科考取得功名之外，還有另一途即是入國子監，仍可得官。國子監學生來源的名目繁多，其中最廣受臺灣資產優渥家族採用者為「納監」與「軍功」。納監，蓋因清廷以賣官鬻爵來解決財政問題，「嘉慶道光年間，以捐納取得監生資格者，數以萬計，甚為浮濫。一般要捐官，必須先捐監，取得再往上捐的資格，捐監的價碼約在 108 兩左右，等同於擁有四、五甲地的農家一年土地的全部收入。」〔註66〕除了納監之外，臺灣的世家大族也因在地方上擁有私人武力集團，除了保護自家家產外，在許多民變中，為朝廷效力；在分類械鬥中成為地方的守護者；在外國勢力入侵時，成為保國保鄉的武力；在開山墾田時，成為攻略原住民的武力。以軍功取得官職功名者，也是臺灣世家大族擴展家族勢力的管道之一。

　　參加省級考試「鄉試」，中式者為舉人，舉人進入北京「會試」，中式者為貢士，貢士進入紫禁城參加「殿試」，中試者稱為進士，進士名次由皇帝欽點，成績分一甲、二甲、三甲。一甲即一等，是殿試前三名，狀元、探花、榜眼，二甲、三甲若干，二甲榜首稱「傳臚」，功名最高的四個人──狀元、榜眼、探花、傳臚，合稱「鼎甲」，皆入翰林院任職。〔註67〕明清習慣上已形成非翰林不得拜相、非翰林不得諡「文」的制度。

　　至於臺灣的設學開科，情形如下：首先，臺灣在康熙二十六年（1687）設學校，是年鳳山蘇莪中鄉試，鄉試前必先科考及錄科，可見此時已完成設學開科。其二，學政、學官的素質關係著臺灣的科考優劣。臺灣自康熙二十三年（1684）入清版圖，至光緒十一年（1885）建省，隸屬福建省，與福建一海之隔，故福建學政難以兼顧福建與臺灣二地的歲科考試，因此援用廣州瓊州之例，由臺廈道兼任學政。臺灣學政大部分由臺廈道（後改臺灣道）兼任〔註68〕，是省的二級單位，學政負責生員的歲、科考試，評定優劣，掌握臺灣士子入仕途的鑰匙，臺廈道（臺灣道）對於臺灣教育的水準影響很大，而來臺的道員，「起家翰林，固然少之又少，即使是進士出身，也絕非大多數，

〔註66〕文化部臺灣大百科全書，〈監生〉，下載日期，2013 年 10 月 22 日，網址：http://taiwanpedia.culture.tw/web/fprint?ID=3679。
〔註67〕文化部臺灣大百科全書，〈功名〉，下載日期，2013 年 10 月 22 日，網址：http://taiwanpedia.culture.tw/web/content?ID=3678。
〔註68〕臺灣任學政者屢有變化，臺廈道、巡臺漢御史、臺灣道、福建巡撫、臺灣巡撫五個階段，其中三分之二時間都是由臺廈或臺灣道主持。參見：謝浩，〈科舉制度在臺略述〉，頁 405～406。

除周凱、姚瑩一二人之外，從無一代名儒出任過臺灣的道、府。」〔註69〕其
三，通過縣試、府試、院試而成為生員，可以進入府、縣儒學就讀，在地方上
已是特權階級，又能免除徭役和稅收，地方上的官員以禮相待，即使犯法，
也不同於尋常百姓由縣令法辦。《大清會典》康熙九年（1670）題准：「生員關
係取士大典，照民例扑責，非朝廷恤士之意。今後如果有欠糧重情，地方官
先報學院、學道，俟黜革後治以應得之罪；若詞訟小事，應責治者發該學官
懲責。」〔註70〕顯然只要有生員身分，縣令不能直接予以刑罰，須交由學政
處置。其四，清治臺灣文科科舉從未產生鼎甲，武科科舉則有一人上榜。總
計二百多年間，共考取文進士 29 人，武進士 10 人（包括 1 名武探花）；文舉
人 251 人，武舉人 297 人（包括 3 名解元）。這些中舉者因清廷有迴避制度，
必須分派到外省，不能在臺任官。〔註71〕取得功名的臺灣士子，極少至中國
任官，多留臺以其特權階級，經營家族與產業。其五，臺灣隸清版圖 212 年，
在教育與科舉的功能上雖沒有培植出一代宗師；在統治上，仍收到不可估計
的功效。臺灣民變雖多，從無進士、舉人參與其間，而有協助平變，戮力勸
合，發揮儒教忠君愛民的精神；清廷對外戰役，多賴功名者捐款、募兵、充軍
餉；在地方建設中，建學校、築堅城，幾乎都是功名中人出錢出力，率先倡
導。正如趙三元（1830～1893）稱「臺士急功好義」，易順鼎（1858～1920）
言「臺灣一省……士民愛君親上……好義急功。」這些文教的成果表現不得
不歸功於學校與科舉。〔註72〕然而從另一個角度評價，「這些有科名、讀經書
的士紳是清王朝的幫凶，是清末經濟的獲利者。」〔註73〕

　　科舉中試金榜題名，是人生四大樂事之一，不只是晉身的基礎，也是光
宗耀祖的大事。因此，凡是有能力溫飽之家，無不希望栽培家族子弟考上功

〔註69〕臺灣任學政者屢有變化，臺廈道、巡臺漢御史、臺廈道、福建巡撫、臺灣巡
　　　　撫五個階段，其中三分之二時間都是由臺廈或臺灣道主持。參見：謝浩，〈科
　　　　舉制度在臺略述〉，頁 406。
〔註70〕清‧崑岡等奉敕撰《欽定大清會典事例》（臺北：文海，1992 年），卷三百九
　　　　十二，《禮部‧學校‧優恤諸生》。
〔註71〕文化部臺灣大百科全書，〈功名〉，下載日期，2013 年 10 月 22 日，網址：
　　　　http://taiwanpedia.culture.tw/web/content?ID=3678。
〔註72〕謝浩，〈科舉制度在臺略述〉，頁 425～426。
〔註73〕莊萬壽，〈台灣精神史緒論〉，收於國立台灣師範大學台灣文化及語言文學研
　　　　究所主編，《第四屆台灣文化國際學術研討會論文集「台灣思想與台灣主體
　　　　性」》（臺北：萬卷樓，2005 年），頁 309。

名。家族鼓勵子弟讀書登科，「一為以登科之子孫得以入祀宗祠；二為有育才公業之設。」如道光十九年（1839）臺灣府城劉姓宗祠篤慶堂記文：

> 後人有能入文學（學校）者，准其本身入祀；登賢書（中舉）者，始准其父母及室人從祀；成進士者，竝准其祖父母從祀；中武舉者，與入文學者同；中武進士者，與登賢書者同；若捐職之人，必至六品，始准其本身入祀，至五品者，其父母及室人亦准從祀。〔註74〕

其中武科者在宗祠上的地位比中文科者低一等，反應出重文輕武的傾向。而捐納入祠的資格較嚴，正途出身較捐官者更有地位。另外，「育才公業，主要以供養育人才之資為目的而設定之一種公業，資其同族子孫中，欲得到文武生員以上登科者進修暨使已聯登科甲者特享有租穀之財產，而稱為『書田』」。〔註75〕顯然，書田鼓勵同族子孫努力向學，取得功名，只要在走向功名的路上，不論功名與否，都能得到家族另一分的資助與獎勵。

　　進入府、縣學之前參加的縣試、州試，其養成有賴社學、義學、書院、私塾。社學與義學相當於初等教育，社學屬官辦，「均為地方官員以公費或公捐設教延師於鄉莊村社，以達普及教化、移風易俗之效。」〔註76〕社學有二種，一為漢莊社學，一為土番社學。漢莊社學設置於康熙二十三年（1684），「臺灣府社學三所，兩在臺灣縣東安坊，一在鳳山縣土墼埕，俱係郡守蔣毓建立，延請師儒，教誨窮民子弟。」〔註77〕康熙二十八年（1689）臺灣建省前最高的行政長官——巡道王效宗，在鎮北坊設置一所社學。康熙四十八年（1709）知縣張宏奉巡撫張伯行（1651～1725）建立社學於各里莊十六所，〔註78〕諸羅縣知縣劉作楫奉巡撫張伯行通行建八所社學，〔註79〕次年，臺廈道陳璸（1656～1718）又於府城四坊各立社學，凡孤寒有志者，俱令從學。

〔註74〕伊能嘉矩，《臺灣文化志（中卷）》（臺中：臺灣省文獻委員會，1985 年），頁85。

〔註75〕伊能嘉矩，《臺灣文化志（中卷）》（臺中：臺灣省文獻委員會，1985 年），頁85～86。

〔註76〕葉憲峻，〈清代臺灣的社學與義學〉，《臺中師院學報》第 18 卷第 2 期（1994年 12 月），頁 47。

〔註77〕清・蔣毓英，《臺灣府志》（臺中：臺灣省文獻委員會，1993 年），卷之六，〈社學（附）〉，頁 117。

〔註78〕清・陳文達，《臺灣縣志》（臺北：臺灣銀行經濟研究室，臺灣文獻叢刊第 103種，1961 年），〈建置志二〉，頁 85。

〔註79〕清・周鍾瑄，《諸羅縣志》，卷五，〈學校志〉，頁 79。

〔註80〕「臺灣的啟蒙教育在康熙朝逐漸普遍建立，尤其是在府城地區與臺灣縣境內」，〔註81〕由在臺的最高主管官員巡臺道、知府主動設置。康熙六十年（1721）臺灣朱一貴（1690～1722）反官事件後，武裝範圍自鳳山縣擴展至臺灣府，影響最大的是臺灣縣，社學全部受到毀損而停辦，雍正朝僅恢復臺灣府三所社學，鳳山、諸羅縣與雍正元年（1723）新增設的彰化縣都只維持原狀，雍正九年（1731）設置的淡水廳未設社學，社學日漸廢弛，其地位漸由義學取代。

　　義學又稱義塾，設在府州縣內，專為貧寒子弟實施啟蒙教育。義塾不收束脩，在歲考月課成績優良者，也發給膏伙。康熙四十五年（1706）臺灣知府衛臺揆，臺灣知縣王士俊建臺灣縣義學，海防廳攝縣篆孫元衡建諸羅縣義學，康熙四十九年（1710），鳳山縣知縣宋永清建鳳山縣義學。〔註82〕朱一貴事件後，藍鼎元〈論臺疆經理書〉中建議廣設義學：

> 臺灣之患又不在富而在教。興學校，重師儒，自郡邑以至鄉村，多設義學，延有品行者為師，令朔望宣講聖諭十六條，多方開導，家喻戶曉，以「孝、弟、忠、信、禮、義、廉、恥」八字轉移士習民風，斯又今日之急務也。〔註83〕

其後不只府州縣，里、堡各要衝，都設有義學。乾隆一朝，官方、私立義學多擴建為書院。〔註84〕葉憲峻提到：

> 漢莊地區的社學、義學，自道光、咸豐以來已被興起的官、私立書院所取代。然而同治末年以來政府積極治臺政策引導之下，漢莊地區與原住民地區的義學（義塾），再度因政府的重視而設置。其中對原住民施教的義學，甚至擴及過去長期排除於統治範圍的山地原住民地區。〔註85〕

私人創設的義學，規模較大，成績可觀者，當推士林街芝山巖開漳聖王廟旁

〔註80〕清・陳文達，《臺灣縣志》，〈秩官志三〉之〈陳清端公年譜〉，頁 66、70。
〔註81〕葉憲峻，〈清代臺灣的社學與義學〉，頁 48。
〔註82〕清・周元文，《重修臺灣府志》（臺北：臺灣銀行經濟研究室，臺灣文獻叢刊第 66 種，1961 年），卷二，〈規制志〉，頁 36。
〔註83〕清・陳壽祺纂、魏敬中重纂，《福建通志臺灣府》（臺北：臺灣銀行經濟研究室，臺灣文獻叢刊第 84 種，1960 年），卷五十八，〈藍鼎元論臺疆經理書〉，頁 216。
〔註84〕葉憲峻，〈清代臺灣的社學與義學〉，頁 55。
〔註85〕葉憲峻，〈清代臺灣的社學與義學〉，頁 61。

的文昌祠義學，與設於枋橋街的大觀義學。道光二十年（1840）士林士紳潘
定民設義學於芝山巖文昌祠內，聘福建泉州府人傅人偉主持其事。一時好學
之風，蔚然而起。士林之所以成為臺北文學的淵藪，實啟端於此。同治二年
（1863）年富紳林維讓、維源兄弟於淡水枋橋街創立大觀義學，請泉州名士
莊正主講。因義學之前面對大屯山觀音山，故名大觀。先後主講者多一時碩
彥，對於淡北的教育貢獻甚大。〔註86〕

　　書院依據《大清會典》的規定而設立，故多由地方官員掌管。書院與縣
儒學最大的差別，在於經費不是由國庫支出而是由地方官長代為籌措，通常
來源有二：一為固定的學租，一為臨時的捐款。入學的資格為童生、生員、監
生，須經過考試，考試內容主要為八股文和試帖詩，與平時的月課考試科目
相同，〔註87〕都是為了將來參加科舉考試準備。從事教學者主要為書院院長，
大都具有科舉功名，有的任過地方官，有的以儒學教官身分兼掌書院，更多
的是專任，如朱仕玠，拔貢，任鳳山縣儒學教諭，同時兼掌教崇文書院；陳鵬
程，廩貢，任台灣府訓導，同時兼掌崇文書院；梁上春，舉人，任臺灣縣教
諭，同時兼崇文書院講席，蔡征藩（1810～1859），進士，主持崇文書院的院
務；出身進士的施瓊芳（1815～1867）與子施士洁（1853～1922）主持海東書
院，進士鄭用錫（1788～1858）及堂弟鄭用鑑（1789～1867），鄭用鑑門下舉
人陳維英（1811～1869），進士陳濬芝（1855～1901）等都主持過明志書院，
對臺灣書院的建設和人才培育做出重大的貢獻。據王啟宗統計，「在有清一代
二百十二年間，全臺達五十所，遍設於各地。」〔註88〕

　　私塾（書房）為民學，其設置目的不外是讀書識字以應付生活上的需要，
為一種普通教育，或者獲得科舉考試所需的知識以作為參加科舉考試的準
備。私塾的設置，或由教師自行設帳，或由單戶、眾人延師就讀，單戶設置
者，為紳士、富戶延師以教育子弟，兼收附讀學生。臺灣最早的書房在明鄭
時沈光文、徐孚遠等，掣眷在加溜灣、新港社設學教人，清治時期有許多著
名的私塾，日人治臺，對臺人的書房教育初期採取放任的態度，書房繼續教

〔註86〕王啟宗主講，〈第十五次「臺灣研究研討會」紀錄〉（清代臺灣教育），《臺灣
　　　　風物》33卷2期（1982年6月），頁102。
〔註87〕書院的月課包括官課和師課，官課的成績決定學生的升降，而且每一等級的
　　　　膏伙的差距很大，故參加者十分踴躍。
〔註88〕王啟宗主講，〈第十五次「臺灣研究研討會」紀錄〉（清代臺灣教育），《臺灣
　　　　風物》33卷2期（1982年6月），頁103。

授漢文，對臺灣社會影響很大。〔註89〕

二、宗教信仰的施用

《論語·八佾》云：「祭神如神在。」〔註90〕經過宗教儀式活動，彷彿時空再現，使信眾油然升起崇敬之心。統治者把宗教信仰當成統治工具在推展，宗教為統治者所用，統治者並非信仰者，而是運用宗教者，利用民間信仰所形成的祭祀圈來整合人群。士子敬拜的孔子、朱熹、文昌帝君；民間也有崇奉儒教諸神，有庇佑漢人農業生活的神農大帝；泉、漳、粵原鄉的守護神：廣澤尊王、開漳聖王、三山國王，開臺聖王鄭成功，盡忠報國的岳飛，捨生取義的吳鳳〔註91〕等；另外在儒釋道三教融合的民間信仰中，城隍、關公、媽祖，都有勸善、忠義、孝行的張揚，成為儒教輔助的力量。〔註92〕

（一）文廟崇祀

府、縣儒學是地方最高學校，是一種廟學體制，包括大成殿、明倫堂等設施，大成殿為祭祀孔子的地方，明倫堂則是講堂，並有從祀諸儒、孔子五代祖先，有的則附屬有文昌帝君。〔註93〕府、縣儒學的設置，一方面培訓人

〔註89〕王啟宗主講，〈第十五次「臺灣研究研討會」紀錄〉（清代臺灣教育），《臺灣風物》33 卷 2 期（1982 年 6 月），頁 103～104。

〔註90〕魏·何晏注、宋·邢昺疏，《論語注疏（十三經注疏本）》，卷三，〈八佾〉，頁 28。

〔註91〕吳鳳為了感化原住民去除出草而自我犧牲之事，其故事流傳演化，多有政治性，本文在此只論其現象，未及析其因。

〔註92〕儒教崇拜的諸神，可參見：樂融融，〈臺灣民間宗教信仰及巫術〉，《臺灣風物》第 17 卷第 4 期（1967 年 8 月），頁 74～75。

〔註93〕「就學校的空間規劃而言，成為『學』與『廟』兩個空間，正常的情況下，均各有其圍牆，但彼此可相通。這兩個空間，從今日的觀點看來，『學』是教學的空間，『廟』是祭祀空間，在校園設計上，則以『廟』為軸心而展開。教學的空間『學』，主要是講堂，宋末以後，逐漸改稱為『明倫堂』，至明清而普遍化。其附屬建築物，『廟』包括照壁、泮池、櫺星門、大成門、大成殿、崇聖祠等，儼然成為一座宮殿，所以又稱『學宮』。分別而言，可分為前導、主體、後部等三部分。前導部分包括照壁、泮池、櫺星門等；主體部分包括大成門、大成殿以及兩廡等；後部主要有崇聖祠（啟聖祠）。此外，常有其他的附屬建築，如鄉賢祠、名宦祠、鐘鼓祠、奎（魁）星閣（樓）、碑亭等，隨時代不同或地方特性而有差別。『學』包含明倫堂（講堂、大堂），以作為教學活動的堂宇，以及師生分科學習或住宿的齋舍等。祭祀空間的『廟』，唐以後專指孔廟，又稱聖廟、文廟，以別於武廟。所謂學禮，指學校祭祀孔廟的制度，主要有每年春秋二仲丁的大典與每月朔望的祭禮（含樂、舞等），以及主神、配祀等制度的建立，整體而言，所謂的『廟學』制，指學校以文廟為

才，另一方面負有祭祀的任務，《欽定大清會典・儒學制規》云：

> 直省府、縣衞，各於所治立學，皆祀先師，以崇矩範，闢黌舍以聚
> 生徒，時肄習以廣術業，勸訓迪以儲人才。〔註94〕

祭孔的祭儀稱為「釋奠禮」，《重修福建臺灣府志》稱之為「祀先師禮」，〔註95〕《重修臺灣府志》、〔註96〕《續修臺灣府志》〔註97〕名之曰「文廟祭儀」，詳細紀錄整個祭孔典禮舉辦的時間、準備工作、人員的安排，與致祭當日獻官、執事與禮贊者動作、祝詞等。以劉良璧《重修福建臺灣府志》「文廟祭儀」為例，簡要說明如下：

「祭期」為春秋二祭，每年春、秋的第二個月初丁日為祭祀之日，所謂「用仲，取時之正也；日用丁，取文明之象也」。〔註98〕

祭祀前人員需「齋戒」：祭前三日，獻官、陪祭官及執事者皆沐浴更衣，仍理庶務之散齋；祭前二日，各宿別室，惟理祭事的致齋，各獻官員數及各執事人數書名榜掛（各獻官親自署名）；祭前一日則同宿齋所。祭前一日主祭官朝服行上香禮告祝狀；接著「觀樂」，全部的人員按照正祭儀式演練；「省牲」，審察祭祀用的牲畜；接著「宰牲」，取血以告殺、取毛以告純，以盆盛毛血少許入置神位下；「視祭器」，檢查祭祀用的器具名稱、材質、高度、長度、廣度、用途；「治祭物」，即對各種祭物的烹調及其烹調方式加以規定，是一套非常細膩的操作手冊。

祭祀文廟當天，「陳設」妥當（所有的包括正殿、四配、東、西哲、東、西廡、崇聖祠等所須的祭品祭器。）夜四鼓（1時至3時），先祭崇聖祠，崇聖祠祭祀孔子五代祖先，在「子不先於父食」的觀念，大成殿釋奠孔子之前要先祭崇聖祠；接著才正式致祭文廟，文廟祭畢，乃祭朱文公祠。〔註99〕這

主軸而展開儒教主義教育的制度。」參見：高明士，《中國教育制度史論》，頁 52～53。

〔註94〕清・允陶、傅恆、張廷玉、蔣溥、陳大受、阿克敦等編纂，《欽定大清會典》（臺北：臺灣商務，景印文淵閣四庫全書（第 619 冊），1983 年），頁 253。

〔註95〕清・劉良璧，《重修福建臺灣府志》，卷九，〈典禮〉，頁 264。

〔註96〕清・范咸，《重修臺灣府志》（臺北：臺灣銀行經濟研究室，臺灣文獻叢刊第 105 種，1961 年），卷八，〈學校〉，頁 276。

〔註97〕清・余文儀，《續修臺灣府志》（臺北：臺灣銀行經濟研究室，臺灣文獻叢刊第 121 種，1962 年），卷八，〈學校〉，頁 342。

〔註98〕清・劉良璧，《重修福建臺灣府志》，卷九，〈典禮〉，頁 264。

〔註99〕清・余文儀，《續修臺灣府志》（臺北：臺灣銀行經濟研究室，臺灣文獻叢刊第 121 種，1962 年），卷八，〈學校〉，頁 342～354。

些都是常規的祭祀典禮。

另外關於獻祭官、執事人數和工作項目、樂器、舞器、樂譜、舞譜等都有詳細的紀錄。至於祀文廟的目的，正如《彰化縣志》云：「設學官以祀先聖先師，所以報教育人才之本，使四民知所矜式。」〔註100〕即是要百姓不忘本，起見賢思齊、潛移默化之效。

為一清眉目，茲將上文整理製成「文廟祭祀簡要行事表」，如下所示：

祭前三日	獻官、陪祭官及執事者皆沐浴更衣
祭前二日	獻官、陪祭官及執事各宿別室
祭前一日	獻官、陪祭官及執事同宿齋所 主祭官朝服行上香禮告祝狀 觀樂 省牲 宰牲 視祭器 治祭物
祭祀日	陳設 祭崇聖祠 祭文廟 祭朱子祠等

（二）朱子、文昌信仰

學宮祭祀孔子之外，士子也崇奉朱熹與文昌帝君。朱熹在閩地傳授儒學經義，創辦寒泉精舍、武夷書院、同文書院、考亭書院等，勤力著述，培養一批又一批的儒學門人，故有「中原文獻，十九在閩」、「朱子門人半天下」之諺，朱子學為閩學的主要內容，在明清為儒學正宗。朱熹傳注也成為元明清科舉考試的內容。〔註101〕康熙五十一年（1712），「議覆宋儒朱子，配享孔廟本在東廡先賢之列，今應遵旨，升於大成殿十哲之次，以昭表彰至意從之。」〔註102〕將朱熹升配至大成殿東序而為第十一哲，以茲表彰。由於康熙對朱熹的推崇，朱子學大興，學者遍及全國，朱子學勢力之大與影響之深，僅次於

〔註100〕清·周璽，《彰化縣志》（臺北：臺灣銀行經濟研究室，臺灣文獻叢刊第156種，1962年），卷五，〈祀典志〉，頁151。
〔註101〕元朝皇慶二年（1313）復科舉，詔定以朱熹《四書集注》試士子，朱學定為科場程式。明太祖洪武二年（1369）科舉以朱熹等「傳注為宗」。
〔註102〕清·《清實錄》第六冊（北京：中華書局，1986年），卷二四九，頁467。

孔子。第一座朱子祠即座落在臺灣府學左側：「朱文公祠：在郡學左側，康熙五十一年，臺廈道陳璸建。」〔註103〕臺灣書院盛行，書院主祀多為朱熹，如嘉慶進士鄧傳安任鹿港同知任上，倡議建立了紀念臺灣文化開基始祖明鄭大儒沈斯庵的文開書院，「文開」為沈斯庵的字，然而文開書院的主祀卻是朱熹，沈斯庵為配祀，鄧傳安認為：「書院必祀朱子，八閩之所同也」，〔註104〕「閩中大儒以朱子為最，故書院無不崇奉，海外亦然。」〔註105〕反應了朱熹對臺書院的影響。

　　孔子與朱熹為儒教開創與領袖人物，文昌祠所供奉的文昌帝君宗教色彩則更明顯。府、縣儒學常附屬有「文昌祠」，書院也常有附屬有文昌祠。文昌帝君的信仰，「就宗教之本質而言，係屬於星辰之崇拜（Sabaism）及多神拜（Polyiheism）等之混合拜（Mixedworshiqs），其起源，庶將在道家之說所胚胎而成者也。」〔註106〕關於文昌為星辰信仰，鄧傳安在〈修建螺青書院碑記〉中，贊成書院崇奉文昌帝君：

> 《周禮・黨正》有秋祭禜之儀。祭法：幽禜，祭星也。文昌在天，為司中、司命之六星。自古德行道藝之書，必以孝弟為首；後世於文昌之神，或求其人以實之，又權輿於雅詩之張仲孝友。然則書院之崇奉文昌，宜也。〔註107〕

鄧傳安以《周禮》祭法中即有祭星的的祭法，可見自古即有星辰的崇拜，而文昌宮六星，《史記・天官書》：「斗魁戴匡六星曰文昌宮：一曰上將，二曰次將，三曰貴相，四曰司命，五曰司中，六曰司祿。」〔註108〕也有特指文昌宮六星的第四星「司命」，舊時傳說主文運，故俗又稱文曲星或文星。原本的星辰崇拜，正如鄧傳安所言「求其人以實之」，將星辰崇拜具化在人身上，最早的就是《詩經・小雅・六月》詩句中的「張仲孝友」一句，據文昌帝君曾托鸞降筆，作《清河內傳》，自述身世，自周初至漢、東晉後，歷十七次化生於人

〔註103〕清・范咸，《重修臺灣府志》，卷七，〈典禮〉，頁260。
〔註104〕清・周璽，《彰化縣志》，卷十二，〈藝文志〉，頁412。
〔註105〕清・周璽，《彰化縣志》，卷十二，〈藝文志〉，頁459。
〔註106〕臺灣慣習研究會原著、臺灣省文獻委員會譯編，《臺灣慣習記事（中譯本）》第壹卷下（臺中：臺灣省文獻委員會，1984年），頁164。
〔註107〕清・周璽，《彰化縣志》，卷十二，〈藝文志〉，頁462。
〔註108〕漢・司馬遷撰、劉宋・裴駰集解、唐・司馬貞索隱、唐・張守節正義，《新校本史記三家注并附編二種》（臺北：鼎文書局，1981年），〈天官書第五〉，頁1293。

間，謂十七化，名曰「梓潼（文昌）帝君化書」。其化書自諱吳會人，生於周初，姓張。殆祖父及母卒，哀毀盡禮，時稱孝友而不名。詩有「張仲孝友」之句，即是為彰其孝行。鄧傳安認為張仲以孝弟聞名，孝弟正是讀書人追求的道德品性與學問之首要，故贊成在書院崇奉文昌帝君。

文昌信仰另一源自四川梓潼帝君信仰：

> 按梓潼帝君，張姓，名亞子，居蜀七曲山。仕晉戰歿，廟在保寧府梓潼縣。唐、宋累封至英顯王。道家謂：帝命梓潼主文昌事及人間祿籍，故元加號為帝君。天下學校因有祠祀。明景泰中，即京師舊廟，闢而新之，歲以二月三日誕辰遺祭。宏〔弘〕治元年，禮部尚書周洪謨等議：梓潼顯靈於蜀，廟食其地為宜。請飭天下學校，罷毀其廟；而學校仍多祀者，以紫薇垣文昌六星次在斗魁之南，均為文明之府，故與魁星並祀云。國朝嘉慶六年，奉詔編入祀典，春秋致祭，與武廟同。蓋以世所傳帝君之書，如《陰騭文》、《感應篇》、《勸孝文》、《孝經解》諸書，皆有神於教化，不失聖人之旨，故學者崇奉之，使日用起居，皆有敬畏，非徒志科名者祀以求福也。今彰邑文祠極盛，大率士子鳩金公建，以為敬業會文之所；而藉神明以儆身心，文風所由丕振也。〔註109〕

道教以「梓潼主文昌事及人間祿籍」，故「天下學校因有祠祀。」明孝宗弘治元年（1488）「禮部尚書周洪謨（1421〜1492）等議：梓潼顯靈於蜀，廟食其地為宜。請飭天下學校，罷毀其廟」，以梓潼為地方性質的神祇，除了四川之外，要各地學校罷毀文昌祠。然而學校大多繼續奉祀，後來與星辰信仰合流。清嘉慶六年（1801）時正式編入祀典春秋祭祀。學者也因為文昌帝君所傳書籍，崇尚孝友，有助教化，不失聖人之旨，加以崇奉。

官方基於統治的便利，及「敬鬼神而遠之」的孔訓，對於迷信的民間習俗予以摒棄，然文昌信仰在廣為士子所崇敬的社會氛圍下，陳璸在〈新建文昌閣碑記〉有一番見解：

> 顧為學之道，自求放心。始求之窈冥昏默，反荒其心於無用，不如時觀象以自省。有如動一念焉，若帝君之予見；發一言焉，若帝君之予聞；措一行焉，若帝君之予視、予指。必謹其獨，戒慎恐懼，將所為修德積善者，悉根諸此，學不自此進乎？學進則識進，識進

〔註109〕清・周璽，《彰化縣志》，卷五，〈祀典志〉，頁153。

則量進，量進則德修，而福亦隨集。由此而登高科、享大名，如持
左券！人之為歟？何非天之為也。有志之士，無急求名於世，而務
積學於己；亦無徒乞靈于神，而務常操其未於之心，藏焉、修焉、
息焉、游焉。〔註110〕

陳璸以為學在求放心，不在外求，對學子而言，文昌帝君不是但求應允功名，
反而是督導學子的言行，學子的言行舉止、動心起念都有文昌帝君加以檢視，
學子戒慎恐懼，致力修德積善，將學、識、量、德、福串連起來，積學努力，
功名在握，這才是文昌帝君的靈驗之處，而不只是求神應驗。陳璸對於文昌
信仰的轉化可分二方面：「一是將文昌信仰合理化、道德化，其〔甚〕至儒學
化，轉化其功力取向；另一種比較特別，是把崇祀文昌的空間從祭祀空間轉
換成『洗心』、『勵志』的學思空間，淡化其迷信色彩。」〔註111〕文昌祠不只
在儒學、書院，也廣建在城市鄉村，成為「生童會文之地。」〔註112〕而「文
廟，係屬公眾崇祀者，而文昌祀，則屬私人所崇祀者。」〔註113〕文昌祠的存
在，成為一般人民在習文學業中可以親近的心靈寄託方式。

三、儒教空間的形成

自明末至清治，大量漢人自中國福建、廣東等地移民臺灣，使臺灣從南
島語族為主的社會，轉化成以漢人為主的儒教社會。嘉慶十六年（1811）漢人
人口為 1,944,737 人，光緒十九年（1893）則為 2,545,731 人，〔註114〕
漢人人口至 19 世紀末期已超過二百五十萬人；至於平埔族人口，根據 1650
年 3 月的「荷蘭戶口表」中的「熟番」部落人口有 50,517 人，到了日治時
期，根據日人在昭和二年（1927）的調查，「平埔」族人口為 52,598 人，〔註
115〕由以上資料來看，平埔族人口從 17 世紀到 19 世紀，三個世紀內並無顯

〔註110〕清・陳文達，《臺灣縣志》，〈藝文志十〉，頁 253。
〔註111〕陳昭瑛，〈文昌帝君的信仰與儒家道統意識——台灣儒學研究之一〉，收於
　　　　《臺灣儒學研究國際學術研討會論文集》，頁 415～416。
〔註112〕清・周璽，《彰化縣志》，卷九，〈風俗志〉，頁 289。
〔註113〕臺灣慣習研究會原著、臺灣省文獻委員會譯編，《臺灣慣習記事（中譯本）》
　　　　第壹卷下，頁 164。
〔註114〕陳紹馨纂修，《臺灣省通志稿》（南投：臺灣省文獻委員會，1964 年），卷二，
　　　　〈人民志・人口篇〉，頁 160。
〔註115〕王一剛，〈凱達格蘭族的源流及分佈〉，《臺北文物》第 5 卷第 3 期（1957 年），
　　　　頁 25。

著增加。〔註116〕經過清朝二百一十二年的統治,漢人人口約為平埔族人口的 50 倍,漢人成為臺灣絕大多數。

漢人人口的增加,另一個面向即是表現在臺灣土地的開墾上。土地的開墾,包括土地、水源和人力。漢人取得土地最主要的方式是先向朝廷取得墾首(大租戶)的資格,墾首再向原住民繳交「番大租」,取得土地的耕種權;〔註117〕另外也有利用母系社會習俗,與土著女子結婚繼承土地;或以「割地換水」方式,以漢人築圳的水,和土著交換一半的土地。〔註118〕漢人以生產水稻為主,水源之處即為聚落之處,水源取得有小型陂潭和大型水圳,水圳築成,整個區域才得以大面積開發。墾首築圳,用以溉灌,並將土地分成數塊,租與墾戶(小租戶),墾戶向墾主繳交「大租」,墾戶再將土地細分為小塊地,並轉租於更多數的佃農民,佃農向墾戶繳交「小租」。隨著土地開發,形成許多聚落,在泉籍聚落,如泉州人的守護神「廣澤尊王」,安溪人的守護神「清水祖師」,晉江、惠安、南安三邑人的守護神「觀音佛祖」等;在漳籍則供有「開漳聖王」;粵籍則有「三山國王」。

臺灣的開發由南而北,由西而東,由平原而山區。對清廷而言,臺灣地處邊陲,治臺政策並不積極,逢遇重大事件,官員與朝廷才會去思考地方的發展與建設,其中最明顯的觀察是行政區劃的設置。南部開發,早在荷治時期,「明朝天啟以前,南部新港溪和觀音山間(包括今台南、高雄四縣市)一個發展蓬勃的中國農耕社會已經形成。」〔註119〕中部而言,康熙五十八年

〔註116〕平埔族人口未增加,可能是接受漢化之後的平埔族,不再列入統計,並非自然人口數未增加,然而平埔族一旦漢化認同了漢人,則其文化與價值觀即是漢人模式。

〔註117〕「雍正二年覆准:福建臺灣各番鹿場閒曠地方可以墾種者,令地方官曉諭,聽各番租與民人耕種。」參見:臺灣銀行經濟研究室編,《清會典臺灣事例》,〈事例(一)〉,頁 43。

〔註118〕如人稱「番駙馬」張達京(1690~1773),康熙五十年(1711)渡臺,居岸裡社。娶六社頭目之女、任岸裡五社總通事。自是力田起家,擁資巨萬。雍正十年(1732),協助清軍平定大甲西社首魁林武力。達京招達朝、達標二兄弟及鄉人戚友渡台,合作招墾成田,以水源不足,乃於十年十一月立「張振萬」墾號,邀同秦登鑑、姚德心、廖朝孔、江又金、陳周文等組為六館業戶,而以張振萬為首,與岸裡等四社土官商議,由六館業戶備出工本,募工開築樸仔籬口大埤之水圳,分與四社灌溉,換取東南勢之旱埔地,招佃開墾。參見:國家圖書館特藏組編輯,張子文、郭啟傳、林偉洲撰文,《臺灣歷史人物小傳——明清暨日據時期》(臺北:國家圖書館,2003 年),頁 431~432。

〔註119〕黃典權,〈清代臺灣南部的開發〉,《歷史月刊》第 15 期(1989 年 4 月),頁 109。

（1719）施世榜築成八堡圳，灌溉彰化縣全境內十三堡半中之八堡，彰化平原已經開發完成，加以康熙六十年（1721）朱一貴事件衝擊，雍正元年（1723）在諸羅縣北部半線新設彰化縣；其他，諸如乾隆二十四年（1759），漢人開拓已幾近完成。〔註120〕東部而言，乾隆五十一年（1786）林爽文事件，林爽文的同黨吳沙，遁逃東北而開發了蘭陽平原，嘉慶十七年（1812）才置噶瑪蘭廳。〔註121〕同治十三年（1874）牡丹社事件，清廷涉外事件衝擊，才真正重視臺灣，沈葆楨（1820～1879）來臺，建請開山撫番，隔年光緒元年（1875）奏准添設臺北府，臺灣的開發才算是全面受到重視。

農耕社會形成，行政區縣邑、府城的設置方隨之而來。行政區的設置，官方府、縣儒學教育機構方隨之設立。教育機構的建置，教化隨之而至，整個儒教的空間因而架構起來，潘朝陽繪製了一張「清代臺灣的儒家空間實踐示意圖」，說明如下：

> 最內圈表示文教的神聖中心，包括廟學、書院、文昌祠、關帝廟、媽祖廟等，是臺灣黎民之心靈得到德教空間；第二圈表示聚落，是臺灣黎民之心靈得以避風雨躲災害的安居空間，由於儒家主張仁慈應及於矜寡孤廢疾者，也應從陽明透達於陰幽，所以聚落空間包含了善養堂和義冢；第三圈表示圳水溉灌的農耕大地，是臺灣黎民之身心得以獲得滋養而不飢饉的生生豐厚空間。〔註122〕

據此可見清治時期的臺灣地區與儒教已密不可分。信仰中心與教育場所合而為一，在日治時期傳遞下去，以培養臺籍日語教員的第一所國語傳習所即在1895年於芝山巖開漳聖王廟成立。儒教的空間開啟了轉化的因子。

另外，私人的居室也是儒教倫理最佳展示與教化空間：

> 本家的家族住在左右長的中央主屋，（正身、廳堂），若是沒有分家，即只有所謂正身建的這一棟，但是，普通都有分家，分家建在左右前方與正身直角的方向，這別棟（護龍、護厝、伸手）只有向前擴張下去，這時候因表示長幼之序，護龍之棟要比正身低，又要向前方延長的時候，棟亦要更低一點，而與正身圍著前埕。〔註123〕

〔註120〕楊緒賢，〈中部的開發〉，《歷史月刊》第15期（1989年4月），頁119～120。
〔註121〕黃典權，〈清代臺灣南部的開發〉，頁112。
〔註122〕潘朝陽，〈從《易繫辭傳》論儒家在台灣的空間實踐〉，《北京聯合大學學報》（人文社會科學版）第6卷第3期（2008年9月），頁74～83。
〔註123〕林熊祥、李騰嶽監修，《臺灣省通志稿》，卷六，〈學藝志·藝術篇〉（臺北：

漢人傳統上家院的建築，以本家嫡長居住在中央主屋，兄弟分家則居住在主屋往前延伸的護龍，故以後院後進為尊；另清朝尚左，所以左座為尊。〔註124〕

第三節　治臺政策中儒教因素與臺灣仕紳望族

一、清治時期治臺政策與仕紳家族發展

　　清廷一向視臺灣為邊陲彈丸之地，對於臺灣的治理相對消極，我們只要從行政區的逐次劃分時程，就知道清廷治臺的態度，即非得遭內外之亂，方不得不處置。清廷承繼中原的儒教倫理價值，在政策上也鼓勵家族的興盛，這並不意味著清廷對臺灣的重視，而是一套行禮如儀的制度。另外，渡臺禁令的五張三弛，漸次鬆綁，來臺漢人漸多，攜家帶眷不再禁止，家族也因此發展起來。這些有利家族發展的政策，推行時也是片面的、緩慢的。此外，不論是閩南所帶來的大家族文化，或者因為治理不彰，「三年一小反，五年一大亂」，為了生命財產的安全，漢人移民必須團結互助，除了祭祀圈外，另一個可能就是宗族組織，「分類械鬥的頻繁，間接促進了宗族的發展。」〔註125〕

　　清廷對於「屢世同居和睦無間」予以旌表、建坊表揚。〔註126〕而作為教化最重要的宣講，「初於順治九年（1652）欽頒六諭（孝順父母、恭敬長上、和睦鄉里、教訓子弟、各安生理、無作非為）。十六年（1659），議准：直省府州縣皆舉行鄉約，責成鄉約人等，於每月朔望之日聚集公所，予以宣講為濫觴。」〔註127〕宣講六諭內容，以儒家德教為根據，成為政府教化百姓的一環。康熙九年（1670），聖祖康熙增廣六諭為「上諭十六條」，除了地方官府，也推廣至營伍兵丁與邊域土司，其中第二條為「篤宗族以昭雍睦」，

臺灣省文獻委員會，1958 年），頁 204～249。

〔註124〕彭美玲，《古代禮俗左右之辨研究——以三禮為中心》（臺北：國立臺灣大學出版委員會，1987 年），頁 222～223。

〔註125〕陳其南，《台灣的傳統中國社會》（臺北：允晨文化，1989 年），頁 140。

〔註126〕如乾隆五十五年（1790）「禮部為旌表屢世同居和睦無間事」：「題為山西太平縣候選知府王協，和順一庭，共纍八十餘口，相承七世，同居二百餘年，請准旌表，應俟命下行文該撫轉飭該地方官，給銀三十兩，聽本家自行建坊。」參見：數位典藏與數位學習聯合目錄，〈禮部為旌表屢世同居和睦無間事〉，下載日期：2014 年 5 月 1 日，網址：http://catalog.digitalarchives.tw/item/00/28/de/13.html。

〔註127〕伊能嘉矩，《臺灣文化志（中卷）》，頁 95。

至雍正皇帝《聖諭廣訓》則加以推衍成：「立家廟以薦烝嘗，設家塾以課子弟，置義田以贍貧乏，修族譜以聯疏遠。」〔註128〕並使生童加以誦讀，《聖諭廣訓》成為有清一代發行量最大的書籍，影響層面至為廣大，對於宗族的發展有正面幫助。

渡臺禁令的張弛，也影響臺灣家族的發展。據伊能嘉矩的歸納，清廷對渡臺之限制有五張三弛：

> 有臺之初先示禁止之，（一張）康熙五十八年重禁偷渡，（二張）雍正七年再嚴禁之，（三張）十年開除搬眷之限制，（一弛）限乾隆五年內禁之，（四張）九年解其禁，（二弛）十三年禁止，（五張）至二十五年再開禁。（三弛）〔註129〕

清廷先有三次的嚴禁偷渡之禁令（張），顯現閩粵偷渡者持續增加，方有禁令的再三施行；乾隆二十五年（1760）開禁後，就不再有渡臺的諸多限制，來臺人數急劇增加。康熙二十二年（1683）清朝平臺之初，發布臺灣編查流寓之例（「六部處分則例」），其中附帶有關渡臺之限制其中二條：「欲渡航赴臺者，先給原籍地方之照單，經分巡臺廈兵備道之稽查，依臺灣海防同知之審驗許之，潛渡者處以嚴罰。」、「渡航臺灣者，不准攜伴家眷，既渡航者不得招致之」，〔註130〕在此嚴格的規定下，雍正五年（1727）閩浙總督高其倬（1676～1738）之〈臺灣人民搬眷過臺疏〉指出了渡臺管制所造成的問題：「臺灣一縣，皆係古來住臺之人，原有妻眷，其諸羅、鳳山、彰化之三縣，皆新住之民，全無妻子。」〔註131〕在農閒的時候，這些無家室的「羅漢腳」，就會「終

〔註128〕 《聖諭廣訓》，收於清高宗敕纂，《景印摛藻堂四庫全書薈要》（臺北：世界書局，1985年），頁7。

〔註129〕 伊能嘉矩，《臺灣文化志（中卷）》，頁417。關於渡臺禁令，此處依據伊能嘉矩的說法，但黃秀政、施志汶均曾就此討論，該禁令是否存在，相當值得懷疑。參見黃秀政，〈清代治台政策的再檢討：以渡台禁令為例〉，《興大文史學報》第20期（1990年3月），頁49～66；施志汶，〈台灣史研究的史料運用問題：以清代渡台禁令為例〉，《台灣史蹟》36期（2000年6月），頁127～166。

〔註130〕 伊能嘉矩，《臺灣文化志（中卷）》，頁417。關於渡臺禁令，此處依據伊能嘉矩的說法，但黃秀政、施志汶均曾就此討論，該禁令是否存在，相當值得懷疑。參見黃秀政，〈清代治台政策的再檢討：以渡台禁令為例〉，《興大文史學報》第20期（1990年3月），頁49～66；施志汶，〈台灣史研究的史料運用問題：以清代渡台禁令為例〉，《台灣史蹟》36期（2000年6月），頁409。

〔註131〕 不著輯者，《雍正硃批摺選輯（二）》（臺北：大通，1987年），〈浙閩總督高其倬奏聞臺灣人民搬眷情節摺〉，頁143。

日無事，惟有相聚賭飲，飲酣賭輸，遂致共謀竊劫。」〔註132〕造成社會治安問題，「若令各有妻子，則能內外有分……各顧養贍妻子……各顧保守家室。」渡臺禁令的存在，也造成弊端〔註133〕，直至乾隆二十五年（1760），渡臺禁令開放，就不再有渡臺的諸多限制，來臺人數急劇增加，臺灣的家族發展於焉展開，累積出家族勢力。

家族組織發展，有充足的財力、族眾才有祭祀公業的成立，以《台灣私法附錄參考書》所收錄的的數十件乾隆至道光的分家文書，都明確提留一部分財產作為祭祀公業，相當多的家族祠堂、祭祀公業是建造於乾隆至道光年間。〔註134〕臺人成立祭祀公業、立祠堂、諸子均分家產，分房不分家，不別親子、養子，以上家族風俗的表現，讓1895年來臺任職警務部門日人佐倉孫三，稱此為「臺俗最美者」。〔註135〕

鄭振滿考察明清時期的戶籍和賦役制度，指出「國家統治體制，經歷了從直接統治向間接統治的演變過程，基層社會的自治化不斷提高。在福建地區，至遲至明中葉以後，家族組織已直接與里甲制度相結合，演變為基層政

〔註132〕 伊能嘉矩，《臺灣文化志（中卷）》，頁417。關於渡臺禁令，此處依據伊能嘉矩的說法，但黃秀政、施志汶均曾就此討論，該禁令是否存在，相當值得懷疑。參見黃秀政，〈清代治台政策的再檢討：以渡台禁令為例〉，《興大文史學報》第20期（1990年3月），頁49～66；施志汶，〈台灣史研究的史料運用問題：以清代渡台禁令為例〉，《台灣史蹟》36期（2000年6月），頁411。

〔註133〕 如乾隆十二年（1747）上諭：「各省沿海口岸設立塘汛，又有哨船之巡遊，原以為防偷渡及透漏禁物之弊，朕聞福建省之巡查，兵役惟以需索為事，出入之船隻俱有規例，需索既遂，一切不問不查，該管官員所司何事，乃漫無察覺一至於此？」參見伊能嘉矩，《臺灣文化志（中卷）》，頁416。

〔註134〕 《台灣各姓祠堂巡禮》一書中共收錄有52個臺灣宗祠，最早的是明永曆十五年至二十八年（1661～1674）間，「台南陳氏家廟德聚堂」；其次是清康熙十六年（1677）「新屋九斗羅氏豫章公屋」，乾隆至道光年間所創建有13個，如「台中林氏宗廟」、「台北高氏大宗祖祠」等。參見：陸炳文，《台灣各姓祠堂巡禮》（台中：台灣省政府新聞處，1988年），頁81、76、46、65。另外，陳其南根據臺灣總督府1937年全省祭祀公業統計資料，祭祀公業大量設置是在道光以後的事。參見：陳其南，《台灣的傳統中國社會》，頁138。

〔註135〕 「臺俗之最美者，莫若於一家團樂之風。家有兄弟數人，則均分財產，住居一屋；不嘗招螟蛉之誹，又有幹枝相衛護之義。是以眷族繁衍，多者六、七十人，少者十五、六人。或耕耘田野、或販賣物品、或傭作他家、或羈旅貯金，營營棲棲，與歲月相移。若夫兄弟構別屋離居者，名曰分房，任其所望；唯除去祖宗祠堂金，餘則均分之，毫無紛擾反目之態。豈可不言美風乎？」參見：佐倉孫三，《臺風雜記》（臺北：臺灣銀行經濟研究室，臺灣文獻叢刊第107種，1961年），〈一家團樂〉，頁50。

權組織。」〔註136〕基層社會自治化，反映了「公」的皇權官僚無法有效社會控制，而需依賴「私」的家族組織，促進了家族組織不斷的發展，發展出閩南地區「其在鄉村，大姓聚族而居，睚眥之怨，率族持械，雖觸法不率」〔註137〕的情形。地方上皇權不張，地方紳權則取而代之；皇權不張，顯現了地方吏治不清，如嘉慶年間，雲霄同知薛凝度即指出：「漳屬刦搶之案，一經失事，地方官即勒令附近村莊各家長賠贓完案，但希圖安頓事主，不行上控。」〔註138〕官員便宜行事，無法有效控制地方；地方紳權發達，則是強化「族長」（族正或家長）的權力而來，「他們『設立族規訓子侄』，展開『恤鄉睦族』活動，控制著族眾，也控制其宗族所在地區，加上有些族長鄉紳還擁有功名，是致仕歸田的在籍鄉紳，地方官徜亦須禮讓三分。」〔註139〕

二、日本懷柔統治與仕紳家族

　　新建立的外來政權，需要有在地勢力的支持幫助，懷柔政策向來是針對上層社會而來的，包括經濟、名位、和文化上的籠絡，擇其所欲，投其所好。其中，給予經濟上的利益，產生一個緊密的政商關係，是最為常見的；而抱有文化認同者，則以中日同為儒教圈等加以籠絡；至於名位，更是執政者最方便交易的項目。原本在地的勢力，由於與新政權關係配合程度，其地位將重新排列組合，造就新的勢力崛起。

　　首先是經濟的籠絡。臺灣總督府，素來以名望資產將臺人分類，資產當然是大家族的必備條件，日本政府對於統治有功勞者，予以扶植。所謂御用紳士，最有名當然是林熊徵與辜顯榮。以林熊徵而言，分家紛糾危機時，官方多次介入協調，一次大戰林熊徵投資損失慘重，臺灣銀行給了援助，才解除危機，林家有非常多的企業是與日本資金聯合，這是總督府對林熊徵的拉攏，也是林家能夠在日治時期繼續站穩五大家族的重要因素。辜顯榮擅長掌

〔註136〕鄭振滿，《明清福建家族組織與社會變遷》（北京：中國人民大學出版社出版，2009 年），頁 183。

〔註137〕清・懷蔭布奉勅編俢，《泉州府志》（出版地不詳：賴全源，1964 年），〈風俗〉，卷二十，頁 17。

〔註138〕清・薛凝度修，吳文林纂，《雲霄廳志》（臺北：成文，1967 年），卷八，〈同知薛凝度酌議弭盜情形詳文〉，頁 323。

〔註139〕陳小沖，〈宗族勢力與明清閩南農村社會〉，收於莊英章、潘英海編，《臺灣與福建社會文化研究論文集（三）》（臺北：中央研究院民族學研究所，1996 年），頁 36。

握契機，承攬鹽、鴉片、菸草、樟腦等專賣，獲取大量而穩定的資本，最終邁向富豪之路。這一部分，涉及層面較廣，新舊勢力的並進，將在第三章再深究。以下分別就文化、名位籠絡分別述之。

（一）文化籠絡

日本為東亞文化圈的一員，在 1860 年代到 1880 年代間，明治天皇推行維新運動，使日本走向現代化，在經濟、軍事、社會、文化等面向進行改革。經過明治維新，國勢轉強，1894 年與清朝甲午戰爭，臺灣成為日本殖民地。在現代化的浪潮下，日本政府以漸進方式治臺，在謀求臺灣菁英的認同之際，以儒教為日、臺共同的文化背景，成為日本治臺最佳籠絡手段。

臺灣社會的仕紳階級從進私塾始，以《千字文》、《三字經》、《幼學瓊林》等為啟蒙教材，到為舉業而研讀的四書五經，莫不以孔子為其文化信仰的對象，孔子是道統的象徵，所謂堯、舜、禹、湯、文、武、周公以至孔子，集其大成。中國歷代政統可有改朝換代，卻也不是在地仕紳階級所能置喙的，但對道統信仰，實是其價值所在。總督府讓尊孔、祭孔活動延續，確實是可以降低臺灣人民對日本總督府統治的抗拒。

日本人在明治維新以前，也是敬奉孔子的，《臺灣日日新報》曾就儒教的重要價值與內涵分析，以為與日本人價值是一貫的，如「教育敕語」的忠孝敬愛、「大和魂」的愛國之熱心、「武士道」的信義精神，和「功於社稷則祀」等角度，故尊孔、祭孔與日本人的價值是一樣的。〔註 140〕總督府當然要善用文化上的同質，藉以籠絡仕紳階級。孔子廟的重修興建和春秋兩季的祭典遂在臺灣各地展開，以《臺灣日日新報》資料庫的記載為例，利用「孔子廟」和「祭」二詞合併查詢，就有 280 筆資料，以 1900 年彰化孔子廟的秋祭典而言，總督兒玉源太郎（1852～1906）捐款 50 圓，有紳士秀才數百人參與祭孔大典。〔註 141〕以臺北孔子廟為例，原 1882 年由林維源等人提議捐款而興建的臺北孔子廟，1906 年因臺北都市計劃而撤廢。1925 年辜顯榮倡議興建孔子廟，以臺南孔子廟為藍圖，地點為今之大龍峒，經當局核可興建，總工程費為 30 萬圓，全由民間募款所得。〔註 142〕臺北孔子廟的興建是一個很好的觀察。首先，當時的臺北已經是臺灣的首善之區了，為什麼會因

〔註140〕〈文廟與興建之置議〉，《漢文臺灣日日新報》，1907 年 11 月 7 日，第 2 版。
〔註141〕〈彰化孔子廟祭〉，《臺灣日日新報》，1900 年 9 月 9 日，第 3 版。
〔註142〕辜顯榮翁傳記編纂會原著、楊永良譯，《辜顯榮傳》，頁 110～111。

都市重建計劃就拆掉孔廟？又為什麼事隔近二十年不加以興建，而辜顯榮又為什麼在 1925 年要提議興建？似乎很明顯說明總督府的儒教措施，只是一種籠絡政策，非真心推行儒教，故可以拆，可以不建。而辜顯榮於 1925 年提出興建計劃，並予以大款捐獻，據靜思《辜顯榮傳奇》一書說法，辜顯榮想藉此表示：

> 他對文化事業的不遺餘力，另一方面可藉此挫挫方興未艾的文化協
> 會氣焰，向他們表示：我辜某才是真正尊師重道的推行者……既可
> 得慷慨公益的美名，又可壓壓對方的銳氣，更可保新主子日本帝國
> 的國祚永隆。〔註143〕

各方面的考量，靜思之說應有一定的參考價值，那麼興建臺北孔子廟也只是一著好棋，也是大家族運用宗教的例子。

　　另外，王詩琅指出，日本政府對臺灣的知識分子加以籠絡，包括「紳章的制定與頒發，舉辦饗老典、舉辦揚文會」，〔註144〕都在中日相似的文化背景下所擬定的政策。其中「紳章」制度是名譽的象徵，後文再論。「饗老典」是由第四任臺灣總督兒玉源太郎首次興辦，邀請八十歲老者參加，1898 年至 1900 年之間共辦理四次，其後不再辦理。「揚文會」也與兒玉源太郎有關，1900 年其為清代遺老，以及包括在清代有科考功名的進士舉人和貢生廩生，在臺北舉辦此會，徵其生平蘊蓄懷抱的文章，以作為治臺的資料，兼以振興「文運」、訓導「文風」。日後，對日人策問的答議，印成「揚文會策議」一書，1901 年各地方也曾開過會，可是至此以後，則無聲無息。

　　臺灣總督府對於有舊功名者，讓他們保有仕紳身分，奉行「敬老」倫理，並以詩文交流日臺情誼。讓原本在清治時期臺灣社會的仕紳階級，在認同日本的同時也未背棄自己原有的文化，以收籠絡之效。

（二）名位籠絡

　　總督府運用名位籠絡仕紳階級，讓仕紳擁有榮譽與頭銜。具體的作法有紳章制度和各協議會員、府評議會員等的選定指派。

　　首先是紳章制度，明治二十九年（1896）由第二任臺灣總督桂太郎（1848～1913）所擬定並發出諭告，指出紳章制定的理由：

〔註143〕靜思，《辜顯榮傳奇》（臺北：前衛，1999 年），頁 242。
〔註144〕王詩琅，〈日據初期的籠絡政策〉，《臺灣文獻》第 26 卷第 4 期、第 27 卷第
　　　　 1 期合訂本（1976 年 3 月），頁 31～41。

本島人民今日之境遇，不論賢愚良否，概未享得相當之待遇，甚至
具有一定之見識，或資望者，尚且須與愚夫愚民為伍，實不忍睹。
如斯，實不獨非待良民之道。復於島民之撫育上關係不尠。因此，
茲特創設優遇具有學識資望者之途，俾能均霑皇化，惟此乃最必要
之事也。〔註 145〕

學識與資望，在其內規明確說明：具有學識者主要是經清政府考試通過，資
望係指資產家。紳章制度的設計，等於是臺灣總督府對原本在清治下的臺灣
知識分子與富庶之家的承認。制度初定時，臺人懾於日本政府威勢，間有依
照規定佩用，然而臺灣總督府頒發的紳章未有實際效用，佩用者日少，霧峰
林家的林烈堂曾批評說：「極沒有趣味，臺灣總督騙臺灣人」，〔註 146〕試想林
烈堂會有這樣的抱怨之言，當初對它一定存有極大的想像。紳章制度在 1926
年以後就沒有再頒發，這一制度便無疾而終。

日本殖民統治，臺人的參政權是受限的，至 1935 年才開放半數的州市會
議員、街庄協議會員選舉，除了 1935 年與 1939 年兩次開放半數的州市會議
員、街庄協議會員選舉外，〔註 147〕其餘的不論是行政職或議員職，都是依層
級由上級長官選定指派。沒有實權、只提供諮詢意見，及附議各項預算，且
無決議權、監察權及建議權的各級議員，〔註 148〕是總督府籠絡臺人最好的職
位。

以議員職位而言，最高的職位是日本貴族院議員，辜顯榮以對日本統治
臺灣的極大貢獻和總督府官員極良好的私人關係，於 1934 年獲聘為日本貴族
院議員，是日本政府敕選十二位議員中之一，更是全臺第一位貴族院議員，
一直到中日戰事將終敗之際，1945 年才又有臺籍貴族院議員三人：綠野竹二
郎（簡朗山）、林獻堂、許丙。

而在臺灣本島最高層級的議員是「總督府評議會評議員」，1921 年第一次
有臺籍九人獲聘，吳文星指出：

〔註 145〕王詩琅，〈日據初期的籠絡政策〉，頁 31。
〔註 146〕許雪姬編著，許雪姬、王美雪記錄，《霧峰林家相關人物訪談紀錄（頂厝系）》，
　　　　《中縣口述歷史》叢書第五輯（豐原：臺中縣立文化中心，1998 年），頁 8。
〔註 147〕吳文星，《日治時期臺灣的社會領導階層》（臺北：五南圖書，2008 年），頁
　　　　191。
〔註 148〕吳文星，《日治時期臺灣的社會領導階層》（臺北：五南圖書，2008 年），頁
　　　　186。

> 總督府評議會以籠絡地方首富為目的，形式的意義遠大於實質的作
> 用，因此雖有任期規定，惟通常均是一再連任，殊少更易，有之，
> 亦往往是兄弟或親戚相續。〔註149〕

據「臺灣總督府職員名錄系統」資料庫，板橋林家在這一職位上，未曾缺席。
林熊徵獲選為總督府評議會第一屆臺人評議員，〔註150〕林熊徵離臺後由其三
弟林熊光繼任，林熊光離臺後，由來臺的二哥林熊祥接任。基隆顏家顏雲年
獲選為總督府評議會第一屆臺人評議員，雲年1923年過世後，1928年開始，
由顏國年擔任此要職。〔註151〕鹿港辜家辜顯榮第一屆獲聘後，即擔任至1935
年，與貴族院議員還重疊了一年。高雄陳家未在1921年雀屏中選為總總府評
議員，或許與原雇主後代陳文遠間的訴訟有關。〔註152〕終究，陳啟貞於1931
年至 1944 年擔任總督府評議會員。陳啟貞身為長子，在日本文化中重視長
子，即使非親生子，仍擁有家族最高的地位，有家督繼承的意味。霧峰林家
林獻堂獲選為總督府評議會第一屆臺人評議員，因同時間領導文化協會與議
會設置請願運動等因素，因而辭退，由姻親楊吉臣接任。其中林獻堂因為有
民族運動領導者的背景，「五次被任命為府評議員，卻為了表明心志或同儕壓
力而辭退以示反抗。有時又迫於現實不能不接受的經過，換言之林獻堂的態
度是既屈從又反抗。」〔註153〕

　　總督府評議員的下一層議員，即是州議員、市議員，擔任總督府評議員
前，都是擔任州協議會員，如林獻堂、辜顯榮是臺中州，林熊徵、林熊光、顏

〔註149〕吳文星，《日治時期臺灣的社會領導階層》（臺北：五南圖書，2008年），頁
　　　　179～180。

〔註150〕中央研究院臺灣史研究所，〈臺灣總督府職員目錄系統〉，下載日期：2014年
　　　　3月30日，網址：http://who.ith.sinica.edu.tw/s2g.action?viewer.q_authStr=1&
　　　　viewer.q_dtdIdStr=000088&viewer.q_fieldStr=allIndex&viewer.q_opStr=&view
　　　　er.q_valueStr=%E6%9E%97%E7%86%8A%E5%BE%B5。

〔註151〕許雪姬疑顏國年未立即補上雲年的位置，可能和國年有刑事案件有關。（參
　　　　見：許雪姬，〈反抗與屈從：林獻堂府評議員的任命與辭任〉，《國立政治大
　　　　學歷史學報》第19期（2002年5月），頁271。）顏國年在1919年因違反
　　　　「國防用造營物居締規則」，身陷刑事案件，判決1年6個月有期徒期，即
　　　　「國防事件」，經過芳川寬治向臺灣總督日健治郎關說，才獲判無罪，幫助
　　　　顏家逃過一難。顏雲年之子顏德潤後來居日本姓弘為「芳川德潤」，應是與
　　　　芳川家之交情有關。參見：劉澤民、林文龍編著，《百年風華：臺灣五大家
　　　　族特展圖錄──基隆顏家》（南投：國史館臺灣文獻館，2011年），頁178。

〔註152〕許雪姬，〈反抗與屈從：林獻堂府評議員的任命與辭任〉，頁270。

〔註153〕許雪姬，〈反抗與屈從：林獻堂府評議員的任命與辭任〉，頁259～296。

雲年、顏國年是臺北州，陳啟貞是高雄州，可以說州協議會員是總督府評議會員的跳板。至於五大家族中任職州、市議員繁多，不論是官派或民選，不論是族人或姻親，與總督府合作，擁有相當的頭銜，議會期間還可以互相交流人脈、金脈，縱然政治立場不同，在與殖民政府的合作上，或許只是程度上的差別而已！

以地方性行政官員而言，霧峰庄長長期由霧峰林家擔任，這是霧峰林家與深耕地方的反映。另外板橋林祖壽長子林宗賢，出生於 1915 年，京都帝大法學部畢業後回到臺灣，日本人為了懷柔林家，特任命他為板橋街敕任街長。

大家族經由日本政府的經濟、文化、名位籠絡的懷柔政策中，對於日本的統治，民族意識較強者，也得在屈從中維護家族勢力；對於民族意識較弱者，則積極配合日本的政策，圖謀了家族的壯大，積極成為日本皇民。

第三章 五大家族的崛起、經營與分家繼承與漢文化的關係

第一節 資本主義發展與儒教辯証與五大家族的崛起

一、東亞資本主義發展與儒教辯証

　　自韋伯（Maximilian Karl Emil Weber，1864～1920）《新教倫理與資本主義精神》一書刊出後，學者對於東亞經濟發展背後的文化因素，提出不同的看法。韋伯在另一著作《儒教與道教》中認為，儒家倫理是中國沒有發展出資本主義重要原因之一；孫中興則據此規納出十八項中國不利資本主義的因素，與儒家倫理有關的，如「文官階層的特性和心態，城市缺乏政治上的自主性」等。[註1] 但有更多學者主張東亞經濟的發展，背後的文化因素即是「儒家倫理」，代表人物有彼得・柏格（Peter Ludwig Berger，1929～）[註2] 與金耀基。彼得・柏格認為當今東亞現代化的經濟的動力不是韋伯所批評的

[註1] 孫中興，〈從新教倫理到儒家倫理——瞭解、批判和應用韋伯論點〉，收於杜念中、楊君實編，《儒家倫理與經濟發展》（臺北：允晨，1989 年），頁 212～213。

[註2] 美國波士頓大學社會學教授彼得・伯格發表探討東亞發展的專文：〈世俗性——西方與東方〉，1984 年受邀參加《中國論壇》策劃一個以〈從台灣經驗看世俗化儒學與資本主義發展〉為題的討論會，主講〈一個東亞發展的模型：戰後台灣經驗中的文化因素〉。

那一種儒家，而是另一種「通俗的儒家精神」（庸俗化的儒家），〔註3〕一套推動市井小民的信仰價值，其中主要有：敬重上下之別，對家庭獻身以及整套個人紀律、節儉與美德的規範。〔註4〕金耀基則是透過《新教倫理與資本主義精神》學說的框架提倡「儒教資本主義」，東亞經濟驚人的經濟發展，是因為「東亞社會所以成功的根源，歸因於這些地區（日本和「四小龍」台灣、南韓、新加坡和香港）所共同擁有的文化傳統，即儒家文化。」〔註5〕另外，提出「理性的傳統主義」，「對於家族價值採取了一種工具的理性主義……傳統之所以被選擇地保留，是由於它們在追求經濟目標的時候，顯示了它們有外在的有用價值，」〔註6〕其意即：「親屬關係或多或少被視為一種手段和工具來利用。」〔註7〕

對柏格與金耀基的論點，學者提出不同的意見。以「庸俗化的儒家」的說法，李亦園則認為用人類學「小傳統」稱之更為適合，因為彼得・柏格所說的「『文化』因素，基礎上是這些中國『小傳統』的基本生活態度。」〔註8〕黃光國則認為「中國人追求利益的動機也十分強烈……台灣家族企業（動機來源是）……『人情和面子』法則」〔註9〕。韋政通則認為君子重義輕利，至於小人（庶眾百姓）趨利現象則是無可厚非。〔註10〕指出了傳統還是以逐利是小人（民）的行為，此即孟子所謂「無恆產而有恆心者，惟士為能。若民則無恆產，因無恆心。」〔註11〕以儒家士大夫情節而言，士大夫不重視恆產，當然發展不出資本主義。

〔註3〕彼得・柏格著、任元杰譯，〈世俗性──西方與東方〉，《中國論壇》222期（1984年12月），頁15。

〔註4〕〈儒家倫理與經濟〉，《中國論壇》307期（1988年7月）。

〔註5〕金耀基，《中國社會與文化》，〈東亞經濟發展與文化詮釋──論香港的理性傳統主義〉（香港：牛津大學，1992年），頁152。

〔註6〕金耀基，《中國社會與文化》，〈東亞經濟發展與文化詮釋──論香港的理性傳統主義〉（香港：牛津大學，1992年），頁159。

〔註7〕金耀基，《中國社會與文化》，〈東亞經濟發展與文化詮釋──論香港的理性傳統主義〉（香港：牛津大學，1992年），頁163。

〔註8〕彼得・伯格、蕭新煌、文崇一、李亦園、吳榮義、黃光國，〈「現代化第二個例子」的文化探索〉，《中國論壇》222期（1984年12月），頁28。

〔註9〕同上註，〈中國人的經濟動力是現代化制度還是儒家倫理？〉座談，頁30。

〔註10〕韋政通，〈簡論儒家倫理與台灣經濟〉，收於劉小楓、林立偉主編《經濟倫理與近現代中國社會》（香港：香港中文大學，1998年），頁184。

〔註11〕漢・趙岐注、宋・孫奭疏，《孟子注疏（十三經注疏本）》，卷一，〈梁惠王上〉，頁2。

學者努力將東亞的經濟發展，與儒家或者傳統文化連結，有的則加以補充界定，葉仁昌指出「學者的努力固然不乏有力的卓見和啟發性，但卻見更多對韋伯與儒家的誤解，甚至是穿鑿附會」〔註12〕。如楊君實以臺灣企業家宗教信仰為例，或許人們就知道究竟是「儒家倫理」、「媽祖倫理」還是「新教倫理」影響了企業家的行為。〔註13〕馬國明則認為「在資本主義的衝擊下，傳統文化已經變得空洞無物，失去原有的意義，但金燿基卻將這樣一個意義消失的問題來說明儒家文化對經濟發展的關鍵作用，實在是匪夷所思。」〔註14〕葉昌仁則總結了前人的討論，提出「將東亞歸類為儒家文化區，更是『極其粗糙』、甚至不值一評的錯誤。……一種傳統以來視其他文化為蠻夷的『儒家中心主義』……而儒家在現代的全面的衰微，才使得社會中邁向近代資本主義的動力獲得空前的解放。」〔註15〕另外關於勤勞節儉源自中國人長久以來的貧窮和精耕的農業模式，而佛教比儒家更強調勤勞節儉，紀律順從是專制文化下法家特質，家族傳統的功利主義，實是西方的實用主義。〔註16〕臺灣經濟背後文化因素，絕對不可以簡單歸結為儒家文化，以臺灣而言，「還包括了不同程度的佛教倫理、威權文化、屬於小傳統的民間習俗與觀念，以及大量的西方文化等成分。更重要的是，這些成分有許多甚至是與傳統儒家背道而馳的。譬如，對無限利潤的追求、以及對市場經濟和商人的肯定。以此而言，傳統儒家在現代的全面衰微，確實有可能使得社會中邁向現代資本主義的動力，獲得某種程度的解放。」〔註17〕儒家不只不利於資本主義的發展，還會對資本主義社會產生危害，莊萬壽即指出：「現在上層政治倫理的敗壞，產生對社會道德不良的引導……沒有制衡與監督，也是企業上嚴重的隱憂，包括：一是家族化企業的擴大；二是官商勾結、利益輸送等不法情事的增加。……儒家思想之於台灣，未見其利而先受其害。」〔註18〕

〔註12〕葉仁昌，〈東亞經濟倫理的澄清與辯思：韋伯、儒家與基督新教〉，《獨者》第3期（2003年9月），頁47。

〔註13〕楊君實，〈儒家倫理，韋伯命題與意識形態〉，收於杜念中、楊君實編，《儒家倫理與經濟發展》（臺北：允晨，1989年），頁257。

〔註14〕馬國明，〈為什麼讀《新教倫理與資本主義》〉，收於韋伯著，于曉、陳維綱等譯，《新教倫理與資本主義精神》（新店：谷風，1988年），頁XI。

〔註15〕葉仁昌，〈東亞經濟倫理的澄清與辯思：韋伯、儒家與基督新教〉，頁49。

〔註16〕葉仁昌，〈東亞經濟倫理的澄清與辯思：韋伯、儒家與基督新教〉，頁50～51。

〔註17〕葉仁昌，〈東亞經濟倫理的澄清與辯思：韋伯、儒家與基督新教〉，頁52～53。

〔註18〕莊萬壽，《中國民族主義與文化霸權：儒教及其典籍之解構》（臺北：允晨文

　　從歷史發展的角度而言，東亞之所以資本主義發展，以日本而言，明治維新時期正是日本努力「脫亞入歐」的階段，而臺灣、韓國、香港和新加坡也是經過日本、英國現代化殖民過程才走向資本主義。以下就五大家族崛起重要因素，檢視儒家倫理是否在傳統大家族崛起中扮演重要因素。

二、五大家族崛起重要因素

　　臺灣的開發，以海洋商業中國的經濟面向，包括地理位置與歷史文化背景。而臺灣正處於這個地理與歷史位置的關鍵之處，故臺灣世家大族發展壯大的過程，也展現出濃厚的重商色彩。涂照彥認為世家大族資本累積主要來自兩方面：其一為墾田，其一為與對岸貿易，可說是以「地主制為基調的商業性農業社會」；〔註19〕另外，當官方開始重視臺灣的開發，擁有良好官紳關係的大家族，經由官方授與的「專賣」品項，也成為其獲利的大宗。正如辜振甫說：「製糖、製鹽、開墾，可以說是辜家致富的三大因素。」〔註20〕製糖是貿易，製鹽是專賣，開墾是墾田，這不僅是辜家致富的三大因素，也是臺灣其他世家大族的共性。臺灣的歷史經歷了變亂與不同政權的統治與殖民的開發，變亂包括有反抗統治的「民變」、清國涉外事件的開港、一次世界大戰等，都是財富重組的絕佳機會；政權的更迭與殖民的開發，大家族勢必選擇與統治者合作，成為獲取利益的基石。

（一）變亂與大家族取財聚產

　　清朝治理臺灣時期，「三年一小反，五年一大亂」，「叛產」為大家族財產主要來源之一。地方上的大家族為了保護生命財產安全，組織武裝力量（即所謂團練），成為「土豪」。土豪或協助清廷平定民變，建立軍功，成為進入仕宦的另一條途徑；或面臨外國勢力的入侵，承擔起護衛國土的力量，使家族的聲勢進一步提升。在分類械鬥取得優勢，接收失利一方的田產，也是大家族坐大家產的機會。

　　以霧峰林家而言，林文察為父復仇後，戴罪立功，成為朝廷鎮壓反抗勢力的助力，為政府作戰，首先可以得到經費的補給，另一個目標是獲得官銜。〔註21〕

　　　　　化，2011 年），頁 346。

〔註19〕涂照彥，《日本帝國主義下的台灣》，頁 373。

〔註20〕黃天才、黃肇珩，《勁寒梅香：辜振甫人生紀實》，頁 127。

〔註21〕麥斯基爾著、王淑琤譯，《霧峰林家——臺灣拓荒之家》，頁 114。

經費的補給是立即的，馬上可以在壯大軍力上發揮。而獲得官銜，則是在「晉身公共權力之路時，也是朝向私人富裕之道。」〔註22〕林文察「真正的興趣不在取悅皇帝，而是滿足於勝利之後的果實：新穎、豐富的財富，和在上谷至高無上的統御權。」〔註23〕包括「叛軍」家族「交納現金或土地，以償付『捐輸』或『罰鍰』，表面上是為了平亂，實際上均飽入文察私囊。」〔註24〕霧峰林家以武力接管了戴潮春黨羽的田產，「林家擁有土地範圍最廣的，是那些土豪轉為叛軍，特別是指林日成和洪家一度持有的田產。」〔註25〕黃富三以民間傳聞、訟案資料、地契進一步研究，指出林家在戴潮春事件所擴增並引發糾紛的田產有三批：「一是瓦磘庄林應時族人，一是萬斗六洪壬厚等洪姓族人，三是其他個別民人。」〔註26〕個別民人甚多，如林海瑞、林番、林丁案。〔註27〕

不同於霧峰林家採取武力的方式，板橋林家似乎更有身段在事變中取得利益。如林爽文事件，霧峰林家林石受牽連入獄，中南部遭變，米價大漲，板橋林平侯北米南賣，因此獲利豐厚。另外林國芳好擊技，作風強勢，林家居大嵙嵌時，為閩粵的交界處，經常械鬥，林國芳向要求他保護的漳州人收保護費，林家的錢有部分是林國芳賺來的。〔註28〕

清季涉外戰事不斷，臺灣在1860年，因中法天津條約之故而開港通商，臺灣經濟版圖開始變化，外商來臺買賣需要中間商人，稱為「買辦」，逐漸取代了大租戶的地位，成為臺灣經濟的新貴。在這一波先登上重要貿易物產的是糖業。砂糖主要產於臺灣南部，早在荷治時期就已經是臺灣出口的大宗。開港以前，臺灣糖主要輸出到中國及日本，開港以後，出口市場則擴大到西歐、南北美洲、澳洲等地，出口量在1880年最盛時可達近一百萬擔，為清末出口量最多的商品。〔註29〕1864年打狗港正式開港，南部的陳福謙擔任大買

〔註22〕麥斯基爾著、王淑琤譯，《霧峰林家——臺灣拓荒之家》，頁266。
〔註23〕麥斯基爾著、王淑琤譯，《霧峰林家——臺灣拓荒之家》，頁148。
〔註24〕麥斯基爾著、王淑琤譯，《霧峰林家——臺灣拓荒之家》，頁149。
〔註25〕麥斯基爾著、王淑琤譯，《霧峰林家——臺灣拓荒之家》，頁148。
〔註26〕黃富三，《霧峰林家的中挫（1861～1885）》，頁60～61。
〔註27〕黃富三，《霧峰林家的中挫（1861～1885）》，頁63。
〔註28〕許雪姬，《板橋林家——林平侯父子傳》，頁88。
〔註29〕世新大學數位影音暨網路教學中心，〈認識臺灣‧走向世界舞臺的台灣‧台灣開港與世界貿易〉，下載日期：2014年4月10日，網址：http://192.192.159.187/9taiwan/taiwan2.htm。

辦，主控打狗的糖業貿易，﹝註30﹞陳福謙早逝，「陳中和與順和棧第二世東家漸生芥蒂，於 1887 年離開順和棧，另外創立『和興行』，與順和棧分道揚鑣，而且形成消長互見之勢。」﹝註31﹞陳中和經營的和興行，主要是向日本輸出，﹝註32﹞取得富商的地位。

日治時期，一次世界大戰造就了辜、顏兩大家攀上家族資產的高峰。辜顯榮在 1918 至 1919 年，正逢世界大戰後的好景氣，米、糖商品的漲價及地價飛騰之利，再加上買下全部爪哇糖，以壟斷、囤積分蜜糖而其賺取巨額的投機性財富。﹝註33﹞1901 至 1903 年間經營鹽務總館時，資產約 4 萬圓，1916 年成書的《臺灣列紳傳》載，辜顯榮資產已達百萬金；﹝註34﹞1918 年買下爪哇糖，一舉獲數千萬巨利。﹝註35﹞

日本統治，也讓顏家有機會與日本大財團合作，發展金、煤礦業。1914 年 10 月顏家繼承經營不善的藤田瑞芳礦山全部設備，實行分區開礦，截至 1918 年，所獲利金礦較前增加三至四倍；其在煤炭的經營也如此。﹝註36﹞1919 年日本政府修改地租，對土地投資相對不利，故顏家資金多用於對事業投資。﹝註37﹞1923 年臺灣民事令廢止，日本民法、商法在臺灣施行，僅由臺灣人構成的會社，也可自由組織。五大家族直系會社幾乎都是在 1917 至 1923 年間設立，尤其是 1922 和 1923 年。﹝註38﹞日治後期，1942 年時，顏家只就其中最大一家直系會社──臺陽礦業會社，其財力即比其他族系的直系會社總合還多，﹝註39﹞究其原因，除了林本源家族不可能把所有的資本放入會社；另一個重要原因是舊勢力家族進行分家，每一個會社就有一個社長，但新興勢力大致集中由一人負責，因而從資金集中的角度來看，亦佔優勢。﹝註40﹞故

﹝註30﹞戴寶村，《陳中和家族史──從糖業貿易到政經世界》，頁 87。

﹝註31﹞戴寶村，《陳中和家族史──從糖業貿易到政經世界》，頁 89。

﹝註32﹞矢內原忠雄著、林明德譯，《日本帝國主義下之台灣》，頁 276。

﹝註33﹞涂照彥，《日本帝國主義下的台灣》，頁 411。

﹝註34﹞鷹取田一郎，《臺灣列紳傳》（桃園：華夏書坊，2009 年），頁 179。

﹝註35﹞辜顯榮翁傳記編纂會原著、楊永良譯，《辜顯榮傳》，頁 631。

﹝註36﹞涂照彥，《日本帝國主義下的台灣》，頁 411。

﹝註37﹞涂照彥，《日本帝國主義下的台灣》，頁 411。

﹝註38﹞此歸納涂照彥所製 1915 至 1930 年間五大家族各家族之投資事業表。參見：涂照彥，《日本帝國主義下的台灣》，頁 412～417。

﹝註39﹞涂照彥，《日本帝國主義下的台灣》，頁 438；辜顯榮翁傳記編纂會原著、楊永良譯，《辜顯榮傳》，頁 144。

﹝註40﹞涂照彥，《日本帝國主義下的台灣》，頁 446。

日治後期，「買辦式寄生階級的新興勢力已經趕上了地主式的大資產階級的舊勢力，而且有凌駕其上的趨勢。」〔註41〕

（二）殖民統治與資本發開下大家族的獲利

臺灣面臨的殖民主義統治，主要是對臺灣南島語族所有土地與物產的剝削，時間橫跨了清治時期的「開山撫番」到日治時期的「理蕃政策」。對大家族而言，他們充分配合官方政策而獲取壯大的條件，主要表現在土地的開發與身為統治有功者所獲取的專賣權力，二者都是大家族獲取資產非常重要的途徑。

光緒十三年（1874），日本以「牡丹社事件」侵臺，清廷體認到臺灣的重要性，轉為積極治理臺灣，翌年，欽差大臣沈葆楨奏請臺北設一府三縣（臺北府、淡水縣、宜蘭縣、新竹縣）。1884年爆發中法戰爭後，翌年臺灣建省，劉銘傳（1836～1896）推動「開山撫番」的政策，重用了臺灣的兩大仕紳望族——板橋林維源與霧峰林朝棟。劉銘傳也倚重林維源處理土地丈量清賦，霧峰林家土地書面單據也從劉銘傳手中獲得，據載，霧峰林家有八千多份獨立租金收入。〔註42〕

劉銘傳「開山撫番」政策，奏辦撫墾內山，林維源於光緒十二年（1886）任幫辦臺北撫墾事務，大拓利地；維源墾田愈廣，佃戶不下四、五千家，歲收租穀二十六萬餘石。光緒十四年（1888）又任幫辦全臺撫墾事務，維源廣招墾民，籌借官本，舉所有曠地盡行開闢。於是林本源之田園山林更加增加，〔註43〕在林維源的努力下，「臺北沿山番地，種茶開田，已無曠土。」〔註44〕板橋林家也成為臺灣最大的茶商，〔註45〕在六館街設有經銷部「建祥號」，

〔註41〕涂照彥舉例指出與1920年代相比，林本源族系八家直系會社於1940年代已繳資本415萬圓，幾乎未增加，而顏系家族十家直系會社已繳交資本已達690萬圓，增加300萬，顯示舊勢力在維持現狀，新興勢在不斷躍進。另外，舊勢力族系因分家每一個會社就有一個社長，而新興勢力大致集中為一人負責，如顏家集中在顏欽賢，故從資力集中的角度來看，亦佔優勢。參見：涂照彥，《日本帝國主義下的台灣》，頁446。

〔註42〕麥斯基爾著、王淑琤譯，《霧峰林家──臺灣拓荒之家》，頁268。

〔註43〕王世慶，〈林本源之租舘和武備與乙未抗日〉，《臺灣文獻》38卷4期（1987年12月），頁36。

〔註44〕清·劉銘傳，《劉壯肅公奏議》（臺北：臺灣銀行經濟研究室，臺灣文獻叢刊第27種，1958年），卷九，〈奏請林維源幫辦全臺撫墾事務片〉，頁406。

〔註45〕許雪姬、徐裕健、夏鑄九等，《板橋林本源園林研究與修復》（臺北：國立臺

擁有 12 萬元的資本；次於林本源的李春生，其資本僅 4 萬元，〔註 46〕為林家的三分之一。「茶的出口量雖不及砂糖，但由於單位價值高，因此出口總值高於砂糖，在 1868 至 1895 年間，台灣茶的出口總值約達台灣總出口總值的 54%。」〔註 47〕茶葉成為林維源為板橋林家帶來財富的來源之一。

　　另一個「開山撫番」推動下的重要物產為「樟腦」，霧峰林家獲利最多：

> 在開港之際，台灣和日本是世界僅有的兩個主要的天然樟腦產區，
> 使台灣樟腦的輸出具有強烈的壟斷性質，1890 年以後，由於日本的
> 樟木砍伐殆盡，台灣樟腦更是一枝獨秀，因而台灣的樟腦生產一直
> 擁有極高的利潤。〔註 48〕

臺灣的樟腦除了具壟斷性之外，「在 1890 年，市場對於樟腦之需要大增，用之於製造無煙火藥、賽璐珞（Celluloid，人工合成橡膠）、煙火等，市場價格升高至約為舊價之兩倍。」〔註 49〕臺灣的樟腦主要分布於嘉義以北的山區，板橋林維源、霧峰林朝棟協助墾務，從中獲得極大利益。板橋林家在大嵙崁、三角湧、雙溪口等地設轉運局，林維源的巨大資財，有一部分即是來自樟腦。〔註 50〕至於霧峰林家，劉銘傳許其全臺樟腦以獲利。〔註 51〕據麥斯基爾推算，1890 年代早期樟腦的利潤朝棟與文欽各有一萬五千兩，〔註 52〕可謂為林家帶

灣大學土木工程學研究所都市計劃室規劃（研究編號：交通 6712），1981 年），頁 16。

〔註 46〕許雪姬、徐裕健、夏鑄九等，《板橋林本源園林研究與修復》（臺北：國立臺灣大學土木工程學研究所都市計劃室規劃（研究編號：交通 6712），1981 年），頁 16。

〔註 47〕世新大學數位影音暨網路教學中心，〈認識台灣‧走向世界舞臺的台灣‧台灣開港與世界貿易〉，下載日期：2014 年 4 月 10 日，網址：http://192.192.159.187/9taiwan/taiwan2.htm。

〔註 48〕世新大學數位影音暨網路教學中心，〈認識台灣‧走向世界舞臺的台灣‧台灣開港與世界貿易〉，下載日期：2014 年 4 月 10 日，網址：http://192.192.159.187/9taiwan/taiwan2.htm。

〔註 49〕H. B. Morse，〈1882～1891 年臺灣淡水海關報告書〉，收於臺灣銀行經濟研究室編，《臺灣經濟史六集》（臺北：臺灣銀行經濟研究室，臺灣研究叢刊第 54 種，1957 年），頁 87。

〔註 50〕許雪姬、徐裕健、夏鑄九等，《板橋林本源園林研究與修復》（臺北：國立臺灣大學土木工程學研究所都市計劃室規劃（研究編號：交通 6712），1981 年），頁 16。

〔註 51〕臺灣銀行經濟研究室，《臺灣霧峰林氏族譜》，〈先考蔭堂公家傳〉，頁 119～120。

〔註 52〕麥斯基爾著、王淑琤譯，《霧峰林家——臺灣拓荒之家》，頁 279。

來豐厚的收入。

　　日本帝國殖民臺灣，以資本主義治臺，其主要工作之一即是土地調查與林野調查，共分三個階段，〔註53〕而這三個階段，與日本「理蕃」政策相呼應。

　　第一階段為「土地調查」，自1898至1904年。先由臺灣西部的田園所有權得以明確，實施方法為承認大租權，但給予公債作為補償，消滅其權利，而將業主權確立為小租戶。大租權的消滅，解構了中國「王土」的概念，土地所有權私有化，同時不再疊床架屋，利於日本政府徵收賦稅。這一個階段，大租權的消滅，對平埔族的影響最為直接。

　　第二階段為「林野調查事業」，自1910至1914年。1902年「南庄事件」，日軍射殺三十九名原住民。事件平息後，總督官房參事官持地六三郎（1867～1923）提出「關於蕃政問題意見書」的調查報告，主張蕃地問題必須從經濟上解決，此一論點成為往後臺灣總督府理蕃政策的張本。1906年接任臺灣總督的佐久間左馬太（1844～1915），一改前任總督兒玉源太郎的綏撫手段，採取嚴厲的武裝鎮壓，在1910至1914年間執行「五年理蕃計畫」，〔註54〕同時也是總督府進行「林野調查」的時刻，將林野分為官有與私有，〔註55〕其效果是查定林野的大部分為官有。以林野撥給事業家，有了法律及經濟的基礎。〔註56〕對山區的原住民而言，土地所有權舉證的困難，使得原住民喪失了本有的領地。

　　第三階段為「官有林野整理事業」，自1915至1925年，使林野及臺灣東部田園的所有權得以明確。清代，山林未經量丈賦課，山林業主權，以習慣為根據，於第二階段未能拿出足夠證明，全歸為國有，在此階段則承認山林「緣故者」與東部田園開墾者的所有權。

　　與第一階段「土地調查」相應，最明顯的例子即是彰化銀行的成立。霧峰林獻堂為彰治化銀行之發起者之一，彰化銀行之設立源由概因臺灣總督府

〔註53〕矢內原忠雄著、周憲文譯，《日本帝國主義下之臺灣》（臺北：海峽學術出版社，2002），頁22。

〔註54〕文化部臺灣大百科全書，〈理蕃〉，下載日期：2013年10月22日，網址：http://taiwanpedia.culture.tw/web/fprint?ID=3719。

〔註55〕矢內原忠雄著、周憲文譯，《日本帝國主義下之臺灣》（臺北：海峽學術出版社，2002），頁22。

〔註56〕矢內原忠雄著、周憲文譯，《日本帝國主義下之臺灣》（臺北：海峽學術出版社，2002），頁19。

為處理清治時期，同一塊土地有大租權、小租權和佃農，所有權不明確，臺灣總督府進行土地調查，土地為小租權者所有，對大租權予以公債補償，而將此公債作為資金，設置彰化銀行。《彰化銀行沿革概況》提到：

> 本行乃於 1905 年，將臺灣總督府就舊彰化廳轄境所發的大租權補償公債面額二十七萬五千圓，按當時的時價換算，計二十二萬圓作為資本，在同年六月五日成立。顧當時經濟界甚為幼稚，島民或不解公債的性質，故奸譎之徒，欲乘機以不當的低價收購，致政府對我祖上傳下的大租權所給的代價有忽將飛散的危險。因此，當時的彰化廳長加藤尚志氏大為憂慮，經與總督府數度折衝，結果認為不如以此公債為資金，經營確實有利的地方事業。由於地理關係，並按商業交易的實際情況，以在彰化街創設金融機關為最妥善；經向公債所有人百般勸說，乃有本行之設立。〔註57〕

雖然彰化銀行是將臺人的大租權轉為公債而成立的，但是起初的股票總數九萬六千股之中，臺人資本佔 49.4%，日人則佔有 50.6%，經營的實權仍在日本人手上。〔註58〕總督府為了土地所有權進行整理，1904 年廢除大租權，因財政困難，以發放公債代替現金，當時臺灣人中，有很多人不了解公債的性質及利用的方法，許多地主紛紛把大租權補償公債削價求現。〔註59〕辜顯榮設立大租公債收購所，以陳培年為主任，以「相當」的價格收購買進。以大租公債而成立的彰化銀行，辜顯榮成為監察人，後來轉任董事。〔註60〕

　　1895 年臺灣割讓議成，林朝棟攜眷西渡後，晚年曾在漳州辦樟腦局。林家在臺的製腦事業由其弟輯堂、堂弟紹堂及頂厝林文欽等繼承辦理，明治三十二年（1899）日人將實施樟腦專賣制度前，林文欽「以樟腦事物務赴香港，

〔註57〕矢內原忠雄著、周憲文譯，《日本帝國主義下之臺灣》，頁 104 注 76。
〔註58〕矢內原忠雄著、周憲文譯，《日本帝國主義下之臺灣》，頁 106 注 78。
〔註59〕謝國興撰寫陳逢源個人傳記時，引用陳逢源在《臺灣民報》上發表的評論，當時內容反映出，直到日治晚期，臺灣民間資本最大的投資標的仍然是土地及其他不動產，原因其一，投資土地的收益長期以來高於投資股票，其二，評定士紳社會地位仍以擁有的土地面積與年收石租為標準。陳逢源認為臺灣投資家，「只知有土地，不知有株式」。參見謝國興，《陳逢源：亦儒亦商亦風流（1893～1982）》（臺北：允晨文化，2002 年），頁 230。
〔註60〕辜顯榮翁傳記編纂會原著、楊永良譯，《辜顯榮傳》，頁 146。至於「相當」的價格，此處應理解為「合理」的價格，而靜思則言「賤價」收購。參見靜思，《辜顯榮傳奇》，頁 129。

並醫痔疾。十月二十一日寅時,卒於旅寓。」〔註61〕下厝製腦事業由林季商繼承,頂厝由林烈堂繼承。林季商於 1904 年在父親林朝棟去世後承爵,長年在中國活動,其後並入籍中華民國,由其弟瑞騰續營腦業。1912 年林烈堂與林瑞騰仍是總督府認可的製腦業主,範圍包括中部的臺中、南投、嘉義和東部的花蓮等地,〔註62〕其中花蓮在 1907 年成為林烈堂經營樟腦的地區,可見臺灣東部山林已在臺灣總督府的土地森林調查事業中漸次開發。據 1905 年臺灣總督府的調查,當時主要的腦戶為林烈堂、林季商,其資產均高達五十萬日圓之多,〔註63〕據林垂凱言,「當時臺灣樟腦的產量占全世界樟腦產量的百分之八十。」〔註64〕此外,「三五興業有限會社」乃由獻堂、階堂兄弟共同經營,主要從事造林事業與生產樟腦。清末與日治初期,樟腦為林家累積相當大的財富;至 1919 年林家的樟腦業完全由總督府收購,林家的腦業及山地之經營權完全歸公營。〔註65〕至此,林家腦業結束。

另外以林澄堂為例,在阿罩霧有一塊約六十甲的林野地,在總督府林野調查整理事業的開展與進行中,林澄堂先以因未能提供足夠的文件而取得法律上的所有權,被總督府劃歸為官有林野。林澄堂於 1909 年依據「樟樹造林獎勵規則」,免費承租在阿罩霧約六十甲的官有林野地,即是以具有「緣故關係」的條件獲准免費承租,據張怡敏根據〈臺灣總督府公文類纂〉看出,林氏祖先曾在此地種植芒果樹數千棵,有可能是「墾照」、或在開山撫番時期的勢力擴張。1921 年林澄堂再根據「臺灣官有森林原野預約賣渡規則」,提出預約放領的申請,並於 1925 年完成放領,取得所有權。〔註66〕林澄堂的經營理財能力極佳,霧峰林家頂厝族系資本依存於由他的遺產所成立的「大安產業會社」。

〔註61〕臺灣銀行經濟研究室,《臺灣霧峰林氏族譜》,〈先考文欽公家傳〉,頁 114。

〔註62〕王世慶、陳漢光、王詩琅撰,黃富三、陳俐甫編,《霧峯林家之調查與研究》(臺北:林本源中華文化教育基金會,1991 年),頁 23~31。

〔註63〕張怡敏,〈日治時代臺灣地主資本累積研究——以霧峰林澄堂系為個案〉(臺北:政治大學地政學系博士論文,2001 年),頁 14。

〔註64〕許雪姬編著,許雪姬、王美雪記錄,《霧峰林家相關人物訪談紀錄(頂厝系)》,頁 33。

〔註65〕王世慶、陳漢光、王詩琅撰,黃富三、陳俐甫編,《霧峯林家之調查與研究》,頁 30。

〔註66〕張怡敏,〈日治時代霧峰林澄堂緣故關係地所有權之取得試析〉,《臺灣史研究》第 14 卷第 3 期(2007 年 9 月),頁 73~96。

　　由於政權的更易，統治者必須培養本地仕紳與其合作的勢力，給予政治、經濟上的籠絡。在查閱 1930 年橋本白水出版《臺灣統治と其功勞者》一書中，二百六十六名統治功勞者，五大家族中有辜顯榮，板橋林家的林熊徵、林柏壽、林熊祥、林熊光、林嵩壽，高雄陳家的陳仲和（陳中和）、陳啟貞、陳啟峰。〔註 67〕對於這些統治有功的家族予以經濟上的利益，包括專賣土地開發，是大家族獲巨利的來源。

　　專賣制度是國家除了土地之外的重要財源，「專賣制度不但促成官營企業的壟斷，且運用指定委託的方式，給民間資本家壟斷地位。」〔註 68〕壟斷事業包括製作和銷售，民間資本涉足任何一個環節，都得以寄託國家賣賣制度底下，獲取高額的利潤。總督府壟斷事業的「指定委託」，於公，當然是給予對總督府治理臺灣有功勞者；於私，則與總督府長官方交好，其中的佼佼者，非辜顯榮莫屬了。辜顯榮對日本統治臺灣貢獻極大，總督府專賣計有「鴉片、食鹽、樟腦、煙行、酒」五種，〔註 69〕其中除了酒的製造是屬於糖的附產品，〔註 70〕辜顯榮被指定其他四種「樟腦、食鹽、鴉片、菸草」專賣權。

　　鹽是民生必需品，同時也是國家的重要資源與政府稅收的財源之一。辜顯榮在鹽業部分，除了開發鹽田，對於鹽業專賣的問題也提供了他的意見。日本政府在 1899 年 4 月，以律令第七號公佈「台灣食鹽專賣規則」，〔註 71〕此外，以府令第二十五號公佈，在臺北等臺灣全島十九個要點設置鹽務局，作為島內食鹽儲藏及販賣機關。〔註 72〕根據《辜顯榮傳》的記錄：

　　　　辜顯榮與民間有力人士數人提出陳情說，他們想要依照清廷時代之
　　　　舊慣，組織鹽務商會，全權負責搬運及販賣。經總督府再三研商之
　　　　後，決定政府機關只是儲藏機關，並命辜顯榮等數人，設置官鹽總

〔註 67〕橋本白水，《臺灣統治と其功勞者》（臺北：成文，1999 年）。
〔註 68〕矢內原忠雄著、林明德譯，《日本帝國主義下之台灣》，頁 70～71。
〔註 69〕矢內原忠雄著、林明德譯，《日本帝國主義下之台灣》，頁 82。
〔註 70〕臺灣糖業除了上文所述陳中和貿易外，臺灣總督府獎勵製糖，新式製糖工廠「林本源」及陳中和「新興」，林熊徵（台北製糖）、林嵩壽（埔里社製糖）、林季商、林烈堂（帝國製糖）、王雪農（鹽水港製糖、斗六製糖）、吳鸞旂（中央製糖）及陳中和（台灣製糖）等人。辜顯榮也有做糖的興易和糖場，1902 年辜顯榮獨資在中部設置小型製糖廠「大澤糖廍」，1918 年在東京設大和分行，從事砂糖的國際貿易。
〔註 71〕辜顯榮翁傳記編纂會原著、楊永良譯，《辜顯榮傳》，頁 136。
〔註 72〕辜顯榮翁傳記編纂會原著、楊永良譯，《辜顯榮傳》，頁 95。

批發商會於台北，更在島內重要之地，配置若干鹽務總館及分館，由辜顯榮擔任總批發商會會長。

據通曉當時情形的人士說，辜顯榮向後藤長官進言：「為了籌措政府財源，一面收攬人心，應該立刻實施食鹽專賣制度；同時，給予仕紳、進士、舉人、秀才等人鹽政利權，如此該可對統治有所貢獻。」

後藤長官拍拍辜的肩膀說：「利之所在，人必趨之。可是你卻不敢自專，圖廣益眾人，本人深感佩服。今後還有多事要麻煩你。」〔註73〕

原本後藤新平要將販賣食鹽的全權交給辜顯榮，辜顯榮建議說：「台灣改隸日本以來，地方的士紳，失其職而窮衣食者不少。如果將恩惠施給這些人，那麼將來必定會有利於治理台灣。」〔註74〕基於種種因素，辜顯榮負責掌管官鹽批發總館；此外，辜顯榮被允許於鹿港開設鹽田，進而開發廣大的海埔地，〔註75〕1901年亦獲准開發油車港鹽田。〔註76〕林衡道以為：「日據時期辜顯榮家財富之所以直逼林本源，乃因其掌握了全台鹽館。」〔註77〕

至於鹿港的辜家在樟腦這項產業亦有涉獵。明治二十八年（1895）12月，總督府下令對樟腦的製造須重新提出申請，經過調查審議，辜顯榮是通過者三十七人中的其中一人。1897年1月，辜顯榮將原本共同經營的大和行加以收購，成為個人經營之事業，僱用總經理陳培年及十餘名店員，從事樟腦、食鹽製造及販售。大和行本店在鹿港，臺北分店則設在艋舺，後來還在新竹、苗栗、臺中、彰化等地開設分店；此外為了搬運樟腦，購置了「大義丸」蒸汽船往來於艋舺、鹿港之間各大港口。〔註78〕辜顯榮對於「鴉片」與「菸草」亦有接觸，如1909年「被指定為鴉片煙膏批發」〔註79〕，1915年「被指定為台中區菸草批發商。」〔註80〕專賣事業可說是辜顯榮坐穩富豪的門票。

除了辜顯榮，林本源家族與陳中和家族也是非常配合總督府的親日家族。林本源家族原本即是臺灣第一富豪，總督府予以扶植，然而是在「本島

〔註73〕辜顯榮翁傳記編纂會原著、楊永良譯，《辜顯榮傳》，頁95～96。
〔註74〕辜顯榮翁傳記編纂會原著、楊永良譯，《辜顯榮傳》，頁136。
〔註75〕辜顯榮翁傳記編纂會原著、楊永良譯，《辜顯榮傳》，頁96。
〔註76〕辜顯榮翁傳記編纂會原著、楊永良譯，《辜顯榮傳》，頁138。
〔註77〕陳三井、許雪姬訪問，楊明哲紀錄，《林衡道先生訪問紀錄》，頁2。
〔註78〕辜顯榮翁傳記編纂會原著、楊永良譯，《辜顯榮傳》，頁134～135。
〔註79〕陳三井、許雪姬訪問，楊明哲紀錄，《林衡道先生訪問紀錄》，頁630。
〔註80〕陳三井、許雪姬訪問，楊明哲紀錄，《林衡道先生訪問紀錄》，頁104。

人的資金，內地人的智力」前提下，加以運用其資本；〔註81〕華南銀行的成立更是利用了板橋林家的資本與中國地區的人脈。〔註82〕陳中和家族在鹽田事業上掌握了開墾和專賣的權利。陳中和曾著力於鹽田的開發。臺灣總督府在 1899 年 4 月通過「台灣食鹽專賣規則」、6 月公布「鹽田規則」，獎勵開闢鹽田，開放官有地、經營成功者，承認其業主權，補償其費用，甚至鹽田的地稅及地方稅亦予以豁免。同年 9 月陳中和在苓雅寮開闢鹽田，並獲任臺南、鳳山、打狗、恆春、臺東等五個鹽務總館的承辦之職，掌握南部販鹽的特權。〔註83〕經過多年的開闢與併購，1923 年正式成立「烏樹林製鹽株式會社」。

（三）五大家族崛起與儒教倫理無涉

從五大家族的崛起過程，很明顯可以看到其中並沒有「重義輕利」的倫理，而是把握機會將利益極大化，其中還有許多是得自「不義」之財。如林文察效忠清朝，獲取大量的敵對家族之田產，而這些家族是對抗清朝，或有臺灣獨立思想者（如林日成）；林維源、林朝棟在山林開墾中獲得的土地、茶與樟腦的巨大利潤，是剝奪自南島語族的生存空間、物資而得；日本剝削了臺人的利益，辜顯榮、陳中和等與之親善，從而獲得家族的利益；一次世界大戰，發起戰爭財的辜家與顏家。時勢造英雄，五大家族的崛起，實與儒家倫理沒有關連。

另外，傳統士大夫觀念，不只學而優則仕，商而優也仕，才能真正的光宗耀祖。光宗耀祖的儒家倫理並不能成為啟動資本主義的機制，「過去幾個世

〔註81〕日本為了扶植板橋林家，除了善用其家族力量之外，如家族發生問題，也會予以幫忙。如：林熊徵在一次大戰期間投資失利，臺灣銀行曾融通四百萬元借貸了林熊徵渡過難關。參見：林衡道口述，卓遵宏、林秋敏訪問，林秋敏紀錄整理，《林衡道先生訪談錄》（臺北新店：國史館，1996 年），頁 46。

〔註82〕華南銀行成立於 1919 年，日本政府利用板橋林家的財產、林熊徵個人良好的中國、南洋關係，經由臺銀的指導及援助而設立。因此在華南銀行的董事、監事、顧問中含中國、臺灣兩地士紳，還有不少南洋僑頭。此銀行表面上一直由林熊徵任董事、總經理，但是經營權實全操在臺銀手中，而各處分行也都是由日人管理支配。至於林熊徵個人良好的中國、南洋關係，可從林家的姻親理解，林家婚姻的對象，即以中國官宦與各地僑頭為多，成為林熊徵發展業重要的資產，日本政府看到不的不止是林家的「金脈」，還有其背後深厚的「人脈」。

〔註83〕趙祐志，〈日治時期高雄陳家的資本網絡分析：以企業經營與投資為中心〉，頁 422。

紀以來，商人最後總是傾向於把累積得來的財富或過剩的資本投資於購買土地，或供應下一代有閒沉浸於傳統的典籍，參與科舉，以便進入官僚行列。即使有人終生以商賈為業，仍會要求其下一代儘可能轉向科舉，……引發人們營商致富的的動機中，實已包含了否定或摧毀商業發展企業發的因素。經商致富的終極目標是要科舉入仕，而這個目標的完成是依附在家族的倫理基礎上。」〔註84〕在臺灣的大家族經商致富後，通常以栽培子弟讀書，以前的科考，現在的博士學位，都是相同的情形。如霧峰林家投入科考，基隆顏家則是重視學位。家族的事業在傳子又要子女讀書為士之下，家族的產業當然無法長期發展下去，更遑論是資本主義的發展了。

　　商而優也仕，不只是傳統士大夫觀念，在清代的臺灣處於邊陲之地，長期不受重視，吏治不清，富豪之家成為仕宦的特權階級更有實際上的必要：

> 清代台灣社會領導階層的轉變，經由富豪而取得的，占了87.38%。
> 有了穩固的社會地位後，為了保護並擴充自己的田產，也為了防範
> 在地的官吏的染指或迫害，一般都會捐貲為官或令子弟讀書，由揚
> 名場屋而取得官職。〔註85〕

內外因素交織下，在臺灣的家族企業能夠長久發展的，實是極少數。

第二節　家族主義在資本主義經濟中的利弊

　　產經營業時，除了經營者之外，還要有人力——經營人才的協助襄理；財力——資金網絡。大家族所運用的人力和聚集的財力，都有父系家族產業的特色。至於在世代交替時，家業的資產與經營權都是傳給自己的兒子，傳子不傳賢，對家業的發展與影響非常重大。

一、家族企業經營用人的原則

　　在中國傳統社會裡，由於缺乏良好的社會信用制度，人們進行的經濟活動，其委託與被委託關係，大多是在鄉族與親姻的圈子裡確立的。人們

〔註84〕關於家族陳其南，〈再論儒家文化與傳統商人的職業倫理——明清徽州商人的職業觀與儒家〉，《當代》第11期（1987年3月），頁82。

〔註85〕許雪姬，〈日治時期的板橋林家——一個家族與政治的關係〉，收於張炎憲、李筱峯、戴寶村主編，《臺灣史論文精選（下）》（臺北：玉山社，1996年），頁79。

利用家族、鄉族以及親情的紐帶來進行經濟活動，自然有著一定程度的可靠性。〔註86〕日治時期，扣除掉日籍的經營者，族親親信、鄉親舊識，還是大家族用人的準則。另外，國語學校國語部培育出的人才，林本源家族的家長多由此畢業擇用，而且多是由一個介紹另一個的方式進用。顯然血緣、姻親、地緣、文憑四者，還是大家族用人之道，是傳統社會最可靠的信任要素。

臺灣家族在創業的時候，與儒家關係不明顯，但是在經營時多以家族企業方式推動，而用人原則也體現出儒家親疏有別的觀念。儒家倫理在家族企業中的運作，有以下幾個特點：第一，企業所有權通常操握在某一家族手中，企業的經營者也就是其所有者，因缺乏規章制度，企業主為防止他人權力之濫用，往往大權獨攬。第二，當企業組織成長到相當規模，通常企業主會指派他的家人或親屬擔任重要職位，沒有親屬關係的人只能作基層員工。第三，由於企業中缺乏明確的規章制度，經營者很難以具體客觀的標準來評定員工的工作績效，因此他們往往會把企業內的員工劃分為「自己人」和「外人」兩大類別，因此他們往往重視員工的「忠誠度」。〔註87〕以下論大家族事業用人特色，其中自家子弟在事業中任要職自不待言。

辜顯榮投資經營的事業眾多，然而到了四十六歲，實子之長辜岳甫才出生，在岳甫出生之前，辜顯榮已有四個女兒，女婿正好可以補上年齡的差距，輔佐辜顯榮的事業。如出身鹿港望族的大女婿丁瑞彬，大正十二年（1923）11月與辜顯榮長女辜敦治結婚，與辜家聯姻是緣於過去在大和行工作時的優異表現。丁瑞彬擔任的職務均為辜顯榮的相關事業，如大豐拓殖會社取締役、大和興業高砂鑄造取締役、鹿港製鹽監察役等。〔註88〕丁瑞彬的弟弟丁瑞鈇為基隆顏家快婿，證婚人即是辜顯榮。四女婿黃逢平，1931 年與辜津治結婚，後來成為辜顯榮的貼身翻譯。

顏家的女婿周碧，是顏家長期倚重的事業夥伴。周碧與顏東年之女顏扁於 1908 年結婚，1909 年任雲泉商會庶務課長，1913 年任台灣興業株式會社常務董事，1917 年任基隆炭礦株式會社董事，1920 年任臺陽礦業株式會社監

〔註86〕陳支平，〈福建向臺灣移民的家族外植與聯繫〉，《中國社會經濟史研究》2004年第 2 期，頁 10。

〔註87〕黃光國，《儒家思想與東亞現代化》（臺北：巨流，1988 年），頁 313～314。

〔註88〕李昭容，《鹿港丁家之研究》（彰化：左羊，2002 年），頁 155～156。

查，1923 年顏雲年過世後，周碧繼續輔佐顏欽賢，在戰後協助恢復顏家事業，至 1948 年臺陽礦業股份公司中膺任重職。另外同族的顏窓吟（1884～1941）為顏斗博曾孫，十八歲即入雲泉商會，先後襄助雲年、國年，曾任瑞芳營林、基隆炭礦、基隆輕鐵、雲泉商會等取締役。〔註89〕襄助顏氏企業的還有顏家外戚雲年的表兄弟蘇維仁（1867～1920）和翁山英（1888～1935）。蘇維仁，1897 年到九份協助雲年辦理金山礦務，1919 年自雲泉商會瑞芳礦山場長一職退休。〔註90〕翁山英從 1897 年開始——時年約十三、四歲，即在金瓜石礦山工作，嫻熟採金。受知於顏雲年，倚為左右手。1918 年擔任瑞芳礦山礦長，歷任顏家各項事業的重要幹部。〔註91〕

板橋林家「家長」（即總帳房），負責收租等經濟事務。林家的家長也有以姻親擔任，如林家大房第一世家長蔡法平（1881～？），是林維讓的姊妹之一嫁福州蔡家，因無子嗣，過房侄兒，〔註92〕可以說是林家的外孫。二房林祖壽的家長蔡伯湘、蔡伯汾（1895～1984），出自清水蔡家，是林祖壽太太蔡嬌霞的兄弟，蔡蓮舫的兒子。

無論是以血親連結的臍帶，或是由擇取優秀人才為姻親而後重用，或由姻親中擇取人才託付，都是傳統觀念中認為最可靠信實的關係。當然這些人的才能是不是適合他的職務，就還有討論的空間。一般而言，女婿是擇優為婿的，在經營輔佐相對出色，如顏家的周碧；同族子弟若跟著從基層學習經營，也會是非常優秀的左右手，如顏家的顏窓吟。另外姻親部分，可以說是裙帶關係，以蔡法平而言，他是福州人，並不會說日語，板橋林家與日本關係非常密切，或許在代表林家與日本相關單位與人士交涉時，必定有某種程度不便，這或許是往後林本源家長多用國語學校畢業者的原因之一。

辜家另一經營的人材來源是鹿港施家子弟，據霧峰林家林階堂的回憶：

　　辜顯榮從少年時代起，即經常出入於內人（施金紗）娘家施瑞成宅，聽說當時曾受到岳父及其他家人的照顧。他為了報答這情誼，成年

〔註89〕劉澤民、林文龍編著，《百年風華：臺灣五大家族特展圖錄——基隆顏家》，頁 98。

〔註90〕劉澤民、林文龍編著，《百年風華：臺灣五大家族特展圖錄——基隆顏家》，頁 183。

〔註91〕劉澤民、林文龍編著，《百年風華：臺灣五大家族特展圖錄——基隆顏家》，頁 187。

〔註92〕陳三井、許雪姬訪問，楊明哲紀錄，《林衡道先生訪問紀錄》，頁 10。

之後，對施瑞成寄予特別的厚愛，不僅凡事必與施商量，而且經常
幫助施瑞成，還將施瑞成的家人聘為自己公司的員工，期待他們將
來能出人頭地。〔註93〕

司馬嘯青則記載著辜顯榮與施家的關係：

辜顯榮的「鹿港太」（四房施過）生父施瑞成在早先辜未發迹前，曾
多方照顧的恩情所致。施家班幾乎參與了辜顯榮的每樣事業。例如
大豐館的開墾事業，是由施大沙擔任主任，施篤謀擔任監督。參與
紅糖製造時，是由施篤謀輔佐經營。一度由施留與基隆顏家、日人
田尾與八郎合設的台灣戎克漁業株式會社，辜顯榮接納了施留的邀
請，於 1924 年接辦而自任社長。集大成材木商行主任則由施家棟
出面。〔註94〕

另外，施安，由鹿港北上任辜家所創立的大和製冰會社總經理，是基隆顏國
年三子顏滄濤妻施素筠的父親。〔註95〕葉榮鐘在〈記辜耀翁〉一文中形容辜
顯榮是「舊式的英雄豪傑」，具有血緣關係、鄉土觀念、念舊情緒的屬性，「他
所有的人員，十中八九，都是和他有血緣的關係；他對鹿港出身的人物，無
論相識與不相識，都抱有三分好意，所以台北的大和行，也自然而然地成為
中部人士尤其是鹿港人的招所，常常有鹿港人住宿著。」〔註96〕

板橋林家林松壽的家長郭雨新（1908～1985），他是林松壽母親九老太由
家鄉宜蘭帶回來的一個男孩，原本是要做童工，松壽覺得他很聰明，栽培他
念書，畢業於臺北帝國大學農林專門部，日後成為松壽的家長。〔註97〕

在臺北帝國大學未成立之前，臺籍子弟公學校畢業後升學管道並不多，
其中，國語學校國語部得以習得社會、經濟及會計等學問知識，板橋林家家
長有許多人就是從國語學校國語部中擇取優秀者。大房第一位家長為姻親蔡
法平，繼任為許智貴（1885～？）、汪明燦（1892～？），之後是許丙（1891～
1963）。大房分家，許丙屬熊徵，繼許丙之後，張園（1894～？）任家長；汪
明燦屬熊祥，熊光則另聘陳振能（1891～？），二房林柏壽的家長則是楊海盛

〔註93〕辜顯榮翁傳記編纂會原著、楊永良譯，《辜顯榮傳》，頁 482。
〔註94〕司馬嘯青，《臺灣五大家族》，頁 353～354。
〔註95〕葉立誠，《臺灣顏、施兩大家族成員服飾穿著現象與意涵之研究》（臺北：秀
　　　威資訊，2010 年），頁 206。
〔註96〕葉榮鐘，〈記辜耀翁〉，《台灣人物群像》（臺北：時報文化，1995 年），頁 308。
〔註97〕陳三井、許雪姬訪問，楊明哲紀錄，《林衡道先生訪問紀錄》，頁 46。

（1888～？）。許智貴畢業於國語傳習所，汪明燦、許丙、陳振能、楊海盛、張園，都畢業總督府國語學校國語部，後來許智貴、許丙擔總督府評議會會員，許丙更在 1945 年敕選為貴族議員；汪明燦，曾任臺北州臺北市協議會員於臺北市會議員，楊海盛、張園曾任臺北州臺北市會議員，板橋林家當時在臺灣是數一數二的大企業，能進入板橋林家任家長，有極多是由日本在臺教育制度所培養出來的人才。

二、資金網路的特色

　　資金網絡，最能反映出經營者與合資者的關係。以五大家族而言，涂照彥曾在《日本帝國主義下的台灣》一書中歸納 1914 年以前、1915 至 1930 年、1931 至 1945 年三個時期中，五大家族族系的直系會社與旁系會社之概況。〔註98〕其中，1914 年前並沒有所謂的直系會社，因為日本商法尚未施行之故，所以名為會社者，則有日本資金在內；稱「號」、「行」、「所」者，則是傳統商號，如顏家「金裕豐號」、辜家「大和興行」、陳家的「中興精米所」，並非是會社經營的方式，由於此時期的會社日系資本是必要條件，故此處暫且不論。

　　以直系會社而言，即是家族會社。其表現方式，都是由家族共同出資經營，由族人共同持股，擔任社長、董事、監事等職，可以說是家族企業。而另一個觀察的角度即是負責人。從板橋林家與霧峰林家兩大舊家族來看，由於子嗣多，分家較早，故社長多分別由不同的堂兄弟擔任；而陳中和於 1930 年病逝，負責人也由原本集合在陳中和人一人身上，其後分給陳啟川、陳啟安等人；辜顯榮和顏國年皆逝於 1937 年，其直系會社的負責人都掛名在辜振甫與顏欽賢名下。雖然辜顯榮、顏雲年兩家也都進行分產，辜家因為只有辜振甫成年，而顏家成年子嗣者只有欽賢、德潤，以在世的長子為負責人，頗有日本家督繼承的精神。家族企業也有另一個優點，以林澄堂去世後遺產所成立的「大安產業」，由於林獻堂的堂弟林澄堂過世時，其遺言公証引發很大的糾紛，因此林獻堂建議成立會社加以管理，主要業務為米穀買賣、收取佃租和利息，由林獻堂任社長、獻堂弟林階堂、獻堂子林猶龍為為取締役（董事），監查役（監事）為下厝林瑞騰、林根生；至於林澄堂子二人，垂明精神狀況不佳，垂訓尚年幼，於每半年一次的總會時領取股息。故家族企業確實在繼承

〔註98〕涂照彥，《日本帝國主義下的台灣》，頁 400～401、頁 416～417、頁 436～437。

人無法經營時，由族人共同分擔經營之責，也保障了繼承者的生活。

至於旁系的資金網路，包括姻親、地緣關係的大家族、民族資本，與日系資本。旁系資本代表著合資者關係的密切，尤其是在家族尚未壯大之前，與姻親合資是經常可見的方式。門當戶對向來是大家族聯姻的重要準則，門戶相當的家族一起投資後聯姻，或聯姻後投資兒女親家，彼此支持，互相助益，事業與姻親關係更為牢固。基隆顏家的會社，就有許多的姻親夥伴。謝汝銓（1871～1953）為雲年的瀛社詩友，1913年長子謝師熊與雲年次女顏善結婚，1915年開始投資臺灣興業信託，擔任董事；1918年被選為雲泉商會的監察人，先為姻親後為事業夥伴。1912年藍高川（1872～1940）和顏雲年等人一起組織臺灣興業信託株式會社，同時擔任監察人，1928年女藍錦綿嫁雲年次子德潤；許丙，1919年兼任顏雲年所主持的臺灣興業株式會社監察人，1920年被推舉為臺北炭礦株式會社（後更名為臺陽礦業株式會社）的董事，許丙與顏家共同投資振南貿易株式會社，雲年為股東，許丙為監察人，1932年雲年三子德修與許丙長女碧霞結婚，1938年顏欽賢與日人合資臺北州自動車運輸株式會社，欽賢為董事，許丙亦投資該公司，並擔任監察人。藍高川、許丙二人與顏家是自事業夥伴至姻親，而其中許丙投資顏家事業較多，並橫跨了雲年與欽賢兩個世代。〔註99〕

另外，分家之後陳中和的庶子陳啟清與姊夫張仲護一起投資「東港製冰」，並擔任董事；〔註100〕陳啟清尚在起步階段，可以說是姻親之間合作支持；林熊徵投資中國漢冶萍公司，漢冶萍公司為盛宣懷（1844～1916）所有，盛氏為清代郵傳部大臣，是林熊徵的岳父，〔註101〕林家以林熊徵為代表，

〔註99〕詳見陳慈玉，〈婚姻與家族勢力，日治時期台灣顏家的婚姻策略〉，收於游鑑明主編，《無聲之聲（II），近代中國的婦女與社會》（臺北：中研院近史所，2003年），頁178～196。

〔註100〕趙祐志，〈日治時期高雄陳家的資本網絡分析：以企業經營與投資為中心〉，頁466。

〔註101〕盛宣懷是盛康之長子，盛康是清朝的官員，進士出身，與李鴻章有深交。1870年盛宣懷被李鴻章招入其幕僚，受到李的賞識，替李經手洋務。劉銘傳曾是李鴻章淮軍的一員，協助平定太平天國，劉銘傳在臺的仕宦中與林維源關係密切。林維源與李鴻章有深厚情誼，故板橋林家與上海盛家都屬於淮系，也就是李鴻章派下。盛家和林家締有深交，盛康，（盛宣懷之父），在臺灣商務局曾招集商股要購買「駕時」、「斯美」兩船，當時林維源認招三分之一股，招商局由盛宣懷認招三分之二股，二人合資經營。參見：許雪姬、徐裕健、夏鑄九等，《板橋林本源園林研究與修復》，頁38。

大量的投資了漢冶萍公司，林熊徵雄厚的資本與陳啟清的背景大不相同，雖然同為姻親之間的投資，林熊徵代表的是現在的財力，陳啟清代表的是未來的希望。

至於五大家族之間的互相投資，地緣因素頗為重要，「板橋林本源家族、基隆顏雲年家族，都在北部地區，而辜顯榮家族，雖出身中部鹿港，卻活躍於臺北政商圈內，三大家族之間，因互相投資而更為密切。」〔註102〕板橋林家與臺人資本合資的公司主要有：一為基隆顏家於1918年創立的臺陽礦業，林熊徵於1920年投資，並任董事；二為顏家系資本，於1912年創立的臺灣興業信託株式會社，林熊徵於1920年投資任董事；三為振南貿易株式會社，於1919年創立，由林熊徵、辜顯榮合資，以做對南洋、華南貿易的機關。〔註103〕

五大家族其中一個投資面向即是「報紙」。日治時期臺灣的兩大報色彩鮮明，其一是官方的《臺灣日日新報》，另一個是民族色彩濃厚的《臺灣新民報》（後合併入興南新聞）。林熊徵在1911年分產後投資《臺灣日日新報》，並成為該報的監事；辜顯榮則在1910年投資，並成為董事。而與《臺灣日日新報》漢文主編魏清德（1886～1964）、謝汝銓有詩友關係後來還成為姻親的顏家，並沒有投資，可見在1914年前，顏家勢力尚不足以進入官方的會社。《臺灣民報》系的《臺灣新民報》，投資者之一的社長林獻堂，最能代表臺人立場，經常以批判的角度評論時政，反映民怨，被譽為「臺灣人唯一的言論機關」，板橋林柏壽為董事、高雄陳啟川為顧問。陳啟川投資「臺灣新民報社」，與林獻堂、楊肇嘉（1892～1976）等臺人政治社會運動健將建立良好關係，同時與霧峰林家、板橋林本源家的臺人資本家有共同的事業，而其對抗殖民政府的形象，對於陳啟川在戰後受到國民黨政府的重用，具有加分的效果。〔註104〕而林獻堂強烈的民族意識，其家族的各項投資事業，並未與日本當局勢力發生深厚的關係。〔註105〕至於陳中和族系，陳中和重要事業均與日本政府的政

〔註102〕劉澤民、林文龍編著，《百年風華：臺灣五大家族特展圖錄──基隆顏家》，頁40。另辜家也投資了顏家的臺洋漁業等。

〔註103〕許雪姬，〈臺灣總督府的「協力者」林熊徵──日據時期板橋林家研究之二〉，《中央研究院近代史研究所集刊》第23期（1994年6月），頁75。

〔註104〕趙祐志，〈日治時期高雄陳家的資本網絡分析：以企業經營與投資為中心〉，頁465。

〔註105〕林文龍編著，《百年風華：臺灣五大家族特展圖錄──鹿港辜家》，頁40。

策配合，其後諸子除了繼承陳中和的事業體，陳啟峰、〔註106〕陳啟清〔註107〕各自建立高雄臺、日在地資本網絡，嫡長的陳啟峰營造了 1930 年後他的接班氣勢；啟清則成為戰後高雄陳家的代表人物。至於板橋林家、辜家、顏家與日系資金之間的關連就不待而言。

三、家族企業的限制

經營產業時，不論是經營人才或資金網絡，都以家族主義的觀點，偏重內親外戚與同鄉之人，顯示其局限性。韋伯指出：新教倫理的一大成就是打破親屬的束縛，使家業與商業完全分開；而中國則太重視親族，沒有企業精神，導致經濟發展受到限制。〔註108〕儒家倫理及家族觀念的制度化對傳統的中國經濟，曾產生三種不利的影響：第一、儒家的家族觀念要求，造成了人口的膨脹。第二、長幼尊卑的倫理，對企業精神的發揮，有嚴重的妨礙。第三、家族觀念在商業中形成一種技術保密的傳統，這個傳統使生產單位無法享受規模經濟。〔註109〕首先關於第一點，家族觀念以多子多孫為福氣，造成了人口的膨脹，對家族產業的影響，即是資產不斷析分為更小單位，不利企業的發展。其次講究長幼尊卑倫理時，每個人在家業中位置，不在於他的才能與興趣，而是取決於在家族位置，在諸子中易形成互相競爭，經常造成家庭糾紛，不只不利企業發展，更可能反過來破壞家庭倫理。至於第三點，則指出了家族內封閉性的技術，在企業規模的擴展上，也是不利的因素。

在儒家倫理支配下的企業，往往會把企業內的員工劃分為「自己人」和「外人」兩大類別，因此使企業經營造成一些問題：(1)因家族企業的用人往往是「牽親引戚」，不容易用到真正的人才。(2)企業中的員工既然有「內」

〔註106〕 高雄陳啟峰身為嫡長，投資「高雄製冰」、「高雄共榮自動車等」、「臺灣農具製造」、「鹽埕座」，全係高雄在地臺、日商人創建，這使得陳家的資本網絡逐漸蔓根於高雄，而陳啟峰與大坪與一、高木拾郎等日本商人的資本關係，遠較臺灣商人更為緊密，參見：趙祐志，〈日治時期高雄陳家的資本網絡分析：以企業經營與投資為中心〉，頁 457。

〔註107〕 陳啟清投資「東港製冰」，並擔任董事；也投資「高雄中央批發市場」，並被選為董事，這兩家公司包含了在地臺、日的資本網絡。參見：趙祐志，〈日治時期高雄陳家的資本網絡分析：以企業經營與投資為中心〉，頁 466。

〔註108〕 韋伯，《中國的宗教：儒教與道教》（台北：遠流，1989 年），頁 304、309。

〔註109〕 趙岡，〈儒家思想與經濟發展〉，《中國論壇》，307 期，1988 年 7 月，頁 80。

「外」之別，業主很難把所有的員工都視同自己人而盡力在各方面予以照顧，而員工也往往把公司視為業主的私人財產，談不上對這個公司共同體的忠誠或犧牲。(3)因為對公司認同感的缺乏，最直接地反應即在員工的流動率上。(4)在流動的員工中，較有能力者，往往自立門戶。〔註110〕在大家族中最明顯的事例即陳中和，陳中和在賞識他的老闆陳福謙過世後，福謙子文遠，辦理橫濱順和棧的繼承手續時，一度與陳中和生訟，後兩人在庭外和解。其後陳中和自立門戶。〔註111〕若無血緣或姻親的關係，企業中的優秀人才通常是不會長久留下來的。另外，原本服務於家族產業的姻親，也可能因為家族事業的一方死亡，而另結姻緣，便可能離開該家族事業，如辜顯榮長女婿丁瑞彬，即在元配辜敦治死亡後，離開辜顯榮的事業。

　　以今日臺灣社會企業發展而言，黃光國也認為：「法治式的民營企業……較人治式家族企業為優」，〔註112〕韋政通也指出：「法治式的企業必將取代以人治式的企業，在這過程中，儒家倫理在經濟發展中扮演的角色，及其有發揮的功能，也將越來越示微。」〔註113〕這樣的結論是很清楚的。

第三節　分家傳統倫理與現實社會的矛盾

　　家庭的要素是同居共財，但當家庭成員眾多時，成員或選擇結束同居共財的生活而分戶析產。李卓提到，所謂分家是：

> 結束同居共財的生活，家庭中具有特定身分的成員成為主體，開始
> 異居異財生活的行為。中國的分家表現為析產，故大多是一次性析
> 分，即在諸子成年及婚後一次性分家。〔註114〕

家庭中具有特定身分的成員在中華民國政府來臺以前，指的是戶主卑屬之男子；中華民國政府來臺以後，則包括妻子和兒女。析產，則是指在某一個時間點大小不漏地計量現存資產的分割，傳統稱為「鬮分」，其進行的方式為：

〔註110〕陳其南，〈中國人的家族與企業經營〉，收於文崇一、蕭新煌主編，《中國人：觀念與行為》（臺北：巨流圖書，1988 年），頁 137、139、140。

〔註111〕張守真，〈「橫濱順和棧」產權轉承問題探討〉，《臺灣文獻》第 62 卷第 4 期（2011 年 12 月），頁 367～387。

〔註112〕黃光國，《儒家思想與東亞現代化》，頁 316～317。

〔註113〕韋政通，〈簡論儒家倫理與台灣經濟〉，頁 186。

〔註114〕李卓，《中日家族制度比較研究》（北京：人民，2004 年），頁 327。

> 按應予接受鬮分者之人數做籤，而採實際抽籤方法辦理鬮分，例
> 如欲對四子辦理分配時，將財產分為四份籤，將此予以製作書為
> 天、地、人、和等四種籤，並邀請公親等人前來，將此籤先供祖
> 先之靈前，四字一同祭拜後，經族長將此籤予以攪拌，由長子按
> 順序抽籤而決定各人之所得，對所得財產之厚薄，自不得陳述異
> 議。〔註115〕

足見，鬮分財產時，以公親、祖先、族長見證，對於分配到的部分不能有任何異議，這應該是分產的最後步驟，「鬮分後始有立房，普通而言，鬮分即成為分房也。」〔註116〕

　　家族產業的特色之一是傳子不傳賢，包括兩個方面：一是家業的資產，一是家業的經營權。在資產上是屬於遺產繼承問題，父親經營一輩子的事業，所累積的資產，由諸子繼承，這是儒教式的父愛。以臺灣大家族而言，因為妻妾成群的現象非常普遍，每一房妻妾幾乎都有子嗣，以出生的身分而言，親生子有嫡、庶、私生子之分，養子有過房子、贈子、螟蛉子之別；除了出生身分之別外，諸子尚有賢愚志趣的不同；再加以家業龐大，家長的好惡私心，舊有的習俗已經不再為人所恪守，原本分家習俗中所彰顯父慈子孝、兄友弟恭、嫡庶有別、長幼有序等傳統的倫理，在分產繼承時，幾乎免不了一番爭奪，甚至父子、母子、兄弟姊妹對簿公堂屢見不鮮，分產幾乎成了家庭倫理的最佳試驗場。另一個是家業的經營權，傳子不傳賢，多由諸子聯合持股，擔任家族事業中的要職；志趣相合、權力慾望高的，瞄準接班位置，全力搶奪；志趣不合、權力欲低者，勉強投入，鬱鬱以終。〔註117〕

〔註115〕臺灣慣習研究會原著、臺灣省文獻委員會譯編，《臺灣慣習記事（中譯本）》第壹卷下，頁153。

〔註116〕臺灣慣習研究會原著、臺灣省文獻委員會譯編，《臺灣慣習記事（中譯本）》第壹卷下，頁151。

〔註117〕臺灣分產以諸子均分為原則，對於家族事業興衰的影響，在不同階段有不同的結果。通常一個家族在壯大之際，家族中有幾個優秀的男嗣，各自擴展家業，開枝散葉，很可能把家族家業帶到更高的盛況；然而待家業盛大，失落了開創的動力，失去了勤儉的習性，守成已經成為艱難任務了，更何況家業分散，在經營上不易再有超越前人的成績，故諺語有言：富不過三代，實是有其根據。然而今日在經營上不再是傳統的人治，而有專業經理人經營，跨國企業壟斷，大者恆大，就不在傳統的解釋範圍內。

一、分家時機與分額原則

（一）分家的時機

臺灣舊慣，「先人死後立即分配以為不當，此為服喪三年滿後了再行分配，以為適當。但一家相和合作，則永遠不分，而以其不分配遺產作為榮譽。」〔註118〕實際的情形則以「分配作為正理，而不分以為道義上之正理。」〔註119〕顯然分家是常態，分家最佳時機是在守喪三年之後。

清治時期，板橋林家未分家。林衡道曾經引美國堪薩斯州大學來調查板橋林家後認為：「林家數代只有二個兄弟，於是林家的幸運，也是林家產業能夠賡續綿延的原因。」〔註120〕林衡道進一步解釋道：「為什麼說林家歷代只有兄弟二人？因為弟弟若無子，哥哥可以次子過房給他，如國華、國芳二人同代，皆為實胤，而國芳無子，國華就以維源過繼給國芳。中國人一向多妻多子，偌大的產業傳到第二世手裡就完了。板橋林家數代每每只有兄弟二人，所以說林家幸運，才能保存偌大產業較為長久。」〔註121〕少子（二子）是林家的幸運，此說非常有趣，因為正好指出了與儒教完全相反的倫理價值，傳統農業社會需要非常大量的人力，就林家少子一事來說，對當時的林家人而言，並非是一個幸運的的事，但是若從商業的經營而言，則少子未分家意謂著資本完整，比較合乎資本主義的社會價值。

至於霧峰林家可以說只有在「文」字輩——即來臺第五世時沒有分家，其在來臺第二世時出現了第一次分家。林石因林爽文事件亡故，事平，林家初步分產，林石守寡的長媳黃氏分得「粗溪仔三十石」。分家的原因，據〈家傳〉稱「陳太孺人因其父禁港之故」，〔註122〕林石原本欲西渡避難，因黃氏的父親捨不得女兒，從中作梗，黃父的作為，據麥斯基爾推測，很可能陳、黃婆媳很早就不和。黃氏不見容婆婆陳氏，只能帶著兩個兒子瓊瑤、甲寅「別

〔註118〕臺灣慣習研究會原著、臺灣省文獻委員會譯編，《臺灣慣習記事（中譯本）》第壹卷下，頁150。

〔註119〕臺灣慣習研究會原著、臺灣省文獻委員會譯編，《臺灣慣習記事（中譯本）》第壹卷下，頁150。

〔註120〕林衡道口述、洪錦福整理，《臺灣一百位名人傳》（臺北：正中1984年），頁100。

〔註121〕林衡道口述、洪錦福整理，《臺灣一百位名人傳》（臺北：正中1984年），頁100。

〔註122〕臺灣銀行經濟研究室，《臺灣霧峰林氏族譜》，〈太高祖石公家傳〉，頁102。

居阿罩霧莊」。〔註123〕

　　林甲寅開始經商時，兩兄弟很可能已經分家，〈家傳〉稱：「於時瓊瑤公已遷於柳樹湳莊」。〔註124〕兄瓊瑤居柳樹湳莊；弟甲寅續留霧峰莊，兩兄弟別居，當已分業。林甲寅經商有成，「歲可入穀四千石」，「道光十七年（1837）10月，乃命諸子各立家業。」〔註125〕定邦子文察、文明、文彩，其中「文彩分得一份遺產而獨立門戶，但是文察和文明還是維持著人類學家所謂的兄弟聯合家族，一切由兩兄弟、他們的妻妾、子女共同分擔與分享。」〔註126〕至於頂厝文鳳、文典、文欽則未分家。

　　第五世文字輩下厝、頂厝並未分家。乙未變革之際，下厝族長林朝棟，移居泉州，未再回臺，其子陸續回臺繼承家業，然而下厝不論是就學或產業，仍與對岸密切相關，林季商甚且放棄日本籍，歸化為中華民國籍。頂厝林奠國過世後沒有分家，先由元配所出長子文鳳管理，文鳳過世時，庶出二弟文典早歿，交由繼室所出三弟文欽掌家。林文欽1899年過世，原本應交由大排行最長的林紀堂接管家產，但林紀堂為庶出，又熱衷書畫，喜愛文藝，不善理財，故由大排行第二的林烈堂接管。〔註127〕林烈堂是林文鳳嫡長，林文欽子林獻堂與林烈堂，堂兄弟二人有閒隙，於是有分家之議，1901年《臺灣日日新報》甚且有一傳聞：

　　　　去年霧峰林紳允卿出葬之翌日，其墓牌無故自裂，論者謂元〔允〕卿死後，其家將分析，故靈示兆於此，不意斯言果驗，月前允卿之子獻堂與其功兄烈堂有閱牆之釁，遂興分家之議，業已成約，目下正在分配之中。〔註128〕

當時烈堂二十四歲，獻堂十九歲，據林烈堂么子林垂凱言：

　　　　我父親是長子長孫，所以家裡的人從小對我父親特別好，特別優待，獻堂叔心裡難免會有所不平，所以要求分產。我父當時也年輕，語氣也不是很好，當場就說要分就分吧，因為財產是我父親掌管。獻

〔註123〕臺灣銀行經濟研究室，《臺灣霧峰林氏族譜》，〈高祖考遜公家傳〉，頁105。
〔註124〕臺灣銀行經濟研究室，《臺灣霧峰林氏族譜》，〈曾祖考甲寅公家傳〉，頁105。
〔註125〕臺灣銀行經濟研究室，《臺灣霧峰林氏族譜》，〈曾祖考甲寅公家傳〉，頁106。
〔註126〕麥斯基爾著、王淑琤譯，《霧峰林家──臺灣拓荒之家》，頁246。
〔註127〕許雪姬編著，許雪姬、王美雪記錄，《霧峰林家相關人物訪談紀錄（頂厝系）》，頁5。
〔註128〕〈林氏分家〉，《臺灣日日新報》，1901年7月25日，第4版。

　　　　堂叔一聽我父親這樣的回答，也很氣憤，當下拿起杯子往我父親的
　　　　方向丟去，我父親還到醫院縫了五、六針，他的額頭上一直到死都
　　　　仍有被杯子傷的疤痕。至此我父親乃說：「既然兄弟不和，要分就
　　　　分」，於是決定分家。〔註129〕

正如前面所言，「分配作為正理，而不分以為道義上之正理」，事實上，不分
家，除了兄弟之間情感融恰，如林文察和文明，更多的是年紀上的差距，當
林奠國於同治三年（1864）隨侄福建水路提督林文察西渡赴福州征戰太平軍
時，文察戰死，奠國收餘軍以退，而臺勇之餉未能歸，竟被總督索賄五萬兩，
奠國不許，「遂以家事委文鳳公等，命各恤其家，而自留省垣，越十七年卒於
旅邸」，〔註130〕林奠國將家事委以長子文鳳時，文鳳方二十四歲，而文典十
三歲，文欽十一歲，奠國長年在外征戰滯留，文典與文欽兩兄弟在成長過程
中必定受兄長文鳳許多的照顧，自然兄弟情同父子，三兄弟未分家實有特別
的因素。而林文鳳去世時，文典已逝，文鳳長子烈堂才七歲，文典子紀堂才
九歲，此時頂厝唯一的成年男子唯有林文欽，當然不適合分家。

　　日治時期，五大家族已經沒有不分家的家族。當林文欽過世時，原本由
林烈堂掌家，經四、五年，1901年五堂中最小的林階堂已經十八歲，是分家
的合適年齡，以林獻堂而言，1899年十八歲時已經和楊水心結婚了，文欽的
三年喪期已滿，是分家常見的時機。頂厝林紀堂、林澄堂、林烈堂在過世前
都有將財產進行分配，紀堂與澄堂子均因認為分產不公而興訟。

　　板橋林家在林維源過世時，也面臨了分家的必要，除了家業過大之外，
三大房十子嗣，人口眾多，又分別居於福州、廈門、臺灣等地，再加上已成年
者爾嘉、彭壽、鶴壽、嵩壽四人均非林家的本宗，爾嘉是維源的養子，彭壽、
鶴壽、嵩壽父親維德是國芳的養子，都不適合擔任族長的位置，幾經波折，
在1911年完成分家。高雄陳家在陳中和過世前，諸子也因為分產問題，登上
報紙版面，幾經協調完成分家。至於辜顯榮與顏雲年、顏國年兩家，分頭相
續中延續了家督繼承的精神，在過世後平和分家，並未起風波。這個部分，
下文再論。

<hr>

〔註129〕許雪姬編著，許雪姬、王美雪記錄，《霧峰林家相關人物訪談紀錄（頂厝系）》，
　　　　　頁4～5。
〔註130〕王世慶、陳漢光、王詩琅撰，黃富三、陳俐甫編，《霧峯林家之調查與研究》，
　　　　　頁102。

　　臺灣傳統漢人分家，是以「房」為單位，每一個有繼承權的兒子為一房，若像板橋林家與霧峰林家都曾經有不分家的情形，那麼分房是以那一代來分，其結果大不相同。以板橋林家而言，維源死後分家是以維源這一代分為三房，即維讓、維源、維德。三房各自再去分家。但是霧峰頂厝五堂分家則不然，文欽死後是以子姪五房進行分產，而不是文欽那一代的三房分產，林紀堂之孫林榮宗提到：

> 曾祖父輩（林奠國）平分財產，即應按三房三等分而不是六等分。分產時林烈堂為長孫，要多分一份，分得六分之二就是長孫等於末子，但我祖父（紀堂）卻沒有提出異議，實則三分之一和六分之一整整差了一半，大房吃虧多（指林紀堂在五房中最為年長），祖母陳岑始終耿耿於懷。〔註131〕

以漢人家族土地所有權觀念而言，「家族財產並不一定非得於其所有者去世時分予各房，而可以繼續保留在死者之名下。」〔註132〕林奠國亡故後，第二世三房未分家，第三世五房分家，家族土地應在林奠國名下，故就「房份」而言，應先分三房，三房再分家。第三世「五堂分家」時，若不考慮長孫額，〔註133〕林紀堂房份應為三分之一，其他四人為六分之一；若考慮長孫額，林烈堂（嫡長）繼承長孫額四分之一房份再加上八分之一，共八分之三，則林紀堂應分四分之一，其他三人為八分之一。〔註134〕然而林紀堂分得六分之一的家產，遠少於三分之一或四分之一，究其故，原因或有三：其一，林紀堂個性上「恬靜寡言」；〔註135〕其二，林紀堂系為庶出，且其父林文典也是庶出；其三，其父林文典未如其伯父林文鳳、叔父林文典參與經營管理家產，對家產未有貢獻，故接受五房均分加長孫額的分配方法。

（二）分產前預先扣除額

　　在諸子分產之前，有一些必須先行扣除，包括長孫額、妻妾的贍養費、

〔註131〕許雪姬編著，許雪姬、王美雪記錄，《霧峰林家相關人物訪談紀錄（頂厝系）》，頁83～84。

〔註132〕陳其南，〈房與傳統中國家族制度〉，（《漢學研究》第3卷第1期（1985年6月）），頁145。

〔註133〕「長孫額」，詳見下文「分產前預先扣除額」之長孫額。

〔註134〕關於「房份」的研究與在財產分割當中的「身份」與「額份」，可以參考陳其南，〈房與傳統中國家族制度〉，頁133。

〔註135〕〈林紀堂氏去世〉，《臺灣日日新報》，1922年2月15日，第6版。

女兒的粧奩費和祭祀公業。其中給予婦女與女兒的財產，不能算是分產，而只是做家長對妻妾女兒的照顧之意；以下將討論長孫額和祭祀公業，此二者可以說是宗法的遺緒。

1. 長孫額

在日治時期，「要體認宗法的餘瀝，也只有從長房附加有長孫額，以及設置公業財產於一家以便充作祭祀費用等去追尋。」〔註 136〕長房附加有長孫額，是源自「嫡長子」而設，可見長孫額是以嫡出之長子之長子，而非以排行之長子為長子，保留宗法嫡庶之別的精神；但是也有主張按照年齡，以大者為長房，然而「螟蛉子若年長者即為長房，但其子不得為大孫。」〔註 137〕講究宗法的，以嫡出才能為長孫；較不講究宗法的，則只要是在籍的親生子年齡大者，即為長房，就是對血緣關係的堅持。

長孫又稱大孫或尾子，長孫擁有財產分配額，究其原因，正如舊慣所說：

> 一如國王俎落由嫡長相繼，大孫繼承家系乃極為重要者也。《禮記》
> 曰：「孫可以為王父尸，子不可為王父尸。」俗語亦云：「大孫出尾
> 子。」祖父死亡大孫與父之喪同樣喪服，而次房以下之孫則不能與
> 大孫同一期間服喪，故有此結果之發生。〔註 138〕

長孫在宗法上有其特殊的繼承地位，尤其表現在喪服禮制上，所以有「公媽疼大孫，父母疼尾子」之諺，傳統有「大孫捧斗」等習俗，分家產時，有長孫額的習俗。長孫的分配額並無定規，「大概有兩種，一是相當各房所分取額給大長孫，另一是從全額抽出其一給他。」〔註 139〕長孫並非擁有權利分配家產，而是以贈與的方式獲得遺產。

分產時保留長孫額精神的，如顏雲年過世時，顏欽賢為嫡長，所得分配額較其他庶出諸弟多一份；〔註 140〕但當長房非嫡出，霧峰林家頂厝五堂分

〔註 136〕臺灣慣習研究會原著、臺灣省文獻委員會譯編，《臺灣慣習記事（中譯本）》
第參卷下（臺中：臺灣省文獻委員會，1987 年），頁 180。

〔註 137〕臺灣慣習研究會原著、臺灣省文獻委員會譯編，《臺灣慣習記事（中譯本）》
第參卷上（臺中：臺灣省文獻委員會，1988 年），頁 23。

〔註 138〕臺灣慣習研究會原著、臺灣省文獻委員會譯編，《臺灣慣習記事（中譯本）》
第參卷上，頁 21。另外譯文中俗語「大孫出尾子」，今多寫成「大孫頂尾子」。

〔註 139〕臺灣慣習研究會原著、臺灣省文獻委員會譯編，《臺灣慣習記事（中譯本）》
第參卷上，頁 20。

〔註 140〕詳見下文。

家時，大排行林紀堂為長房，但為庶出，其子孫認為林紀堂本應可以多分得一分，但林紀堂不要；〔註141〕而林烈堂為嫡出，大排行為次房，其分額為較他人多一分，顯現霧峰林家頂厝在林文欽過世時的分家是較重視宗法的。而板橋林家在三房分家之後，長房再分家，林熊徵也以長房獲得較多的財產。〔註142〕

2. 祭祀公業

至於祭祀公業「係以死者之祭祀為目的，以土地為基礎所設定之獨立財產之謂。必需以：(1)享祀者；(2)設立者；(3)以土地為基礎之獨立財產之存在；以及附帶之(4)祭祀等為要件。」〔註143〕祭祀公業以子孫共同擁有的田園或貸屋，將其所衍生的利益專充為祭祀祖先之用，子孫應輪年擔任承祭之責任，除非子孫陷入極貧，窮途末路，否則不得予以出售。「公業者，乃為子孫者為向祖先表示敬意。」〔註144〕日治時期總督府評議會曾討論祭祀公業廢除或保留的問題，〔註145〕最後被保留下來，但加以訂定辦法管理，此後多轉為會社或財團法人方式存在，除祭祀之外，也從事慈善、文教事業之補助。就五大家族而言，板橋林家、霧峰林家皆有祭祀公業的設立，而基隆顏家在顏正春任區長期間，由於對遠祖的認同，曾受邀加入北臺地區顏氏所成立的「祭祀公業顏榮公」，〔註146〕然此祭祀公業並非基隆顏家以其家產為其祖先設立。到了大正十一年（1922），總督府勒令第四〇七號第十五條不允許新設公業，

〔註141〕許雪姬編著，許雪姬、王美雪記錄，《霧峰林家相關人物訪談紀錄（頂厝系）》，頁83～84。

〔註142〕林衡道提到：「經過財產分配，大房亦再行分家。伯父林熊徵分得六百萬元，他兼桃爾昌公那房，本來可以再得一份，但我祖母反對；我父親分得四百萬元；叔父熊光僅分得一百五十萬元，說來比較吃虧，以上都是估價，事實上他們的財產大部分都是田地。」參見：陳三井、許雪姬訪問，楊明哲紀錄，《林衡道先生訪問紀錄》，頁53。

〔註143〕姉齒松平原著、程大學等編譯，《日據時期祭祀公業及在臺灣特殊法律之研究》（臺中：省文獻會，1983年），頁3。

〔註144〕臺灣慣習研究會原著、臺灣省文獻委員會譯編，《臺灣慣習記事（中譯本）》第壹卷下，頁23。

〔註145〕對於祭祀公業的意見，林熊徵「主查報告維持論」，即在民法施行後不設除外例；辜顯榮則主張「對現在及將來之公業，當為特別立法。」參見：〈臺灣評議會（第二日）·關于民法案中公業·議論沸騰不能決定〉，《臺灣日日新報》，1921年10月21日，第5版。

〔註146〕唐羽，《基隆顏家發展史》，頁322～327。

而「現存祭祀公業，依慣習仍可續存」〔註147〕，因鹿港辜家、高雄陳家發跡
較晚，筆者未見 1922 年以前此二家族與祭祀公業的相關資料，1922 年以後，
在勅令的限制下，應該也未能成立祭祀公業。職是之故，以下只論板橋林家
與霧峰林家的祭祀公業。

以板橋林家祭祀公業為例，在 1911 年完成三房分家之前，1910 年先成
立「祭祀公業林本源」，由三房林彭壽管理：

> 據說最初有十萬石租，〔註148〕最初祭祀公業林本源設定書所定，其
> 不動產土地各房之分配如下：大房林熊徵陸拾分之拾，林熊祥陸拾
> 分之陸，林熊光陸拾分之肆；二房林景仁陸拾分之肆，林鼎禮陸拾
> 分之貳，林崇智陸拾分之貳，林履信陸拾分之貳，林祖壽陸拾分之
> 拾，林柏壽陸拾分之伍，林松壽陸拾分之伍，三房林彭壽陸拾分之
> 肆，林鶴壽陸拾分之參，林嵩壽陸拾分之參。〔註149〕

為求一清眉目，根據上文所述，歸納如下：

房分別	姓　名	不動產主地分配比例	各房合計
大房	林熊徵	10/60	2/6
	林熊祥	6/60	
	林熊光	4/60	
二房	林景仁	4/60	3/6
	林鼎禮	2/60	
	林崇智	2/60	
	林履信	2/60	
	林祖壽	10/60	
	林柏壽	5/60	
	林松壽	5/60	
三房	林彭壽	4/60	1/6
	林鶴壽	3/60	
	林嵩壽	3/60	

〔註147〕 參見：程大學，〈祭祀公業問題之初探〉，《臺灣文獻》36：3/4（1985 年 12
月），頁 291；曾文亮，〈台灣法律史上的祭祀公業〉（臺北：國立臺灣大學法
律學研究所碩士論文，1999 年 7 月），頁 86。

〔註148〕 或說為六萬石。參見：陳三井、許雪姬訪問，楊明哲紀錄，《林衡道先生訪
問紀錄》，頁 53。

〔註149〕 王世慶，〈林本源之租館和武備與乙未抗日〉，頁 35～58。

合計大房為六分之二，二房為六分之三，三房為六分之一。以1911年三房共分二十五萬石之家產而言，〔註150〕十萬石是一筆非常大的數字，相當於大房分產所得。這麼大的一筆產業，管理人就顯得非常重要。第一個管理人，是已經成年三房嵩壽，在乙未變革時，林維源西渡，由林嵩壽留臺。林衡道提到：

> （林嵩壽）護產功勞很大，但他也藉祭公業的名義，大大揮霍享樂一番，所以有人說林本源的財產以桃仔舍（嵩壽）最多。等到爾嘉子履信由東京帝大畢業回台，他遊說我叔父連〔聯〕名請日本律師控告他，說祭祀公業為公有財產，怎可任桃仔舍一人愛花就花？律師並教他找一位長輩出面接替桃仔舍。履信、熊光就找他們的叔父林柏壽出來當管理人，一時實際事務由他們兩位管理，後履信遷廈門，公業歸柏壽負責。柏壽主其事至死，現改由祖壽長子林宗賢任管理人。〔註151〕

顯然，偌大的祭祀公業，名為共同資產，其盈收，卻也可能成為管理人中飽私囊，引起族人不滿，原本聚族的設置用意，反而成了彼此猜忌、爭奪之標的。

霧峰林家也有許多的祭祀公業，林魁梧就是因為要取得祭祀公業的權分而與族人對簿公堂。〔註152〕以今日觀之，祭祀公業在子孫綿延的過程中，擁

〔註150〕詳見下文。
〔註151〕陳三井、許雪姬訪問，楊明哲紀錄，《林衡道先生訪問紀錄》，頁53。
〔註152〕林紀堂1921年在世時所立的遺言公証中，以長子林魁梧「浪費、不守孝道、能力不堪任一家之主宰」為由，（參見：林獻堂著，許雪姬編，《灌園先生日記（十六）：一九四四年》（臺北：中央研究院臺灣史研究所，中央研究院近代史研究所，2008年），頁153註2，日記時間：1944年5月1日。）未得其父的遺產，但留魁梧妻子楊碧霞十六甲地。（一說六甲地）（參見：林獻堂著，許雪姬、呂紹理編，《灌園先生日記（六）：一九三三年》（臺北：中央研究院臺灣史研究所籌備處，中央研究院近代史研究所，2003年），頁349～350，日記時間：1933年9月10日。）林紀堂的財產分配，長子林魁梧甚為不滿，他訴請離婚，想要拿回分配在妻子名下的土地。（林獻堂著，許雪姬、鍾淑敏編，《灌園先生日記（二）：一九二九年》（臺北：中央研究院臺灣史研究所籌備處，中央研究院近代史研究所，2001年），頁122，日記時間：1929年4月23日。）其母陳岑以貳萬貳萬金円與魁梧在法院判官面前作成約書，後日後不得再要求財產諸事，（同上書，頁252，日記時間：1929年9月11日。）魁梧得二萬円後，每天鑼鼓不斷教演歌仔戲，（同上書，頁275，日記時間：1929年10月5日。）當魁梧所起之戲班，被其班長何鳳林所拐，好角色者已盡去，僅餘戲服而已，由於缺錢，又將戲服典質

有權分的人也將不斷增加,在處置上更為複雜,至今仍有為了處理一塊土地,有數十人甚至上百人須要用印的情形,加以社會變遷,族人散居,要蓋完所有的用印,實是一大工程。

（三）諸子分額

日本民法在臺施行,除了祭祀公業被保留下來,還有家產繼承法。首先,比較漢人的財產繼承和分家意義與日本的差別。其次,除了諸子均分的原則外,受儒教影響,大家族仍有以嫡子、庶子和養子在繼承上的分別。

1. 臺日不同繼承制度

臺灣漢人的分家即分產,是「分頭相續」,財產的繼承屬於分配繼承,按舊慣,具有繼承權者為戶主卑屬之男子,並不區分實子或養子,而實子

於人。(參見:林獻堂著,許雪姬、何義麟編,《灌園先生日記(三):一九三〇年》(臺北:中央研究院臺灣史研究所籌備處,中央研究院近代史研究所,2001年),頁120~121,日記時間:1930年4月10日。)窮困異常的林魁梧,得不到父親的遺產,進而動念頭想到了他的祖母(張棠,1929年亡)遺產,謂其可得五分之一,(同上書,頁120~121,日記時間:1930年4月10日。)還有、祭祀公業分配盈餘的權利,(林獻堂著,《灌園先生日記(四):一九三一年》,頁243,日記時間:1931年8月1日。)因而對其母陳岑提出告訴。陳岑被兒子告,頗害怕被拘留,林獻堂向她說明「子訟母決無拘留之理」,才使她安心。(參見:林獻堂著,許雪姬編,《灌園先生日記(四):一九三一年》(臺北:中央研究院臺灣史研究所籌備處,中央研究院近代史研究所,2001年),頁291,日記時間:1931年9月12日。)幼弟林蘭生亡故之後,林魁梧藉此亦來要求陳岑每月補助三十円食宿費用。(參見:林獻堂著,許雪姬、周婉窈編,《灌園先生日記(五):一九三二年》(臺北:中央研究院臺灣史研究所籌備處,中央研究院近代史研究所,2003年),頁58,日記時間:1932年2月5日。)缺錢只會動家族產業腦袋的林魁梧,又再提一次甲寅、景山公(林奠國)「和解申立」請求金額。最後,身為媽媽的陳岑承繼丈夫林紀堂在其遺言公証中排除了長子林魁梧的作法,將自己遺產的分配也排除了林魁梧。林魁梧心有不滿,在陳岑過世後,隨即提出遺言公証無效之訴訟。(參見:林獻堂著,許雪姬、張季琳編,《灌園先生日記(十二):一九四〇年》(臺北:中央研究院臺灣史研究所,中央研究院近代史研究所,2006年),頁216,日記時間:1940年8月4日。)林紀堂將當時不適合繼承財產之子排除,長子魁梧不但不能繼承其父親的財產,母親、祖母的贍養料,連祭祀公業也與之無涉(林獻堂著,許雪姬編,《灌園先生日記(四):一九三一年》,頁243,日記時間:1931年8月1日。又,林獻堂著,許雪姬編,《灌園先生日記(七):一九三四年》(臺北:中央研究院臺灣史研究所,中央研究院近代史研究所,2004年),頁212,日記時間:1934年5月26日。)

亦不區別為嫡出庶出；繼承人之繼承分額，依大清律令之規定，應予均分，另外，有遺言不同分額者，或生前子孫中間或私自予以贈與情事，此常常衍生糾紛。至於繼承人廢除原因，根據舊慣，以不許廢除為原則，唯對於祖先不孝者，或如耽於遊惰放蕩不務正業之子孫，可予以放逐，不與分配財產，俗云「逐出」。〔註153〕這個分家原則可以說明大部分家族分產的情形。

日治時期，臺灣家產繼承的「分頭相續」原則與日本的「家督繼承」不同；家督繼承是長子繼承家名與家產，故日本「分家」概念與臺灣漢人分產析戶不同，是指長子之外的兒女在本家之外建立的家庭。〔註154〕由於日本傳統的家督繼承與臺灣舊慣差異太大，作為總督府最高立法諮詢（顧問）機構的總督府評議會會員，在討論中，贊成維持舊慣分頭相續的有顏雲年、辜顯榮，支持日式家督繼承的是林熊徵。顏雲年以道德之重視、社會之公平、家庭之美滿，兄弟之間本當分多潤寡，噓寒問暖，互相扶持，認為分頭相續為臺俗之美風，支持分頭相續。〔註155〕辜顯榮以勞資關係為例，利益分配與利益均霑為世界思潮，與分頭相續精神相合，而就情感上，若採家督繼承，對於身為父母或祖父母者亦情有不忍。〔註156〕林熊徵則以內臺法的統一性與男女當同等待遇，以家督繼承為優。〔註157〕最後，日本政府於大正

〔註153〕臺灣慣習研究會原著、臺灣省文獻委員會譯編，《臺灣慣習記事（中譯本）》第壹卷下，頁145。如林季商在〈立囑書〉中曾言明長子林正熊的罪狀，並不允其分家產。此囑立於大正四（1915）年（1915）五月三十日：「立囑書，林季商名資鏗，又名祖密，為林本堂、林裕堂嫡系之長……。一、長男正熊罪犯亂倫，姦淫胞妹，盜竊祖傳家珍多件、現款數千，畏罪潛逃，行同強盜，此後永不准再入吾門分吾產業。」（轉引自林獻堂著，許雪姬、周婉窈編，《灌園先生日記（五）：一九三二年》，頁278註2，日記時間：1932年7月8日。）據林正熊的女兒林秀容女士口述，林正熊「上面有二個哥哥，很難養，一個好像在一歲左右就夭折了，另一個幾個月就夭折」（參見：許雪姬編著，許雪姬、王美雪記錄，《霧峰林家相關人物訪談紀錄（下厝系）》，〈林秀容女士訪問紀錄〉，頁24），林正熊可說是霧林家下厝嫡傳得來不易的長孫，在幼時當是備受寵愛，私淫胞妹的事件發生在林正熊17歲之前，改變了他在霧峰林家下厝的地位。

〔註154〕李卓，《中日家族制度比較研究》，頁327。

〔註155〕〈諮問案に對する意見書／一、分頭相續〉，《臺灣日日新報》，1921年6月27日，第2版。

〔註156〕〈臺灣評議會〉（分頭相續），《臺灣日日新報》，1921年10月27日，第6版。

〔註157〕〈臺灣評議會〉（分頭相續），《臺灣日日新報》，1921年10月27日，第6版。

十一年（1922）勅令第四〇七號規定，臺灣人的親屬繼承事項及繼存的繼祀公業，不適用日本民法，而應依習慣。臺灣雖保留分頭相續的分產原則，然而在日本五十年的統治下，家督繼承的精神，對日本化的家族，仍有一定的影響。

2. 諸子的身份差別與分額的關係

綜合而言，臺灣漢人分家是以諸子均分為原則，但各家族還是有其特色，表現不同的家風。首先「戶主卑屬之男子」的成員，實際上在臺灣的大家族中卑屬之男子，有親生子，非親生子；親生子又有在籍的嫡庶之分和私生子，私生子有入籍和不入籍的差別；而非親生子有同宗的過房子，也有外姓不同宗的贈子、螟蛉子（異姓養子）之別，而入籍是繼承財產的先決條件。一家和樂的狀況下，諸子均分，不分嫡或庶，親生或養子，同宗或異姓，也是最圓滿的結果；但若有差額，則嫡子、過房子和贈子大於庶子，庶子大於異姓養子為原則。嫡庶一定有繼承權，其他諸子則分別說明。

首先是過房子。在房親中有某一人無繼承人，而欲從其他房親中，領養他房之子，即過房子，以資繼承其祀並繼承家產，或可稱為「過繼」。〔註158〕其領養的原則，以雙方協議而定。然而欲領養的一方，有不愉快的事，任何人均不願意被領養時，則應成為養子者有一定的順序。在此情形下，該當其順序者，無論任何理由都不能拒絕，故又可稱為「義務的養子」：

> 例如，在第二房無繼承人時，從生有次男之房親中，按長房而至
> 第三房之順序，應提供過房子，又在長房無繼承人時，習慣上係
> 按次房以下之順序，從最近之房親中，提供其長男做為過房子。
> 〔註159〕

義務過房子顯示了非常濃厚的宗法精神，包括祭祀和血緣的最高準則，而在大家族中，亦包含有財產不外流的考量。過繼的兒子，生活上仍在原來的家庭，但在族譜的世系表、稱謂、祭祀、繼承財產上，則以承繼之房為依歸。如三房林正乾過繼給四房林資鏘，稱生父為季商為三伯。〔註160〕紹

〔註158〕臺灣慣習研究會原著、臺灣省文獻委員會譯編，《臺灣慣習記事（中譯本）》第壹卷下，頁 90。

〔註159〕臺灣慣習研究會原著、臺灣省文獻委員會譯編，《臺灣慣習記事（中譯本）》第貳卷上（臺中：臺灣省文獻委員會，1986 年），頁 33。

〔註160〕許雪姬編著，許雪姬、王美雪記錄，《霧峰林家相關人物訪談紀錄（下厝系）》，頁 1。

堂的兒子少梅過繼給沛堂，少梅就沒有分到紹堂的財產，而是繼承沛堂的
財產。〔註161〕

其次是贈子，即從知己朋友或親戚中，以真誠厚誼下贈與其子，以作為
繼承其後者，〔註162〕贈子的財產分額與親生子同，如林維源的長子林訓壽早
夭，林維源元配之兄出讓其子作為林維源之養子，即林爾嘉。後來雖然林維
源再生實子三人，林爾嘉在林維源過世時，繼承了六萬石，其他三實子祖壽、
柏壽、松壽各得二萬石，林爾嘉應是兼承長子訓壽一份與長孫額一份，故為
其他三子的三倍，其分配的得無異於親生嫡長子。

第三是螟蛉子。螟蛉子即異姓養子。在重商的風氣下，臺人養子風氣非
常盛行，不論是農墾拓殖，或是海上貿易，都需要人力的支持，以協助家族
事業發展，繼承家業。夫妻結婚多年未有子嗣、或者妻妾中有未生子者，亦
或人丁較單薄，都不忌以異姓為子，縱然是富豪之家亦不避諱。如國芳已有
過房子維源，國芳的妻子仍另收養帳房葉東谷之子為子，即維德。林爾康已
有熊徵、熊祥，仍收養熊光為子。

另外，「夫婦間亦無妨得以分別收養養子」，〔註163〕在妻室多房下，或有
未生子者，以過房子或收養異姓為子，陳中和元配榮困無子，以陳啟貞為養
子，辜顯榮的正室未生子而亡，二房未生男，二人均有養子，又林瑞騰妾洪
浣翠與林瑞騰之間未生子，以林沂水為養子。〔註164〕準此，收養養子不僅是
繼承祭祀，亦且含有期望子孫繁榮之意思。〔註165〕在分家之際，「以養子的
身分可接受遺產分配之權利，唯一必須依從養親之命令，並無一定之慣例，

〔註161〕許雪姬編著，許雪姬、王美雪記錄，《霧峰林家相關人物訪談紀錄（下厝系）》，
　　　　頁125。
〔註162〕臺灣慣習研究會原著、臺灣省文獻委員會譯編，《臺灣慣習記事（中譯本）》
　　　　第壹卷下，頁90。
〔註163〕臺灣慣習研究會原著、臺灣省文獻委員會譯編，《臺灣慣習記事（中譯本）》
　　　　第壹卷下，頁91。
〔註164〕洪浣翠，為林瑞騰妾。生於1901年，原為民國海軍中將陳季良妻，生子施
　　　　漢材（陳瑚），後改嫁林瑞騰，林洪間無出，養另一妾子林沂水為子。（許雪
　　　　姬訪問、傅奕銘記錄，〈林沂水先生訪問紀錄〉，1996年7月30日，未刊
　　　　稿。）以上資料，引自林獻堂著，許雪姬編，《灌園先生日記（一）：一九二
　　　　七年》（臺北：中央研究院臺灣史研究所籌備處，中央研究院近代史研究所，
　　　　2000），頁28註8，日記時間：1927年1月11日。
〔註165〕臺灣慣習研究會原著、臺灣省文獻委員會譯編，《臺灣慣習記事（中譯本）》
　　　　第壹卷下，頁91。

然而如無訂定任何條件時，其權利之分配則與親生子相同。」〔註166〕「做為
嫡母而膝下無子，因而收養養子時，對其養子之繼承權，則與妾子比較當然
不如妾子。」〔註167〕然其中又牽涉每個家庭氣氛與養子本身對家庭的貢獻
度。如陳中和家庭的分產之爭，陳啟貞長為陳中和長子，在兄弟鬥爭下有不
能出戶的理由，即對嫡母的祭祀，且因為陳啟貞對陳中和家業的貢獻，陳家
要求陳啟貞出戶之事深受世人非議而難行，最後陳啟貞未能繼承較大的家
業，逐漸平淡歸隱。辜顯榮的養子問題處理順遂，辜皆的、辜斌甫先行分家，
避免掉日後養子分家難題。

最後是私生子。根據舊慣的記載：

> 私生子親權屬母：在本島之習慣，野合間所生子女（私生子）之歸
> 屬，不拘其與舊政府時代法律之規定，完全相反，為完全專屬為母
> 者，而為實際上之父者，無論如何積極主張其為己子，且提出證據，
> 亦決無當做父之子而歸屬於父之情事，其子依然專屬於母。在本島
> 之諺有云：「鴨食他田，蛋己厝」，其意即：家鴨出而至他人田地拾
> 食，歸自己家生蛋，其蛋仍屬其家之蛋，而非為他人田主之蛋，故
> 以他人之田主，欲得其蛋，則除非重新支付代價取之外別無他法，
> 意謂不得以在我田拾食之鳥所生之蛋，為我蛋，而主張其所有權也。
> 此乃完全為說明上述，在本島私生子之歸屬所生之諺語也。故雖為
> 生父，欲得其私生子，則必須買取之外，別無他法云。〔註168〕

大家族由於家產龐大，對於私生子通常會支付一筆生活教育費用，若未認領入
籍，在日治時代仍不能分得家產。如施秀玉，1939年受僱照顧林獻堂的孫子林
博正，1947年7月與林獻堂產下一子施琇南，〔註169〕在妻子楊水心的反對下，
〔註170〕林獻堂購買價格五百萬元臺中松町四丁目六番地之家屋（今臺中市成

〔註166〕臺灣慣習研究會原著、臺灣省文獻委員會譯編，《臺灣慣習記事（中譯本）》
第壹卷下，頁92。
〔註167〕臺灣慣習研究會原著、臺灣省文獻委員會譯編，《臺灣慣習記事（中譯本）》
第壹卷下，頁92。
〔註168〕臺灣慣習研究會原著、臺灣省文獻委員會譯編，《臺灣慣習記事（中譯本）》
第貳卷上，〈野合之子歸屬於母〉，頁33～34。
〔註169〕林獻堂著，許雪姬編，《灌園先生日記（十九）：一九四七年》（臺北：中央
研究院臺灣史研究所，中央研究院近代史研究所，2011），頁382，日記時
間：1947年7月12日。
〔註170〕楊水心在施秀玉產子後，曾多次與林獻堂討論秀玉母子的善後的問題，楊水

功路），[註171] 提供生活費五十五萬元，[註172] 一百萬元的教育費，[註173] 其中又陸續有要求補助之事。[註174] 但是入戶籍一事，則一直到林獻堂離世，施秀玉呈遞聲請狀請求臺北地方法院進行民事調解，而林家則堅持不同意琇南入戶籍，致琇南入戶之事始終未果。[註175] 至於琇南也沒有分到林獻堂的家產，而是贈予林獻堂投資太平洋化學工廠一百萬元之股份。[註176]

根據以上的說明，最後以板橋林家為例，除祭祀公業林本源之財產外，共有二十四、五萬石租，係按六記分配，各記之分配如下：

記別	姓名	分配	
大房永記	熊徵（過房兼祧爾昌）	6 萬石	合計 25 萬石
大房益記	熊祥	3 萬石	
	熊光	1 萬石	
二房訓眉記	訓壽（爾嘉過世之兄）、眉壽（爾嘉）	6 萬石	
二房祖椿記	祖壽	2 萬石	
二房松柏記	柏壽	2 萬石	
	松壽	2 萬石	

心認為「其性質輕浮而又年少，欲使其出嫁。余許其慎重行之，勿貽人笑柄可也。」（參見林獻堂著，許雪姬編，《灌園先生日記（十九）：一九四七年》，頁 592。日記時間：1947 年 12 月 11 日。）後來由林澄堂的妾賴麵出面與之交涉，作出分離斷絕的決定。（參見林獻堂著，許雪姬編，《灌園先生日記（二十）：一九四八年》（臺北：中央研究院臺灣史研究所，中央研究院近代史研究所，2011），頁 91。日記時間：1948 年 3 月 8 日。）

[註171] 林獻堂著，許雪姬編，《灌園先生日記（二十）：一九四八年》，頁 373。日記時間：1948 年 9 月 9 日。

[註172] 林獻堂著，許雪姬編，《灌園先生日記（二十）：一九四八年》，頁 96。日記時間：1948 年 3 月 13 日。

[註173] 林獻堂著，許雪姬編，《灌園先生日記（廿一）：一九四九年》（臺北：中央研究院臺灣史研究所，中央研究院近代史研究所，2011），頁 114。日記時間：1949 年 3 月 24 日。

[註174] 林獻堂對施秀玉的要求並不是每一件都答應，如「要求買傢俱廿五萬元，拒絕之。」（參見：林獻堂著，許雪姬編，《灌園先生日記（二十）：一九四八年》，頁 389。日記時間：1948 年 9 月 18 日。）「家屋登記稅不足萬千元，許之。」（同上書，頁 467。日記時間：1948 年 11 月 15 日。）

[註175] 林獻堂著，許雪姬編，《灌園先生日記（二十）：一九四八年》，註 1，頁 3。日記時間：1948 年 1 月 2 日。

[註176] 林獻堂著，許雪姬編，《灌園先生日記（二十）：一九四八年》，註 1，頁 3。日記時間：1948 年 1 月 2 日。

三房彭鶴嵩記	彭壽	1萬石
	鶴壽	1萬石
	嵩壽	1萬石

由上表可見，六記總計二十五萬石，大房得二十五分之十，二房得二十五分之十二，三房得二十五分之三。〔註177〕分配最多的是：大房的嫡長孫熊徵和二房的贈子爾嘉，至於養子最少，大致上符合「嫡全、庶半、螟蛉半中半」〔註178〕加上長孫額的分配原則。

二、分產與繼承中的現實矛盾

（一）林澄堂家族中親權處置的不恰當

1. 林澄堂分產過程

林澄堂為林文鳳之子，與烈堂同出於莊粉，有妻妾三人，正室吳映雪，是臺中世族吳子瑜的姊姊，〔註179〕無出不得寵；妾簡輕煙，隨著其庶母北勢媽曾雍陪嫁過來，〔註180〕可以說是由婢收為妾，有子垂明，地位較低；妾賴麵，出身可能低微不識字。長子垂明因為從小留學日本，無法以臺語與人溝通，經常發生暴力事件，故常被認為是精神病，所以林澄堂也很不滿意這個兒子。〔註181〕在林澄堂掌家的是賴麵，有子垂訓，女織雲、湘雲和養女自來。

〔註177〕王世慶，〈林本源之租館和武備與乙未抗日〉，頁38。

〔註178〕陳三井、許雪姬訪問，楊明哲紀錄，《林衡道先生訪問紀錄》，頁52。

〔註179〕林澄堂妻吳映雪是吳子瑜的姊姊，吳鸞旂的女兒，祖父吳景春，祖母為林奠國（林澄堂祖父）妹妹。（參見：許雪姬編著，許雪姬、王美雪記錄，《霧峰林家相關人物訪談紀錄（頂厝系）》，頁44。）

〔註180〕林垂凱提到：由於古時候有香火祭祀的問題，因北勢媽曾雍無子，所以林澄堂便給曾雍當兒子。（許雪姬編著，許雪姬、王美雪記錄，《霧峰林家相關人物訪談紀錄（頂厝系）》，頁6。）

〔註181〕關於林垂明，林獻堂曾在日記中寫著：「四弟打樹生（林澄堂打長子垂明），因其（垂明）神經錯亂，愛打人之故也。」（參見：林獻堂著，許雪姬、鍾淑敏編，《灌園先生日記（二）：一九二九年》，頁63，日記時間：1929年2月22日。）根據林垂凱的回憶：「垂明，小時候送到日本讀書，不會說臺灣話，只會說日本話，長大回台後，言語上未能與人充分溝通，以致讓人誤解他精神有問題。」（參見：許雪姬編著，許雪姬、王美雪記錄，《霧峰林家相關人物訪談紀錄（頂厝系）》，頁45。）語言上的溝通障礙，林垂明常被認為神經錯亂，也很能因為溝通的不良，日記中屢屢有垂明打人的紀錄，其中還包括他的母親和妻子。（參見：林獻堂著，許雪姬編，《灌園先生日記（四）：一九三一年》，頁372，日記時間：1931年11月29日。）

林澄堂在 1929 年 12 月 3 日去世，享年四十八歲。留下妻妾三人：四十六歲的吳映雪、四十四歲的簡輕煙、二十八歲的賴麵，以及被認為精神有問題且已婚的二十五歲長子垂明，五歲幼子垂訓和三個十歲以下的女兒：養女自來，女兒織雲、湘雲。

　　林澄堂在 1929 年 11 月 19 日病重之際所立下的第一次「遺言公証」，將多數的財產留給幼子垂訓，內容如下：

　　　　一、妾簡氏輕煙百二十石租。

　　　　二、妻吳氏映雪二百石租。

　　　　三、女織雲、湘雲各三百石租。又寄在銀行兩人之名義之金額，約
　　　　　　各五萬円，各與之。

　　　　四、來兒百二十石租，又金五千円。

　　　　五、垂明千二百石租，又與垂明、阿雨為共業一千石租。

　　　　六、母莊氏粉三萬一千円。

　　　　七、垂拱、垂珠、垂芳、垂楷〔凱〕、垂立各金一萬円。

　　　　八、三姊、五姊各五千円，四姊、七姊各二千円。

　　　　九、垂明、垂訓共業三百石租，以為祭祀費。

　　　　十、除以上之財產，其餘一切皆與垂訓。〔註182〕

林澄堂財產分配的名單中有：妻妾三人，子二人，媳一人，女兒三人，母莊粉一人，姊四人，親侄五人。根據林獻堂日記的記載，林澄堂共有土地一萬三千五百石。〔註183〕無子不得寵的正室吳映雪二百石租（後改為三百石）；〔註184〕有子垂明的妾簡輕煙一百二十石租；妾賴麵，是林澄堂年輕的妾，有子垂訓、女織雲、湘雲，並有養女自來。子女的部分，垂明，是長子，分配到的土地除了個人名下的二千石之外，還有與妻子呂雨一千石、為祭祀用而與其弟垂訓共業的三百石。幼子垂訓則得到「其餘一切」，約一萬石租的土地和其他。親生女兒織雲、湘雲各有土地三百石，金五萬円，養女較少，土地一百二十石，金五千円。還有母親、姊姊、親侄「垂拱、垂珠、垂芳、垂楷〔凱〕、

〔註182〕林獻堂著，許雪姬、鍾淑敏編，《灌園先生日記（二）：一九二九年》，頁320，
　　　　日記時間：1929 年 11 月 19 日。

〔註183〕林獻堂著，許雪姬、何義麟編，《灌園先生日記（三）：一九三〇年》，頁24，
　　　　日記時間：1930 年 1 月 21 日。

〔註184〕林獻堂著，許雪姬、鍾淑敏編，《灌園先生日記（二）：一九二九年》，頁320，
　　　　日記時間：1929 年 11 月 19 日。

垂立」則給予現金而沒有土地。

　　澄堂對長子垂明非常不放心，所以在遺產的分配上，除了給予他個人名下土地之外，讓他的母親簡輕煙有土地收租，與妻子呂雨有土地共業，與弟弟垂訓土地共業三百石租，做為祭祀費。林澄堂甚且以「景山公祭祀業不許垂明輪流」，〔註185〕經由林獻堂阻止才取消。這份遺言顯然失衡，長媳呂雨深感不平，〔註186〕而真正執行上，也難以如林澄堂將家產交予賴麵之願，因為垂訓才五歲，未成年，映雪雖無出，卻是禮法上的親權者（監護人與財產的管理者），面對這一分遺囑，垂訓生母賴麵則充滿危機，吳映雪雖是老實人，娘家也不會讓她吃虧，尤其是和林家往來頗為密切的吳映雪之弟吳子瑜。同時因為林澄堂生前也不滿同父同母的兄長林烈堂對他疏遠，〔註187〕所以在執行遺言時，雖有林烈堂、林獻堂、林階堂、林垂拱、林垂珠、公證人松岡開、通譯曾成等人在旁聽取遺言，卻也得不到林澄堂妻妾媳的信任。〔註188〕在各方皆有不同的計算下，引發了一連串的官司與爭執。

　　深感財產分配不公的長媳呂雨，頗得林獻堂的同情，決意要提出公証証書無效之訴訟，雖林獻堂勸她不可如此，願為周旋，然呂雨心意甚決，勢難阻擋。〔註189〕林烈堂身為遺產的執行人，希望召開親族會議解決林澄堂遺產的紛爭；林獻堂考量真正得以維持家庭和諧又能保護林澄堂財產的前提下，向林烈堂提出「將澄堂遺產組織會社」的作法。〔註190〕林烈堂原本希望「能不違背遺言公証之額過多」的原則下處理；林獻堂繼以遺產改作會社才有權利保護澄堂遺產，不負澄堂所託。〔註191〕接下來就是勸誘賴麵與呂雨接受成

〔註185〕林獻堂著，許雪姬、鍾淑敏編，《灌園先生日記（二）：一九二九年》，頁320，
　　　　日記時間：1929年11月19日。
〔註186〕林獻堂著，許雪姬、鍾淑敏編，《灌園先生日記（二）：一九二九年》，頁353，
　　　　日記時間：1929年12月19日。
〔註187〕林獻堂著，許雪姬、鍾淑敏編，《灌園先生日記（二）：一九二九年》，頁305，
　　　　日記時間：1929年11月4日。
〔註188〕林獻堂著，許雪姬、何義麟編，《灌園先生日記（三）：一九三〇年》，頁105，
　　　　日記時間：1930年3月29日。
〔註189〕林獻堂著，許雪姬、鍾淑敏編，《灌園先生日記（二）：一九二九年》，頁354，
　　　　日記時間：1929年12月20日。
〔註190〕林獻堂著，許雪姬、何義麟編，《灌園先生日記（三）：一九三〇年》，頁24，
　　　　日記時間：1930年1月21日。
〔註191〕林獻堂著，許雪姬、何義麟編，《灌園先生日記（三）：一九三〇年》，頁29，
　　　　日記時間：1930年1月26日。

立會社，賴麵贊成財團法人，〔註192〕呂雨不贊成，呂雨之兄呂傳令又聞言林烈堂說呂雨兄弟又貧窮又貪心，擔心林垂明的財產被妻舅所奪，所以才分配給垂明方那麼少的遺產，〔註193〕這些是非謠傳與搬弄，彼此的信任度更脆弱，最後還是走上訴訟之路，以垂明名義，提出告訴烈堂、垂拱、阿麵同謀偽造遺言公証」。〔註194〕這個官司最後以不起訴結案，檢查官武井判定林垂明須向林烈堂謝罪，並聽親族之調停。〔註195〕林獻堂等繼續勸說呂雨同意以澄堂名義之株券成立財團法人，其所持理由有三：一方面可以紀念林澄堂，一方面股息可以照顧林澄堂家眷，還可以作慈善事業。〔註196〕最後，並敦請吳子瑜幫忙勸誘，呂雨才接受。〔註197〕

另一方的賴麵，聽辯護士（律師）蔡伯汾——也是林家的外戚（林資彬姊夫）之言，告訴元配吳映雪有人想要領取澄堂以垂訓名義存在臺銀的二十萬元，〔註198〕所以命令吳映雪抄寫親權讓與承諾書，〔註199〕以此到臺銀領取。據林垂凱言，這一筆錢是「四叔（澄堂）曾到上海看梅蘭芳的戲，匯出二十萬。當他去世時，垂訓才六歲（實歲為五歲），他要到二十歲才能領出。結果要繼承時，再將這些錢從上海匯回臺灣。」〔註200〕賴麵提領當天，林獻堂等男性均被瞞在鼓裡完全不知情，但林烈堂的三姜何美早知此事。〔註201〕只

〔註192〕林獻堂著，許雪姬、何義麟編，《灌園先生日記（三）：一九三〇年》，頁36，日記時間：1930年2月2日。

〔註193〕林獻堂著，许雪姬、鍾淑敏編，《灌園先生日記（二）：一九二九年》，頁365，日記時間：1929年12月30日。

〔註194〕林獻堂著，许雪姬、何義麟編，《灌園先生日記（三）：一九三〇年》，頁45，日記時間：1930年2月9日。

〔註195〕林獻堂著，许雪姬、何義麟編，《灌園先生日記（三）：一九三〇年》，頁100，日記時間：1930年3月25日。

〔註196〕林獻堂著，许雪姬、何義麟編，《灌園先生日記（三）：一九三〇年》，頁128，日記時間：1930年4月15日。

〔註197〕林獻堂著，许雪姬、何義麟編，《灌園先生日記（三）：一九三〇年》，頁130，日記時間：1930年4月17日。

〔註198〕有些資料記載二十一萬，有些則是二十萬，為求行文統一，暫以二十萬為依據。

〔註199〕林獻堂著，许雪姬、何義麟編，《灌園先生日記（三）：一九三〇年》，頁56～57，日記時間：1930年2月18日。

〔註200〕许雪姬編著，许雪姬、王美雪記錄，《霧峰林家相關人物訪談紀錄（頂厝系）》，頁45。

〔註201〕林獻堂著，许雪姬、鍾淑敏編，《灌園先生日記（二）：一九二九年》，頁356，日記時間：1929年12月22日。

見心懷不軌的賴麵表面上親切陪著吳映雪到臺中治療齒痛，[註202]實則逼使吳映雪領出林垂訓名下臺銀支店的二十萬元存款，支店長岩間取出《六法全書》，告訴她們親權讓與承諾書「非親族同意，不能讓他人。」[註203]隔日，吳子瑜前來責問，在林烈堂與吳子瑜的責備中，年方二十八歲的賴麵「毫無畏懼之色，一肩挑盡」，[註204]林獻堂對賴麵有此膽量，深感意外。在澄堂原本的遺言公証中，若不計算吳映雪的親權，最有利者乃為賴麵；呂雨於是聯合吳映雪之弟吳子瑜對抗賴麵，由「吳子瑜告發賴氏麵脅逼吳氏映雪領取林垂訓寄金於臺銀之二十萬元。」[註205]

　　林獻堂在調停的過程中，賴麵曾對他說：「垂訓是我之子，財產是我之財產，映雪親權者不過是保護此子，而財產絕對與她無關係。」林獻堂則以吳映雪若實行親權者的權限，將掌握一切財產，賴麵之支配的只有分配給她的二千石租，賴麵頗知自己不是。[註206]

　　為了順利變更林澄堂遺言中的財產分配與支配方式，林烈堂、林階堂、賴麵都主張召開親族會議，希望善良軟弱的正室吳映雪能辭退財產的管理權。當時的對話是：

> 二哥問之曰：「垂訓之財產，汝能否為之管理？若能管理則甚善，若不能管理，當研究善後之法。」
>
> 映雪曰：「一任二伯、三伯主意。」
>
> 二哥曰：「此事須汝自決，不能攙入他人意見。」
>
> 映雪曰：「待我思之。」乃則入內。[註207]

當日過了一段時間，林獻堂得知吳映雪想要親自處置，不肯辭退管理權。

[註202] 林獻堂著，許雪姬、鍾淑敏編，《灌園先生日記（二）：一九二九年》，頁355，日記時間：1929年12月21日。

[註203] 林獻堂著，許雪姬、何義麟編，《灌園先生日記（三）：一九三〇年》，頁46～47，日記時間：1930年2月10日。

[註204] 林獻堂著，許雪姬、鍾淑敏編，《灌園先生日記（二）：一九二九年》，頁356～357，日記時間：1929年12月22日。

[註205] 林獻堂著，許雪姬、何義麟編，《灌園先生日記（三）：一九三〇年》，頁45，日記時間：1930年2月9日。

[註206] 林獻堂著，許雪姬、何義麟編，《灌園先生日記（三）：一九三〇年》，頁37，日記時間：1930年2月3日。

[註207] 林獻堂著，許雪姬、何義麟編，《灌園先生日記（三）：一九三〇年》，頁66，日記時間：1930年2月26日。

〔註208〕林獻堂也認為要求吳映雪辭退管理權並不妥，然在各方折衝角力之下，終於在1930年4月13日作成和解契約書：

第一條：第一回公証、第二回公証〔註209〕皆作無效。

第二條：湘雲、織雲、垂訓之名義所有預金，垂明之名義土地千二百石，皆編入澄堂遺產。

第三條：受贈者如下：映雪六百石，輕煙三百石，湘雲三百石、金五万一千円，織雲三百石、金六万五千円，來兒百二十石、金五千円，阿麵二千石，粉三万千円，垂拱、垂珠、垂芳、垂立、垂凱各一万円，金盞、金葉各五千円，金玉、金良〔涼〕各二千円，祭祀【公】業三百石，所有株券作財團法人。

第四條：遺產中抽出千二百石與垂明，金二十一万與垂訓。

第五條：除以上之額，垂明、垂訓均分。

第六條：組織同族會社。

第七條：映雪之財產管理權辭任，以族長獻堂、階堂當之；垂明病氣及其他事故之時，族長獻、階當之。

第八條：本契約執行委任族長獻、階。〔註210〕

經過幾日的彼此溝通，所有的爭議在1930年4月18日達到共識，和解成立，〔註211〕其中，包含吳映雪辭退財產管理權，執行者由林烈堂改為林獻堂、林階堂。財產的分配雖然達成協議，賴麵因過程中聽信其姊賴燕之言，行賂了檢察官和通譯，被拘留十天。〔註212〕

當家產官司告一段落之後，賴麵與呂雨面對相同的辯護士、調停人謝金問題，即官司經由家族調停，呂雨並沒有得到她所期望的結果，所以謝金部

〔註208〕林獻堂著，許雪姬、何義麟編，《灌園先生日記（三）：一九三〇年》，頁66，日記時間：1930年2月26日。

〔註209〕筆者尚未查得第二回公証內容。

〔註210〕林獻堂著，許雪姬、何義麟編，《灌園先生日記（三）：一九三〇年》，頁124～125，日記時間：1930年4月13日。

〔註211〕林獻堂著，許雪姬、何義麟編，《灌園先生日記（三）：一九三〇年》，頁131，日記時間：1930年4月18日。

〔註212〕林獻堂著，許雪姬編，《灌園先生日記（四）：一九三一年》，頁12～13、頁24～25日記時間：1931年1月10日、1931年1月19日。

分並沒有按照先前的約定支付，因此呂雨也面臨多次的談判；同時吳子瑜因為參與這個仲裁過程，所以也要求獲得謝金，最後呂雨與吳子瑜二人還得藉由莊伊若（1880～1938）等人的調停，整件事情才告個段落。面對法律，並不是婦女們所擅長，或許經驗不足，官司也以親族之間的調停為主，甚至連辯護士都未嘗對檢查官交涉；這些和解之後的謝金，賴麵、呂雨兩位少婦也多求教於林澄堂的遺產執行者——林獻堂、林階堂二人。

分完財產之後，長子林垂明與次子林垂訓還有三個問題待處理：一是如何分配家具、器具等物，一是粟倉後一片之空地如何分割，另一是林澄堂遺產如何成立「大安產業株式會社」。

分配家具、器具等物時，對於椅棹物件的分配，兩方皆不相讓，還上演搶鼎〔鑰〕甕、搶碗盤事件，〔註213〕身為澄堂之母的莊粉「聞之涕泣終日」，〔註214〕還須經由林獻堂、林階堂勸解調停，垂明、垂訓二家由此分伙食。〔註215〕另外，粟倉後一片之空地，兩家要分割使用，垂訓之母阿麵主張要築牆不留通道，因為「垂明神經病，垂訓姊妹恐怕異常」，〔註216〕而垂明之妻呂雨則主張垂明「欲來事務所（將成立的大安共榮會之事務所）之便利」主張不可塞斷，〔註217〕林獻堂認為雙方都有理，但是未免徒生是非，林獻堂還是勸呂雨接受築牆不留門，「庶免使用人搬弄是非，將來兩家感情自然能親密」，〔註218〕賴麵也願意以六百石租作為不留門的交換條件，呂雨乃負氣的說：「若將來有事，斷不許再開此牆」，林獻堂「笑應之曰：此點請俟他日再商。」〔註219〕

〔註213〕林獻堂著，許雪姬、何義麟編，《灌園先生日記（三）：一九三〇年》，頁149，日記時間：1930年5月4日。

〔註214〕林獻堂著，許雪姬、何義麟編，《灌園先生日記（三）：一九三〇年》，頁185，日記時間：1930年6月4日。

〔註215〕林獻堂著，許雪姬、何義麟編，《灌園先生日記（三）：一九三〇年》，頁180，日記時間：1930年6月1日。

〔註216〕林獻堂著，許雪姬、何義麟編，《灌園先生日記（三）：一九三〇年》，頁180，日記時間：1930年6月1日。

〔註217〕林獻堂著，許雪姬、何義麟編，《灌園先生日記（三）：一九三〇年》，頁193，日記時間：1930年6月11日。

〔註218〕林獻堂著，許雪姬、何義麟編，《灌園先生日記（三）：一九三〇年》，頁194，日記時間：1930年6月12日。

〔註219〕林獻堂著，許雪姬、何義麟編，《灌園先生日記（三）：一九三〇年》，頁197，日記時間：1930年6月15日。

　　大安產業株式會社成立是林獻堂等人的考量，因為當時掌家的賴麵與呂雨都是年輕少婦，管理林澄堂留下的佫大家產，終究是讓林獻堂等人不放心，於是提議成立一會社以為管理，一方面保護林澄堂的家產，另一方面也可以讓林澄堂的遺眷有所保障。在林獻堂的折衝下，1930 年 4 月 19 日的會議中共議決三條：一、資本金按作二百萬円，拂込百二十萬円。二、獻堂、階堂、猶龍為取締役，瑞騰、根生為監查役。三、相續費各人負擔，而其費用可從各人應得之金額抽出。〔註 220〕其中事務所之三餐，輕煙、阿麵分伙食後，由兩方供給，事務員的指派、月給與手續費又是一翻角力，最後終於在 1930 年 5 月 16 日正式成立會社。〔註 221〕

　　林澄堂家室經過分產分家之後，衝突日漸消弭。「吳映雪的日常起居都是由賴麵安排，四叔（澄堂）過世的時候，也分她（吳映雪）五百租（應為六百租），但她都不會花用，吃住都是新四嬸（賴麵）服侍，因為她們倆都住在一起，映雪死後，她的鈔票都發霉。」〔註 222〕映雪果然不善處理財物，而正室與悍妾之間也成為最親近的家人。賴麵後來為青桐巖副住持，法號普門。〔註 223〕林垂訓與新竹鄭順娘結婚生子，林獻堂為之命名曰煌正，其相貌頗好，林獻堂對賴麵祝賀：「汝一生為子女之責任可謂盡矣。」賴麵亦甚喜。〔註 224〕

2. 親權處置的不恰當

　　分析林澄堂分產事件中，有兩個與親權有關的關鍵點，讓分產在現實執行上變得非常複雜。這個問題當然與澄堂家庭組成有密切的關係。首先是父權的過度膨脹，澄堂對長子垂明的不滿，感情欠佳，對還是幼童的次子垂訓則寄以深切的期望，垂明並未犯有重大的錯誤，但在澄堂的遺言公証中，卻產生極大的不公，林獻堂等也深為垂明抱屈，而出身三角仔呂家的長媳

〔註 220〕林獻堂著，許雪姬、何義麟編，《灌園先生日記（三）：一九三○年》，頁 132
　　　　　～133，日記時間：1930 年 4 月 19 日。
〔註 221〕林獻堂著，許雪姬、何義麟編，《灌園先生日記（三）：一九三○年》，頁 162，
　　　　　日記時間：1930 年 5 月 16 日。
〔註 222〕許雪姬編著，許雪姬、王美雪記錄，《霧峰林家相關人物訪談紀錄（頂厝系）》，
　　　　　頁 45。
〔註 223〕林獻堂著，許雪姬編，《灌園先生日記（十三）：一九四一年》（臺北：中央
　　　　　研究院臺灣史研究所，中央研究院近代史研究所，2007 年），頁 169，日記
　　　　　時間：1941 年 5 月 3 日。
〔註 224〕林獻堂著，許雪姬編，《灌園先生日記（二十）：一九四八年》，頁 467，日記
　　　　　時間：1948 年 11 月 14 日。

呂雨當然不能夠接受，於是引起一連串的官司。其次，為當澄堂過世後，次子垂訓才五歲，他的親權是由嫡母吳映雪獲得，按當時的法律，吳映雪有權處置、管理林垂訓所繼承的大量財產，這與林澄堂的原意不合，當然遭垂訓生母賴麵極大的反彈，並從而衍生許多糾紛。此外，大家族經常因為投資或避稅等問題，而將龐大的資產以子女的名義存取，此筆金額在分產時，經常引起很大紛爭。〔註225〕澄堂在世時，海外的資產也是以垂訓名義而存取，〔註226〕澄堂死後，這又是一筆財產的爭奪大戰。由於澄堂家族狀況複雜，親權的執行欠當，引起不同層面的家族糾紛，幸有族人長輩居中協調，方結束分產問題。

〔註225〕又如林烈堂與林垂珠父子之間的官司：林烈堂有子五人，妾張省生長子垂拱，正室蔡佩琨生垂珠，繼室陳淑寬生垂芳，妾何美生垂立、垂凱。據林垂凱回憶：「我在三、四歲時，家產已經分好了，分完家產後就成立禎祥拓殖株式會社。」林垂珠於1923年東京大地震震後回臺，為了節省所得稅，建議成立禎祥會社。故分產的時間大約就在1923年。（參見：許雪姬編著，許雪姬、王美雪記錄，《霧峰林家相關人物訪談紀錄（頂厝系）》，頁28）成立禎祥會社之前，林烈堂曾為了買賣方便，將增加的土地登記在其子垂拱、垂珠名下（其他三子尚未出時）；成立會社時，林烈堂將原本登記在垂拱、垂珠名下的土地一併納入禎祥會社之資本，使每個子女都有股份，當時五個兒子每人都是三千股，六個女兒每人兩百股，林烈堂自己則保留二千八百多股。垂珠被其舅蔡蓮舫譏笑：「你怎麼這樣笨！已經是成年人了，有權利處理自己的產業，怎麼還將你的東西吐出來？」垂珠因此告父親林烈堂，於1926年敗訴（〈二十萬圓を請求し・實父を訴へたが・結局原告が敗訴・林烈堂氏父子の係爭事件〉，《臺灣日日新報》，1926年3月9日，第5版。），林垂珠敗訴的理由是因林垂拱作證：「土地是他的，但並不是他拿錢出來買，而是我父親將土地登記在他的名下」，所以林垂珠敗訴，但法官仍提議：「既然都是父子，庭外合解算了，多分一點給他就好了」，因此垂珠分得比較多，林烈堂工商銀行的股份也都給了垂珠，同時他也獲得三千八百股的禎祥會社股份。（參見：許雪姬編著，許雪姬、王美雪記錄，《霧峰林家相關人物訪談紀錄（頂厝系）》，頁28～29）林烈堂於1944年病重時，立遺言公証：「土地皆換算金額，計二十七萬餘円，二哥（烈堂）留五萬円，還碧霞（次女）二萬三千円，其三少女各一萬円，簡氏慰勞二千円。尚餘十六萬円餘作垂拱兄第五人均分，又楠町之家屋待他日賣與楨〔禎〕祥會社作五人均此，又二哥之楨〔禎〕祥會社株券千八百株，將來亦作五人均分。」（參見：林獻堂著，林獻堂著，許雪姬編，《灌園先生日記（十六）：一九四四年》，頁125，日記日期：1944年4月10日。）其剩下之財產，仍以五子均分為原則，未婚女兒各得一萬円，應為其粧奩。

〔註226〕許雪姬編著，許雪姬、王美雪記錄，《霧峰林家相關人物訪談紀錄（頂厝系）》，頁45。

（二）陳中和分產中諸子身分之戰

1. 陳中和分產過程

　　陳中和有子十人：依次為啟貞、啟瀛、啟南、啟峰、啟滄、啟川、啟琛、啟清、啟安、啟輝。次子啟瀛及五子啟滄於 1908 年早逝。陳中和元配吳榮困，因難產亡故，繼而先後娶孫款、劉玉為妻妾。〔註227〕吳榮困無出，抱養陳啟貞為養子；啟南可能是養子或日籍夫人所生，〔註228〕啟峰、啟清、啟輝同母孫款，陳中和將原為三姜孫款扶正，故啟峰、啟清、啟安、啟輝為嫡出；啟川、啟琛同母劉玉。陳啟貞雖為養子，對陳中和事業的發展貢獻最多，而啟峰為嫡長，恃寵而驕，企圖頗大，在各方勢力下，陳中和家產的分配，產生諸多風波。

　　陳啟峰以嫡長之姿，極力排除陳啟貞，因而引發了兄弟、父子之間的爭執與訴訟。據《臺灣日日新報》報載，陳中和寵愛三姜孫款，並以形式上的先離婚後再娶，為繼室扶正，〔註229〕對孫氏所出的啟峰諸子，當然寵愛有加。在原本的財產分配中，將絕大多數的家產留給啟峰、啟清、啟輝三兄弟繼承：

> （陳中和）所營之新興製糖，及物產會社，株數各二萬四千株，扣起他人持株，老人（陳中和）名義計共四萬五千株，此種分配方法，啟貞以有功故得千五百株，啟川、啟琛各千株，餘乘欲使啟峰兄弟相續，且迫令啟貞離戶辭去新興製糖重役。〔註230〕

陳中和所經營的新興製糖及陳中和物產會社，共持有四萬五千股，扣除有功

〔註227〕戴寶村，《陳中和家族史——從糖業貿易到政經世界》，頁 158。筆者按：陳中和的妻妾有多少人，此處存疑。元配吳榮困，繼室為原三姜孫款，另一妾劉玉為啟川之母，此三人應是有入戶口者，啟南之母，戴寶村注解為日本夫人所生；另外，據許丙所言，啟琛、啟安另有其母，疑均未入戶籍。（參見：許伯埏著，許雪姬主編，蔡啟恆、川島真日語編輯，傅奕銘中文摘譯，《許丙·許伯埏回想錄》（臺北：中研院近史所，1996 年），頁 66。）至於陳中和共有十子，元配無出，乃抱養啟貞，在日本期間生下啟南，其後娶苓雅寮孫款為繼室，生下啟峰、啟清、啟安、啟輝等四兄弟；劉玉生下啟川及啟琛兄弟。（參見：照史，《高雄人物評述第二輯》（高雄：春暉，1985 年），頁 8～9。）

〔註228〕陳啟南出身，此處存疑，據許丙言，啟南為養子（參見：許伯埏著，許雪姬主編，蔡啟恆、川島真日語編輯，傅奕銘中文摘譯，《許丙·許伯埏回想錄》，頁 66。）而戴寶村則言陳中和另有一日籍妻子，姓名不詳，三男陳啟南即為此日籍夫人所生。（參見：戴寶村，《陳中和家族史——從糖業貿易到政經世界》，頁 161。）

〔註229〕〈陳中和家紛糾經過·原因婦人維屬之階·依一高雄人知者詳談〉。

〔註230〕〈陳中和家紛糾經過·原因婦人維屬之階·依一高雄人知者詳談〉。

於陳家事業之陳啟貞 1,500 股和另二子啟川、啟琛各 1,000 股，啟峰兄弟三人
則承繼了 41,500 股，陳中和的家產分配方式，幾乎是將啟貞、啟川、啟琛予
以象徵性的股份，而將家產完全由啟峰兄弟繼承。這番處置的結果，肇始於
家族中的嫌怨，究其遠因，可由《臺灣日日新報》看出端倪：

> 啟貞母（嫡母吳榮困）死，啟琛、啟川之母，率其子來奔喪，獨第
> 三妾今之躙等陞格為繼室者，恃寵不來，故啟貞娶媳之女，亦不令
> 其媳往拜，欲迎中和翁，歸己宅，就媳拜，中和翁以此舉乃降尊就
> 下，即亦不肯，自是以來，嫌怨日深。〔註231〕

從上面報載，可知孫氏得到陳中和寵愛，躙等為繼室，恃寵而驕，侍機生隙。
啟貞之母亡故時，其他妾室都前來奔喪，但扶正的孫款不願前來，引發陳啟
貞等人的不滿；待啟貞娶媳，啟貞也不讓媳婦至陳中和宅拜見繼母孫款，故
欲迎父親陳中和至自己家中讓媳婦拜見。陳中和認為這是對他的不尊重，故
不接受，也因此造成陳中和對啟貞之間的嫌隙。陳中和妻室、諸子之間的不
合，關係日漸惡化，更進一步演變成「父告子」、「弟告兄」骨肉相殘的訴訟事
件：

> 陳中和氏之弟維馨葬儀之時，發端於爭燒香前後，當時啟峰，右眼
> 受毆，其後不出，尚靜養中。〔註232〕

> 所謂發端於爭燒香前後者，係當跪拜之際，啟峰居中，以左右時，
> 撞兩傍之啟川、啟琛，繼施之以腳，此兩人不能忍，乃格之以手，
> 中右眼傍連鼻之處，中和老人，初亦不甚怒，繼聞啟峰之母出訴，
> 請啟峰眼睛，行將突出，或變成殘廢，於是中和老人大怒，曰告告
> 告，遂生出一門父告訴子，弟告訴兄不祥事件。〔註233〕

孫氏、啟峰利用家族婚禮、喪禮之際，製造紛爭，兄弟相殘，在孫氏的煽動
下，「陳中和氏，以業務防害罪，告訴其子啟貞、啟川、啟琛三名；而陳啟
峰，亦以傷害罪，告訴其兄，即上記三名。」〔註234〕孫氏與啟峰的目的，實
是希望陳啟貞辭去新興製糖重役，直至脫離父子關係，陳中和的家業便完全

〔註231〕〈中和家騷動續聞陳啟貞氏已非製糖重役風評晉献公之子九人〉,《臺灣日日
　　　　新報》，1929 年 2 月 21 日，第 4 版。
〔註232〕〈高雄名家陳中和氏・一家骨肉相殘・啟貞啟峰相爭遺產・巷說區區莫衷一
　　　　是〉,《臺灣日日新報》，1929 年 2 月 6 日，第 4 版。
〔註233〕〈陳中和家紛糾經過・原因婦人維屬之階・依一高雄人知者詳談〉。
〔註234〕〈陳中和家紛糾經過・原因婦人維屬之階・依一高雄人知者詳談〉。

是孫氏諸子所有。

此等父告子、弟告兄的事件，引起社會上很大的關注，而陳啟貞離戶與新興製糖重役辭任之事，實有其困難。就陳啟貞而言，這不僅意謂著四十年來的付出與努力化為烏有，無法繼承家業家產，更是他人格上的一大缺憾，因為陳啟貞是陳中和元配吳榮困的養子，陳中和有子十人，元配吳榮困只有陳啟貞一子，故「啟貞若更被革去籍，則中和翁之嫡配，不且餒若敖之鬼，啟貞之為人，殆可稱為完璧，革籍一事，除卻加以莫須有三字罪名而外，實無正當之理由也。」〔註235〕除去戶籍，不只是放棄有形的家產，更是無形道德的毀滅，這是當時報紙所反應出的世道與人心。

就陳中和而言，也有其困難：

坊間議論紛紛，有云此事絕類獻公之子九人，啟貞極孝，與中和翁父子關係，且四十年，其於陳家之創業守成，與有力焉，念父老飲食起居，非姬不安，極力順之。〔註236〕

新興製糖，遭財界打擊受創之日，啟貞主宰其衝，善為處理，努力顯著，故雖啟峰策動欲排去啟貞，雖免受不近人情之譏。〔註237〕

陳啟貞對陳中和的孝行，對陳家的事業，有功無祿，仍要面對離開陳家事業體與父子關係斷決慘境，當然頗受時人議論。而因為分產不公引來的骨肉相殘，陳中和急電請辜顯榮為他排解：

中和老人，目覩家門骨肉相殘，乃電促辜顯榮氏，為其排解，一面辜氏自問對於陳家，當銀行借款受催促之日，曾為種種努力，並念陳家係島內有數名家，本島人臉面要顧，不可聽其破裂，乃不辭一行，偕楊松氏南下，躬赴苓雅寮，晤中和老人，計自下午九時起，至翌日上午一時，繼續開始談判，逐條審查，此間啟峰之母，數出饒舌，皆被老人叱退，因得以成議，以電邀臺南田村公證人，田村公證人回電，答以四時過，得到苓雅寮，辜氏心安，歸旅館休息，罔料未幾即接到啟峰電話，云公業之事與啟貞無關，啟貞等亦曲從之，嗣更由陳家用事人，以電話向辜氏通知取消成議，辜氏憤極，再赴陳家，則啟峰之母，迎之於門，告老人今方就睡，辜氏怒命促

〔註235〕〈中和家騷動續聞陳啟貞氏已非製糖重役風評晉獻公之子九人〉。
〔註236〕〈中和家騷動續聞陳啟貞氏已非製糖重役風評晉獻公之子九人〉。
〔註237〕〈高雄名家陳中和氏‧一家骨肉相殘‧啟貞啟峰相爭遺產‧巷說區區莫衷一是〉。

之起，中和老人，告余疲極，再假以二三日中，俾余熟思。辜氏不
可，謂盡本日中，若能解決，當不惜為貴家再耽擱一日。中和老人
搖首，辜氏知其背後策動有人，乃嘆息數聲，離去陳家，搭車上北，
云真真無可如何也。〔註238〕

辜顯榮基於曾幫助過陳家延展銀行之借款，與「本島人顏面要顧」之由，所
以不辭一行，南下至苓雅寮，六十四歲的辜顯榮與七十七歲的陳中和談判審
查，從晚上九點至凌晨一點，成議後電邀田村公證人作成新的遺言，辜顯榮
才安心回旅館休息。沒想到辜顯榮到達旅館不久，就在等待田村公證人到來
之際，事情有所變化，陳啟峰先來電告知「公業之事與啟貞無關，啟貞等亦
曲從之」，緊咬啟貞養子的身分，又一通陳家用事人來電取消成議，這時辜顯
榮十分生氣，再赴陳家，辜顯榮雖極力相勸，但陳中和不願再談，辜顯榮知
道背後有人策動，也只能嘆息離去。

　　陳中和與陳啟貞父子之間的訴訟，經開庭數回，1930 年 5 月，經田中法
院長勸解，陳中和遂取消了廢嫡訴訟，「時給陳啟貞現金二萬圓及其所持新興
製糖，中和物產竝其他現有株全部，而使其分戶，以是陳中和家之後，遂以
次男啟峰氏為相續，而圓滿解決云。」〔註239〕陳中和於同年 8 月病歿。

　　在陳中和病歿之後，陳家的遺產分配仍須進一步調停，1931 年春天，許
丙應高雄州知事平山泰之請，一起出面調停。平山泰之所以找許丙幫忙，即
是許丙在林本源家族紛爭之際，於林本源事務所服務，對各種相關事務已有
經驗，許丙也不負所託最後圓滿達成調解陳家八兄弟之分家糾紛。〔註240〕
1934 年，陳中和遺產分配終於在依西澤知事、小林市尹等人居間排解中完
成，最後並捐款五萬圓為市廳舍建築資金；陳啟貞則欲由自己所得之額，另
寄附七千餘圓以充建設陳中和之胸像。〔註241〕

　　陳中和主要產業有新興製糖會社、南和興產（原陳中和物產會社，以米
穀生產買賣為主）與烏樹林製鹽株式會社；陳中和去世後，新興製糖由孫氏

〔註238〕〈陳中和家紛糾經過．原因婦人維厲之階．依一高雄人知者詳談〉。
〔註239〕〈陳中和氏父子爭訟由田中法院長勸告已得圓滿解決〉，《臺灣日日新報》，
　　　　1934 年 5 月 10 日，第 4 版。
〔註240〕許伯埏著，許雪姬主編，蔡啟恆、川島真日語編輯，傅奕銘中文摘譯，《許
　　　　丙・許伯埏回想錄》，頁 71。
〔註241〕〈高雄陳家分產．圓滿解決．寄附五萬圓〉，《臺灣日日新報》，1934 年 7 月
　　　　28 日，第 4 版。

與啟峰、啟安、啟輝三子繼承，股份分配如下：陳啟峰：5,562 股；陳啟安：5,654 股；陳啟輝：5,550 股；石川昌次：2,065 股；陳孫氏：920 股，〔註242〕三嫡子之間股份大致相等，新興製糖於 1941 年被臺灣製糖會社併購。南和興產原社長為陳啟峰，諸子分產，陳啟南所得股份最多，出任社長。〔註243〕烏樹林製鹽株式會社由陳啟貞擔任，陳啟川擔任經理，董事有陳啟南、陳啟峰、陳啟清、陳啟洲、林福謙等，1941 年併入大日本製鹽株式會社。〔註244〕陳中和財產經調解後，新興製糖全由嫡出者經營，烏樹林製鹽與南和興產雖由陳啟貞、陳啟南任社長，嫡出的陳啟峰等都共同經營。

2. 嫡、庶、養的衝突

陳中和分產的過程中，所突顯的問題，包括對家族事業經營貢獻極大的元配養子陳啟貞，理應是其他兄弟尊敬的兄長，由他來接續導陳家的產業應該是合理的安排，但只因為他是養子，缺乏血緣的關連，加以陳中和枕邊人孫款的離間，差點斷絕父子關係，陳啟貞終究在陳中和的事業體中被邊緣化。而孫款扶正，是陳中和諸子身份地位發生大位移的主要原因，孫款長子從原來的庶子，一躍成為嫡長子，自然對於有礙他接班的大石塊陳啟貞懷抱敵意。另外一系是劉玉所生的啟川和啟琛，原本與啟川兄弟等均為庶子，但啟峰等成為嫡出後，啟川一系也也受到擠壓，於是在許多爭執糾紛中，與啟貞聯合，形成兩股相抗勢力，而這種纏鬥在陳中和晚年「血淋淋」的展開。陳中和過世後，諸子分別繼承，與板橋林家、霧峰林家分家情形一樣，面臨家族資產、經營能量的分散，舊勢力逐漸在消解，其後再興，則待中華民國政府來臺後，由陳啟清連結的裙帶關係，即與半山黃朝琴結為親家，在二二八事件中陳家得以免禍保全。

（三）辜、顏兩家諸子均分與經營集中

1. 顏雲年諸子分產業經營權的傳遞

顏家沒有養子，顏雲年與顏國年之子女，在雲年嫡配柯砧切身之痛下，

〔註242〕新興製糖會社資本額有 120 萬日圓，分為 24000 千股，陳中和去世後，股份分配如下：陳啟峰：5562 股；陳啟安：5654 股；陳啟輝：5550 股；石川昌次：2065 股；陳孫氏：920 股。（每日新聞社，《躍進臺灣大觀》續編，1940年，頁 569。轉引自：戴寶村，《陳中和家族史——從糖業貿易到政經世界》，頁 101。）

〔註243〕戴寶村，《陳中和家族史——從糖業貿易到政經世界》，頁 111～112。

〔註244〕戴寶村，《陳中和家族史——從糖業貿易到政經世界》，頁 117。

嚴禁其子欽賢不得取妾，〔註245〕故雲年、國年諸子婚姻相對單純。大正十二年（1923）二月顏雲年因病篤，彌留之際，念及一生雖有龐大之各種產業，然諸子尚幼（長子欽賢二十三歲，仍在日本立命館大學就讀；次子德潤十八歲，三子德修十六歲，四子德馨四歲）未能獨立，遂「在基隆炭礦株式會社重要役員，以及周碧、顏窓吟等少數親信與長子欽賢在場之下，傳國年至病榻前，遺言託後事，為諸子之『後見人』（監護人）並承繼各事業。」〔註246〕為求公正行事，國年於同年（1923）5月將雲年所有之「義和」以及本身之「禮和」一併辦理會社登記。其後：

> 義和商行資金五百萬圓分配，欽賢氏百九十萬圓，德潤、德修、德馨三氏各九十六萬圓，顏柯氏、顏穆氏各十萬圓，顏國年、周碧二氏，名一萬圓，以顏國年氏為會社代表，取締役周碧氏，監查役顏欽賢氏。〔註247〕

顏欽賢為嫡長子，約為其他庶子之二倍，這一部分可以用長孫額解釋。至於「禮和」部分，顏國年分完產、過世後，顏欽賢承繼擔任臺陽礦業株式會社、臺灣興業信託株式會社、瑞芳營林株式會社、基隆輕鐵株式會社等會社之取締役社長及基隆炭礦業株式會社等會社之代表取締役。〔註248〕

　　顏國年將雲年與自己的產業以會社方式處理，成立公司經營，顏氏家產的家族領導由雲年而國年，再傳交與雲年長子欽賢，其家族重要的產業亦大致循此方式。顏家在分家析產的世代交替之際，未形成風波，顏家成員較少、顏國年公正處理都是重要因素。而國年以會社方式處理雲年留下的龐大產業，產業得以不因分產而薄弱，避免了諸子分產帶給家族產業衝擊，也符合漢人傳統諸子共同繼承的原則，可謂兼顧了日本家督繼承與漢人分頭相續的優點。

2. 辜顯榮家族分產情形與經營權的交棒

　　鹿港辜家由辜顯榮在日本接收臺灣之際，順應時勢建立了家族的百年大業。辜顯榮有子八人：孝德、皆的、斌甫、岳甫、振甫、偉甫、京生、寬敏。在1937年辜顯榮病逝前，孝德已逝，而養子皆的、斌甫已於1928年先行分家，並沒有發生像高雄陳家分產的鬥爭事件。1938年分產時，因皆的（1929

〔註245〕唐羽，《基隆顏家發展史》，頁199注95。
〔註246〕唐羽，《基隆顏家發展史》，頁284～285，頁285注41。
〔註247〕〈義禮和會社內則〉，《臺灣日日新報》，1923年6月4日，第4版。
〔註248〕顏義芳，〈基隆顏家與臺灣礦業開發〉，《臺灣文獻》62卷第4期（2011年12月），頁123。

年亡）、岳甫（1936 年亡）已不在人世，辜家產業由三房岳甫之子濂松、四房振甫、五房偉甫分別繼承：振甫為大和拓殖會社、大和興業會社社長；濂松為高砂鑄造社社長，偉甫任大和拓殖會社社長。〔註 249〕

其後，振甫與濂松叔姪之間的關係，在姪輩未能自立前，姪子名下的產業由其叔父代為經營，既平和分家，又能保住家族產業，並且家族之間的分工合作依舊持續。〔註 250〕這是既分頭相續，又能有家督管理的精神。另外，《辜振甫傳》中提到：

> （辜家）在準備處置財產時，會考慮到下一代團結的問題，為避免分散力量，乃設計出各兄弟之間，互相持有部分對方繼承的財產，而每一個都分別繼承有主要的事業，這種方式的好處是：避免後代萬一有人事業失敗，就淪落無法再有翻身的機會，因為至少還持有其他兄弟所主持事業的股份。〔註 251〕

由以上可以看到，辜家借由互相持有對方部分財產的方式來團結下一代，這種方式與祭祀公業中照顧弱勢之房的概念相似，延續傳統祭祀公業的設立精神。

（四）林資彬分產中女兒繼承權糾紛

林資彬於 1946 年 2 月病逝。其家庭有子女六人，加上繼室吳帖，按中華民國的法律，應分成七份，女子也有繼承權，與傳統儒教只有男子有權繼承財產有很大的不同。而繼室林吳帖在處理分產事宜時，爭取女兒也有財產繼承權，在其《我的自述》一書中，關於林資彬遺產的問題，有一段她的心路歷程：

> 臺灣光復後，依照中華民國法律上的規定是：子女不分男女遺產有

〔註 249〕〈鹿港／辜氏遺業繼承〉，《臺灣日日新報》，1938 年 9 月 15 日，第 8 版。
〔註 250〕戰後辜家的接班安排，原本希望延續三房與四房之間的合作，由辜振甫傳給辜濂松，辜濂松傳給辜啟允（辜振甫長子），辜啟允傳給辜仲諒（辜濂松長子）。辜濂松的母親辜顏碧霞在世時的一席話，將雙方的關係明白闡述無遺。辜振甫對辜顏碧霞說：「四嫂，原本事業是我在弄的，現在我交給濂松去弄，以後濂松也要放給啟允弄（臺語）」，而辜啟允也對她說過：「我現在聽三哥辜濂松的話，以後仲諒要聽我的話，而我的兒子也要聽仲諒的話。」參見：楊瑪利、楊麗君等，《一兆兩千億黃金世家：和信辜家傳奇》（臺北：天下雜誌，2003 年），頁 22。
〔註 251〕申子佳、張覺民著，《辜振甫傳：辜振甫的戲夢人生》（臺北：書華，1993 年），頁 179～180。

平等的繼承權，我樂意遵循國家的大法，由二子四女（其中有一子二女非我生的）和我作七份均分處理。親族間卻異議紛紛，因為霧峰大家族的思想仍滯停在封建成見中，尤以如獻堂叔孀他她們諸位長輩人物所受的遺毒更深，他們以保留祖先遺風為理由，這不可分散偌大的財產，他們堅持遵守古老習慣，力爭由二個男孩子均分全部財產，女孩子酌量撥送一些作嫁奩，他們這樣的處理對我個人最有利的，因為我有一個親生男孩子，就可有分得財產的一半，至於國法，那祇是手續問題。長輩們這一種主張，很明顯是重男輕女，如依照他們的主張處理了，相應我的兩個親生女或者是不敢反對的，但我怎麼可以迫令兩個非我生的女兒，讓她們放棄了合法的權呢？回想我們幼小時候就因「重男輕女」之害，失去了讀書機緣，經過半世紀的磨鍊，世界潮流已經尊重女權了，假如我仍屈守封建，那一新會時代我的演講，到處呼籲不是等於自打嘴巴了嗎？我可以假借保存祖業的虛名而動搖了提高女權的主張嗎？可以違背國法而欺侮那兩個呱呱墮地就無辜背負了私生女罪名的弱女嗎？真理、道德，良心提醒我反對長輩的主張，我堅持亡夫遺產的處理要依照國家法律辦理。其實叔孀之所以主張由二個男孩子均分財產者，是為坦護前妻兒子正雄她的親外甥，她存心因人立法而讓正雄佔有半數財產，他們所以反對我的依國家法律均分為七份者，因為我可以掌管自己的一份，親生子一份，親生二女二份外，那兩個私生女也是在我名份內監護的，當然也由我掌管，這一來我將把持著七份中六份財產，怎不令人眼紅，推究出了他們堅持理由徵結之所在以後，我提議將那二個私生女的監權由已成年的正雄負責，換句話說這是那二份財產在二個女未成年前由正雄代掌管，這一來正雄有了七份中之三的產權，老輩們才不再堅持保留古習的主張，三年分產的糾紛才獲得解決，我也達到了遵行國法提高女權的願望。〔註252〕

她認為林獻堂等長輩的意見是繼承封建的成見，同時也有私心的考量。林資彬二子四女中，長子正雄由正室楊秀所生，楊秀是林獻堂妻子楊水心的妹妹；次子正方和女兒雙眉、雙媛，則是出自吳帖；另外有二個女兒是資彬在外私生入籍。吳帖是吳德功的侄女，彰化高女畢，加入霧峰一新會，對於女權爭

〔註252〕林吳帖，《我的自述》（臺中：素貞興慈會，1969 年），頁 36。

取，總是不遺餘力。以封建的成見而言，自然是男子才有繼承權，女子則無；以私心而言，正雄與林獻堂家族有兩層的親戚關係，所以吳帖認為林獻堂夫婦是比較偏坦林正雄。但是她以受過新式教育、與霧峰一新會中推廣男女平等的觀念，自然不能輕易接受只將家產分配給兩個兒子的作法，幾經斟酌，她將二個私生女的監護權讓給正雄，那麼正雄就可以擁有七分之三的管理權，她則有七分之四的管理權，才說服了長輩，也完成她提高女權的理念。

　　吳帖以女兒也可以繼家產，是向前跨出一步。而實際上臺灣大部的女兒在家產分配時，幾乎都是自動蓋章放棄，即使時至今日，父權價值觀依舊左右一般人的觀念。

三、傳子不傳賢及其困境

　　五大家族的崛起，創造出其相應的家族地位。從經營人才和資金網絡來看，親族、姻親、地緣仍是共同的特色，背後也充分顯現了傳統價值。五大家族盛極一時，「而今安在哉」？當經營者一旦亡逝，不論是諸子分家或家督繼承，傳子不傳賢，縱然子賢，頂多只能守成，再加上所用的人才，也都免不了有親族與同鄉，若無優異的領導者，實難再造新境。更多的是在優越的環境中成長，將目標轉向可以榮耀家族的仕宦，或學術、文化藝術界，有的則失去奮鬥的動力，後代子侄有走向負面的浪費淫靡之舉，漸漸的五大家族被冠上「舊」五大家族，而有「新」的五大家族出現。然而今昔所不同的是，現代的產業，有的走向與西方資本家合流，經營權，傳賢不傳子，產業能夠維持經營的力道；財力捐獻回饋社會，而非遺留給子女，子女也不必困守在家業中，也許這才是長久之道；如果仍是將經營權與財產都留給子女，「新五大家族」必定會被取代，屆時，也許後人在研究「新五大家族」家業時，也會發出「而今安在哉」之嘆。

第四章　家庭傳統倫理及其與社會發展衝突

　　由於家族史研究盛行，加上日治時期文人日記陸續出版與家族文獻的採集，對於家庭生活的研究，尤其是女性與家庭生活的主題，新近有諸多文章問世，如許雪姬〈介於傳統與現代之間的女性日記——由陳岑、楊水心日記談起〉比較了霧峰林家頂厝兩個婦女，陳岑是林紀堂守寡的側室，楊水心則為為林獻堂唯一的妻室，她們在生活上表現出不同的性格；〔註1〕〈張麗俊生活中的女性〉包括了寡母、寡嫂、表姊、妻子、情人、續絃、女兒等多面向人際；〔註2〕李毓嵐〈日治時期臺灣傳統文人的女性觀〉指出傳統文人在1920年代後對女性已有較為進步的看法，如重視女子教育、提倡男女平等、鼓勵女性參與公眾活動等，但仍存在著個別差異，而大多數仍固守傳統「男主外、女主內」的觀念，視女子教育之目的在於成為「賢妻良母」；〔註3〕〈林獻堂生活中的女性〉指出林獻堂鼓勵身邊的婦女參與公眾事務、向學；〔註4〕〈1920年代臺中士紳蔡蓮舫的家庭生活〉指出了蔡蓮舫家庭中養子與妾之間

〔註1〕許雪姬，〈介於傳統與現代之間的女性日記——由陳岑、楊水心日記談起〉，頁227～250。
〔註2〕許雪姬，〈張麗俊生活中的女性〉，收於王見川等著，《水竹居主人日記學術研討會論文集》（臺中：臺中文化局，2005年），頁69～122。
〔註3〕李毓嵐，〈日治時期臺灣傳統文人的女性觀〉，《臺灣史研究》第16卷第1期（2009年3月），頁87～129。
〔註4〕李毓嵐，〈林獻堂生活中的女性〉，《興大歷史學報》第24期（2012年6月），頁59～96。

爭產的問題與妾的地位高；〔註5〕廖振富、張明權〈《傳錫祺日記》所反映的親人互動及其家庭觀〉指出了傳錫祺的家庭是臺灣家庭結構面臨時代變遷與殖民統治衝擊下的具體縮影和見證，如大家庭制度、傳統孝道、兩性婚姻等；〔註6〕王振勳〈從林獻堂日記看傳統家／族長的角色與權力〉，指出林獻堂重視傳統倫理孝道，不論是尊祖敬宗或親子關係，在夫妻關係上則重視溝通、權力分享，而有現代的風貌。〔註7〕這幾篇論文時間以日治時期為範圍，以臺中傳統文人為中心，討論家庭生活中夫妻、親子等關係，幾乎都指向傳統文人在新舊之間，傳統與現代之間，所表現進步性與局限性。然而，一個家族的發展，不會是從日治時期開始，特別是板橋林家與霧峰林家，在清朝已經是臺灣大家族的代表，故以五大家族為主要討論對象，把時間上推至清朝，把地域擴展至北部與南部，（當然，不能避免的，霧峰林家與板橋林家的討論會佔較多的比重，另外也會涉及到在中國的族人），研究傳統的情形是如何在大家族展開，在新舊交織中又有那些衝突，希望能夠對大家族的家庭生活中的倫理獲得一個更全面的探討。〔註8〕

第一節　宅第空間安排反映的儒教倫理

　　就世家大族而言，除了龐大家業、仕宦地位之外，最能彰顯家族勢力與其相映的具體事物便是宅第與園林。李欽賢〈從附庸風雅到啟蒙時代的臺灣美術〉一文提到：

> 1850、1860 年代，正是臺灣經濟逐漸繁榮，也是林本源家族興起、建造豪邸之時。……致富的人家營造庭園，仿造江南文士的趣味，在庭園裡擊鉢吟詩，閩籍書畫家謝琯樵等人此時受邀在臺作客，留下了書畫，有助於臺灣文教的發展。〔註9〕

〔註5〕李毓嵐，〈1920 年代臺中士紳蔡蓮舫的家庭生活〉，《臺灣史研究》第 20 卷第 4 期（2013 年 12 月），頁 51～98。

〔註6〕廖振富、張明權，〈《傳錫祺日記》所反映的親人互動及其家庭觀〉，《臺灣史研究》第 20 卷第 3 期（2013 年 9 月），頁 125～175。

〔註7〕王振勳，〈從林獻堂日記看傳統家／族長的角色與權力〉，《朝陽學報》第 13 期（2008 年 9 月），頁 359～378。

〔註8〕本章在討論大家族的家庭傳統倫理，高雄陳家所呈現的衝突已在第三章第三節「分家傳統倫理與社會現實的矛盾」中已論及，故本章不再討論高雄陳家。

〔註9〕李欽賢，〈從附庸風雅到啟蒙時代的臺灣美術〉，收於張炎憲主編，《歷史文化

在差不多的時間點，霧峰林家也開始興建「廿八間」和「宮保第」。〔註10〕
「成功的幾個支族即興建大宅院，以配合日增的須求，和日昇的社會地位。」
〔註11〕「日增的須求」，主要是子嗣繁衍所需的居住空間；「日昇的社會地
位」，除了以富麗堂皇的建築外表彰顯其權勢，更有頻繁的社交活動在此舉
辦。其後兩大家族在清朝經過多次的增建和整修，一方面反應家族人口的日
益龐大；另一方面，則藉以展示家族的地位與財富。另外，在宅院旁邊或後
方興建園林，不同於宅第的倫理之講究，是怡情養性的場所，從中也反映出
園主性情，還可以提供活動受限之大家族婦女一個遊賞的環境。

　　板橋林家宅院有「弼益館」、「舊大厝」、「新大厝」和「林家花園」。〔註
12〕霧峰林家則有「下厝」、「頂厝」和「萊園」。基隆顏家有「陋園」及「環鏡
樓」；陋園或取顏回「居陋巷」而「不改其樂」之意，〔註13〕「環鏡樓」則取
環山鏡海之意，1912年落成，是一棟二層的洋樓。1913年瀛社例會在環鏡樓
召開，其後瀛社例會多次假此召開大會及擊鉢吟會。辜顯榮在鹿港舊居興建
「大和洋樓」，始建於1912年，於1919年竣工，共歷時八年，另有一棟百年
歷史之傳統閩式建築「古風樓」。陳中和宅第於1920年落成，是日治時期打
狗的第一座洋樓，充分表現出其在事業經營的成就與地方上的政治地位。其
中能夠展現大家族宅第儒教空間特色的以霧峰林家為最，故本文將專論房分
多且分家的霧峰林家。

　　霧峰林宅是臺灣單一家族中面積最大的建築群落，「可以說是研究臺灣建
築史最佳的活教材。」〔註14〕建築宅第下厝、頂厝毗鄰而建，是霧峰林家族

　　　　與臺灣》（臺北：臺灣風物，1988年），頁351～352。

〔註10〕林文察為國陣亡，死後清廷贈賜太子少保，故名宮保第。

〔註11〕麥斯基爾著、王淑琤譯，《霧峰林家——臺灣拓荒之家》，頁247。

〔註12〕至於板橋林家，舊大厝於咸豐三年（1853）建成，為國華、國芳時代的產物，
　　　　是一棟三落為主體建築，第一落中央為客廳；第二落為正廳；第三落為祖廳，
　　　　每一落為一廳四房，扣除倉庫，共有廳房五十二間。新大厝為五落建築，建於
　　　　光緒四年（1878），為林維源所建，興建的理由可能有二：一是舊大厝不敷使用，
　　　　另一是林維源捐官，為了配合新的身分地位才築五落新大厝。第一落為門廳；
　　　　第二落為正廳，祭神和客廳；第三落為祖廳；第四落上房；第五落地基最高。
　　　　參見：許雪姬、徐裕健、夏鑄九等，《板橋林本源園林研究與修復》，頁26～27。

〔註13〕語出《論語》：「子曰：「賢哉！回也。一簞食，一瓢飲，在陋巷。人不堪其憂，
　　　　回也不改其樂。賢哉！回也。」」參見魏・何晏注、宋・邢昺疏，《論語注疏
　　　　（十三經注疏本）》，卷六，〈雍也〉，頁52。

〔註14〕劉永毅，《霧峰林家等待明天》（臺北：新新聞，2003年），頁70～73。

人起居處。大家族宅第中居住位置的分配與居室的形式大小，常常可以看出兄弟間的關係和地位。以霧峰林家兄弟關係而言，下厝定邦有子三人，但只有大房文察與二房文明共居，三房文彩顯然是分得定邦一分遺產而獨立門戶，可以看出定邦三子中，文察、文明兄弟關係良好，並未分家。下厝包括由林文察始建的宮保第，和文明所建的二房厝，及由文察子朝棟所建的大花廳等三個部分。〔註15〕頂厝，林奠國三子文鳳、文典、文欽也沒有分家，除了兄弟感情好之外，兄弟之間歲數的差距與壽命，也是未分家的原因，頂厝以林奠國始建景薰樓及草厝，加上奠國子文欽所建的蓉鏡齋，及做為穀倉與客房的頤圃。相關位置如下圖所示：

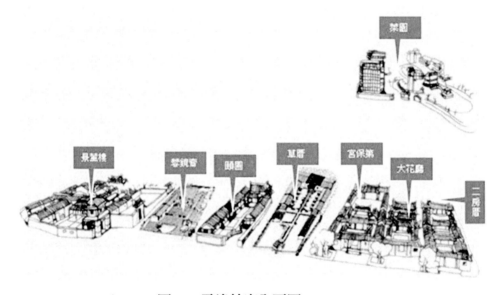

圖一　霧峰林家全區圖〔註16〕

一、宅第位置中所反映的長幼之序

　　以宅第形式而言，下厝宮保第是一組中軸式左右對稱五進的院落，林文察始建一條龍一字型的住宅，後為宮保第的第三進；一、二進與四、五進則先後由林朝棟竣成。二房厝也是一組五進式的建築群。以居室的分配而言，以左尊右卑、後尊前卑為原則。以整個下厝而言，大房宮保第位於左，二房

〔註15〕張運宗，《台灣的園林宅第》（臺北：遠足文化，2004 年），頁 34。
〔註16〕霧峰林家下厝營運管理工作站，〈霧峰林家博物園區‧全區圖〉，下載日期，2014 年 5 月 10 日，網址：http://linbentang.com/area.php。

厝位於右。以宮保第與二房厝而言，文察嫡長子朝棟與文明嫡長子紹堂的居室都在最後一落的宅院。以房舍的大小高低而言，地位愈高者，則屋舍的高度愈高，寬敞度愈大。〔註 17〕以霧峰林宅來看，下厝高於頂厝，宮保第大於二房厝，林朝棟所居的後院又高於前院，這當然也是林朝棟嫡長、統領的官階之身分地位象徵。

頂厝以景薰樓為主，為一 L 型組群。L 型長邊為起居室，是一個四進的組合，依次是景薰樓門樓，和前落正身與內外護龍，中落、後樓，然後是第四進，「各兄弟間的待遇十分公平，各自擁有獨立的庭院，文鳳這一房居長，於是給予最尊的後院。」〔註 18〕林獻堂住在中落，後樓為文鳳子林澄堂所加蓋。L 型短邊即右邊，為蓉鏡齋，原本為林奠國時代所建之紅屋瓦土角堆造三合院，乃頂厝最早之建築，林奠國的起居處，〔註 19〕林奠國 1880 年亡逝，由文欽改築為書房。在頂厝最右方原為穀倉與客房的「頤圃」，文典子林紀堂整理為休憩場所。頂厝的起居空間也是按照長幼之序的傳統原則分配。

二、家祠與敬祖的傳統

位居在中央最尊的位置是家祠。若是一般民房，家祠與客廳為同一空間，下厝則在宮保第與二房厝中間有一座稱為「本堂」，即下厝家號，第一落為正門，第二落為花廳，中設戲臺，為林家招待賓客之處，第三落為正式之公廳（家祠），供奉著定邦與其子孫的牌位，此處亦是兩房定期祭祀之所。景薰樓的家祠則位在前院的中間處。

家祠是漢人祭祀祖先的地方，祭祖活動是儒家家庭倫理的表現。「國之大事，在祀與戎」，〔註 20〕家中大事除了生活起居之外，祭祀與安全也是臺灣世族大家重視的活動與事項。下厝以武人立家，最右邊有「廿八間」，即是林文察臺勇、林朝棟棟軍駐屯處。祭祖除了反映對祖先的虔敬，也在這個行為上有了縱的連結；此外更有「收族」的作用，即便家族共居在大宅院中，但兄弟

〔註 17〕板橋林家的五落新大厝第五落地基最高，其意義是一樣的。（參見：許雪姬、徐裕健、夏鑄九等，《板橋林本源園林研究與修復》，頁 30）
〔註 18〕麥斯基爾著、王淑琤譯，《霧峰林家──臺灣拓荒之家》，頁 250～251。
〔註 19〕林金城，〈古蹟永續經營管理之可行性研究──以台中縣第二級古蹟霧峰林宅為例〉（臺中：逢甲大學建築研究所碩士論文，2006 年），頁 59。
〔註 20〕周‧左丘明傳‧晉‧杜預注‧唐‧孔穎達等正義，《左傳注疏（十三經注疏本）》（臺北：藝文印書館，2001 年 12 月），卷二十七，頁 460。

之間分財成家，祭祖成為家族凝聚的重要活動，因而有了橫的連結，所以家祠的縱、橫交錯，可以說是整個家族精神的重心。

三、花廳與男女有別

花廳，即是今日一般所稱的客廳，除了家族活動之外，可用來招待賓客，屬於對外開放的社交活動空間，最能彰顯家族的社會地位，花廳前的院子還設有戲臺。霧峰林家的花廳有多大呢？據林獻堂 1939 年的日記中記載，為了戰爭的需要，日本政府需要龐大軍費，其中一項即是以低價收購臺灣民眾的黃金，並到各處去演講，林獻堂稱之為「勸誘金賣上」，演講分男女兩個場地，「男子在林家的大花廳有千餘人，婦女在於戲園亦有六、七百名」，〔註21〕由此可見花廳之大。

霧峰林家花廳最重要的家族活動，即是作為舉辦壽、喪、婚等儀式之處。如林家女尊長楊水萍，在 1928 年舉行八一壽的壽宴，親友三十餘人前往祝壽，在花廳晚宴，同時觀看戲臺上的表演；〔註22〕當 1933 年舉行楊氏喪禮時，花廳則供會葬者休歇與用午膳。〔註23〕頂厝林獻堂祖母羅氏喪禮後，與會葬者在花廳午宴。〔註24〕婚禮婚宴也會在花廳舉辦，如下厝大房林正昌，〔註25〕二房林培英、〔註26〕林金生、〔註27〕林陳琅、〔註28〕林逢

〔註21〕林獻堂著，許雪姬編，《灌園先生日記（十一）：一九三九年》（臺北：中央研究院臺灣史研究所，中央研究院近代史研究所，2006），頁122，日記時間：1939 年 3 月 24 日。

〔註22〕張麗俊作，許雪姬、洪秋芬、李毓嵐編纂‧解讀，《水竹居主人日記（七）》（臺北：中央研究院近代史研究所；臺中：臺中縣文化局，2004），頁436～438，日記時間：1928 年 10 月 20 日。

〔註23〕林獻堂著，許雪姬、呂紹理編，《灌園先生日記（六）：一九三三年》，頁413 註1，日記時間：1933 年 10 月 25 日。

〔註24〕張麗俊作，許雪姬、洪秋芬、李毓嵐編纂‧解讀，《水竹居主人日記（五）》（臺北：中央研究院近代史研究所；臺中：臺中縣文化局，2002），頁428～429，日記時間：1921 年 10 月 30 日。

〔註25〕林獻堂著，許雪姬編，《灌園先生日記（十三）：一九四一年》，頁19～20，日記時間：1941 年 1 月 10 日。

〔註26〕林獻堂著，許雪姬、何義麟編，《灌園先生日記（三）：一九三〇年》，頁110，日記時間：1930 年 4 月 2 日。

〔註27〕林獻堂著，許雪姬、鍾淑敏編，《灌園先生日記（二）：一九二九年》，頁204，日記時間：1929 年 7 月 25 日。

〔註28〕林獻堂著，許雪姬、呂紹理編，《灌園先生日記（六）：一九三三年》，頁496，日記時間：1933 年 12 月 29 日。

源、[註29] 林漢忠等，[註30] 而頂厝林攀龍則是因雨將婚宴改至花廳。[註31]

　　此外，花廳更是霧峰林家接待重要訪客的場地，如 1930 年 8 月 8 日招待石塚總督，舉家動員，在總督來訪前二天即展開一連串的準備工作，中午即在大花廳用餐，是一時的盛況。[註32] 花廳也是各種活動的聚會、飲宴場所，如櫟社春會、[註33] 秋會、壽椿會，[註34] 成為鼓吹漢文，延續傳統的重要場所。另外，「婦女親睦會」也曾在此處舉辦，活動結束前在大花廳抽「福引籤」，類似今日的摸彩活動；活動結束後，林獻堂在大花廳和參與「醫學同級生會」二十四人相會。[註35] 花廳是霧峰林家最佳的社交場所，也是來訪賓客必定參觀的景點之一，在林獻堂的日記中，有許多要人來訪，林獻堂或親自、或要求子姪媳等帶往參觀。下厝花廳院內設戲臺，麥斯基爾在《霧峰林家──臺灣拓荒之家》一書中提到：

> 在喜慶之日，僕人丫環設置宴客桌於花廳的前部份，當賓客們飲酒進食時，亦可盡情享受在後花園舞台上表演的戲劇。……若有男客在場，林家的婦女必須在天井兩旁的兩座亭閣的樓上走廊看戲。
> [註36]

由此可見，花廳雖然向外接待賓客，但是男女之防的禁忌，仍在花廳的演講

[註29] 林獻堂著，許雪姬編，《灌園先生日記（十四）：一九四二年》（臺北：中央研究院臺灣史研究所，中央研究院近代史研究所，2007），頁 313，日記時間：1942 年 12 月 7 日。

[註30] 林獻堂著，許雪姬編，《灌園先生日記（十七）：一九四五年》（臺北：中央研究院臺灣史研究所，中央研究院近代史研究所，2010），頁 138，日記時間：1945 年 4 月 16 日。

[註31] 林獻堂著，許雪姬、呂紹理編，《灌園先生日記（六）：一九三三年》，頁 132，日記時間：1933 年 4 月 2 日。

[註32] 林獻堂著，許雪姬、何義麟編，《灌園先生日記（三）：一九三〇年》，頁 263～264，日記時間：1930 年 8 月 8 日。

[註33] 櫟社春會在林剛敏〔愍〕公祠招開，即林文察宮保第大花廳。（參見：張麗俊作，許雪姬、洪秋芬、李毓嵐編纂‧解讀，《水竹居主人日記（六）》（臺北：中央研究院、台中：臺中縣文化局，2002 年），頁 5～6，日記時間：1923 年 2 月 25 日。

[註34] 如林幼春生日，即在大花廳有相關社友活動。參見：林獻堂著，許雪姬、鍾淑敏編，《灌園先生日記（二）：一九二九年》，頁 132，日記時間：1929 年 5 月 4 日。

[註35] 林獻堂著，許雪姬編，《灌園先生日記（四）：一九三一年》，頁 64，日記時間：1931 年 2 月 21 日。

[註36] 麥斯基爾著、王淑琤譯，《霧峰林家──臺灣拓荒之家》，頁 250。

與戲劇表演中顯現。

以活動的空間而言，公私空間有所差異，這不只是公私的區隔，更是女性活動空間的區隔，尤其是以最尊貴、同時也是最傳統的宮保第：

> 圍繞最前端天井的房舍相當公開，包括辦公室、手下及僕人的睡房；踏入第二個天井，等於跨進公開與隱秘居所的無形界線。通常只有男性的家人與男僕被安排在此出入，兄弟們依其長幼身分來分配居室，朝棟的兩個弟弟，及其直屬家人共用這中間的天井宅邸，相反的，朝棟自己、妻子、小妾、子女，居住在最為隱蔽、著名的寬廣大屋，最後面的第三座宅院。〔註37〕

林衡道（下厝林資銓外孫女杜淑純夫婿）在《臺灣一百位名人傳·林文察》一文曾說：

> 林家的男僕規定只能到二進為止，有事情或送東西進去，則在門外叫喊粗嫺來接應，粗嫺到四落也得止步，叫喊幼嫺接應。所謂粗嫺是粗丫頭，幼嫺就是細丫頭，她們也沒有資格直接送東西給老祖母（朝棟妻楊水萍，居宮保第第四進），都得請少奶奶轉手，一直到日據時期還襲用這制度。〔註38〕

這的確是封建制度最具體的展現，男女有別，尊卑次序，井然有序。文察、朝棟在清任官，所以在禮法上必定講究，具體反映在宅院空間的安排和使用上。每天生活起居即在傳統禮法嚴密的網絡中，每個空間尊位，即是家庭角色上的尊位，坐臥行走，都會隨時被提醒著自己的身分，尤其是婦女，終生無法逃脫的禮教網羅。正如林衡道所言，宅第的「結構是建築的學問，使用則屬於社會學問題。社會學家說，住宅是生活的容器」，〔註39〕誠實然之言。

下厝在林季商放棄日本籍西渡，1925年遭暗殺，下厝至此早已失去朝棟時期的財力與權勢，楊水萍此時對於女婢也調整了態度，據林垂凱云：

> 以前我母親有個婢女叫來香，統領夫人有吸水煙斗的習慣，這個來香幫統領夫人點煙，但因煙草潮溼點不起來，婢女不知道就拿給統領夫人吸，統領夫人一直無法吸到煙，而後我母親在旁發現，責怪

〔註37〕麥斯基爾著、王淑琤譯，《霧峰林家——臺灣拓荒之家》，頁250。
〔註38〕林衡道口述、洪錦福整理，《臺灣一百位名人傳》，頁211。
〔註39〕林衡道口述、洪錦福整理，《臺灣一百位名人傳》，頁211。

婢女說:「煙沒點著,人家怎麼吸」,此時統領夫人說道:「現在時代
不同了,若在以前,捉去打二十個大板!」〔註40〕

對過往的懷念,對現狀的調整,林家的女尊長楊水萍也有她的順應之道。

第二節　傳統孝道的繼承及其與現實的衝突

一、傳統孝道的繼承

傳統孝道,無疑是漢文化家庭倫理中最核心部分。《論語·為政》云:
「生,事之以禮;死,葬之以禮,祭之以禮」。〔註41〕下以分別就孝親實踐,
死時葬禮、祭儀等論大家族對傳統孝道的繼承。

(一)孝親實踐

翻開傳統家族的家傳,許多孝親的事蹟都標明其中。以板橋林家而言,
淡水廳同知陳培桂邀吳子光協助編修《淡水廳志》,林維讓是其採訪人之一,
其中〈列傳·先正〉共記錄了十六人,而維讓之祖平侯、父國華名列其中。維
讓為宣揚父親孝德,提供了國華的小故事:「事親能得歡心。凡起居飲食,及
窖圃瑣屑事,悉身任之。……人皆以為孝德所致云。」〔註42〕林豪在〈淡水
廳志訂謬〉中即指出:

> 著書之體,必紀其大者要者,不必矯情示異以飾智而驚愚也。林平
> 侯太守之子國華,家富數百萬,甲於全臺;宜其有所展布,以顯親
> 揚名矣。培桂紀其修三貂嶺路,本拙稿所載,亦義舉也。國華有田
> 租三、四萬在噶瑪蘭,故獨不吝修路之貲。至稱其孝,而僅為窖圃
> 瑣屑事,悉身任之;豈富貴家之孝,第以是見耶?夫父母老病,為
> 子者方延醫問卜、謹視湯藥、調護飲食,扶持抑搔之不暇,窖圃瑣
> 事付諸妾婢足矣。〔註43〕

林平侯時,林家已經是「家富數百萬,甲於全臺」,為宣揚國華孝親而以「窖

〔註40〕許雪姬編著,許雪姬、王美雪記錄,《霧峰林家相關人物訪談紀錄(頂厝系)》,
頁48。

〔註41〕魏·何晏注、宋·邢昺疏,《論語注疏(十三經注疏本)》,卷二,〈為政〉,頁
16。

〔註42〕清·陳培桂,《淡水廳志》(臺北:臺灣銀行經濟研究室,臺灣方志第172種,
1963年),卷九,〈列傳二·先正〉,頁272～273。

〔註43〕林豪,〈淡水廳志訂謬〉,收於同上註,卷一七二,頁476。

圍瑣屑事,悉身任之」,連清理廁所這等瑣事都要親自為之,實在失之矯情。顯然,為了張揚先人孝親之道,後輩無不全力為之,也看出傳統的孝道對於漢人而言,實在是難以抗拒,國華的記聞,實可與廿四孝的故事相比。這個部分,在王國璠編的家傳中就不再強調「廁圍」之事。〔註44〕

　　霧峰林家也是一個充滿孝道的家族,如林文察和林文欽。文察與文欽一武一文,表現孝行的方式不同,林文察為父定邦橫死復仇,殺了林和尚後投案,獲臺灣北路協副將曾明玉重用,平小刀會之餘黨,以軍功獲六品頂戴。〔註45〕林文察為父復仇,是「對統治者名教有利的的復仇,雖不被贊同,卻被默許。」〔註46〕效身朝廷,求取功名,使霧峰林家因軍功成為京官的關鍵。而文欽對母親羅氏的孝行,以他建築萊園作為母親的生日禮物,萊園五桂樓前有一小習池,〔註47〕池上有一荔枝島,島上有一亭,即是「飛觴醉月亭」,這個亭子原來是一個戲臺,其名來自李白〈春夜宴從弟桃花園序〉中之「飛羽觴而醉月」,是林文欽為了讓母親羅太夫人賞戲用的。除了孝心之外,林文欽本身對於戲劇非常有興趣,他還養了一班伶人:「募集成童子弟,倩名優教習歌舞,號為詠霓園。」〔註48〕蓄伶人一部,春秋佳日,奉觴演劇侍羅太夫人以游」〔註49〕,更甚者,林文欽經常自己登場演唱,怡然自樂。〔註50〕從林文欽興建萊園的孝心,經營「詠霓園」的用心,投入的興致,成為眾人推崇的雅事,也成就了林文欽的大孝名。

（二）傳統喪葬禮俗中的孝道表現

　　傳統的孝道也表現在對家族長輩喪禮的重視。以陳芷芳為例,陳芷芳是板橋林爾康的妻子,溥儀太傅陳寶琛（1848～1935）的庶妹,林家的家長維源死後,陳芷芳搬回福州三坊七巷,孫子林衡道曾對陳芷芳喪禮相關事宜有一

〔註44〕王國璠,《板橋林氏家傳》,頁7。
〔註45〕鄭喜夫,《臺灣先賢先烈專輯（第四輯）林朝棟傳》,頁6～7。
〔註46〕莊萬壽,〈台灣精神史緒論〉,頁307。
〔註47〕小習池「位於五桂樓前,是萊園建園時所修的水池,其名稱來自《世說新語‧任誕》中習郁在峴山南挖掘『習池』,做為名人雅士燕遊之所的典故,因此池規模不如習池,所以自謙為『小習池』。」參見:林芳媖出版,吳昆儒、高譜倫等編輯,《霧峰林家花園、萊園、五桂樓:台灣歷史建築瑰寶再創新生命》（臺中:明台高級中學,2012年）,頁69。
〔註48〕〈詠霓園南行〉,《漢文臺灣日日新報》,1905年7月7日,第5版。
〔註49〕臺灣銀行經濟研究室,《臺灣霧峰林氏族譜》,〈先考文欽公家傳〉,頁113。
〔註50〕〈傀儡生新〉,《臺灣日日新報》,1902年4月30日,第4版。

段敘述：

> 祖母死後由帳房先生出面通知親戚朋友……全家的門、柱、牆壁都
> 貼上白紙，靈堂設在最裡面的二進廳堂……另外開了一個大房間，
> 將所有女眷集中，用錫箔折做大元寶，福州話叫「折箔」，房間內並
> 備有茶水、點心和水菓。辦喪事時婦女集中，是因為怕來弔喪的女
> 眷們會批評人家的長短是非，容易發生糾紛，集中後就無法批評造
> 謠。……大門口外面則站一位像樣的下人負責報告有客來訪，此一
> 下人福州特稱為之「大爺」，只要有客人來，大爺就朝屋內喊一聲
> 「客！」聲音很宏亮，直達二落，孝男、孝婦聽到後馬上去跪。客
> 人進來後，女人在一旁，由孝男叩首謝禮。孝男的打扮為穿麻衣、
> 持孝男杖，持杖意謂父母死亡很傷心，須拄杖才能站立；孝男跪下
> 後，由兩旁的人扶起來，意謂太傷心無法獨自站起來。〔註51〕

> 喪事期內雖請和尚誦經，卻天天準備牲禮祭品……祖母的棺木暫時
> 先擺在家裡的後廳……一年後，原停放在鼓浪嶼林家新府數十年的
> 丈夫林爾康才運到福州，與祖母合葬。〔註52〕

在陳芷芳的喪禮中有幾件事可觀察：第一是「女眷集中」，原因是怕弔喪的
女眷們會批評人家的長短是非。事實上，在喪禮中激情演出絕對不只是婦女
的專利，平時感情欠佳的族人親友，在死者為大的觀念下，不得不出席喪葬
場合，空間的壓擠，所有的關係都會在家族大聚會的場合中激化，〔註53〕然
而林衡道只特別指出婦女，還是有其意義的，因為大家族三妻四妾的情形幾
乎是常態，家族中眾多婦女所生的是非比男子機會大很多，此乃儒教的家庭
結構使然，並非男女人格上的差異。第二是孝男持杖和下跪回禮須人攙扶的
儀式，這是出自《禮記·問喪》：「孝子喪親，哭泣無數，服勤三年，身病體
羸，以杖扶病也。」〔註54〕面臨父母之喪，哀戚是人之常情，至於是不是要

〔註51〕陳三井、許雪姬訪問，楊明哲紀錄，《林衡道先生訪問紀錄》，頁61～62。

〔註52〕林爾康於1894年去世，到了1937年才入土，停棺時間四十餘年。（參見：陳
三井、許雪姬訪問，楊明哲紀錄，《林衡道先生訪問紀錄》，頁62。）又，華
嚴，〈恍同隔世憶童年〉，《華嚴短文集》（台北：躍昇出版，1991年），頁168。

〔註53〕如陳中和家務中諸子不和，在叔叔維馨（陳中和弟弟）的喪事中，陳啟貞與
陳啟峰的肢體衝突，甚至後來互控對方。詳見第三章第三節。

〔註54〕漢·鄭玄注、唐·孔穎達疏，《禮記注疏（十三經注疏本）》，卷三十五，〈問
喪〉，頁947。

表現「孝子之形」，成為人人都要在三年之喪中，「身病體羸，以杖扶病」，實已超出乎人情，而成為喪禮的教戰守則，一個指令一個動作，使喪禮成為一場「以觀眾人之耳目」〔註55〕的「秀」，無怪乎道家對於儒家的禮法有所譏嘲。第三是請和尚誦經卻天天準備牲禮祭品，祭祀的原則，無非是神（祖先）先享用，然後大家再分享「祭餘」，大家族的族人能夠一天食無肉嗎？除了吃齋唸佛，青燈相伴一生的寡婦。最後是「延長殯殮」，將喪期拉長，這是一個極其令人難以理解的禮俗，為了表現不捨父母的孝心，竟然以延長殯殮愈久愈孝順為標榜，成為一個值得「誇耀」的孝行，這的確是對孝行的過度詮釋。延長殯殮勢必衍生出環境衛生的問題，或許真的要在大家族裡的大宅院中才能勉強施行，陳芷芳在福州後廳先行延長殯殮一年，讓在福州的子女得以表現他們的孝心，再與延長殯殮已數十年的丈夫林爾康合葬，實非今人可以想像。

除了陳芷芳之外，延長殯殮的情形在大家族確實十分普遍，如林平侯的元配王勖帥於道光二十八年（1848）8月22日亡逝，二十九年（1849）11月3日才下葬，〔註56〕顯然殯殮時間也超過一年。霧峰林烈堂之母莊粉為林文鳳繼室，1931年9月28日病逝，隔年1932年4月21日下葬，〔註57〕大概延長殯殮七個月。另一個身分地位與板橋林家陳芷芳旗鼓相當的霧峰林家楊水萍，為林朝棟元配。楊水萍的嫡長林季商1925年在中國遭難，林季商之子林正熊仍留在廈門，1930年3月林正熊祖母楊水萍在臺過世時，林正熊查封其棺木，欲運往漳州，與其祖父合葬，和他的親叔林瑞騰纏訟，為的就是分得楊水萍遺留下的贍養金，〔註58〕致使楊水萍三年未歸土，直至林瑞騰勝訴，楊水萍方於1933年10月25日安葬。〔註59〕陳芷芳延長殯殮一年是習俗，以延長殯殮愈久愈能表現子女的的孝道；而霧峰林家楊水萍扣棺三年餘，卻是

〔註55〕晉・郭象注、唐・成玄英疏、清・郭慶藩集釋，《莊子集釋》（臺北：廣文，1971年），〈大宗師〉，頁264。

〔註56〕王國璠，《板橋林本源家傳》，頁105。

〔註57〕林獻堂著，許雪姬、周婉窈編，《灌園先生日記（五）：一九三二年》，頁179，日記時間：1932年4月21日。

〔註58〕林季商在〈立囑書〉中曾言明長子林正熊的罪狀，並不允其分家產。詳見後文。

〔註59〕林獻堂著，許雪姬、呂紹理編，《灌園先生日記（六）：一九三三年》，頁413，日記時間：1933年10月25日。又見張麗俊作，許雪姬、洪秋芬編纂・解讀，《水竹居主人日記（九）》（臺北：中央研究院近代史研究所；臺中：臺中縣文化局，2004），頁309～310，日記時間：1933年10月23日。

因為孫輩與叔父爭祖母留下的贍養金而不能入土為安，實是大不孝。同樣延長殯殮的事實，卻有迴異的背後原因，真堪玩味。

　　至於出身卑微的妾的喪事，或平輩的喪事，或長輩為晚輩辦理的喪事，以上三者則沒有延長殯殮的情形。林獻堂的庶母魏瑾瑜，1929 年 8 月 12 日病逝，9 月 28 日下葬；庶二伯母張棠，1929 年 11 月 7 日病逝，11 月 22 日下葬；都未有延長殯殮之事，此二人雖是年長的長輩，但因身分為「妾」，似乎也沒有延長殯殮的資格。林澄堂於 1929 年 12 月 3 日病逝，同月 25 日即下葬；林獻堂的二媳藤井愛子因「面疔化膿」敗血症而逝，1940 年 9 月 13 日病逝，隔日即火化，30 日舉行告別式。〔註60〕故延長殯殮在傳統中視為孝道的表現，即使到了日治時期，仍舊維持這個習俗。與延長殯殮相較，辜顯榮「打破舊慣，不延長殯殮」，〔註61〕他於 1937 年 12 月 9 日在東京過世，12 月 29 日即在臺灣完成葬禮，顯示辜家不沿用舊慣的用心。

　　再以魏瑾瑜喪禮為例。魏瑾瑜是林文欽妾，是《灌園先生日記》記主林獻堂的庶母，所以留下的紀錄也較多。以《日記》第一冊 1927 年而言，共提及庶母三次，三次都是有關探病的紀錄。〔註62〕第二冊 1929 年除夕夜，林獻堂、階堂兄弟率妻小八人，同到庶母處圍爐；比較特別的是，林階堂帶的是他的愛妾陳榕紉，而非感情不佳的元配施金紗。〔註63〕隔日新年的這一天，林獻堂一行人先往萊園拜祖母羅氏之墓，又同向庶母賀正，這一次施金紗在眾人之列。〔註64〕從 4 月 17 日開始，林獻堂有多次探望庶母病的紀錄，至 7 月 24 日，林獻堂往觀庶母病，已寫道：「她之身體甚衰弱，恐不能過新年矣。」〔註65〕魏氏病重中，林獻堂「勸其飲高麗參湯」；〔註66〕至 8 月 6 日，

〔註60〕林獻堂著，許雪姬、張季琳編，《灌園先生日記（十二）：一九四〇年》，頁 251、253、268，日記時間：1940 年 9 月 12 日、9 月 14 日、9 月 30 日。
〔註61〕辜顯榮翁傳記編纂會原著，楊永良譯，《辜顯榮傳》，頁 621。
〔註62〕林獻堂著，許雪姬編，《灌園先生日記（一）：一九二七年》，頁 31～37，日記時間：1927 年 1 月 13、14、16 日。
〔註63〕林獻堂著，許雪姬、鍾淑敏編，《灌園先生日記（二）：一九二九年》，頁 48，日記時間：1929 年 2 月 9 日。
〔註64〕林獻堂著，許雪姬、鍾淑敏編，《灌園先生日記（二）：一九二九年》，頁 49，日記時間：1929 年 2 月 10 日。
〔註65〕林獻堂著，許雪姬、鍾淑敏編，《灌園先生日記（二）：一九二九年》，頁 203，日記時間：1929 年 7 月 24 日。
〔註66〕林獻堂著，許雪姬、鍾淑敏編，《灌園先生日記（二）：一九二九年》，頁 209，日記時間：1929 年 7 月 31 日。

由於魏氏無出，林獻堂詢問其弟林階堂魏氏身後服喪諸事的意見，林階堂無成見，所以林獻堂找來家塾西席也是姻親的莊伊若檢閱《家禮會通》〔註67〕：「『父妾無服』，及明朝改為父妾有子稱庶母，緦麻期年，無子緦麻。」〔註68〕這個紀錄可以因時變化，從「父妾無服」，到「有子緦麻期年」、「無子緦麻」，緦是一種比較稀疏的麻製布，是最輕一等的喪服，喪期為三個月，然父妾有子「緦麻期年」，則延長喪期至一年。以魏氏的情形，林獻堂應是服喪三個月，從林獻堂檢閱《家禮會通》這個動作，無疑展現出在「禮俗」上，林獻堂仍是以傳統漢人的方式安頓生命。隔天，林獻堂開始請使用人趙根「尋覓壽板之佳者」。〔註69〕

在8月12日時，林獻堂紀錄了庶母魏氏去世第一天的處置，包括搬鋪、檢點衣服、換服裝畢、掛九條家靈棹。首先「余（林獻堂）與蘇菊、阿束扶之出，置於廳中」，是「搬鋪」的動作，一般在彌留之際，男則搬鋪至大廳之左，稱「正寢」，女則搬至大廳之右，稱「內寢」，死而有配偶子嗣者稱「壽終」，魏氏斷氣之後才由林獻堂和使用人搬至大廳，由於無子，所以不能算是「壽終」。〔註70〕接著「阿呆司來為檢點衣服，阿其妗、灼卿姆、蘇菊、阿束、金紗等為之換服裝畢。」此即「套衫」與「張穿」。套衫先由喪主（很可能是林階堂的妻子施金紗）象徵性各穿一遍，然後給死者穿，普通是穿五件或七件，最多為十一件，因為是喪事的緣故，所以必須是奇數；「張穿」即在屍體入殮前，舉行一項穿壽衣的儀式，必須由父母雙全的「好命人」來幫忙穿，死者是女人，按照規矩，就要穿她結婚時的禮服「白布衫、白布裙」，所以這種結婚禮服平時必須好好保管。〔註71〕再者，「掛九條、安靈棹」，掛九條，俗稱「吊九條」，即以全匹白布，用竹竿架吊起，彎九次後將屍床圍起來，目的在隔開

〔註67〕臺灣民間關於生命禮俗，依用中國福建地區流行來論。如清・呂子振輯，《家禮大成》（臺北：武陵，1989年）、清・張汝誠輯，《家禮會通》（臺北：大立，1985年）。

〔註68〕林獻堂著，許雪姬、鍾淑敏編，《灌園先生日記（二）：一九二九年》，頁214，日記時間：1929年8月6日。

〔註69〕林獻堂著，許雪姬、鍾淑敏編，《灌園先生日記（二）：一九二九年》，頁215，日記時間：1929年8月7日。

〔註70〕臺北市殯葬管理處，〈喪葬禮節〉，下載日期：2014年4月2日，網址：http://www.mso.taipei.gov.tw/ct.asp?xItem=15231&CtNode=2880&mp=107011。

〔註71〕鈴木清一郎著，馮作民譯，《增訂台灣舊慣習俗信仰》（台北：眾文圖書，1989年），頁303～305。

內外，同時須將門扉關一扇，以防日月光照射到屍體身上。〔註72〕「安靈棹」，即安桌設靈位，人死後如果不立即殯葬，就要設置安靈桌，「方法是在正廳一角放一張桌子，桌子上面供『魂帛』與『桌頭媌』，並供香爐和油燈各一座。」〔註73〕魏氏8月12日過世後，一直到9月29日才出殯，「臺灣自古以來就採行暫厝制，就是人死了以後不馬上埋葬，富人要停靈幾月甚至幾年，窮人也要停上兩三天乃至兩週才下葬，這就叫作打桶（殯殮）。」〔註74〕在殯殮這段期間發生了一段小插曲，楊水心「拜飯歸來，謂棺通風，余（林獻堂）聞之頗為駭然，即往觀之，詳察其臭味所自來，乃因貓兒放屎於窗下，非棺通風也，方始放心。」〔註75〕在逢七的日子或「百日」時，才能按照一定的儀式「除靈」，即撤靈桌，漳州人比較特別，再滿三週年時才除靈。〔註76〕有所謂「做旬」，就是死後每七天的供奉。在日記中，只見到魏氏在做「五旬」時「請天禮堂堂友誦經」，很可能就是魏氏的尾旬，「尾旬」並沒有規定是第幾旬，要看喪禮套衫時所穿的衣服多少來決定，魏氏在五旬時誦經做功德，由此推測8月12日是過世那一天所穿的「套衫」，很可能是五件。在殯殮這段時間，林獻堂等決定將庶母魏氏與林獻堂的先嚴、先慈合葬，魏氏的碑文是委請西席莊伊若書寫，〔註77〕9月24日日記中寫道：「伊若來寫銘旌及碑字，自上午九時餘至日暮方完，然碑字尚欠整齊，他將於夜中再寫。」〔註78〕碑上的字是「篋室魏孺人瑾瑜祔葬於右」，〔註79〕舊時稱妾也叫「篋

〔註72〕臺北市殯葬管理處，「臺灣地區殯葬禮俗」http://www.mso.taipei.gov.tw/ct.asp?xItem=15144&ctNode=2867&mp=107011

〔註73〕鈴木清一郎著、馮作民譯，《增訂台灣舊慣習俗信仰》（台北：眾文圖書，1989年），頁307。

〔註74〕鈴木清一郎著、馮作民譯，《增訂台灣舊慣習俗信仰》（台北：眾文圖書，1989年），頁311。

〔註75〕林獻堂著，許雪姬、鍾淑敏編，《灌園先生日記（二）：一九二九年》，頁223，日記時間：1929年8月16日。

〔註76〕鈴木清一郎著、馮作民譯，《增訂台灣舊慣習俗信仰》（台北：眾文圖書，1989年），頁307～308。

〔註77〕莊伊若「善書法，真書、行草，孤標峻潔，為世所珍。」參見：國家圖書館特藏組編輯，張子文、郭啟傳、林偉洲撰文，《臺灣歷史人物小傳——明清暨日據時期》，頁447～448。

〔註78〕林獻堂著，許雪姬、鍾淑敏編，《灌園先生日記（二）：一九二九年》，頁265，日記時間：1929年9月24日。

〔註79〕林獻堂著，許雪姬、鍾淑敏編，《灌園先生日記（二）：一九二九年》，頁266，日記時間：1929年9月25日。

室」，〔註80〕林獻堂等還特別去拓了正室的碑字，欲字體大小與之相同，由石匠詹城鐫刻。〔註81〕

9月29日出殯當日，經誦經、致祭後移柩，祔葬於林文欽丈夫之墓，最後將魏氏的牌位迎回供奉在新學仔大廳，完成「返主」儀式。夜晚再招待前來幫助的親友。〔註82〕

出殯後尚有許多的禮俗要進行，即「百日」、「完墳」、「期年」、「三年」、「合祀」等。魏氏在10月31日做「百日」，〔註83〕隔年5月2日「完墳」，〔註84〕8月2日魏氏亡後一年的忌日「做期年」，又稱「做對年」，12月7日即「做三年」，〔註85〕整個喪禮是依照臺灣民間習俗，「做三年」和傳統儒者三年之喪不同，關於「三年之喪」的喪期時間，有鄭玄注《禮記》之說的二十七個月，或王肅《孔子家禮》二十五個月之說，而臺人的做三年，卻是在做期年之後擇一吉日，甚至是作完期年法事，在下一個時辰，另備一份祭品即可。在《論語·陽貨》宰我與孔子辯三年之喪中，宰我認為滿期年即可除喪之說，〔註86〕臺習與其遙遙相映。林獻堂庶母魏氏為喪葬之禮，是

〔註80〕「小妻曰妾，曰嬬，曰姬，曰側室，曰篷室……。」參見：清·俞正燮，《癸巳類稿》（臺北：世界書局，1961年），頁245。

〔註81〕林獻堂著，許雪姬、鍾淑敏編，《灌園先生日記（二）：一九二九年》，頁264，日記時間：1929年9月23日。

〔註82〕林獻堂著，許雪姬、鍾淑敏編，《灌園先生日記（二）：一九二九年》，頁269，日記時間：1929年9月29日。

〔註83〕李豐楙提到：「亡者過逝百日所舉行的儀節。以過世日起算一百日，當日即行舉哀儀式，全家一起祭拜，以表思親之意，俗稱『做百日』。」參見：文化部臺灣大百科全書，〈百日〉，下載日期：2014年4月5日，網址：http://taiwanpedia.culture.tw/web/fprint?ID=4458。

〔註84〕完墳，即完成墳墓時所舉行的儀式，富者要特別選一吉日舉行，還要上供燒香祭拜。參見：鈴木清一郎著、馮作民譯，《增訂台灣舊慣習俗信仰》，頁330。

〔註85〕當死者逝世滿三年之日，稱為「做三年」。參見：文化部臺灣大百科全書，〈做三年〉，下載日期：2014年4月5日，網址：http://taiwanpedia.culture.tw/web/fprint?ID=11610。

〔註86〕《論語》云：「宰我問：『三年之喪，期已久矣。君子三年不為禮，禮必壞；三年不為樂，樂必崩。舊穀既沒，新穀既升，鑽燧改火，期可已矣。』子曰：『食夫稻，衣夫錦，於女安乎？』曰：『安。』『女安則為之！夫君子之居喪，食旨不甘，聞樂不樂，居處不安，故不為也。今女安，則為之！』宰我出。子曰：『予之不仁也！子生三年，然後免於父母之懷。夫三年之喪，天下之通喪也。予也有三年之愛於其父母乎？』」參見：魏·何晏注、宋·邢昺疏，《論語注疏（十三經注疏本）》，卷十七，〈陽貨〉，頁157～158。

採取臺灣傳統民間習俗，是儒釋道三教融合後的形式，其過程顯示了慎終的價值。在 1932 年 2 月，魏氏的神主「合祀於公媽龕」，〔註87〕又稱為「合爐」，就是死者的喪期屆滿時，把香爐灰的一部分，放進祖先牌位的香爐中，到這時死者的牌位才能和祖先牌供在一起。完成了合祀，魏氏的喪禮才告完成。〔註88〕

關於林獻堂在為庶母舉辦喪禮的整個過程，可以說是全完依照臺灣民間習俗進行，在這種繁複的禮俗中，林獻堂似乎是行禮如儀按表操課，或許關於生命禮俗這部分，是最難改變的一個層次。

另外，在婚喪禮俗中，林獻堂日記中記錄了兩個地理師，一位名為林志喜，一名為簡炳耀。林志喜主要出現在莊粉的喪禮、〔註89〕林澄堂的完墳，〔註90〕莊粉、林澄堂二人分別是林烈堂的母親與弟弟，所以林志喜這位地理師很可能是林烈堂聘請的。另一個地理師是簡炳耀，平時，他是向林獻堂贌耕的佃農，林獻堂曾在築烘爐別墅地點、〔註91〕雲龍結婚的日子、〔註92〕庶二伯母張棠、〔註93〕侄子林蘭生的墓穴的位置，〔註94〕都請簡炳耀幫忙選定。記錄兩名地理師的時間集中在 1929 年至 1932 年間，之後就沒有邀請地理師的紀錄，不知道是林獻堂不必再經手相關的事，還是因為信仰基督教的大兒子林攀龍回臺辦一新會，而且 1932 年之後，林獻堂接觸基督教和佛教的記載很多，極可能是宗教的因素改變了林獻堂請地理師的作法。

另外以林烈堂而言，林烈堂的五子垂凱云：

〔註87〕林獻堂著，許雪姬、周婉窈編，《灌園先生日記（五）：一九三二年》，頁 58，日記時間：1932 年 2 月 5 日。

〔註88〕完墳，即完成墳墓時所舉行的儀式，富者要特別選一吉日舉行，還要上供燒香祭拜。參見：鈴木清一郎著、馮作民譯，《增訂台灣舊慣習俗信仰》，頁 342。

〔註89〕林獻堂著，許雪姬、周婉窈編，《灌園先生日記（五）：一九三二年》，頁 179，日記時間：1932 年 4 月 21 日。

〔註90〕林獻堂著，許雪姬、何義麟編，《灌園先生日記（三）：一九三〇年》，頁 167，日記時間：1930 年 5 月 20 日。

〔註91〕林獻堂著，許雪姬、鍾淑敏編，《灌園先生日記（二）：一九二九年》，頁 117，日記時間：1929 年 4 月 18 日。

〔註92〕林獻堂著，許雪姬、何義麟編，《灌園先生日記（三）：一九三〇年》，頁 56，日記時間：1930 年 2 月 18 日。

〔註93〕林獻堂著，許雪姬、鍾淑敏編，《灌園先生日記（二）：一九二九年》，頁 308，日記時間：1929 年 11 月 7 日。

〔註94〕林獻堂著，許雪姬、周婉窈編，《灌園先生日記（五）：一九三二年》，頁 516，日記時間：1932 年 12 月 29 日。

> 我父親對於風水、地理非常有興趣，只要是有好的風水，不管路途
> 有多遠多辛苦，他都會跑去看。……他說家裡以前曾聘請了三個從
> 大陸來的地理師，住在家裡將近年餘，提供他們吃住用，若是我父
> 親有空，便要這三個地理師隨同他到處看風水。〔註95〕

林烈堂看風水的重點在那呢？當然是為了找到好風水，將來出個優秀的子
孫，他曾經去研究陳望曾（1853～1929）先祖的墓，問地理師「陳家的風水怎
麼會出下一個道台？」〔註96〕可見，林烈堂喜歡看風水，還是基於期盼家族
的興旺，至於是否為儒教的形式，暫且不論，殊途同歸，這些行為都是家族
主義的延伸。

（三）頻繁的祭祖活動

　　霧峰林家的祭祖活動非常頻繁，從林獻堂的《灌園先生日記》來看，祭
祖的地點包括家祠、各祖墓、宗祠；祭祀的對象包含男性與女性：男性部分
從十三世祖——即開臺祖林石之父林江開始，〔註97〕接續是林石夫婦、林遜
夫婦、林甲寅、〔註98〕林奠國夫婦、林文鳳、文欽等；祭祀的時間，有定期
的春秋兩祭，有各節日之祭，有長輩的陰壽、忌辰之祭，或族人遠行、新成
員，也必定再祭祖。林獻堂身為家中族長，率領眾兄弟、嫂、弟婦、子侄、媳
孫等祭拜祖先，每次都有數十人。這些祭祀活動，由家中的子侄輪流辦理，
偶爾還會發生輪值者忘記而補辦之事。〔註99〕有時族人之間還有對簿公堂之
情事，然在祭祀的場合中尚能平和，由此也體現了家族一定程度的凝聚力。
至於林獻堂最常前往祭拜的是萊園祖母羅氏之墓，萊園是林文欽為了孝親而
建，林獻堂對祖母也充滿孺慕之情。

　　以下表列1930年林獻堂在日記所載祭拜祖先的日期與內容，一年之內，

〔註95〕許雪姬編著，許雪姬、王美雪記錄，《霧峰林家相關人物訪談紀錄（頂厝系）》，
　　　　頁8。
〔註96〕許雪姬編著，許雪姬、王美雪記錄，《霧峰林家相關人物訪談紀錄（頂厝系）》，
　　　　頁8。
〔註97〕林石於乾隆二十二年（1757）「歸展墓，議奉骸骨而東邊；受、總二祖贊之遂
　　　　挈與偕行。既至，遂改葬於阿霧莊之前。」參見：臺灣銀行經濟研究室，《臺
　　　　灣霧峰林氏族譜》，〈太高祖石公家傳〉，頁102。
〔註98〕林獻堂著，許雪姬編，《灌園先生日記（一）：一九二七年》，頁37，日記時
　　　　間：1927年1月16日。
〔註99〕林獻堂著，許雪姬編，《灌園先生日記（十三）：一九四一年》，頁138，日記
　　　　時間：1941年4月9日。

就有 30 天有祭拜祖先的紀錄，足見林獻堂祭祖的頻繁，這是林獻堂展現孝道的一環。

《灌園先生日記（三）一九三〇年》	
1 月 3 日	女兒關關婚，獻堂夫婦向祖先行禮
1 月 4 日	少聰及其新婦來拜祖先
1 月 19 日	先到祖母（羅蕉）墓參拜
1 月 29 日	參拜祖先
1 月 30 日	與五弟往大里，拜先父之墓
2 月 1 日	參拜祖先
2 月 13 日	元宵晚拜祖先
2 月 14 日	春祭祖先
2 月 16 日	祖母之墓參拜
2 月 25 日	內人同五弟、容〔榕〕紉往大里祭墓
4 月 4 日	培英、璇璣來拜祖先
4 月 5 日	本日清明，拜祖先並祭掃祖墳，祭十四世祖考及祖妣及十三世祖考妣之墓
4 月 10 日	祭十五世祖妣（林遜夫婦）、十六世祖考妣（林奠國夫婦）之墓
4 月 22 日	參拜伯父林文鳳九十一歲陰壽
5 月 10 日	與林祖壽到蔭堂嫂楊水萍靈前拈香參拜
5 月 17 日	參拜伯父林文鳳忌辰
5 月 31 日	拜庶母因明天端午
6 月 13 日	同內子、雲龍、南街嫂訪二姊於坑口，坐談一時餘，又同拜墓乃歸
8 月 1 日	庶母明日期年，晚備祭品參拜
8 月 2 日	參拜庶母
9 月 6 日	侄六龍明日往東京，招之同拜庶母
9 月 29 日	本日是雲龍結婚後之第三日，同內子率雲龍、雪霞拜祖先
10 月 6 日	往萊園參拜祖母之墓，又到新學仔拜庶母之靈
10 月 14 日	同內子率雲龍、雪霞往臺中參拜祖廟
12 月 5 日	冬祭祖先之日
12 月 6 日	拜庶母

12 月 7 日	庶母作三年
12 月 10 日	先父林文欽忌辰
12 月 22 日	拜祖母
12 月 31 日	先母忌辰

表：林獻堂一年中祭祖表，以《灌園先生日記（三）》1930 年為例。

二、傳統孝道與現實的衝突

　　傳統的孝道不論用何種方式，必定是家族全力宣揚並引以為傲的標記。
「大正九年（1920）之後，不少人士深感時代的特殊性與新舊的『過渡性』，
經濟環境已發生劇烈改變，呈顯許多紛雜、矛盾的意識觀念。」〔註100〕以林
獻堂而言，蔡培火分析其思想性格：

> 儒教的成份佔七成，佛教的成份佔二成，耶教的成份佔一成，有時
> 候也可以說佛教耶教之成份，都被儒教所佔有。……因為他對倫常
> 道德頗能重視。〔註101〕

林獻堂即便接受了很多的新知與環球旅遊後所增加的見識，但對於孝道這一
倫常，基本上是非常傳統的。以林獻堂對子女的婚禮為例，林獻堂的女兒林
關關與臺南高天成的聯姻，從個人條件而言，高天成 1928 年畢業於東京帝國
大學醫學部，婚後，1938 年獲得帝大細菌學、醫學博士；從家庭背景而言，
高天成出身自臺南基督教家庭，高家與同為基督教家庭的劉瑞山家族同源，
〔註102〕在臺南也是富厚之家。這門婚事從 1927 年談至 1930 年，主要原因是

〔註100〕翁聖峯，《日據時期臺灣新舊文學論爭新探》，頁 44～45。

〔註101〕蔡培火，〈灌園先生與我之間〉，收於林獻堂先生紀念集編纂委員會，《林獻
堂先生紀念集》（臺北：海峽，2005 年），卷三，頁 3。

〔註102〕關於臺南劉瑞山家族與高金聲家族可以參考黃佩萱，〈從臺南劉家看臺灣
基督教長老教會家族與地方社會的關連（1849～1970 年）〉（臺中：東海大
學史學研究所碩士論文，2009 年 7 月）第三章「劉家在臺南的歷史」，第
一節「家族的歷史淵源」，其中有關於劉家與高家的詳細關係說明。另外，
可參考許雪姬、張隆志、陳翠蓮訪談，賴永祥等紀錄，《坐擁書城——賴
永祥先生訪問紀錄》（臺北：遠流，2007 年），頁 106～118；該書第 4 章
第 3 節。劉家來臺祖是劉崑華（1794～1830）的太太李晉（1800～1874）。
劉崑華居福建省泉州府孝悌巷，和李晉生劉光求（1826～1887），光求五
歲時劉崑華過世，後李晉招贅了高有判（後來恢復高姓）。高有判和李晉
生了高耀（1831～1896）。高有判過世以後，李晉就跟她的兩個孩子，就
是劉光求和高耀來臺灣（劉光求是軍官，甚有可能是光求要來臺灣，一家
人跟著他來。）

高天成疑有「肺尖及腎臟之疾」，〔註103〕待兩人健康診斷後，方結為夫妻。除了健康的問題，兩家不同的宗教信仰，也在這門婚姻中需要折衝。高家原本希望林獻堂夫婦能到臺南參加兩人的婚式，林獻堂以三個理由拒絕：「一、庶二伯母未百日，四弟未五七，當稍謹慎。二、舊例無父母送其女到男家。三、訂盟之日，高家之父母不來，而女家之父母亦無必去之道理也。」〔註104〕這三點還是顯示林獻堂是非常重視傳統的人。

　　關於兩人結婚儀式中，高天成至林家親迎，其父高金聲親自寫信給林獻堂，基於宗教的規範，高天成不得向林家祖先行禮，林獻堂不強人所難，高天成可以不必向林家祖先行禮，由林關關行禮則可。〔註105〕婚禮當天：

> 關關乃出，培火為介紹，先與天成行相見禮，次與再得等行一鞠躬禮，然後天成、關關向余夫婦及二哥、五弟、弟婦、天佑等行三鞠躬，次對諸兄弟行一鞠躬禮。余夫婦先導至大廳，男、女家之親族分立兩行，余夫婦向祖先行行〔禮〕，次則關關行禮，乃一同出乘車。〔註106〕

事先的溝通確實是有效地讓場面可以保有和諧的氣氛。對祖先行禮一事，即是在向祖先報告家族中重大事務，林獻堂毫不厭煩紀錄下這一個儀節，顯示他對敬拜祖先的重視，而自己的女兒林關關有行禮祖先，這應該是林獻堂的底線。在林關關婚事上，林獻堂表現出他的堅持和對女兒的用心疼愛，當蔡培火與林獻堂談論林關關婚禮的盛況，林獻堂只覺得沒有「體貼新娘之勞苦，昨日四時餘起床，乘長途之火車到台南，即入式場，至五時式畢，又待宴會至七時餘方歸去，此等辦法未免使人難堪。」〔註107〕心疼之情溢於言表，林關關還獲得了三萬圓的嫁粧。〔註108〕

〔註103〕林獻堂著，許雪姬、鍾淑敏編，《灌園先生日記（二）：一九二九年》，頁16，日記時間：1929年1月13日。

〔註104〕林獻堂著，許雪姬、鍾淑敏編，《灌園先生日記（二）：一九二九年》，頁350，日記時間：1929年12月17日。

〔註105〕林獻堂著，許雪姬、鍾淑敏編，《灌園先生日記（二）：一九二九年》，頁366，日記時間：1929年12月31日。

〔註106〕林獻堂著，許雪姬、何義麟編，《灌園先生日記（三）：一九三○年》，頁3，日記時間：1930年1月3日。

〔註107〕林獻堂著，許雪姬、何義麟編，《灌園先生日記（三）：一九三○年》，頁5，日記時間：1930年1月4日。

〔註108〕林獻堂著，許雪姬、何義麟編，《灌園先生日記（三）：一九三○年》，頁23，日記時間：1930年1月20日。

　　林關關在婚前不是基督徒，女婿不拜，但女兒可以拜祖先，對林獻堂來講尚是可以接受的，但是長子林攀龍，自幼長年在日本、歐洲留學，〔註109〕是個虔誠的基督徒，結婚當天，「余（林獻堂）與內子、培火、雲龍、磐石、靈石、夑龍共勸攀龍、珠如對祖先位牌行一鞠躬禮，以表感謝之意，攀龍絕對不從，滿座之人皆為不快。」〔註110〕結婚是一個人生重要的時刻，更是家族重要的時刻，林獻堂夫妻希望兒媳兩人能夠向祖先位牌行禮，卻遭受到林攀龍的堅拒。在林獻堂的日記中，筆者並未看到林獻堂夫妻倆是否有在向祖先行禮一事與兒子溝通的記錄，或許是不認為需要溝通，父親的命令怎會抵抗呢，但林攀龍還是抗拒了。在勸林攀龍的名單中包含了蔡培火，蔡培火也是基督徒，連他也加入勸林攀龍向祖先行禮的行列，可見林獻堂的態度也是非常堅決的。眾人因之不快，的確是婚禮上特別的插曲。

　　林獻堂對於基督教的態度是開放的而且支持的，霧峰長老教會的建地是林家所捐，他和家族也會捐錢給教會；〔註111〕他也會赴基督教會作禮拜，〔註112〕也經常聽李崑玉、蔡培火等人講基督教；〔註113〕對於基督教的感化之力也充滿肯定。〔註114〕然而他本人並未成為基督徒，李崑玉曾經提出疑問：「霧峰智識

〔註109〕林獻堂於 1910 年親攜攀龍、猶龍二子至日入學，隔年（1911）《漢文臺灣日日新報》上有〈學生歸家〉的報導，其中載錄的名單中即有「林獻堂之兩子一姪（林烈堂之子）一甥。（施篤其之子）蔡惠如之三子兩弟一姪。呂蘊白之二子二弟（呂汝玉之子）林瑞騰之一女兩姪。（林仲衡之女）蔡蓮舫之二子。林汝言之二子。林慶岐之二子。楊吉臣石榮火林啟三之子等。此外尚有十數人。」並稱「臺灣學生之留學內地者。以臺中廳為第一」（參見：〈學生歸家〉，《漢文臺灣日日新報》1911 年 7 月 30 日，第 3 版），這一群學生的家長們和霧峰林家關係密切，首先是霧峰林家的子弟，包括頂厝林烈堂、林獻堂之子，下厝林仲衡、林瑞騰之女；姻親鹿港施篤其、蔡惠如、呂蘊白、蔡蓮舫、楊吉臣等。

〔註110〕林獻堂著，許雪姬編，《灌園先生日記（八）：一九三五年》（臺北：中央研究院臺灣史研究所，中央研究院近代史研究所，2004），頁 117，日記時間：1935 年 4 月 3 日。

〔註111〕黃子寧，〈林獻堂與基督教 1927～1945〉，收於許雪姬主編，《日記與台灣史研究》下冊（臺北：中央研究院台灣史研究所，2008 年），頁 687。

〔註112〕林獻堂著，許雪姬、周婉窈編，《灌園先生日記（五）：一九三二年》，頁 228，日記時間：1932 年 5 月 29 日。

〔註113〕林獻堂著，許雪姬、呂紹理編，《灌園先生日記（六）：一九三三年》，頁 386，日記時間：1933 年 10 月 4 日；林獻堂著，許雪姬編，《灌園先生日記（七）：一九三四年》，頁 7，日記時間：1934 年 1 月 5 日等。

〔註114〕如林獻堂日記中載：「（魏）來傳本是一個好嫖賭之輩，去年漸萌悔心而接近於基督教，今日竟受洗禮，感化力之大如是，余之衷心生無限之感激焉。」

階級何以不信基督教？」林獻堂答：「第一、無善指導者；第二、無使其信仰之機會。」〔註115〕可見，基督教並未能使林獻堂信服與感動。1941 年李崑玉病重時，尚念著林獻堂未入基督教信徒之門。〔註116〕由此可知，林獻堂本人對於基督教的態度，對於長子林攀龍與女婿高天成為基督徒並無反對的意見，但若基督教的教義中與他的傳統倫理有衝突時，則非常堅持傳統儒教倫理。

再以林獻堂對女兒林關關教育而言，林獻堂擁有開放思想讓女兒自幼到日本留學，然而在祖母思念曾孫女下，兩度中斷日本的學業回臺，甚至沒有完成大學學業；在分產繼承時，排除女性；在編輯族譜時，也未將女兒放入。林獻堂一方面有現代思維，讓女兒接受新式教育，開風氣之先；但另一方面，在實踐他的孝道時，則以長輩考量為優位，與家族相關的事務，又將女兒排除在外，顯然林獻堂已具有男女平等的觀念，而男女平權上，即使至今仍有許多待努力的空間。

除了林獻堂之外，在思想行為上，表現出傳統和現代之間有強烈的矛盾，即是霧峰下厝的林幼春。〔註117〕林幼春一方面接受新思潮，對政治運動很熱衷，〔註118〕對傳統儒家主張改革；另一方面卻對傳統孝道與家族的光榮非常在意，極力捍衛先祖的名譽。

首先，在新舊文學論戰中，其中有關道德禮教的爭議。五四運動時吳虞（1871～1949）關於「非孝論」的重要文章〈說孝〉，在 1924 年《臺灣民報》轉載，「吳虞真正的論點不只是重新校正孔子的教義，而在揭露幾世紀以來，統治者及官僚加在人民身上的虛偽及殘酷的倫理教條和制度，也就是攻擊停滯腐敗，以儒家思想為核心的傳統。」〔註119〕林幼春對此也曾發表「非孝

參見：林獻堂著，許雪姬、呂紹理編，《灌園先生日記（六）：一九三三年》，頁 295，日記時間：1933 年 7 月 30 日。

〔註115〕如林獻堂日記中載：「（魏）來傳本是一個好嫖賭之輩，去年漸萌悔心而接近於基督教，今日竟受洗禮，感化力之大如是，余之衷心生無限之感激焉。」參見：林獻堂著，許雪姬、呂紹理編，《灌園先生日記（六）：一九三三年》，頁 211，日記時間：1933 年 5 月 24 日。

〔註116〕林獻堂著，許雪姬編，《灌園先生日記（十三）：一九四一年》，頁 203，日記時間：1941 年 6 月 1 日。

〔註117〕本文在博士論文初試時，廖振富教授提示了林幼春在家庭倫理中的矛盾性，包括孝道倫理與納妾的習俗。以下四、五章論及林幼春者，多採自廖振富教授的提示，包括材料的所在，謹在此銘謝。

〔註118〕參見第五章第二節。

〔註119〕翁聖峯，《日據時期臺灣新舊文學論爭新探》，頁 251。

論」，今日雖已不見，但其意應大致與吳虞相似，是對傳統儒教的批判。

　　林幼春政治立場與父親林紹堂不同，林紹堂在日軍登陸之際，為了保護家族，即派人向日軍輸誠，以林幼春日後強力批判親日的辜顯榮而言，對於父親林紹堂親日舉措一事，內心必定相當掙扎。〔註120〕另外，林幼春祖父林文明被誘騙至彰化縣衙公堂喪命一事，〔註121〕曾收錄在李獻璋所收錄編撰的《台灣民間文學集》一書中，名為〈壽至公堂〉。〔註122〕林幼春曾對編者李獻璋與作者楊守愚表達他的痛心不滿。其中相關的爭論，在1936年楊守愚（1905～1959）的日記中有所記錄。林幼春為了〈壽至公堂〉一文，特別寫信給李獻璋：「你決不料這林有田（林文明諱有田）是我直系的祖宗，我這裡先立一個誓，如果記載確實，我決不至於無理取鬧。」〔註123〕林幼春認為〈壽至公堂〉一文中最令他痛心的有二點：

　　阿罩霧與草湖林、草屯洪之紛爭，原是豪族間之紛爭，是相互的，而此篇則寫成其非為全在阿罩霧。且此種非為，也應該是林家全族做的，而不是有田一人之罪惡，然而執筆者以有田被殺為主題，竟將一切非為歸於有田一身。〔註124〕

李獻璋則認為「林先生的所以痛心的原因，簡單地說：是他還脫不掉封建的家族觀念。」〔註125〕林幼春補償出版，要求該故事必須加以訂誤，〔註126〕或者甚至抽起，〔註127〕在彰化已出版而未販售出去的，則要將〈壽至公堂〉

〔註120〕詳見第五章。
〔註121〕關於林文明在彰化縣府公堂喪命一事，霧峰林家因平協助平定戴潮春事件，林家田產迅速擴張，卻也招致了林家族敵控訴，林文明赴彰化縣公堂受審時，突然遭以謀反的罪名「就地正法」，死於公堂。（參見：黃富三，《霧峰林家的中挫（1861～1885）》，第五章第三節〈地方官誅殺林文明之籌劃與執行〉，頁196～219。另可參見：王美惠，〈1930年代台灣新文學作家的民間文學理念與實踐——以《台灣民間文學集》為考察中心〉（臺南：國立成功大學歷史學系博士論文，2008年），其中第四章第四節「理想與現實的衝突——〈壽至公堂〉事件探討」與第五節〈文壇與學界的回應——〈壽至公堂〉事件餘波〉，頁84～106，均有詳細的討論）
〔註122〕李獻璋編著，《臺灣民間文學集》（臺北：龍文，1989年），頁229～255。
〔註123〕許俊雅、楊洽人編，《楊守愚日記》（彰化：彰化縣立文化中心，1998年），頁101。
〔註124〕許俊雅、楊洽人編，《楊守愚日記》，頁107～108。
〔註125〕許俊雅、楊洽人編，《楊守愚日記》，頁111。
〔註126〕許俊雅、楊洽人編，《楊守愚日記》，頁116。
〔註127〕許俊雅、楊洽人編，《楊守愚日記》，頁116。

剪掉。〔註128〕《臺灣民間文學集》出版前，曾請林幼春、林獻堂和莊太岳校閱。據葉陶轉述，林獻堂還曾說：「當時要你（林幼春）一夜替他看完那原稿，原來就是想你於看到〈壽至公堂〉時，看會不會叫他（指獻璋）抽起，而多給幾個錢與他。」〔註129〕楊守愚澄清，他只有請林家校閱民謠民歌的部分，而非〈壽至公堂〉的故事部分，對於林獻堂以此言楊守愚「敲搾」等的誤解，非常憤怒：

> 「敲搾」一事，可見完全出於邪推。林先生們也太會惡用其感情了。
> 做賊的雖是窮人，雖道窮人就盡是做賊的麼？自家有錢，動輒就疑
> 心人家想去搶他，像這樣的富戶人家的劣根性，真叫人做三日嘔！
> 〔註130〕

從事漢文私塾教學與漢文編輯的楊守愚而言，經濟上經常拮据，但對於霧峰林家干涉《臺灣民間文學集》的內文，還有「敲搾」的指控，也表達非常不滿。

　　另外，林幼春曾經因為寵妾的問題與其子培英發生過嚴重的衝突。林幼春有四個妻妾，正室莊能宜，繼室賴書，妾王理以及何查某。莊能宜、王理先後過世。在妻妾中，最後進門的多半是最年輕、最得寵的，或許身為妻室的只能忍受，但其子女卻未必能夠接受。尤其最小的妾，雖然輩分上較妻室所生的子女高一輩，但經常出身地位卑微，年齡與妻室的子女差距不遠。妻室子女對於自己的生母失寵，難免心生不滿，認為是小妾帶來母親的不幸。於是妻妾兩個女人背後的男人——父子兩人也有爆發衝突的時候。在林獻堂的日記中，記下了這次的衝突：

> 培英來言昨夜與其父衝突，因庶母月痕（何查某）對其父讒其母（賴
> 書），他欲究其讒言之所自出，並為注意其此後不可妄言，使其父與
> 其母之怨恨日深。不意憤慨之餘，出言不慎，以致其父大怒。幼春
> 使逢源來喚余，金生（幼春任）亦繼至，言其伯父決不認培英為子，
> 若入其房，則欲手刃之。余乃急往。幼春盛怒，述其從來不肯輕聽
> 人言，夫妻意見不和自來如是，然亦無甚事故。阿塗（培英）用壓
> 逼之行為欲逼死月痕，並且當面指他為敵人，事已至此決不能復為

〔註128〕許俊雅、楊洽人編，《楊守愚日記》，頁127。
〔註129〕許俊雅、楊洽人編，《楊守愚日記》，頁113。
〔註130〕許俊雅、楊洽人編，《楊守愚日記》，頁113～114。

父子。余力勸一時餘，氣方稍下。余乃率培英出為謝罪，逢源（王
理所生）、長虹〔洪〕（王理所生）、金生、璇璣（培英妻）、雙桂（王
理所生）俱跪泣求赦免，余與培英之岳母（林朝棟四女林蘭惠，璇
璣之母）及資瑞（幼春異母弟）在旁勸解。幼春乃令其起，一場風
波因之而息。〔註131〕

父子衝突當然造成心裡的遺憾，據林邦珍云：「我祖父本身娶四個太太，但是
他吩咐他的子孫不准娶兩個太太」〔註132〕，應該就是這個緣故。

　　林幼春呈現了社會在轉型過程中顯現出的真實面貌，他一方面對於祖父
與父親的行徑，多予尊重、保留，他本人吸食鴉片，妻妾成群，以致造成與
兒子培英的緊張，可以說是非常傳統的一面；另一方面，他在臺灣文化協會
任協理，寫文章批判傳統，則是他現代的一面。在林幼春身上，傳統力量很
強，但他又意識到要改變，意識到要改變時，能力上或現實生活上改變不
了，於是在家庭私人領域、行為方面，他是一個非常傳統的人；在思想與公
領域上，他則是具有現代意識，而傳統與現代同在一個軀殼中，實是矛盾又
痛苦的。

第三節　大家族婦女傳統束縛與開放

　　婦女在家庭地位與家庭形態之間的關係，可以從兩個角度觀察。其一是
家庭類型，以核心家庭而言，由夫妻及子女組成的家庭，主婦當然有一定的
影響力；而擴展家庭，除了夫妻子女外，還包括父母或已婚兄弟之配偶家庭，
決策的權力落在父母與兄弟上，子媳影響力甚微。其二，在家庭的經濟收入
或能力一定程度上影響婦女在家庭的地位。《中國家庭史》一書中提到：

> 通常較為富有的家庭，妻子一般不從事勞作，那麼她在家庭的策略
> 的形成中就不起作用。……貧窮家庭的婦女一般都要工作，她們和
> 丈夫一起維持家計，如果她的收入在家庭中占有舉足輕重的地位的
> 話，她們在家庭策略形成的過程中就擁有較大的發言權，甚至居主
> 導的地位。……另一方面，如果妻子的娘家有錢有勢，陪嫁也非常

〔註131〕林獻堂著，許雪姬編，《灌園先生日記（八）：一九三五年》，頁300，日記時
　　　　間：1935年8月29日。
〔註132〕許雪姬編著，許雪姬、王美雪記錄，《霧峰林家相關人物訪談紀錄（下厝系）》，
　　　　頁104。

豐厚，那麼她在家的地位就不會十分卑微。〔註133〕

以上見解大致符合一般概況，那麼五大家族是否也是如此呢？本文在此將討論大家族中的女兒和婦女，至於出嫁的女兒，如霧峰林家女兒、孫女出嫁後與夫婿回林家拜年時，若是在夫家感受到一絲委屈，便很可能被林家老祖母（楊水萍）扣住在林家十餘年；出嫁時的嫁妝有割田租之外，還會按月送來生活用品、喪葬費用等等；〔註134〕甚至林文察早逝的女兒林卓英，以靈位嫁給丘逢甲，都有「賠嫁山園十二甲，良田六甲地。」〔註135〕大家族女兒雖是出嫁，其地位還是無比崇高。

在大家族中，一起生活的家族人數非常多，縱然分家為核心家庭，仍多數聚族而居，族長仍具有一定的影響力。以儒教的家庭倫理而言，首先是男女有別，男性的權力大於女性；而家族中眾多的婦女，妻大於妾，陪嫁而來的妾大於買來的妾。然而實際的生活中，丈夫因喜新而納的妾，新妾地位當然大於舊妾，甚至大於正妻。在妻妾成群的家庭中，難以避免的是爭寵、爭資源，直至分家方告一段落。男子可以妻妾成群，女子卻少有改嫁之例，於是大家族中寡婦成群又是另一特色。

一、大家族的規矩及女性地位

出身自霧峰林家林朝棟的孫女林雙隨，嫁予並非出自大家族的杜聰明，因她出身大家族，對大家族的婦女地位有最直接的觀察：

> 看到大家族裡的媳婦地位其實也不高，家裡的規矩特別多，凡事很不自由，既要伺候公婆，又要打理家裡，連吃飯都得從老爺主人先吃，之後是少爺千金吃，最後才輪到媳婦上桌；而且人多口雜，是非也多，令人厭惡，所以她不想嫁進大家族。〔註136〕

在日本受新式教育的林雙隨，對傳統禮法森嚴的大家族中婦女地位的低落，有她很深的體悟。包括事務多、規矩多、是非多，真是切身最深刻的體悟。這

〔註133〕張國剛主編，《中國家庭史（民國時期）》（廣州市：廣東人民，2007），第五卷，頁166～167。

〔註134〕林衡道口述、洪錦福整理，《臺灣一百位名人傳》，頁212～214。

〔註135〕丘秀芷，《剖雲行日——丘逢甲傳》（臺北：世界河南堂丘氏文獻社，1998年），頁55。

〔註136〕杜淑純口述，曾秋美、尤美琪訪問整理，《杜聰明與我——杜淑純女士訪談錄》（新店：國史館，2006年），頁53。

是宮保第的情形，作風比較官派。二房文明派下是讀書人，所以比較不拘形式，但仍然可以從吃飯看出階級，據林幼春子媳藍炳妹云：

> 吃飯時，坐位都有規定，媳婦的位置還不如兒子的地位，山珍海味全放在公婆面前，較粗糙的菜都放在媳婦面前，只有丈夫偶爾挾一塊肉到太太碗裡，做媳婦的才吃得到好菜，不然就是不敢伸手去挾放在公婆面前的菜餚。上一餐吃剩的菜，沒有讓公婆在下一餐吃到的，都由佣人吃掉。由女婢收為妾的，絕對不能同桌吃飯，等他們吃完，才在另外一桌吃。〔註137〕

藍炳妹生動描述著餐桌上的倫理，大家族吃飯規矩必然深深烙印在她心裡。

除了吃飯，大家族還有什麼規矩呢？在宮保第最深處那一個院子裡的林朝棟家族，由林朝棟正室楊水萍所領導的林家婦女，尤其是朝棟嫡長林季商一系，最能表現大家族的規矩，所謂「傳統榮譽之束縛力甚大：家門管理甚嚴、婦女出門牽制甚大。」〔註138〕對於婦女行動的限制，主要著眼在婦女的貞節，於是婦女第一個要守的規矩是出入的規矩。林季商的媳婦楊金釧提到：

> 剛嫁進林家，看到有那麼多規矩，很驚慌，我的膽子又小，所以不敢輕舉妄動，一切按規矩行事，全聽長輩的吩咐。……平時待在房內不敢隨便出來。……奶奶生日時，我整日關在房間內不敢出來，因為不可隨便見到男人，雖有產婆的執照，也不敢開口說要出來執業。〔註139〕

楊金釧是一個學有專長的婦女，但嫁進林家大宅，毫無用武之處，因為有一道很嚴屬的男女之防，儘管是家族中的大日子，楊水萍的生日宴，仍然只能安安靜靜留在房間內。除了媳婦不能輕易出門，林家的女兒也不能輕易出門，林季商的女兒林雙意云：

> 以前林家的女兒若是沒有佣人或丫頭陪著是不許出家門的，我們每一房都有二個丫頭和一個老媽來照顧我們。有一次老媽陪著我上街

〔註137〕許雪姬編著，許雪姬、王美雪記錄，《霧峰林家相關人物訪談紀錄（下厝系）》，頁91。

〔註138〕王世慶、陳漢光、王詩琅撰，黃富三、陳俐甫編，《霧峯林家之調查與研究》，頁177～172。

〔註139〕許雪姬編著，許雪姬、王美雪記錄，《霧峰林家相關人物訪談紀錄（下厝系）》，頁3。

> 買布料（那時我在學洋裁），在布店裡就有許多人包圍我，說要看林
> 家小姐，嚇得我以後也不敢出門，只得請布店的人帶布料到家裡來
> 讓我們選，所以一直到結婚前，我都很少出門，沒有和社會接觸，
> 造成我們很單純的個性。〔註140〕

正因為林家規矩的限制，林家小姐不輕易出門，社會大眾對於能見到林家小姐的好奇也就愈大，以致造成林家小姐出門的壓力更大。另外，也因為少出門，少和社會接觸，當然也愈能服從大家族的規矩。

大家族對女性出入的規矩，也反映在教育上。林瑞騰在黃竹坑別莊，聘請親家陳槐庭（1877～1940）教漢文，陳槐庭同時也是櫟社詩友，時間達一年餘，學生有林瑞騰的女兒、侄女（瑞騰的兄長林季商的女兒）和妾共18人之多。〔註141〕據林雙意的說法：

> 我回臺灣時大約是十一歲，……沒有再繼續唸書了，因為我叔叔瑞
> 騰不肯，他認為，那時臺灣人不是赤腳的就是看牛的，而我們是林
> 家的小姐身份與他們不同，怕我們被欺負，所以不讓女孩子到學校
> 讀書。〔註142〕

林瑞騰另聘家塾教授漢文，當然這是下厝的情形。下厝曾在清朝任官，傳統禮教束縛較大。然而一年後，因為女學生陸續出嫁，面臨無學生可教的窘境，〔註143〕黃竹坑的私塾便此結束。大家族女性受教育，也常因婚姻而中斷。

霧峰林家也有比較開明的一派，林家小姐也有進學校讀書的，當然和日治初期男子教育一樣，並不是就讀於臺灣的公學校，而是前往日本留學。1907年林獻堂帶領兒子攀龍和猶龍去東京唸小學，雙隨、雙彎、雙娟（小娟）也一起去。〔註144〕據林雙隨女杜淑純云，林雙隨「返臺看望外婆（即是雙隨的媽

〔註140〕許雪姬編著，許雪姬、王美雪記錄，《霧峰林家相關人物訪談紀錄（下厝系）》，頁10。

〔註141〕林獻堂著，許雪姬、周婉窈編，《灌園先生日記（五）：一九三二年》，頁456，日記時間：1932年11月7日。

〔註142〕許雪姬編著，許雪姬、王美雪記錄，《霧峰林家相關人物訪談紀錄（下厝系）》，頁10。

〔註143〕林獻堂著，許雪姬編，《灌園先生日記（七）：一九三四年》，頁36，日記時間：1934年1月22日。

〔註144〕雙隨、雙彎的父親是林資鈴，雙娟是林瑞騰的女兒，而雙隨和雙彎的媽媽莊秋葉和雙娟的媽媽莊榮榮是姊妹。簡而言之，她們的父親是兄弟、母親是姊妹。

媽）時，因為不太會講臺灣話，還須要透過人家翻譯才能彼此交談。」〔註145〕因為從小留學的雙隨不會臺灣話，母女交談都得透過第三人，那麼和一般臺灣民眾的距離就更遙遠了。同樣有語言上問題的，還有林獻堂女林關關。林關關在六、七歲幼齡就被送往東京入小學校，就讀淑德高等女學校二年級時回臺，原因有二：一是祖母念孫心切，一是「臺語一句都聽不懂，當然也講不來。這可使她的雙親──林獻堂先生及水心夫人──大傷腦筋了，所以特別留她在臺住了一年學習臺語，同時也使她對臺灣的風俗習慣有些心得。」〔註146〕林關關因此留在臺灣長榮女中讀完高中學業，畢業後再在東京入東京女子大學就讀，二年級時又受祖母之要求而回臺，所以沒有完成大學學業。〔註147〕

　　上文提到黃竹坑為林家女兒們開設的私塾因為女生陸陸續續出嫁而學生漸少以致於結束，林關關也因為家庭因素沒有完成學業即返臺，而林澄堂的養女林自來，其母賴麵託林獻堂「勸其明年卒業後須歸臺，因身體孱弱不可再作他種之研究也。」〔註148〕實際上是要她回臺完婚，果然不久即與曾申甫結婚。〔註149〕以上所述的情形來看，即使林家小姐因為整個社會對女子教育的重視而進入學校就學，但結果還是跟在私塾念書一樣，常因為家庭、結婚而終止學業。其受教育權還是不完整的。

　　1922 年第二次臺灣教育令，內臺共學，雖然還是有條件的共學，〔註150〕但是對大家族而言，子女們留在臺灣就近教育，不必再千里迢迢遠赴他鄉求

〔註145〕杜淑純口述，曾秋美、尤美琪訪問整理，《杜聰明與我──杜淑純女士訪談錄》，頁 44。

〔註146〕葉榮鐘，〈悼高天成博士〉，《台灣人物群像》，頁 291～292。

〔註147〕濟南基督長老教會編，〈故高林關關女士告別禮拜〉（臺北：濟南基督長老教會，1996 年）。

〔註148〕林獻堂著，許雪姬編，《灌園先生日記（十一）：一九三九年》，頁 342，日記時間：1939 年 9 月 24 日。

〔註149〕林獻堂著，許雪姬編，《灌園先生日記（十一）：一九三九年》，頁 116，日記時間：1939 年 3 月 19 日。

〔註150〕內臺共學，但仍設下諸多限制，並非無條件開放內臺共學，霧峰林家林培英的妻子施璇璣口述中提到，「因為小孩要就讀明治小學，日本人來調查國語家庭，要父母雙方都是讀日本書的才算。」（參見：許雪姬編著，許雪姬、王美雪記錄，《霧峰林家相關人物訪談紀錄（下厝系）》，頁 71。）可見總督府仍設下非常嚴苛的條件，臺灣人才可以進入日本人的小學校就讀。

學了。而實際的情況是，大家族的女兒進入日本人就讀的學校，比開始正式收臺籍學生還早，但人數有限，能夠入學的，通常是絕頂優秀、家世背景極端顯赫，且要通過競試篩選。與林雙隨一起到日本念書的林雙彎，從日本回臺後轉入就讀北一高女，1921 年畢業，成為北一高女第一位臺籍畢業生。〔註151〕

即使開放內臺共學，然而由於機會極少，於是大家族女子，創造了很多臺灣教育史上的第一。除了上述的林雙彎在北一高女之外，辜顯榮的三女辜津治，在 1922 年與何寬眉、莊氏嬌三人進入臺中高等女學校，是該校最早的臺籍女學生。其中何寬眉是霧峰人，何添丁的女兒，何秀眉的妹妹，何秀眉是楊水心的好友，太陽堂之主；莊氏嬌是呂靈石的妻子，也是霧峰林家的姻親。能在臺就讀女高校的臺籍生，尤其是首屆入學生，實是家世、能力的一個表徵。

五大家族中最重視教育的，應以基隆顏家為最，對女兒教育也非常重視，尤其是顏國年，〔註152〕其女顏碧霞回憶：

> 我們兄弟姊妹大都到日本上過學，這是父親的開明，他對男孩女孩一視同仁，我們想唸書的話都儘量讓我們如願。父親有一個原則：孩子還在學時，先不替他們安排親事，使我們能專心課業，畢業後再談婚事。〔註153〕

讓女兒能完成大學學業，再安排婚事，已經明顯與霧峰林家不同，是對女兒的尊重。顏碧霞還說：「讀書是老爸（顏國年）的意思，阮老爸說：『教育就是分財產』，有知識就不會被騙，現金會讓人騙去，若知識較深，有判斷的能力，比財產還要好。」〔註154〕顏國年雖然財產並沒有分給女兒，但是對女兒教育

〔註151〕第一位臺籍學生霧峰林獻堂〔應為林仲衡〕之女林雙彎卒業。參見：北一女百年特刊編輯委員會編纂，《典藏北一女（上冊）》（新店：正中，2003 年），頁 58。

〔註152〕至於顏雲年的女兒，「除次女善，留在家以外，其餘三女，俱自幼分與外人為養女，及長以後，顏雲年復將之一一認回，施以教育，擇門當戶對，嫁得快婿。」參見唐羽，《基隆顏家發展史》，頁 198。

〔註153〕熊秉真、江東亮訪問，鄭麗榕記錄，《魏火曜先生訪問紀錄》（臺北：中研究近史所，1990 年），頁 131～132。

〔註154〕第一位臺籍學生霧峰林獻堂〔應為林仲衡〕之女林雙彎卒業。參見：北一女百年特刊編輯委員會編纂，《典藏北一女（下冊）》（新店：正中，2003 年），頁 102。

的投資卻是從不吝惜，國年的女兒也都有很好的教育成果，女兒們都進入日本大學就學，其中以長女顏梅學習成就最高，原本在日本就讀，因為地震回臺就讀北一高女，1925 年顏梅以全校第一名畢業，旋即考上東京女子高等師範學院，學成返臺後成為臺北第一高等女學校第一位臺籍國語（日語）教師。後轉至基隆高等女子學校。國年的媳婦也都擁有大學學歷，其中簡淡月，1928年入臺北第一高等女學校，後任職臺北第一高等女學校教師，是第一位臺籍數學教師。〔註155〕根據山本禮子在《植民地台湾の高等女学校研究》一書中的統計，高等女學校臺籍教師除了 1944 年達 22 人外，自 1904 年以來，至1943 年，臺籍教師都在 20 人以下，以 1940 年而言，高等女學校臺籍教師有十三人，日本籍則有 308 人，臺籍教師僅佔 4%。〔註156〕臺籍高等女學校教師數量極其少，更何況是女性，顏家即佔有二位，實是大家族女性在教育表現上的代表。

　　至於大家族媳婦的地位，正如前面林雙隨所說，吃飯的時候其順序要較少爺、千金為後。以代表一個人的名字而言，包含著父母的心意，而這些媳婦卻有被公公、丈夫改名的情形。如林爾嘉「嗜改媳婦名字，故媳婦名字之末字皆為『英』字，如福英、臻英、慧瑛、竹瑛、寶英」，〔註157〕將所有的媳婦改名，不尊重媳婦原來的名字，就現有的資料來看，爾嘉似乎也改自己妾的名子，如四姨太名為蘭谷，五姨太名為蘭冠。而林季商也喜歡改妾的名字，林雙意云：「我父親娶六個太太，其中三個太太名字中有『瑜』，它們都是我爸爸取的，二媽叫陳雪瑜……三媽郭玲瑜……我媽媽排第四，叫李真瑜。」〔註158〕林季商第六個妾名為李碧瑜，應該也是林季商改的。〔註159〕被公公、丈夫改名，可見大家族家長的權勢。

〔註155〕第一位臺籍學生霧峰林獻堂〔應為林仲衡〕之女林雙彎卒業。參見：北一女百年特刊編輯委員會編纂，《典藏北一女（上冊）》（新店：正中，2003 年），頁 59。

〔註156〕山本禮子，《植民地台湾の高等女学校研究》（東京：多賀出版，1999 年），頁 64～65。

〔註157〕陳三井、許雪姬訪問，楊明哲紀錄，《林衡道先生訪問紀錄》，頁 28。

〔註158〕許雪姬編著，許雪姬、王美雪記錄，《霧峰林家相關人物訪談紀錄（下厝系）》，頁 11。

〔註159〕許雪姬編著，許雪姬、王美雪記錄，《霧峰林家相關人物訪談紀錄（下厝系）》，頁 11。

二、父權制度下的妻妾成群

（一）納妾的原因與妾的來源

在父權觀念下，「不孝有三，無後為大」，〔註160〕子嗣的繁衍是家族得以延續的必要條件。而「多子多孫多福氣」的觀念下，「納妾」合禮合法，在臺灣的世家大族中習以為常，即使日本治臺，仍然無法改變此一舊慣。〔註161〕廣納妻妾以求子嗣，不只是男性的觀念，也有女性支持，尤其是「婆婆」，在辜顏碧霞這一本自傳性小說《流》，〔註162〕主角公公王醫生的媽媽，〔註163〕在王醫生的正室只生女兒，一直未生男孩下，替兒子物色娶了二個妾，要臨終時說：

> 這樣我也可安心地走了。你也有男嗣繼承了。我只要想到死後有男孫為我送終，就死而無憾了。況且我葬禮還有三個媳婦哭著送我呢。我為自己做的事感到欣慰。〔註164〕

而王醫師也深信這樣的觀念：

> 照著母親的遺言，娶了三妻四妾生下不少男丁是孝順的表現。因為這個信念壓制了家中女眷們的爭執與及一切不滿，使她們一昧地服從與忍讓。看到長子、次男、三男的相繼出生與順利成長的喜悅，一切的不愉快都忍下來了。一想到有了與自己血脈相傳的兒子，做什麼事都有幹勁，多少精神上的痛苦也都熬過來了。〔註165〕

〔註160〕漢·趙岐注、宋·孫奭疏，《孟子注疏（十三經注疏本）》，卷七，〈離婁上〉，頁137。

〔註161〕日本社會並無納妾之俗，並且視之為惡俗，如竹中信子提到：「貧苦的人是沒有需要改善的地方，訂定法律要求中產階級以上的人停止納妾才是因應之道。」（參見：竹中信子著，蔡龍保、曾淑卿、熊凱弟譯，《日治台灣生活史：日本女人在台灣》）又，林媽利提到：「我爸爸在外面另外有了一個家庭，我媽媽每天哭，我也開始生病。」家變後，家裡的氣氛變得很糟，母親非常生氣，常常哭，「我母親說父親讓她非常沒有面子，她說在日本沒有人會娶姨姨，有些人頂多是出去逢場作戲，不會把外面的女人娶進來……」參見：劉湘吟，《風中的波斯菊：林媽利的生命故事》（臺北：圓神，2004年），頁38。

〔註162〕《流》的作者辜顏碧霞是辜岳甫的妻子，辜顯榮媳婦。《流》一書雖是虛構的小說，具有自傳性質，故文中主要人物幾乎都可以在辜顯榮家庭中找到對應的人物，對於時代氛圍與家庭內部倫理有一定的合理性，可以作為時代與辜家的見證與反映。

〔註163〕王醫生這一個角色很可能即是影射顏碧霞的公公辜顯榮。

〔註164〕辜顏碧霞著、邱振瑞譯，《流》（臺北：草根，1999年），頁93～94。

〔註165〕辜顏碧霞著、邱振瑞譯，《流》（臺北：草根，1999年），頁93～94。

這是繼承傳統的觀點。也有認為妻妾成群應該要加以革除,如顏雲年在總督
府評議會對於納妾之風,發表他的看法:

> 娶妾之風,原為支那陋習,時至今日,風氣大開,人道漸明,順世
> 界思想之潮流,由人群進化之軌道,一夫一婦,男女同尊,此陋風
> 已不容於人世矣,照內地法革之,可無留存之餘地矣。〔註166〕

顏雲年發表此一言論時,本身先後納有二妾,家庭風波不斷,對於傳統的婚
姻三妻四妾的制度,他的結論是「一夫一婦,男女同尊」,娶妾之風「無留存
之餘地」,顯然言行之間是有矛盾的。只是不知顏雲年是嚴以待人,寬以待
己?還是因為自身經驗之談?亦或者是接受了新的世界思想潮流?另外,林
獻堂在處理家族中的許多家庭衝突,都源自於妻妾不合,而他自己就是五大
家族中未納妾且未受新教育的極少數,此部分在後文「妾與家庭衝突」中再
予以詳論。

以五大家族而言,林紀堂、林澄堂、辜顯榮、陳中和等人,因元配都無
子嗣而納妾,其中也有元配無子而主動為夫納妾者,如謝端流產未孕,為夫
(林朝崧)畜妾謝儞,生林陳琅。林文明、林朝棟、林烈堂先納妾後娶妻,並
不合禮法,究其原因,主要是因為在適婚年齡之前有人力上的需求,〔註167〕
所以先納妾,其後再娶門當戶對的妻子。以林烈堂而言,據其子林垂凱言:

> 我父親生於清代,因少年十三、四歲時體弱多病,先娶張氏(張省)
> 為妾幫助侍候照應先父,其後再明媒正娶蔡蓮舫之妹為正室,在媒
> 妁往來時已先獲蔡家諒解先娶妾之苦衷。〔註168〕

先納妾,後娶妻,會出現嫡子非長子情形,如「林文明未娶正室時,先娶偏房
生朝昌,元配生朝選(紹堂),大排行是排老三,凡事由他管」;〔註169〕林朝
棟嫡長林季商排行為三,林烈堂嫡長林垂珠排行為二,皆出現先庶後嫡的情
形。另一個面向是,元配有子,依然廣招納妾的例子,顯然求子嗣不是大家
族納妾的關鍵。

〔註166〕〈對於諮詢問案之管見(二)顏雲年〉,《臺灣日日新報》1921年6月27日,
第4版。

〔註167〕大家族先納妾後娶妻,原因為「人力需求」,似乎有其不合理處,或許未娶
妻即與婢生子而納為妾的可能性應更高。

〔註168〕許雪姬編著,許雪姬、王美雪記錄,《霧峰林家相關人物訪談紀錄(頂厝系)》,
頁6。

〔註169〕〈林峰富先生訪問紀錄〉,收於許雪姬編著,許雪姬、王美雪記錄,《霧峰林
家相關人物訪談紀錄(下厝系)》,頁120。

另一納妾乃基於人力需求的是顏雲年，雲年的第一位妾藍哖，1909 年在生產第三胎顏嫿之後，因「月內風」而病逝。雲年的元配柯砧與藍哖不合，為了鞠養庶出的德潤、德修昆仲，顏雲年再納穆氏為妾。顏雲年考慮事業的發展與二庶子的教育，於是在東京置產，讓二庶子與侍妾居於日本，妻妾異居，也可避免不必要的誤解。〔註 170〕

納妾的另一個重要因素是填補情感的空缺。娶妻是父母之命，媒妁之言，重視的是門當戶對，是兩個家族利益的結合，若為童養媳，手足之情自然多於男女之情，如顏雲年嫡配為柯砧，為顏家乞養的童養媳，依風俗「送作堆」；〔註 171〕否則經常是在洞房花燭夜，夫妻兩個人才第一次相處，感情在婚後才能培養。大家族頗重視門當戶對，妻子通常出身名門，地位也高，未必能夠迎合丈夫。納妾對男子而言，除了原本因服侍長輩，受長輩喜愛而納為子息之妾外，多為男子自行納置。姑且不論年齡、容貌、個性、才情等原因，妾多較元配更易得到丈夫的歡心。如林紀堂第二個侍妾許悅，原本即是照顧病中〔註 172〕的林紀堂而納之為妾；林階堂與元配施金紗感情不佳，常有口語與肢體的衝突，和他的愛妾陳榕紉，則情感深厚，1929 年陳榕紉因患腸窒扶斯（傷寒）住院，須隔離治療，林階堂也跟著一起住到隔離室，親自看護。〔註 173〕林澄堂與元配吳映雪感情不佳，據林垂凱言，她「嫁到霧峰之後，卻很怕我四叔（林澄堂）……她每次看到我四叔都會嚇得躲到牆邊，所以沒子女。」〔註 174〕澄堂的第一個妾簡輕煙是陪嫁北勢媽（林澄堂的庶母，澄堂從小受她照顧，並認為母親）而來的，只有賴麵是他自己選擇的，澄堂對賴麵則完全信任，在生前有意將家產交給賴麵管理，林獻堂對此情形頗為清楚，還曾建議澄堂，「聘一家庭教師教其妾阿麵，將來有許多的財產欲交其掌管，而不識一字，真是困難。」〔註 175〕澄堂還頗為心動。

〔註 170〕唐羽，《基隆顏家發展史》，頁 198～200。

〔註 171〕唐羽，《基隆顏家發展史》，頁 128。

〔註 172〕李毓嵐，〈〈林紀堂日記〉與〈林癡仙日記〉的史料價值〉，收於許雪姬總編輯，《日記與臺灣史研究——林獻堂先生逝世 50 週年紀念論文集》（上冊）（臺北：中研院臺史所，2008 年），頁 64。

〔註 173〕林獻堂著，許雪姬、鍾淑敏編，《灌園先生日記（二）：一九二九年》，頁 160，日記時間：1929 年 6 月 2 日。

〔註 174〕〈林峰富先生訪問紀錄〉，收於許雪姬編著，許雪姬、王美雪記錄，《霧峰林家相關人物訪談紀錄（頂厝系）》，頁 45。

〔註 175〕林獻堂著，許雪姬、鍾淑敏編，《灌園先生日記（二）：一九二九年》，頁 225，

　　蔡獻榮在〈中國多妻制度的起源〉一文中以為妾的來源有三：一、妾從犯罪；二、妾由私奔；三、妾以錢買。〔註176〕施永南《納妾縱橫談》中指出妾的來源有五：一、奔而妾者；二、媵而妾者；三、賣而妾者；四、婢而妾者；五、妓而妾者。〔註177〕「妾從犯罪」，是妾最早的來源；「妾由私奔」、「妾以錢買」，是禮法上的規定；「媵而妾者」，是商周時期貴族的陪嫁制度；至於「婢而妾者」，多為服侍長輩，受長輩喜愛，收為子息之妾；「妓而妾者」則是取妾的另一管道。

　　就臺灣的世家大族而言，不需要以「妾從罪犯」和「妾由私奔」這二種方式納妾，由「媵、買、婢、妓」置妾，是世家大族最普遍的方式。

　　「媵而為妾」者，如林澄堂的妾簡輕煙是父親林文鳳妾北勢媽曾雍陪嫁而來的；林垂拱繼室陳瓊珍陪嫁二婢女，其中一個是彭妙雲，在陳瓊珍死後，林垂拱納為妾。「買而為妾」者，如林季商妾李真瑜，據其女兒林雙意云：

> 我母親（李真瑜）是台灣基隆人……媽媽家裡很苦，是種田的，當
> 她十四時歲時，家裡要把她賣了，有人將這個消息告訴我父親，說
> 有一個漂亮的小姑娘要被賣掉，我父親說起來也是個風流人物，一
> 聽到這個消息馬上把她接回來，所以她十四歲時就到我家。〔註178〕

女子的姿色當然是納妾的重要要件之一。林季商五妾嚴摘，「她是北京人，（聽說是買的）。」〔註179〕「婢而為妾」者，服侍長輩的侍女如「曾紅杏是從幼婢開始服侍楊太夫人，後被收為妾，她在老太太面前從來沒有坐過。」〔註180〕即使是納為子妾，仍然地位較低；但在沒有女家長的家庭內，雖是由女婢收房的妾，只要受到丈夫寵愛，對內仍然擁有一定的地位，林烈堂的妾何美，即是一例。〔註181〕「妓而為妾」者，如顏雲年侍妾藍咩，顏雲年看到報載藍

日記時間：1929年8月18日。

〔註176〕蔡獻榮，〈中國多妻制度的起源〉，收於鮑家麟編著，《中國婦女史論集》（臺北：稻鄉出版社，1999年），頁83。

〔註177〕施永南，《納妾縱橫談》（北京：中國世界語，1998年），頁193～242。

〔註178〕許雪姬編著，許雪姬、王美雪記錄，《霧峰林家相關人物訪談紀錄（下厝系）》，頁11。

〔註179〕許雪姬編著，許雪姬、王美雪記錄，《霧峰林家相關人物訪談紀錄（下厝系）》，頁140。

〔註180〕許雪姬編著，許雪姬、王美雪記錄，《霧峰林家相關人物訪談紀錄（下厝系）》，頁91。

〔註181〕「我的三媽人很俐落，長得又不錯，她可能是從婢女收來的，我們都叫她『赤腳媽』。所有叫她赤腳媽是因為她沒有纏足，以前沒有纏足的人，差不多都

氏咩：

> 貌奇醜，頸縮顙短，面扁而多痣，目圓鼻凹，鈎蓮瓣長盈尺，醜狀
> 難以盡述，………門前冷落……謂其父胡水曰：「兒貌已醜陋若此，
> 終難與諸妓爭妍於都會之間，曷若一往金山，以多博纏頭資乎？」
> 父諾之，日前遂雇肩輿以往……冷落狀況，比稻更甚……乃徒步由
> 金山狼狽而歸矣！〔註182〕

顏雲年看到此一報導，認為此女必非庸俗之脂粉可比，親至臺北，將其贖身，
納為小妾。〔註183〕

　　由此可知，除了上文所述的日本妾之外，通常是出身較弱勢的女性才會
為妾，當然，要讓富家選為妾，容貌、能力、性情中必有一項出眾之處，與正
室要求門戶的條件大不相同。

（二）妻與妾的地位差別

　　在家庭中妻與妾的地位差別，不在於與丈夫的感情如何，而是在許多生
活內涵中標示權力上的區別。首先從稱謂來說，以霧峰林家為例，凡是正室
（包括元配和繼室）稱呼她時，則冠以丈夫的排行或姓名；而妾（細姨）則是
冠以出生成長的地名；另外，若是由女婢收起來作妾的稱她們為「某某姊」。
以林獻堂與頂厝五個堂兄弟的妻妾之間關係為例，五個兄弟排行依序是：紀
堂、烈堂、獻堂、澄堂、階堂。所以當林獻堂日記中稱「二嫂」時，是指林烈
堂的繼室陳甜；「四弟婦」，是林澄堂元配吳映雪；「五弟婦」當然就是林階堂
的元配施金紗；當他記錄其兄弟的妾時，「彰化嫂」，指的是堂哥林紀堂的妾
陳岑；「南街嫂」是紀堂的妾許悅，至於有些兄弟的妾年齡實在與自己子女的
年齡差不多，通常林獻堂就只稱其名，如林烈堂的妾何美，1897年生，只大
林獻堂長子攀龍四歲，澄堂的妾賴麵，甚至比攀龍還小一歲。

　　至於晚輩稱長輩的妻妾也是如此，如林獻堂的元配，稱「獻堂奶」，「朝
棟媽」一定就是林朝棟的元配楊水萍了；稱「北勢媽」（文鳳的妾曾雍）、「南
勢媽」（文鳳的妾曾彩鶴）、「臺北奶」（階堂妾陳榕紉）、「廈門奶」（林瑞騰妾

　　會被叫赤腳媽，沒有纏足的人通常不是高貴人家的女兒，是在做事的人，就
　　是後來被收起來做小姨子，也仍然還是赤腳媽。」（許雪姬編著，許雪姬、
　　王美雪記錄，《霧峰林家相關人物訪談紀錄（下厝系）》，頁99。）
〔註182〕〈煙花場‧勾欄窮狀〉，《臺灣日日新報》，1903年7月22日，第3版。
〔註183〕唐羽，《基隆顏家發展史》，頁188～189。

洪浣翠）、「新港奶」（林幼春三妾何查某）等，便知道這一個婦女在家族中的地位是「妾」。女婢收房稱為「姊」，資炳侍女為他生一個兒子，晚輩稱她為「二十一姊」；而「紅杏姊」，當然是出身自女婢，是林瑞騰的妾曾紅杏，是最得瑞騰母親楊水萍寵愛的幼婢。〔註184〕「稱謂」流動在生活中，時時標示著一個人的出生與身分。

　　在衣著上，也明顯標示著正室、細姨、女婢的差別。藍炳妹提到：

　　　　對於元配、細姨、女婢的身份、衣著、坐的位置都有嚴格的規定，
　　　　細姨不管多受寵，只能穿粉紅色的衣服（清朝時代的禮服），元配
　　　　多麼受到冷落，她在重要的節慶中都要穿大紅色的（清朝時代的禮
　　　　服），坐在正位，而女婢……只能著衣裙，宴會只能站著，不能坐。
　〔註185〕

這裡只提到衣飾與坐位，至於生活中各種面向一定也都標示著嫡庶的分別。

　　其次，眾妻妾所生的子女，不論是否是正室所生，都稱正室為媽媽，同時法律的監護權也是屬於正室所有。〔註186〕如林逢源是林幼春的妾王理所生，但逢源的妻子藍炳妹都稱林幼春的繼室賴書為婆婆。然而在禮法逐漸鬆動之際，當男主人過世時，未成年妾子所繼承的財產仍是由正室獲得監護權，這樣的繼承方式在日治時期已不能全部被接受而引起許多的衝突。〔註187〕

　　進入了日本統治的臺灣世家大族，為了融入日本政治社交，雖然已有妻妾數人，仍然必需納日本女子為妾。〔註188〕辜顯榮「眾多姨太太中有一姨太太是日本籍，人稱『日本太』，是辜偉甫、辜寬敏的生母。當大正四年（1915）大正天皇在京都舉行即位大典，台省士紳中指名受邀參加者僅辜顯榮一人，

〔註184〕許雪姬編著，許雪姬、王美雪記錄，《霧峰林家相關人物訪談紀錄（下厝系）》，頁106。

〔註185〕許雪姬編著，許雪姬、王美雪記錄，《霧峰林家相關人物訪談紀錄（下厝系）》，頁91。

〔註186〕對於庶子之親權，於夫死後歸於正妻。參見：洪汝茂總編輯，《日治時期戶籍登記法律及用語編譯》（臺中縣豐原市：臺中縣政府，2005年），頁346。

〔註187〕參見第三章第三節林澄堂之事例。

〔註188〕藍敏：「由於家父（藍高川）為評議員之身分，因此時往東京參加皇宮宴會。是年，家父請求家母讓其娶一日本妻子，她是福岡人，名為三治久江，福岡高等大學畢業，為一高學府的知識分子。因為家父時往東京，參加皇宮宴會，有必要瞭解日本上層階級的禮儀，故想日本人，以資學禮。母親無奈，只好答應。家父乃於屏東築一別墅安置。參見：許雪姬訪問、曾金蘭紀錄，《藍敏先生訪問紀錄》（臺北：中央研究院近史所研究所，1995年），頁10～11。

辜攜日本太同往，參加皇家式典，日本太之地位大為提高。以後台灣總督宴客亦均攜日本太同去赴宴，其地位宛如正妻。」〔註189〕在特殊的時空背景下，日妾的地位不亞於正室，日本女子實無「屈居」為妾，而享有很高的地位。然而林烈堂在其繼室仍在世時，與其妾何美參加侄子林陸龍的告別式，即招致《臺灣新聞》的惡筆批評。〔註190〕又如在1932年林攀龍成立的一新會中，身分是林瑞騰愛妾的洪浣翠被選為一新會委員，此舉亦遭受同輩林資彬、侄輩林陸龍的反對，洪浣翠以其突出的學養才情獲得認可，但也因為她的身分是「妾」，最後以陸龍之妻「楊素英」代換洪浣翠的委員資格。〔註191〕顯然妾的「出身」不同，還是影響她社會地位的重要因素。

（三）妾的養子與養女

漢人傳統以房為單位來作為分家分財的依據，通常的情形下，一個男嗣為一房；另外，在一夫多妻的家庭中，也稱每一妻妾為一房，若其他妻妾有子，而此房妻妾無子，也有收養養子之必要。沒有生子嗣的妾也要收養養子，一方面是繼承其贍養費或財產，一方面也負起喪葬、祭祀的責任。

以霧峰林家而言，林甲寅有四子：定邦、奠國、振祥和養子四吉。林甲寅1837年底，「令兒子各立門戶，是以各支族遂分家。」〔註192〕第四個兒子四吉是養子，前面的三個兒子排斥四弟來均分父親的遺產，其名列在家譜內，卻沒有寫入到甲寅的傳記裡，可見並未享有身為兒子的充分資格與權益，只能算是這個家的螟蛉子，他的責任是在養父百年之後，照顧養父的妾。因此可以推論，甲寅有一個妾，家譜內並未明言，而甲寅的三個親生兒子都拒絕收容她。〔註193〕若真有這一名不被三個兒子接受的妾，或許仍有一份贍養料可由養子繼承，當然也可能連贍養料都沒有分配到。另外，林甲寅死後成立

〔註189〕陳三井、許雪姬訪問，楊明哲紀錄，《林衡道先生訪問紀錄》，頁38～39。

〔註190〕林獻堂著，許雪姬編，《灌園先生日記（十一）：一九三九年》，頁77，日記時間：1939年2月16日。

〔註191〕「洪浣翠亦被選為一新會委員，昨日資彬、六龍大反對，妾無作會員之資格，況為委員乎。余與攀龍極力說明，自來蓄妾之制度不好，並非妾之罪也，她雖為妾，亦當尊重其人格；她雖被選為委員，她亦未必敢受。若然，當以他人補其缺。今早素貞來，內子與之商量，用素英以換浣翠。」（參見林獻堂著，許雪姬、周婉窈編，《灌園先生日記（五）：一九三二年》，頁119，日記時間：1932年3月16日。）

〔註192〕麥斯基爾著、王淑琤譯，《霧峰林家──臺灣拓荒之家》，頁87。

〔註193〕麥斯基爾著、王淑琤譯，《霧峰林家──臺灣拓荒之家》，頁88～89。

的甲寅公祭祀公業，四吉的後代也被摒除在外。〔註194〕此外，也有為了爭取家產而抱養養子的狀況，如：林文明娶了朝崧之養母為妾後，不久就被殺，其妾為了分得家產，便到詹厝抱養朝崧。〔註195〕在鹿港辜家，辜顯榮的二房翁富，無出，領養辜斌甫，後來三房張悅，生辜岳甫，辜顯榮陸續有五子出生，辜顯榮讓養子先獨立門戶，他死後，家產由親生子繼承。

林文鳳的兩個妾——北勢媽曾雍和南勢媽莊彩鶴，二人都沒有生男嗣，據林垂凱云，文鳳兩子林烈堂和林澄堂都是繼室莊粉所出，但因為林烈堂小時候身體不好，所以把林澄堂交由曾雍照顧。而為了祭祀，林烈堂便給莊彩鶴做兒子，林澄堂給照顧他的曾雍做兒子。林烈堂兒子云：「不久前我才剛幫南勢媽撿骨回來。」〔註196〕

另外，除了養子，妾也有收養養女的情形，林階堂與愛妾陳榕紉，兩人沒有小孩，因此收養一個女孩叫林秀子。〔註197〕清治時期，臺灣養女非常普遍，主要是童養媳；進入日治時期，不得買賣女婢，許多人家以養女稱之，實則為女婢。而霧峰林家此時仍有女婢，大概八歲入門，十年後由林家出一筆費用將其嫁出，並沒有入籍的事。林階堂還有一個養女紫薇，因為林階堂與元配之間無女兒，收養女兒，在生活上的照料也相較方便。

（四）納妾造成的家庭衝突

妻妾之間狀況多變。就夫婦之間的感情而言，妻子是出於父母之命，出身名門，多不懂如何討丈夫歡心，夫婦感情欠佳的比例偏高，但卻擁有禮法上的地位。妾不是父母之命，出身多較卑微或貧寒，有的機伶，有的溫順，察言觀色，色藝雙全，年齡上常與子媳相仿。由於諸多因素，妻妾之間要能感情相融並不容易，經常存在著競爭的關係，且由於出身與年齡上的差距，加上子女財產繼承等問題，彼此之間的信任與情感實難建立。妻妾成群確實造成了家庭內的許多糾紛，甚至危及傳統孝道中的父子之情，除了上一節提到

〔註194〕林獻堂著，許雪姬編，《灌園先生日記（四）：一九三一年》，頁213，日記時間：1931年7月6日。

〔註195〕許雪姬編著，許雪姬、王美雪記錄，《霧峰林家相關人物訪談紀錄（下厝系）》，頁120。

〔註196〕許雪姬編著，許雪姬、王美雪記錄，《霧峰林家相關人物訪談紀錄（頂厝系）》，頁6。

〔註197〕許雪姬編著，許雪姬、王美雪記錄，《霧峰林家相關人物訪談紀錄（下厝系）》，頁141。

的林幼春與兒子林培英的衝突之外，林垂拱家也因寵妾彭妙雲，而與正室陳瓊碧、繼室陳瓊珍所生的兒子禹承、光華、耀華「毫無親愛」。〔註 198〕這應該是兒子對父親消極的抗議。其他衝突尚有夫妻衝突、妻妾衝突、兄弟衝突。

1. 夫妻衝突

在林獻堂留下的《灌園先生日記》中，看到他記錄著其親弟林階堂與妻子施金紗之間的紛爭。一開始的導火線似乎與其家中女婢「長春」有關，施金紗來見林獻堂，言被長春所打，要求分業別居，林階堂與施金紗所言「大有差異」，〔註 199〕此事態頗為嚴重，夫妻立場對立，已致難以在同一屋簷下相處。夫妻感情每下愈況，二年後林階堂住院，金紗居然不願意到醫院看望。〔註 200〕翌年，林獻堂為了處理長春問題時到了林階堂家，林階堂愛妾陳榕紉「亦懇許多被金紗侮辱之言。」〔註 201〕顯現了妻妾之間的不睦，未及一個月，林階堂毆打妻子金紗，林獻堂與妻子楊水心力勸林階堂「不可用腕力以對妻子，使人誤解是聽妾之讒言。」〔註 202〕隔週，獻堂轉告階堂，其妻金紗要求費用每月增加六十円之事，「不意五弟（階堂）大怒，以最下等之惡語痛罵金紗，幾至用武。唉！有妾之家庭無處無此風波，可不慎哉！」〔註 203〕林階堂有此失態，雖然因資料不足而無法詳見其中原委，但從林獻堂的感慨中，似與林階堂的愛妾陳榕紉有關。在兄長林獻堂極力勸解雙方下，風波未再擴大。身為正室的施金紗在家庭中得不到丈夫的親愛關懷，她有不同於傳統婦女的選擇，反而積極參加對外活動，如參加「台中婦女親睦會」、〔註 204〕一新會主辦的「婦人茶話會」等，不再將自己完全聚焦在家庭內，心思有轉圜的空間。

〔註 198〕林獻堂著，許雪姬編，《灌園先生日記（十四）：一九四二年》，頁 302，日記時間：1942 年 11 月 25 日。

〔註 199〕林獻堂著，许雪姬編，《灌園先生日記（一）：一九二七年》，頁 108、101，日記時間：1927 年 3 月 17、19 日。

〔註 200〕林獻堂著，许雪姬、鍾淑敏編，《灌園先生日記（二）：一九二九年》，頁 163，日記時間：1929 年 6 月 5 日。

〔註 201〕林獻堂著，许雪姬、何義麟編，《灌園先生日記（三）：一九三〇年》，頁 115，日記時間：1930 年 4 月 6 日。

〔註 202〕林獻堂著，许雪姬、何義麟編，《灌園先生日記（三）：一九三〇年》，頁 164，日記時間：1930 年 5 月 18 日。

〔註 203〕林獻堂著，许雪姬、何義麟編，《灌園先生日記（三）：一九三〇年》，頁 172，日記時間：1930 年 5 月 25 日。

〔註 204〕林獻堂著，许雪姬、何義麟編，《灌園先生日記（三）：一九三〇年》，頁 333，日記時間：1930 年 10 月 6 日。

　　林瑞騰有好幾個妾，而與他的元配莊榮榮和子女疏遠，在林獻堂日記中，可以看到當林瑞騰寵愛洪浣翠時，即使經濟拮据負債如山，仍為她花費近二萬元營造新式洋樓，〔註205〕甚且將剛愍公（林文察）專祠之敷地讓與她；〔註206〕另一方面，他的妻子莊榮榮卻向林獻堂抱怨，嫁女雙璧，瑞騰卻「未曾支出一文，衣服物品一切未備」；〔註207〕其後洪浣翠離開瑞騰，瑞騰又有新的愛妾寶蓮，當他的兒子林正昌正要成婚之際，對大安會社借金五千円，榮榮欲先領出使用，與瑞騰發生口角，還待林獻堂夫婦勸解，方交付之。〔註208〕後林瑞騰將黃竹坑之山畑數百甲賣二十四、五萬円，將攜其愛妾寶蓮往東京，其妻榮榮想要對林瑞騰提出禁治產，阻止其夫的荒淫舉措，當與林獻堂商議此事時，林獻堂以瑞騰「今年六十二歲，雖老而性甚燥暴，若出手段，家庭必大起風波」相勸，方作罷。〔註209〕林瑞騰對新妾寵愛，卻疏於照料家室子女，造成夫妻之間衝突不斷，經常需要家族長林獻堂的調和勸解。

2. 妻妾衝突

　　妻妾之間能夠相處融洽，實際情形中實在是難以存在，〔註210〕唐羽在《基隆顏家發展史》一書中提到：

> 當時之舊家庭，丈夫納妾，元配除吃醋、發牢騷以外，毫無約束之依據或力量。但小妾一旦進門，家庭中之規矩權操在大婦，若再遇到悍妻，小妾之日子就有得受，為丈夫處於兩妻之間，祇能充耳不

〔註205〕張麗俊作，許雪姬、洪秋芬編纂・解讀，《水竹居主人日記（九）》，頁321，日記時間：1933年11月12日。

〔註206〕林獻堂著，許雪姬編，《灌園先生日記（八）：一九三五年》，頁295，日記時間：1935年8月26日。

〔註207〕林獻堂著，許雪姬、呂紹理編，《灌園先生日記（六）：一九三三年》，頁490，日記時間：1933年12月24日。

〔註208〕林獻堂著，許雪姬、張季琳主編，《灌園先生日記（十二）》，頁354，日記時間：1940年12月19日。

〔註209〕林獻堂著，許雪姬編，《灌園先生日記（十三）：一九四一年》，頁179，日記時間：1941年5月11日。

〔註210〕除了因妻妾地位懸殊，如妾從女婢收來的或者是陪嫁的妾，才會對於妻極力順從；另外，又或者妻妾分居兩地，才有可能平安無事。在家傳中所見妾對妻態度崇敬的，如林平侯到臺灣：「正室王太君留理家政，不能偕。而念嗣不能廣，且慮承侍乏人，命媒人娶（黃）太恭人……王太君逝，太恭人治喪甚肅，亦率家人蔬食三年，不忘成全之德也，偶與僕媼言及太君懿行，則失聲痛哭不已。」（參見：王國璠，《板橋林本源家傳》，頁106。）可見，黃氏與元配王氏在林平侯生前並沒有一起生活，怨隙自然無從而生了。

聞。〔註211〕

至於妻妾之間的衝突，有的能因為丈夫過世而建立新的關係，〔註212〕當然也有持續抱著怨恨。

林紀堂元配莊賽金無出，有二妾陳岑與許悅，許悅的兒子蘭生十二歲病故之後，當時，許悅有意出家鼓山，陳岑「並無憐惜之意，反疑其有不正行為。」林獻堂當時感嘆著：「噫！怨恨之於人也，其深若是。」〔註213〕

在基隆顏家，顏雲年納藍呣為妾雖傳為一時美談，但藍氏並未得到正室柯砧的接納，據林衡道云：「藍氏呣入門後，大婦柯氏，執行家法時，藍氏呣忍受鞭撻，坐於椅上，無任何反抗之動作，默默受之而已。」〔註214〕柯氏與藍氏之間的怨恨，藍氏將氣發洩在丈夫雲年身上，雲年的侄媳顏張女英云：「藍氏呣，常會打其二伯（顏雲年）出氣，使翁太夫人亦不忍，且言連自己都不打兒子，而為小人妾竟敢如此。」〔註215〕雲年的母親翁氏，都頗為生氣與不捨。而柯氏則嚴以教子，根據雲年長子欽賢的好友張文榮云：「柯氏夫人在世，時以其夫雲年之多妻妾事為誡，經常告誡欽賢，不得納妾，並令欽賢之左右如秘書等，時時提供欽賢在外之行動，防止蓄妾於外。」〔註216〕柯氏無法避免丈夫納妾，她將希望放在兒子身上，除了觀念上的嚴加訓誡，也付諸具體行動，監控欽賢，嚴防納妾。

3. 兄弟姊妹間衝突

高雄陳家，陳中和元配吳榮困無男嗣，以陳啟貞為養子，在陳中和事業，陳啟貞具有重大貢獻。陳中和晚年以先離婚再繼絃的方式扶正愛妾孫款，孫款的長子陳啟峰成為嫡長。啟貞與啟峰兩方勢力較勁，尤其在分產時達到白熱化的地步，登上報紙新聞，成為人們茶餘飯後的閒話。陳家兄弟的衝突，當然不是特例，只因陳啟貞對陳氏家業的貢獻大，還有正妻養子與妾扶正為繼

〔註211〕唐羽，《基隆顏家發展史》，頁198。
〔註212〕如林澄堂過世後，分產糾紛告一段落，後來正室吳映雪的生活都是妾賴麵等照顧的。參見：許雪姬編著，許雪姬、王美雪記錄，《霧峰林家相關人物訪談紀錄（頂厝系）》，頁45。
〔註213〕林獻堂著，許雪姬編，《灌園先生日記（八）：一九三五年》，頁208，日記時間：1935年6月13日。
〔註214〕唐羽，《基隆顏家發展史》，頁199註95。
〔註215〕唐羽，《基隆顏家發展史》，頁199註95。
〔註216〕唐羽，《基隆顏家發展史》，頁199註95。

室之後新的嫡長子之間複雜的權利移轉，是兄弟之爭中明顯的例子。〔註217〕

以五大家族而言，凡是妻妾成群的，所造成的糾紛家家都有。上面所載的霧峰林家、高雄陳家、基隆顏家都有明顯的事例。至於辜家，可以從《流》一書中所載眾妾與兒女之間的爭執不斷推知，此部小說的人物關係簡表如下所示：

男主角	妻妾名／出身別	子女名
王俊仁醫生	大房阿嬌	女：瑞香 過繼：敬敏
	二房冬密／旅館女傭	女：瑞雲、瑞珠 子：敬志
	三房阿月／出身養女	子：敬敏（妻：美鳳）
	四房英花／阿嬌貼身女傭	子：敬原

書中年輕主角之一敬原對傳統婚姻禮教的觀察：「把三妻四妾放在同一個屋簷下，讓她們生下同父異母的兄弟，為爭取父親的寵愛，相互地明爭暗鬥。」〔註218〕而做為父親的王醫生，對於家庭氣氛的感受有著深刻的描述：

> 家裡一整年的活動也是如此，總充滿一種被背叛的淒涼之感（原本寄望因孝順母親而娶妾以廣子嗣卻換來自己落寞的回報）。齊聚一堂時，他（王俊仁醫生，家中男主人）環顧大家，敬敏亢奮的臉、敬原輕蔑的眼神、英花的提心吊膽，冬蜜嘲諷的表情，敬志一臉沮喪。〔註219〕

顯然一家團聚在一塊，實難同心。再以二房女兒的抱怨為例，二房已出嫁的女兒瑞雲對未嫁的妹妹瑞珠說：

> 你實在真傻，我們不也是把瑞香叫做大娘嗎？她過世的時候，我們也視為親生的母親，跟瑞香一樣穿麻戴孝，瑞香哪有理由全部得到大娘的寶石玉器和存款呢？豈有此理。〔註220〕

可見，不只是兒子有因分產差異而心生怨忿之情，即使是女兒，也在三妻四妾的家庭中感受到極大的不公平，一家和樂，在現實的家庭中，確實是不容

〔註217〕參見第三章第三節。
〔註218〕辜顏碧霞著、邱振瑞譯，《流》，頁28。
〔註219〕辜顏碧霞著、邱振瑞譯，《流》，頁94。
〔註220〕辜顏碧霞著、邱振瑞譯，《流》，頁53～54。

易存在的。至於板橋林家，其家人相處在《板橋林本源家傳》中應都已美化，三妻四妾之間是否能夠相處融恰，後人也多隱諱不談，至於兄弟間，在維讓一代之前都只有兄弟二人分別承繼，至於三大房分產之際，各房之間也是已紛爭不已。〔註221〕

〔註221〕關於板橋林家的分產，不只涉及林家三房，同時還涉及總督府治臺績效，與各房使用人、通譯之間計算因素。板橋林家大部分財產在枋橋（今板橋），林維源在「領臺時倉皇遁赴廈門，在本島之枋橋第宅，僅以管事守護之，及三十年（1897）五月國籍將定，林維源乃令第三房林鶴壽林嵩壽兩兄弟渡臺入籍。」（參見：〈林家各房之由來〉，《漢文臺灣日日新報》，1910 年 5 月 27 日，版次 05。）維源與爾嘉皆不入日本籍，非日本籍者在臺不能登記田宅，因此在臺田宅，登記在景仁（爾嘉之長子）、祖壽、彭壽、鶴壽、嵩壽諸人之名義下，但管理之權全在維源手中（參見：〈林本源家政一班（二）〉，《漢文臺灣日日新報》，1905 年 8 月 4 日，版次 05。），「凡婚禮喪祭等，有需經費者，事無巨細，一由其意而決。」（參見：〈林家分財〉，《漢文臺灣日日新報》，1907 年 8 月 2 日，版次 02。）同時，林維源在世時，已「將現金及不動產，勻配於三房，欲以免死後之憂。然每年所收利益，悉以林本源名義。」（參見：〈林家分財〉，《漢文臺灣日日新報》，1907 年 8 月 2 日，版次 02。）維源雖然將財產平均分配給三房，然而依舊承續舊家法，所有的收益仍以林本源為名義，全家族再行分配。這是林家第一階段分家。林維源在世時，林本源的所有收益，由林維源統籌管理，1905 年林維源過世後，林家的現金與土地雖然已經按房均分，林家財產的劃分仍有若干問題未解決。首先是林本源收益的「分配方法，未曾明定標準」（參見：同上出處），其次，三房中諸子，未成年者居多，唯有第二房爾嘉、第三房彭壽、鶴壽、崇壽已成年；三房中多人未入日本籍，無法繼承在臺家產。第三個問題最容易處理，各房均有代表入日本籍，第一房熊光，第二房祖壽、景仁，第三房彭壽、鶴壽、崇壽。第二個問題，「林彭壽氏則仍為未丁年者之總後見人（監護人），任管理財產及整理家政諸事。」（參見：同上出處）維源既未定下收益分配標準，管理收益的監護人彭壽，也不過是年方二十餘歲的年輕人，引發爭議，實勢必然，故有第二階段分家。1895 年林維源移居廈門，不入日本籍，然仍盡力請托幫忙保護林家在臺產業。據《漢文臺灣日日新報》載，林維源為全臺欽差大臣，與李鴻章深交，義如兄弟，馬關條約議成，李鴻章曾懇託當時任日本內閣總理大臣伊藤博文（1841～1909）保護林家（參見：〈林家及李鴻章及伊藤公〉，《漢文臺灣日日新報》，1910 年 5 月 27 日，版次 05。）。另外，後藤新平（1857～1929）為臺方伯（臺灣總督府民政長官）時巡視廈門，林維源於自邸設宴，卑辭厚禮，款洽非常，席中向後藤懇請「我一族子弟皆不肖，且皆年幼，我百歲後誠堪憂慮，願閣下寬仁大度，保護而教訓之。」得到後藤的應允。（參見：〈後藤男爵及林家〉，《漢文臺灣日日新報》，1910 年 5 月 27 日，版次 05。）林維源去世後，除了伊藤與後藤的承諾，日本政府對林家分產，用心輔助，實因林家為「本島唯一之富豪，其內政影響于地方經濟上既不尠，而其行舉足為全臺之儀範，關係于一切風教者亦良多。」（參見：〈林家改革內情〉，《漢文臺灣日日新報，》1910 年 5 月 27 日，版次 05。）

正如許雪姬指出「在日本統治台灣的過程中有需要利用林家聲望之處」（參見許雪姬：〈日據時代的板橋林家——一個家族與政治的關係〉，頁 675。）。然而林家擁有龐大家產，引發各房關係上嫌隙，更有館事、大小使用人、通譯等各依附所事之主，樹黨肥私，（參見：〈一族不和〉，《漢文臺灣日日新報》，1910 年 5 月 28 日，版次 05。）紛訟不止，林本源第二階段分家，由臺灣總督府後藤新平、祝辰巳、大島久滿次等三任民政長官、臺北廳長、臺灣銀行等出面調停，幾經波折，終於在 1911 年，平和且公平下完成分產。1906 年後藤新平著手改革林家產業，先招其一族為懇切之訓戒，並推薦臺銀頭取（董事長）柳生一義（1864～1920）、臺北廳長佐藤友熊，及生沼永保辯護士三人共為林家相談役（顧問），助其整理家政，「其大要即不動產仍照林維源氏生時所分配之額，不為移動。每年所收利益，抽一部分為共同基本財產，其餘就三房各應得者，如數分配。此時所存現金，亦抽一部為共同基本財產，其他平等分配云。」（參見：〈林家分財〉，《漢文臺灣日日新報》，1907 年 8 月 2 日，版次 02。）後佐藤轉任，柳生出國，以續任之臺北廳長加藤尚志、台銀副董事下板藤太郎代之，林本源家家政整理合約告成，仍以彭壽為總後見人，暫管一切財產，俟幼年者達于成年，始各業各管。（參見：〈著手改革〉，《漢文臺灣日日新報》，1910 年 5 月 28 日，版次 05。）1907 年合約雖成，尚未見實行，突遇後藤新平回日本，續的民政長官祝辰巳（1968～1908）承其意，由日本聘前臺南縣稅務官若森久高為顧問：（參見：〈林家財產管理〉，《漢文臺灣日日新報》，1907 年 8 月 4 日，版次 02。）「若森氏既入其家，竟難卻其紛亂回收攬之。蓋其內部大小使用人等二百六十餘名，各樹黨以排斥若森氏，或向後見人讒搆，或同盟乘事中傷，以貪不正之利益，時又有懷抱野心之惡通譯等，以若森氏不通土語為奇貨，常居中撫弊，以害其信用，其事殆不可言狀。而若森氏乃極溫厚之人，乏于制馭之力，使用人等益悔之，復共謀詐報事務，百方以妨害合約字之實行，若森氏在林家凡一年有五月，卒不能舉整理之實績而止矣。」（參見：〈林家改革內情（續）〉，《漢文臺灣日日新報》，1910 年 5 月 28 日，版次 05。）若森氏不通臺語，個性溫厚；懷抱野心的通譯，如岡村勇吉，周旋林家，居中作梗，各房大大小小使用人，以擁主之名，各自結黨營私，共謀詐報事務，千方百計妨害合約實行，林家分產的整理事未竟成。祝辰巳任內亡故，繼任民政長官為大島久滿次（1865～1918），大島久滿次以「能吏」、「酷吏」見稱，（參見：國史館臺灣文獻館子報，〈能吏？酷吏？大島久滿次〉，下載日期：2014 年 2 月 1 日，網址：http://www.th.gov.tw/epaper/view2.php?ID=56&AID=757。）明治四十一年（1908）十二月以新竹廳長里見義入林家為總管事（參見：〈林家改革內情（又續）〉，《漢文臺灣日日新報》，1910 年 5 月 29 日，版次 07。）里見義個性剛強，通臺語言，曾任三角湧辨務首任署長，板橋則在其管轄內，（參見：同上註）里見義以斷然手段，將板橋林家的現金、土地、帳簿、贌耕契約等做一整理，並且「每月收支計算皆列表，證據書類皆須彙集，各房生活費亦有一定，以制其濫費，大小事務以書面會議決定之，不許口頭專斷，俾各房主不論何時，皆得易于查閱。」（參見：〈改革之斷行〉，《漢文臺灣日日新報》，1910 年 5 月 29 日，版次 07。）在一系列將家產客觀化的處置後，板橋林家的分產與執行終有結果。當時任臺北廳長井村大吉「以快刀斬亂麻的

三、婦女的生命權——守貞與烈婦

（一）未婚夫先逝世的婦女

　　林朝棟的五個兒子中，長子林資鍠與四子林資鏘，兩人都在訂親後未婚而過世。資鏘的妻子陳采采，以神主牌迎娶進門，〔註222〕資鍠的妻子楊幼要求到林家守寡，雖然朝棟之妻楊水萍反對，仍堅持到林家守寡。楊幼在林家遵守男女授受不親的規矩，其小叔林季商滿十二歲時禁止叔嫂再相見，在乙未變革之際，自縊而亡。〔註223〕吳德功曾為〈貞烈婦林楊氏傳〉一文紀念，洪棄生也有一文〈林烈婦楊氏誄〉歌誦。在洪棄生註中，言及楊幼為「鄉先生楊春華女，幼字林觀察朝棟子；未嫁子死，婦矢志守節。去年滄桑，朝棟委軍事，將偕婦內渡；婦不願行，仰藥死。」〔註224〕在未婚夫林資鍠去世時，楊幼苟活的原因是「父母雙存，未忍輕生」有虧孝道；〔註225〕另一個原因：「氏以未亡人不即從夫於地下者，為繼嗣未立故也。今遭國難，請以諸叔之子為夫立後足矣。斷不跋涉波濤、出頭露面也」。〔註226〕當臺灣割日本，楊幼效法其翁一臣不事二君之精神，「臺灣已亡，未肯偷生，自縊而亡。」〔註227〕而「從嫗齎志而殉身，侍兒持齋而不嫁」，〔註228〕說明楊氏死的渲染力量。

手段，召各房當事廳長公室，面諭之以互讓精神，和平分配之必要，而各房應得若干，已豫為之查定，而強之簽署，不使有躊躇，故數千萬財產，紛擾難直之事件，曾將何時，遂得公平解決也。」（參見：〈井村社長為林本源家之恩人清廉潔白〉，《漢文臺灣日日新報》，1927年7月10日，版次04。）
〔註222〕林垂凱訪問中稱陳來來，參見；許雪姬編著，許雪姬、王美雪記錄，《霧峰林家相關人物訪談紀錄（頂厝系）》，頁49。
〔註223〕「資鍠訂親之後就過世了，他的未過門妻子要來守寡，本來朝棟媽反對，但是她堅持要來林家守寡。她在林家，按規矩是不能見男人的，我祖父（季商）滿十二歲的過年前一日被告知過了年已是成人，不可再見嫂嫂，那北晚嫂嫂曾抱著她哭個不停，捨不得這個小叔。後來日人佔據臺灣，我們要回大陸，但是她不能見到男人，朝棟媽認為她是個寡婦，去大陸也有被男人糟蹋的危險，於是向朝廷要一塊貞節牌坊，並賜紅綾讓她自縊，她聽從婆婆的命令，梳粧打扮後，從容自吊。」參見：同上註（下厝系），頁19。
〔註224〕洪棄生，《寄鶴齋駢文集》（南投：台灣省文獻委員會，1993年），〈林烈婦楊氏誄〉，頁75～76。
〔註225〕洪棄生，《寄鶴齋駢文集》（南投：台灣省文獻委員會，1993年），〈林烈婦楊氏誄〉，頁75～76。
〔註226〕吳德功，《彰化節孝冊》（臺北：臺灣銀行經濟研究室，臺灣文獻叢刊第108種，1961年），〈貞烈婦林楊氏傳〉，頁69。
〔註227〕洪棄生，《寄鶴齋駢文集》，頁75～76。
〔註228〕洪棄生，《寄鶴齋駢文集》，頁75～76。

　　不同於吳德功、洪棄生將楊氏的死與國家存亡連為一體，《霧峰林家——臺灣拓荒之家》一書中提到：「家族及村民的流言，認為她的自殺非出於自願，而係朝棟和楊氏送她一條白巾上弔所迫，或者兩條長巾的選擇，紅色一條代表生命，白色一條表示貞節與死亡。」〔註229〕不論是自願、是被迫，還是讓她自己選擇，都是父權的表現，男性可以妻妾成群，娶妻前，與家中成群的女婢私淫，萬一懷有男嗣，便收為妾，於是有先妾後妻的情形；女性則要求從一而忠，即使為了父母在世或為了教養子嗣等原因繼續活下來，楊幼卻在一個為避免發生貞節不保的情形下結束生命，表現男女關係上極度的傾斜。

（二）守貞婦女的生活

　　我們只需簡單計算丈夫和妻子二者的卒年相距多久，就可以算出她們守了多少年的寡，尤其是繼室和妾，很可能她們在很年輕的時候丈夫就去世了。以霧峰林家為例，林家第一世林石的遺孀陳氏，自林石1788年過世，直到她臨終時，將近四十年的時光。〔註230〕林石子林遜之妻黃氏帶著二個兒子遷居霧峰，黃氏也守寡了五十年餘；第三世林甲寅是林家少數幾個壽終正寢的，林甲寅的元配董悅仍是守寡二十餘年；定邦、定國以下，無不身後留下妻妾數人，守寡扶幼；至林獻堂，乃有「未亡人の神樣」的稱號。〔註231〕據《霧峰林家之調查與研究》所載林家口述資料指出：

> 婦女失節甚少：霧峰林家，幾無婦女失節之事。且當時有妻妾者甚多，甚至一人有六、七妾者，尚可保持不出醜事。據查其因素約有：傳統榮譽之束縛力甚大、家門管理甚嚴、婦女出門牽制甚大等因素。〔註232〕

以下列舉幾個事例，觀察霧峰林家婦女貞節之情形。

　　頂厝林奠國的繼室羅蕉，守寡五十餘年，〔註233〕林文鳳繼室莊粉也是守寡五十餘年，「持齋奉佛，五十年如一日」；〔註234〕林文典享年二十六歲，正

〔註229〕麥斯基爾著、王淑琤譯，《霧峰林家——臺灣拓荒之家》，頁253～254。
〔註230〕麥斯基爾著、王淑琤譯，《霧峰林家——臺灣拓荒之家》，頁79。
〔註231〕許雪姬，〈介於傳統與現代之間的女性日記——由陳岑、楊水心日記談起〉，頁237。
〔註232〕王世慶、陳漢光、王詩琅撰，黃富三、陳俐甫編，《霧峯林家之調查與研究》，頁171～172。
〔註233〕若加上林奠國晚年在閩地滯溜10餘年，則羅蕉寡居長達60餘年。
〔註234〕臺灣銀行經濟研究室，《臺灣霧峰林氏族譜》，〈先二伯父文典公家傳〉，頁111。

室邱彩藻的狀況又是如何呢？根據《臺灣霧峰林氏族譜》的記載：

> （邱彩藻為）邑孝廉維南先生之長女也。素嫻內則，事夫以禮。至是，欲以身殉；羅太夫人止之曰：「汝子幼，胡可死！」邱太孺人乃收淚，侍高堂；早夜撫孤，持齋繡佛。暇則誦「金經」祈姑壽，未嘗一出家門。〔註235〕

邱氏在林文典過世時，原本是要以身相殉的，但是羅蕉勸止了她，以子尚年幼，需要她的照顧，才打消了她的念頭。邱氏三十餘年的守寡歲月中，「持齋繡佛」、足不出門，一如林家其他寡婦的生活。

　　霧峰頂厝的寡婦們，吃齋唸佛，為親族長輩祈福求壽，劬養子女，是她們相延的習俗。如林紀堂寡妾許悅，其子林蘭生在十二歲時過世；許悅在喪子之後，在許阿選的勸導下，歸入佛門，並出家鼓山，〔註236〕約半年後回臺，與德新（陳薄燕，林輯堂妾）〔註237〕、德欽（許阿選）同住霧峰青桐林靈山寺，共修念佛，在德新過世之後，成為靈山寺的堂主。〔註238〕靈山寺是林文欽所建，〔註239〕原稱觀音廟，後更名為靈山寺。許悅（德真）長期投注在靈山寺，擔任住持時，拜託妯娌林澄堂妾賴麵任副住持，〔註240〕林澄堂另一妾簡輕煙也有「菜期日」，〔註241〕也經常參加靈山寺的活動，〔註242〕林階堂正室施金紗不得寵，晚年也在常在靈山寺。〔註243〕在林獻堂的日記中記載著，靈山寺的林家人常為家族祈福，特別是有人身體不適；〔註244〕而許悅在初為

〔註235〕臺灣銀行經濟研究室，《臺灣霧峰林氏族譜》，〈先二伯父文典公家傳〉，頁112。
〔註236〕林獻堂著，許雪姬編，《灌園先生日記（八）：一九三五年》，頁240，日記時間：1935年7月10日。
〔註237〕陳薄燕，林輯堂妾，22歲即守寡，保護家產心力交瘁，設立青桐林寺。
〔註238〕林獻堂著，許雪姬編，《灌園先生日記（十三）：一九四一年》，頁40，日記時間：1941年1月20日。
〔註239〕林獻堂著，許雪姬編，《灌園先生日記（十三）：一九四一年》，頁68，日記時間：1941年2月10日。
〔註240〕林獻堂著，許雪姬編，《灌園先生日記（十三）：一九四一年》，頁169，日記時間：1941年5月3日。
〔註241〕林獻堂著，許雪姬編，《灌園先生日記（十四）：一九四二年》，頁160，日記時間：1942年6月14。
〔註242〕林獻堂著，許雪姬編，《灌園先生日記（十四）：一九四二年》，頁140，日記時間：1942年5月21日。
〔註243〕林獻堂著，許雪姬編，《灌園先生日記（十三）：一九四一年》，頁66，日記時間：1941年2月9日。
〔註244〕林獻堂著，許雪姬編，《灌園先生日記（十五）：一九四三年》（臺北：中央

住持時，關於靈山寺徒眾日常生活的糾紛、〔註 245〕研讀佛經等，〔註 246〕也常與林獻堂請益討論。

霧峰林家曾經有一樁比較特別的醜聞，根據麥斯基爾《霧峰林家——臺灣拓荒之家》一書所載：

> 林文欽的妻子與管賬通姦。她是林獻堂和林階堂的生母，也許是在林文欽頻繁的商業旅行之時發生的事，結果被文欽當場逮到，打算將他們置於死地……羅氏為了她的媳婦從中干預，讓步入歧途的妻子休回家中。〔註 247〕

林家發生醜聞，而羅氏「一向視現實的需要超越嚴格的道德教條的要求」，〔註 248〕仁慈的態度，使林家頂厝平穩的發展。據游禮檨云：「獻堂、階堂長大後要去看母親，他們早上從霧峰步行出發，在往竹塹途中，都會在葫蘆墩（豐原）過夜。」〔註 249〕林獻堂在日記中稱「出母」，當林獻堂收到出母去世的消息，「五弟（階堂）與余聞之，皆無限之悲傷，議遣紀璧帶二百奠儀往吊之。」〔註 250〕足見母子情深。若對照《大戴禮記·本命》，〔註 251〕文欽的妻子罪不該死，頂多是犯了七去之條「淫」，而羅氏加以干涉，讓媳婦休回家中，只是合乎一般規範，在霧峰林家的大宅院中，其對婦女貞潔之嚴苛，可見一斑。

研究院臺灣史研究所，中央研究院近代史研究所，2008），頁 176，日記時間：1943 年 5 月 12 日。

〔註 245〕林獻堂著，許雪姬編，《灌園先生日記（十四）：一九四二年》，頁 17，日記時間：1942 年 1 月 13 日。

〔註 246〕如《金剛經》、《法華經》等，參見林獻堂著，許雪姬編，《灌園先生日記（十一）：一九三九年》，頁 192，日記時間：1939 年 5 月 17 日；林獻堂著，許雪姬編，《灌園先生日記（十三）：一九四一年》，頁 200，日記時間：1941 年 5 月 30 日。

〔註 247〕麥斯基爾著、王淑琤譯，《霧峰林家——臺灣拓荒之家》，頁 256。

〔註 248〕麥斯基爾著、王淑琤譯，《霧峰林家——臺灣拓荒之家》，頁 256。

〔註 249〕許雪姬編著，許雪姬、王美雪記錄，《霧峰林家相關人物訪談紀錄（頂厝系）》，頁 137。

〔註 250〕林獻堂著，許雪姬、鍾淑敏編，《灌園先生日記（二）：一九二九年》，頁 251，日記時間：1929 年 9 月 10 日。

〔註 251〕婦有七去：「不順父母去，無子去，淫去，妒去，有惡疾去，多言去，竊盜去。不順父母去，為其逆德也；無子，為其絕世也；淫，為其亂族也；妒，為其亂家也；有惡疾，為其不可與共粢盛也；口多言，為其離親也；盜竊，為其反義也。」參見：漢·戴德，《大戴禮記》（臺北：臺灣商務，1965 年），〈本命〉，頁 545。

四、新時代女性倫理觀的變遷與限制

臺灣進入日治時期，舊學與新學交會，有些家庭因為接觸了新式教育、新的文化思潮，因而對女性倫理觀開始有了變化；有人則努力實踐，而有人則堅持舊傳統。其中關於男女平等、一夫一妻婚姻制度及婦女的貞節觀，在當時的宣揚與討論中可窺見其端倪。

（一）男女平等及其局限

1920 年代是一個新思潮大量引進臺灣的時候。大家族子弟中許多接受新式教育的留學生漸次畢業回臺，而臺灣本身在政治、教育、民法、商法等也都進入新的里程。以女性而言，受新式教育的婦女，早就踏出家門，與人群、外界接觸；即使是未受新式教育的婦女，已不必再拘守家室。以霧峰林家頂厝為觀察，林獻堂的妻子楊水心，出外旅遊、參與公眾活動都非常豐富；〔註252〕而另一個年輕的寡婦賴麵，在 1932 年一新會成立之後，當有演講、展覽會、運動會、兒童親愛、刑務所、專賣局參觀、祝賀會提燈活動等，賴麵多有參與。〔註253〕

但如果再觀察於 1935 年成書、由林獻堂主編的《臺灣霧峰林氏族譜》，我們看到族譜中完全沒有女兒的資料，而婦女也只是依附在丈夫條例之下，值得被記錄的項目只有五項：即「生於」、「卒於」、「享壽」、「葬在」與「生幾子」，以家族而言，婦女的地位似乎還在成為人妻人妾之後才有意義，而其意義表現在與丈夫合葬、生子的面向上。

在接受新知與推廣文化的層面上，都會觸及「男女平等」的議題。我們從林獻堂的日記中，看到「文協會則修正」與「一新會」講座中有人提及男女平等的質疑。首先是 1927 年「文協會則修正」中關於男女平等之條：

> 張棟樑〔梁〕來賀正，談論中及於文協會則修正，彼大反對男女平等之條。謂我有十甲之土地，既主張男女平等，必讓與五甲，非是則不平等矣。況台灣之婦女甚驕悍，若復主張平等，則不可收拾矣。
>
> 余告之曰：汝以財產解釋平等則大謬矣，凡解釋平等，皆以人格論

〔註252〕許雪姬，〈介於傳統與現代之間的女性日記——由陳岑、楊水心日記談起〉，頁 234。

〔註253〕如一新會第一回運動會阿麵提燈競爭，織雲、阿綢競走皆獲得第一。（參見：林獻堂著，許雪姬、周婉窈編，《灌園先生日記（五）：一九三二年》，頁 433，日記時間：1932 年 10 月 23 日。）

也。試問汝視婦女為人乎，若視彼為人，須尊重其人格，此則平等
之大意也。若云驕悍，是皆不使其受教育之過，非不能平等之原因
也。〔註254〕

張棟梁反對男女平等的理由以財產均分，臺灣婦女又驕悍，恐怕會「不可收
拾」，林獻堂則答以非財產的平等而是人格的平等，婦女驕悍是未受教育之
過。張棟梁的考慮正代表著男性對於女性在要求對等時，害怕喪失既有的地
位之抗拒；而林獻堂則以尊重女性人格，讓女性受教育，而不在於財產均等
以解釋男女平等，似乎也在避重就輕，既尊重其人格，又何以在財產上不講
求平等呢？

　　在1933年一新會的講座上，霧峰林家的西席陳槐庭提到「男女不平等」
的見解，林獻堂或有不贊同之處：

七時四十分在土曜講座，林氏紫雲講「婦人與社會奉仕」；陳槐庭講
「男女不平等」，引古來男女不平等為當然，又言女性嫉妒而好虛
榮。余恐聽眾誤解，乃急為說明男女之不平等皆由制度、習俗使然，
非智能之不能平等；次說明制度平等、機會平等，以闡明平等原則，
使一般知乞丐與大臣之平等與不平等。〔註255〕

這一次林獻堂指出外在的制度、習俗而造成的男女不平等，並非男女智能上
的不平等。一個從事民族運動改革的人，對於既有的制度和習俗一定會保有
相當的警覺心，若非有自覺之心，豈能興起反抗舊規推動新制的意識。此時
林獻堂已體認到男女平等既是內在人格的平等，更要在外在的制度、習俗上
努力。但所有的改革，最難的是革除自己既有的利益，雖然林獻堂已經是引
領臺灣新思潮的代表人物了，在1920～1930年代的時空背景，呼喊「男女平
等」，還是未竟之路。

（二）一夫一妻婚姻制度

　　翻開大正時期，對於妻妾的相關判決中，「納妾在現在人文開化之社會，
固為人所擯棄」；〔註256〕「夫妾關係，不但違反一夫一妻之善良風俗，且有

〔註254〕林獻堂著，許雪姬編，《灌園先生日記（一）：一九二七年》，頁63，日記時
　　　　間：1927年2月3日。
〔註255〕林獻堂著，許雪姬、呂紹理編，《灌園先生日記（六）：一九三三年》，頁120，
　　　　日記時間：1933年3月25日。
〔註256〕洪汝茂總編輯，《日治時期戶籍登記法律及用語編譯》，頁322。

損妾之人格」，〔註 257〕以上見解都認為臺灣納妾舊俗是不合乎世界文明的，且是傷及婦女的地位，然而納妾情形之普遍，一時無法改變，也只能「妻妾為本省習慣上所承認，在臺灣不能謂係違反善良風俗之制度。」〔註 258〕「男人娶妾，不能謂為對其妻聲譽之重大損害。」〔註 259〕從上述的判例中，我們大概可以知道當時臺灣社會關於妻妾的情形，一方面總督府基於舊俗承認納妾的合法性，並在戶籍上登錄，顯示當時納妾情形非常嚴重，但另一方面也指出在文明開化的時代，納妾的事實，對於妻子的聲譽與妾的人格確實是一種損害，接受納妾，即顯示臺灣是處在文明未開化之際。

　　一夫一妻的觀念是文明時代的標示之一，大家族中又有幾個是實踐了文明的表現？受傳統教育而未納妾的，林獻堂大概是極少數中僅有的一位；而受了新式教育的一代，是不是就不再納妾？當然並非如此，林獻堂的二子猶龍、雲龍都有納妾，陳中和諸子更是妻妾成群。〔註 260〕當我們看到傳統舊學的林獻堂感嘆「有妾之家庭無處無此之風波」，林幼春也因為寵新妾而導致父子關係衝突，因而告誡子孫不得納妾，傳統中只能順受的妻子和兒子，已經改變，開始會去主張自己的權益。另一方面，一夫一妻制度也確實打破了原本傳統舊學一夫多妻妾的傳統框架。不只男性如此，女性也漸漸對於男子納妾一事表達憤怒和難受，如林猶龍元配是日籍藤井愛子，〔註 261〕兩人因為猶

〔註 257〕洪汝茂總編輯，《日治時期戶籍登記法律及用語編譯》，頁 325。
〔註 258〕洪汝茂總編輯，《日治時期戶籍登記法律及用語編譯》，頁 322。
〔註 259〕洪汝茂總編輯，《日治時期戶籍登記法律及用語編譯》，頁 322。
〔註 260〕參見文末附錄。
〔註 261〕關於愛子婚姻上出下問題，據林獻堂日記中記載，大致情形：1937 年 9 月愛子表面上以「因被在臺中之內地人所輕蔑也」而頗不欲返臺灣，（參見：林獻堂著，許雪姬編，《灌園先生日記（九）：一九三七年》（臺北：中央研究院臺灣史研究所，中央研究院近代史研究所，2004），頁 317，日記時間：1937 年 9 月 1 日。）很可能是夫妻兩人婚姻已經有問題了，這個問題當然是林猶龍在外另有一女人豔秋。經勸解愛子還是回臺了，但半年後，愛子又回到東京，婆婆楊水心已經很清楚原因了，即「猶龍與愛子之感情不和」，（參見：林獻堂著，許雪姬編，《灌園先生日記（十）：一九三八年》（臺北：中央研究院臺灣史研究所，中央研究院近代史研究所，2004），頁 76，日記時間：1938 年 3 月 24 日。）8 月時猶龍往東京，兩人感情才漸修復。（參見：同上書，頁 214，日記時間：1938 年 8 月 26 日。）愛子並於 12 月返臺。（參見：同上書，頁 327，日記時間：1938 年 12 月 17 日。）然而雲龍並沒有真正與豔秋分開，林獻堂為了不傷父子感情並不直接勸告，而是夫婦兩人託楊肇嘉勸告猶龍放去豔秋（參見：林獻堂著，許雪姬編，《灌園先生

龍在外另有一女人豔秋（後來成為林猶龍的妾），有一段時間回日本娘家而不願回臺，後經林獻堂夫婦勸解，猶龍收斂，事件才緩下來。在愛子過世後四個月，猶龍就帶著豔秋回家準備過年，楊水心非常生氣，請在場的呂磐石趕出去。〔註262〕猶龍還請託庄長等求情，承認豔秋為媳婦，〔註263〕在豔秋生子之後，楊水心方真正接納豔秋為媳。〔註264〕從林猶龍的例子中，最令人注目的是楊水心和藤井愛子。以楊水心而言，她的身份是婆婆，一般傳統的婆婆，不只不會阻止兒子納妾，甚至主動幫兒子納妾，尤其是兒子正室無出的時候。然而楊水心雖受傳統教育，但多次旅遊與參與社團的經驗，並且自己的婚姻就是一夫一妻，所以她算是介在傳統與現代之間，除了與愛子婆媳感情甚佳外，她沒有勸愛子接受，反而是反對兒子，確實新的時代觀念已經在楊水心的態度中展現出來。另外藤井愛子，她出身日本家庭，日本人對於丈夫在外逢場做戲是比較能容忍的，但是若像猶龍這樣動情於其他女性者，則深感屈辱，幾近是不能夠接受的。傳統的妻妾制度，確實因為新文明觀念及與日本文化的來臨，而有了變化。

（三）貞節觀持續與改變

到了日治時期，貞節觀依舊存在，甚至還有烈婦的行徑。辜皆的，曾娶彰化大音樂家許常惠（1929～2001）的阿姨王氏為妻。因王氏無生育，後又娶池田君子為妻，有一子。王氏在辜皆的出殯當天，身穿婚紗自盡而亡。〔註265〕顯然貞烈的觀念仍存在於大家族的觀念當中。另外，大家族中守寡的婦女仍然受到社會、家族嚴厲的監督與批評，如《流》一書年輕守寡的女主角「美

日記（十一）：一九三九年》，頁64，日記時間：1939年2月7日。）愛子與猶龍感修復，並再懷有一子，惜孕中三個月即因患面庁於1940年9月病逝。（參見：林獻堂著，許雪姬、張季琳編，《灌園先生日記（十二）：一九四〇年》，頁253，日記時間：1940年9月14日。）

〔註262〕「昨晚引焰〔豔〕秋來，觀其所帶物件似欲在此過年，內子甚怒，使磐石逐之，阿麵亦欲勸告猶龍勿如是之行為也。」參見：林獻堂著，許雪姬、張季琳編，《灌園先生日記（十二）：一九四〇年》頁366，日記時間：1940年12月29日。

〔註263〕林獻堂著，許雪姬編，《灌園先生日記（十四）：一九四二年》，頁313，日記時間：1942年12月7日。

〔註264〕林獻堂著，許雪姬編，《灌園先生日記（廿一）：一九四九年》，頁147，日記時間：4月18日。

〔註265〕〈哭辜皆的族弟及令正王夫人殉節〉，《臺灣日日新報》，1929年7月12日，第4版。

鳳」，周遭常有這些閒語：「那麼年輕漂亮的寡婦肯一輩子守活寡嗎？平時笑臉迎人，挺開朗的嘛？而且還撲白粉，劃腮紅點胭脂，實在令人起疑。」「送錢給年輕的寡婦花用，簡直是鼓勵她做壞事。況且給這個不知道能否安定待下來的媳婦錢花，真是冤枉！」「她表面上說想做點工作，其實是想到外面風騷！」「我遠遠看見一個身穿時髦洋裝、頭戴漂亮帽子，跟男人走在街上的，一定是美鳳」等，〔註266〕女性或許行動上不再受限於家庭，然而大多數的人仍用非常傳統而保守的方式，對於守寡的女性進行尖酸苛薄的批評，似乎寡婦仍只有二條路：一條是烈婦的路，一條是悲苦青燈相伴的路，二擇一才能得到人們的肯定；而此時大家族的婦女，很大的比例已是受新式教育的一群，然而在觀念上卻還是如此傳統。

另一方面，男性的處女情節似乎有了改變，如林瑞騰妾洪浣翠，原為民國海軍中將陳季良（1883～1945）妻，林瑞騰並未考慮貞節的問題而將洪浣翠納為妾。此外，大家族女兒再嫁情形也時有所見，如林烈堂女兒林碧霞原嫁給張天錫，張天錫過逝後，改嫁羅萬俥。一女不事二夫的情形有了改變，但這是林家的女兒；嫁進大家族的婦女，仍然持續守著嚴格的家規，有的寄託於宗教，有的寄託於下一代。

以上文中的林資鏜未婚妻楊幼與林太平未婚妻許燉煌均是未成婚前未婚已亡，但兩者相較，可以看出清朝與日治時期未婚夫亡逝後婦女不同的命運。林幼春三子林太平在未完婚前便過世，其未婚妻許燉煌也有意跟隨。林幼春原本寵愛妾王理，後又納林查某，王理失寵，心情鬱悶，患了肺病；王理之子太平，為了親自照顧母親也染上肺病，女方父母原本不同意人兩人婚姻，經努力後終於成功，許燉煌到林家照顧林太平半年餘，太平病發吐血時，許燉煌竟服石炭酸，想要自殺與太平同行，幸未過喉，林幼春不得不設法將她帶回臺北。林太平過世，許燉煌立刻為他戴孝。〔註267〕林太平的弟媳藍炳妹稱許燉煌為未過門的二嫂，林太平死後，許燉煌要求林家給她一位女婢，也要求林家給她幾千塊去做事業，林幼春都依她的要求給錢；林幼春死後，許燉

〔註266〕辜顏碧霞著、邱振瑞譯，《流》，頁 55～56。

〔註267〕許燉煌，臺北人，與林太平同歲，二年前認識，女方父母見太平有病不允婚姻，後經努力終於成功，但太平病乃要求許來照顧，約有半年之久，她見太平病危要飲石炭酸，想要自殺和太平同行，林幼春不得不設法將她帶回臺北。太平逝去，立刻為其戴孝。」參見：林獻堂著，許雪姬、周婉窈編，《灌園先生日記（五）：一九三二年》，頁 449 注 1，日記時間：1932 年 11 月 2 日。

煌要求得太平那一分家產，由幼春繼室賴書出面拒絕；許燉煌回臺北後，馬上嫁一位老師。〔註268〕

　　楊幼所處的時代為清朝，傳統禮教束縛甚大，她堅持為未婚夫資鍠守節，恪守家規，甚至在乙未變革林家內渡避難，以死全節。日治時期的許燉煌未因林太平身有肺病而有貳志，仍堅持與林太平定親，並照顧林太平，應為兩情相悅，並非儒教傳統父母之命下的結合。許燉煌為林太平帶孝，尚堅守在禮教名分上，顯現出傳統禮教雖在日本新式教育下，仍堅韌牢固主宰著價值的認定。楊幼身處清代，只知在深閨中伴青燈，堅守貞節，成為烈婦；而處在日治時期的許燉煌可以做事業，可以再覓姻緣。由此二人可以看出不同的時代文化背景，女子對於貞節觀有不同的抉擇。

〔註268〕許雪姬編著，許雪姬、王美雪記錄，《霧峰林家相關人物訪談紀錄（下厝系）》，頁90。

第五章　大家族的中國情結與正統中心信仰轉換的可能

　　莊萬壽在建構臺灣精神史時，提出以「『中國正統中心信仰』VS『非中國正統中心信仰』就產生『台灣中心信仰』作為台灣精神史的初步理論。」[註1]並且指出：

> 臺灣歷史的發展，有對立辯証的規律。是一個中國的「正統中心信仰」與「非正統中心信仰」的對立發展。所謂「正統中心信仰」是中原崇拜，認同中國文明為正統，不論是明朝或被稱為異族的清朝或中華民國，這是內化的價值，是潛意識。但就日本時代的台灣人而言，「正統中心信仰」者，不一定是行動的親中國派而是文化上對中國的臣服。[註2]

在清朝，臺灣是地處邊陲待教化之地，中國是政治、文化的正統中心；在日治時期，臺灣雖然在政治上不屬於中國，但文化上仍保有「正統中心信仰」。「台灣被認為最親日的，莫過於辜顯榮、林熊徵。辜氏是新貴，他認同日本國，甘作日本人，但他的生活和種種行為，潛意識仍是存有『正統中心信仰』。至於林熊徵是板橋林家，是二百年『正統中心信仰』的豪族，固不待言。」[註3]

　　然而，臺灣在日治時期，正統中心信仰不止表現在文化上，也表現在政治上。文化上的正統中心信仰，凡是漢文化養成教育者，無不收納在文化的

〔註1〕莊萬壽，〈台灣精神史緒論〉，頁301。
〔註2〕莊萬壽，〈台灣精神史緒論〉，頁309。
〔註3〕莊萬壽，〈台灣精神史緒論〉，頁309。

正統中心信仰中；而政治上的正統中心信仰，則可能有時空或經濟等因素，文化上與政治上的正統中心信仰不能同步時，每個人的價值取捨便顯現出來，而且還有矛盾與衝突情形。

第一節　大家族的中國情結與正統中心信仰

一、充滿儒教意涵的命名文化

　　大家族的命名，充滿儒教意涵。從對外生意往來的商號，如顏東年、顏雲年、顏國年商號分別是「仁和」、「義和」、「禮和」商行，象徵儒家的德性，是命名文化中最常用的字詞。

　　傳統男性姓名充滿著儒教的文化意涵。首先是「姓」，《臺灣霧峰林氏族譜》提到林姓來自周武王賜姓比干嫡子林堅，〔註4〕而《顏氏家乘》所列之始祖則為顏回，一為忠臣之後，一為復聖之後，包涵著民族文化，成為宗族的精神象徵。

　　名字中也常見輩份用字，以霧峰林家而言，據林壯猷云：「十六世紀的甲寅公因為對朝廷有貢獻，同治穆宗皇帝賜甲寅公派下字輩『文朝資正義、武德在其功』，我們林家子弟的姓名就是按照這個排名取的……景薰樓大廳裡，在公媽牌的兩旁可以看到這兩行字」。〔註5〕顏家則依據祖籍烏塗窟二家六世以下定有「奕世字行」：「繩其祖武，萬年受祐，貽厥孫謀，以燕翼子。」共十六字作為各輩之間「命字」的依據，如東年、雲年、國年，即為以字論輩。〔註6〕名字中，當做為輩份的「關鍵字」出現時，不僅可以區分同一派下，還清楚昭示輩份先後，長幼之序。

　　再以霧峰林家，循「文朝資正義，武德在其功」之序命名始自文察，然而文察生於道光八年（1828），同治二年（1864）即逝，在時間上應該不是「同治穆宗皇帝」所賜，而將字輩序置於祖廳公媽牌兩旁，則有其神聖性與對祖先崇敬。甲寅孫文察始，在姓名上以字輩之順序命名的情形非常顯然，下厝文察、文明、文彩，頂厝文鳳、文典、文欽是「文」字輩；接下來是「朝」字

〔註4〕臺灣銀行經濟研究室，《臺灣霧峰林氏族譜》，〈林氏正宗源流族譜序〉，頁8。
〔註5〕許雪姬編著，許雪姬、王美雪記錄，《霧峰林家相關人物訪談紀錄（下厝系）》，頁125。
〔註6〕唐羽，《基隆顏家發展史》，頁124。

輩，即下厝朝棟、朝雍、朝宗、朝昌、朝選（紹堂）、朝崧（俊堂、癡仙）等，而頂厝「朝」字輩朝璣、朝洲、朝璇、朝琛、朝華，然以字行於世，分別為烈堂、澄堂、紀堂、獻堂、階堂。「資」字輩、「正」、「義」、「武」字輩，只見於下厝使用，「資」字輩如仲衡（資銓）、季商（資鏗）、幼春（資修）等，「正」字輩如正亨、正雄、正方等，「義」字輩如義幀、義經、義中、義方等，「武」字輩則如武隆、武慶、武誌等；下厝從「義」字輩後，頂厝從「資」字輩後，顯然就不再嚴格遵循輩份字命名，而是有的沿用，有的放在名字的第三字，有的則根本不再使用。〔註7〕輩份字的使用，象徵著對於同一家族與輩份差異的重視，〔註8〕幾乎可以推定，愈是嚴守使用的，命名者愈是傳統的擁護者。

　　以下厝與頂厝對輩份字的差別情形，是否意味下厝對於傳統較為堅持，而頂厝對於傳統持較開明的態度呢？我們可以進一步看頂厝對來臺六世的命名，紀堂性情頗愛園藝動植物，他的兒子名字幾乎都與園藝動植物有關連，其子名字分別為「魁梧、津梁、松齡、鶴年、蘭生」；烈堂與澄堂同兄弟，他們的兒子第二個字都是「垂」，可以說是另立一個輩份字在其中；而獻堂與階堂兄弟二人子名，都在第三字出現「龍」字，這是一個非常典型漢文化象徵的字。頂厝的情形，也許可以謂頂厝家族的約束力已經沒有下厝嚴格，同一祖父才有同一輩份字，這對於命名的父親而言，不再對於古老的傳統堅持，而是基於情感上的為兒子命名。

　　除了輩份字外，名字的另一個字，如林季商有以名為「正亨、正元、正利」明顯是取自《易經》〈乾卦〉卦辭「元亨利貞」中前三個字。〔註9〕板橋林爾嘉子名「景仁、剛義、鼎禮、崇智、履信」取自儒教五常的「仁義禮智信」之說，足見大家族在命名時充滿儒教的意涵。

　　另外女兒的命名，也富有儒教的意涵，如林獻堂的女兒名為「關關」，語出《詩經》，背後是一古典的漢文化；〔註10〕而辜顯榮女兒「敦治、金治、津治、秀治」，其中「治」字與「弟」字如以閩南發音為諧音，辜顯榮元配生三

〔註7〕許雪姬編著，許雪姬、王美雪記錄，《霧峰林家相關人物訪談紀錄（頂厝系）》，世系圖。

〔註8〕在三妻四妾的年代，在講求輩份倫理時，歲數絕不是依據，現實上確實有輩份字的需求。

〔註9〕魏・王弼、晉・韓康伯注，唐・孔穎達疏，《周易注疏（十三經注疏本）》（臺北：藝文印書館，2001年），卷一，〈乾〉，頁1。

〔註10〕漢・毛亨傳，漢・鄭玄箋，唐・孔穎達疏，《詩經注疏（十三經注疏本）》（臺北：藝文印書館，2001年），卷一，《國風・周南》，頁1。

個女兒，沒有生兒子，家族中期望子嗣，而在女兒名字上以「治」諧音「弟」，充分顯示出父權主義。

除了商號、子弟之名，庭園閣樓的命名、佈置也充滿儒教的意味。板橋林園有定靜堂、來青閣、觀稼樓。定靜堂，取名自《大學》：「定而后能靜」，〔註11〕是一座四合院，為林園中佔地最大的建築物，是用來招待賓客宴會的地方。「來青閣」，為二層樓建築，林園中最高的建築，登樓可遠眺大屯山和觀音山，是「林家招貴賓之地，亦為貴賓下塌之處。」〔註12〕沿著迴廊前來的牆上雕有周凱的書法及謝琯樵的書畫，今經修復，仍可見道光十六年周凱題朱子讀書樂詩。至於觀稼樓，則是林園第二高建物，樓前有書卷牆，登樓觀稼，開門見書，都是仕紳生活的展現。

霧峰萊園有五桂樓，原名步蟾閣，1887 年林文欽未中舉時，為母親羅太夫人所建。一樓是客廳，二樓為羅氏起居室和觀戲樓閣。文欽在 1893 年中舉後，改步蟾閣為五桂樓，依此閣擴建庭園，取名為萊園。不論是「步蟾閣」或「五桂樓」，都顯現出興建主人林文欽對科舉的嚮往。步蟾，是走在蟾宮，蟾宮為月宮，月宮上有桂樹，舊稱進士登第為折桂，〔註13〕隱含了文欽對自己的期許。文欽中舉後，改稱為「五桂樓」，「五桂」意即親族五人相繼登科，文欽為頂厝之家長，頂厝子侄恰好共有五人——紀堂、烈堂、獻堂、澄堂和階堂，五桂樓的命名，即是對家中子弟的期望；五桂樓「石欄杆畔俱栽梅桂」，〔註14〕兩兩相映成趣。1911 年梁啟超遊臺，曾到萊園一遊，留下了萊園十二絕句，即懸掛於五桂樓。〔註15〕梁啟超的到訪，也開啟了林獻堂非武裝民族運動。〔註16〕1911 年德國大使也參訪了五桂樓。〔註17〕五桂樓是櫟社詩人唱

〔註11〕漢・鄭玄注、唐・孔穎達疏，《禮記注疏（十三經注疏本）》，卷四十二，〈大學〉，頁 993。

〔註12〕許雪姬、徐裕健、夏鑄九等，《板橋林本源園林研究與修復》，頁 39。

〔註13〕晉代郤詵策對名列第一，自稱是桂林之一枝，昆山之片玉。後來就稱科舉考試得中為折桂。

〔註14〕張麗俊作，許雪姬、洪秋芬、李毓嵐編纂・解讀，《水竹居主人日記（三）》（臺北：中央研究院近代史研究所；臺中：臺中縣文化局，2001），頁 221，日記時間：1912 年 6 月 15 日。

〔註15〕林獻堂著，許雪姬編，《灌園先生日記（七）：一九三四年》，頁 34，日記時間：1934 年 1 月 21 日。

〔註16〕葉榮鐘，《台灣人物群像》，頁 80。

〔註17〕林芳媖出版，吳昆儒、高譜倫等編輯，《霧峰林家花園、萊園、五桂樓：台灣歷史建築瑰寶再創新生命》，頁 45 之照片說明。

和處，也是接待重要賓客處。在戰後，隨著物換星移，變成了萊園中學的校舍，即今日明台高級中學之所在。

二、仕與祿的結合

板橋林家來臺，第一世林平侯即在臺灣致富，四十歲始以「仕致二千萬」為志，捐官至廣西柳州府太守；〔註18〕並且傚效范仲淹義莊的作法，在原鄉龍溪建永澤堂，設學租，嘉惠家鄉子弟。平侯子國華原欲循父之例，捐納欲候選實官，先後遇父、母之喪，丁憂除服後，已錯過候選時機，加以漳泉械鬥，國華以候補道被命以辦理團練，再也沒機會擔任實官。〔註19〕雖然國華未任實官，道光二十七年（1847）丁父憂期滿後，在京都等待候選，為其父大像冊請題，結交許多京城官宦，其中時為兩江總督的沈葆楨，其孫沈成棟與國華曾孫女林慕安聯姻；河南道御史陳景亮女陳芷芳與林國華孫林爾康聯姻，孫女陳師桓與林爾康子林熊祥聯姻，很可能就是當時與國華的交誼而孕育了日後成為親族的機宜。〔註20〕

霧峰林家與中國連結的最大關連，是林文察在閩地征討太平天國黨羽有功，成為朝廷命官，並為嫡長朝棟襲爵，霧峰林家的中原「官派」風格，即是在文察和朝棟下建立起的。1895 年朝棟西渡離臺，朝棟嫡長子林季商、季商子林正元、正亨，都在軍功上力求表現，除了朝棟舞臺在臺灣之外，文察、季商、正元、正亨等人的舞臺都在中國，充分表現武人性格。武人性格對於國家的認同應該是比一般人更強烈，當然文察在福建戰死，季商在廈門遭暗殺、正亨功在中國，卻在臺灣死於中華民國政府的槍下，〔註21〕這一門效忠「中國」的軍人世家，與中國連結的結果何其慘烈，當然，至少在清朝，他們也因軍功享有了榮耀與財富。

另一個與中國聯結的是林文欽，五大家族中唯一循鄉試中舉的舉人，完全是傳統漢文化培育出來的人物，當林文欽於光緒十年（1884）入泮（學官），兵備道劉璈見而奇之，〔註22〕此時 1854 年出生的林文欽已經是三十歲的老童

〔註18〕王國璠，《板橋林氏家傳》，頁 3。
〔註19〕許雪姬，《板橋林家——林平侯父子傳》，頁 81～82。
〔註20〕許雪姬，《板橋林家——林平侯父子傳》，頁 110～112。
〔註21〕許雪姬，《林正亨的生與死》（南投：臺灣省文獻委員會，2001 年），頁 53。
〔註22〕王世慶、陳漢光、王詩琅撰，黃富三、陳俐甫編，《霧峯林家之調查與研究》，頁 123。

生了，所以劉璈才會有見而奇之的反應；過了九年文欽於 1893 年取得舉人資格，再六年他就過世了，由此可見林文欽幾乎窮盡一生走在舉業的路上，廣結舉業詩友，發展與彰化吳德功家族、〔註23〕鹿港莊士勳家族、〔註24〕三角仔呂炳南家族、〔註25〕東勢丘逢甲家族、〔註26〕臺南許南英家族、〔註27〕臺

〔註23〕 吳德功他的年輕時代大部分在霧峯度過，剛好他的老師也教授林家二房的子弟，於是吳德功和文欽關係密切，且在 20 世紀初，雙方家庭即共同作生意、彼此聯姻。（參見：麥斯基爾著，王淑珍譯，《霧峰林家——臺灣拓荒之家》，頁 241。）霧峰林家與彰化吳家聯姻，主要是林朝宗之女林月環嫁彰化吳上花，吳德功之侄，吳上花妹妹吳帖嫁林資彬。

〔註24〕 莊士勳（1854～1916）來自鹿港，1879 年的舉人，並在當地重要的書院——文開書院裡任教，林家非常仰慕他的品德和學識，邀請他做林家的私塾先生。（參見：麥斯基爾著，王淑珍譯，《霧峰林家——臺灣拓荒之家》，頁 241）莊士哲，其弟莊士勳（參見：鷹取田一郎，《臺灣列紳傳》，頁 207）、子莊伊若（莊伊若曾於 1909 年任霧峰林家西席（參見：國家圖書館特藏組編輯，張子文、郭啟傳、林偉洲撰文，《臺灣歷史人物小傳——明清暨日據時期》，頁 156。）曾任霧峰林家老師，與霧峰林家往來密切。林紀堂的正室莊賽金是莊士勳長女、莊伊若的姊姊（莊賽金是莊伊若、莊遂性的大姊（參見：許雪姬編著，許雪姬、王美雪記錄，《霧峰林家相關人物訪談紀錄（頂厝系）》，頁 41。）林紹堂長子林資修正室莊能宜，鹿港莊士哲之女。

〔註25〕 呂炳南（1829～1870），同治五年（1866）興建筱雲山莊，同治 8 年創文英書院，並於光緒 3 年聘吳子光為西席。由於三角仔呂家的筱雲山莊藏書豐富，中部相鄰近有志於舉業者，莫不前來讀書，結為書友，還包括進士邱逢甲，舉人施士洁，林朝崧、呂敦禮曾共同師事施士洁，兩家進一步結為姻親。霧峰林家與三角仔呂家聯姻下厝林沛堂之女林月嬌嫁呂敦禮，（參見：蔡采秀，《臺中縣的佛寺》（臺中：臺中縣立文化中心，1998 年），頁 56～58。）呂敦禮也是櫟社成員之一；頂厝文欽長女林金鵬嫁呂琯星，呂琯星並於 1910 年入櫟社；林紀堂次子林津梁之妻呂婉如，林澄堂長子林垂明的妻子為呂雨，（呂雨，三角仔人，林垂明妻。參見：林獻堂著，許雪姬、鍾淑敏編，《灌園先生日記（二）：一九二九年》，頁 132 註解 4，日記時間：1929 年 5 月 4 日。）皆出自三角仔呂家。

〔註26〕 丘逢甲本人與霧峰林家之間的因緣，據丘秀芷言，有一段傳說：丘逢甲在 14 歲即取得生員資格後，霧峰林家即托王大爺來說親，對象即是林文察的遺腹女林卓英，丘逢甲的父親潛齋先生婉辭：「說他 14 歲，其實 12 足而已，再過兩年，我再請為到府上向林家提親。」丘逢甲的母親也說：「等仙根中了舉再說。俗話說：有窮秀才沒有窮舉人！那時，再看看。」那年年底，林家女兒就因病去世了，丘家也因祖母和母親相繼過世，林家要求冥婚，因拒陪嫁田產等一連串曲折的事件，最終還是迎娶了林卓英的靈位，兩家結為親家。（參見丘秀芷，《剖雲行日——丘逢甲傳》，頁 43～44。）丘逢甲的二弟丘樹甲娶林文鳳的女兒林金盈。

〔註27〕 1885 年，林文欽和許南英和丘逢甲同行福州參加鄉試，這次鄉試，許南英中舉，1888 年丘逢甲中舉，1889 年，許南英、丘逢甲、呂汝修同赴北京考進士，

南陳望曾，[註28]甚至清水蔡惠如家族結成姻親，[註29]透過婚姻的緊密關連，林家浸淫在中部幾個舉業家族圈中，彼此的交融與深化，深入血脈的傳統漢文化連結，在認同的光譜上，勢必向中國靠攏。

三、文化優越感的建立

（一）營造閩地同質的文人環境

漢人移墾臺灣，逐漸發展出家族的形態並立足臺灣。臺灣對清朝而言，為邊陲之域，文教措施緩慢稀少，1823 年才有開臺第一位進士鄭用錫，多數的進士、舉人都在 19 世紀，臺灣的開發先南後北，光緒二年（1875），臺北設府才有府學，對於有心舉業，或謀求名師的，實屬不易。相對的，在對岸的福州即是省城，是鄉試舉行的地方，又是朱子閩學之地，文風自然興盛。

林國華開始，「肄習文事、獎掖文人」[註30]，林家教育自此有一個基本

丘中進士，翌年許南英中進士，林文欽在 1893 年中舉。林家、呂家、丘家、許家同在舉業的路上，目標一致，氣味相投，自然成為聯姻的對象。許南英四子許地山於 1918 年與林季商之妹林月森結婚。

〔註28〕林家曾在 1874 年資助過陳望曾旅費，之後他得了進士，派駐廣東任職，政績斐然，於 19 世紀末發展經濟和都市改革。由於文欽時常往來香港、廣東做生作意，因此彼此易於保持私人關係，而後更因聯姻關係更形穩固。（參見：麥斯基爾著，王淑琤譯，《霧峰林家──臺灣拓荒之家》，頁 241）林烈堂長子林垂拱娶臺南陳望曾六女陳瓊碧，陳瓊碧生林桑琴難產去世，林垂拱又於 1923 年娶陳瓊碧堂妹陳瓊珍。（參見：許雪姬訪問，王美雪記錄，《霧峰林家相關人物訪談紀錄（頂厝系）》，頁 11）。

〔註29〕清水蔡家蔡世連於乾隆中葉來台，卜居牛罵頭莊，以墾荒為業。次子鴻元時（乳名八來），從事貿易，創設「蔡源順」商號。（參見：謝金蓉，《蔡惠如和他的時代》（臺北：臺灣大學出版中心，2005 年），頁 86～87。）鴻元有五子，三子蔡時超（1840～1879），是南洋貿易的巨賈，曾到筱雲山莊，博覽群籍，是蔡惠如（1881～1929）的祖父，五子時洲，有獨子蓮舫，廩貢生，曾任台中區區長等職。清水蔡家富厚與栽培子弟進舉業的情形與霧峰林家頗相似，而筱雲山莊恰是中部文人交會之處，結為姻親，便是即為自然之事。林家與蔡家在文化上，蔡惠如是櫟社一員，在民族運動上與林獻堂推動「台灣議會設置請願運動」與《台灣青年》的發刊。蔡家與林家的聯姻關係有：林朝棟二女蘭芳嫁清水蔡八來長房派下蔡少霞（參見：林資詮，《仲衡詩集》（臺北：龍文，1992 年），頁 25。），林烈堂正室蔡佩琨是蔡蓮舫的妹妹（參見：許雪姬編著，許雪姬、王美雪記錄，《霧峰林家相關人物訪談紀錄（頂厝系）》，頁 6）；林朝宗之女林月波嫁清水蔡伯汾；林瑞騰之女林雙娟，嫁清水蔡珍曜，是蔡惠如年之子，與蔡蓮舫同源。

〔註30〕許雪姬，《板橋林家──林平侯父子傳》，頁 79。

方針，即是延請對岸福建舉人至家中為西席，或將兒子維讓、維源送至對岸廈門讀書。或延請西席至家，以豐富自家的文化生活，如金門舉人呂西村（1784～1855）、謝琯樵（1811～1864）、葉化成、許筠等擅長書畫的閩地文人也來到林家。

　　板橋林家書風創作收藏豐盛，與受聘林家西席呂西村密切相關。「枋橋林氏以富豪聞，道光十七年（1837）以巡道周凱之介，見世宜書，慕之，乃具幣禮聘。」〔註 31〕林國華欣賞呂西村的書法，所以禮聘為林家西席，除了國華、國芳兄弟外，國華子維讓、維源均師事之。〔註 32〕呂西村「道光壬午舉人。性好古，通許氏《說文》及金石之學，最工篆隸。」〔註 33〕有「臺灣金石學宗師」之稱，其八分書，「清文宗見而佳之，聲譽噪一時。」〔註 34〕板橋林家子弟多好書藝，林國華，家傳稱：「精於楷法，按紙行墨，略不經意，而端正中度，瀟灑俊逸，卓然自成一家。世人以其字樞北，因與名書畫家葉東谷化成；陳夢三南金；呂西村世宜，合稱東南西北。」〔註 35〕林國芳「擅書畫，琴藝尤其精通。」〔註 36〕其書法作品中，有他學習畫的心得，如：「畫意清深董北苑，筆峰雄邁李西臺。」〔註 37〕又如另一作品款文為「輔山仁兄親家大人屬書」書錄鄭板橋「板橋提畫」，鄭板橋引黃庭堅書法與文與可畫竹之法有相通之處為喻，鄭板橋和酉北之書畫互為關紐。〔註 38〕從林國芳書法作品的文句中，可以想見林國芳平日與親友之間以書畫為交流的生活。

　　除了呂西村之外，葉化成、謝琯樵都擅書畫，合稱板橋三先生。葉化成，字東谷，道光舉人，曾遊周凱門下，因凱為林家西席。「善書畫，尤長山水。

〔註 31〕國家圖書館特藏組編輯，張子文、郭啟傳、林偉洲撰文，《臺灣歷史人物小傳——明清暨日據時期》，頁 147。

〔註 32〕張馥堂主修，《板橋市志》（新北：板橋市公所，1988 年），頁 985。

〔註 33〕清·林焜熿纂，《金門志》（臺北：臺灣銀行經濟研究室，臺灣方志第 80 種，1960 年），卷十，〈人物列傳〉，頁 234。

〔註 34〕張馥堂主修，《板橋市志》（新北：板橋市公所，1988 年），頁 985。

〔註 35〕王國璠，《板橋林本源家傳》，頁 23。

〔註 36〕崔詠雪撰稿，胡怡敏、林曉瑜、陳國欽翻譯，《翰墨春秋：1945 年以前的台灣書法》（臺中：臺灣美術館，2004 年），頁 73。

〔註 37〕鄭國瑞編，《臺灣書法家小傳（1662～1945）》（高雄：復文出版社，2009 年），頁 69。

〔註 38〕國立歷史博物館展覽組編輯，《慶祝本館四十週年館慶——台灣早期書畫展圖錄》（臺北：國立歷史博物館，1995 年），頁 26。

筆法溫文秀潤。」〔註39〕葉化成與板橋林家的關係，不只是林家的西席，曾經當過林家帳房，林國芳的養子維德，即原是葉化成之子。葉化成有〈呂臨秦漢以來金石文字題跋〉提及他和呂西村學隸之事：「廿年前，與西村同學隸，以腕弱不之追逐，舍以避其鋒。西村有嗜古病，于漢碑碣無不各得其意，故所書絕無唐以後習氣。數年來家益富，更通于篆。向曾為研香書四十九石，閱者疑為古器物銘，茲縮臨此本，研香弟墨香仍鐫該石乃稱合璧。余既羨二君好古，而自笑以不學藏拙也。」〔註40〕另有謝穎蘇，曾短時間受聘於板橋林家，「詩書畫號稱三絕」，〔註41〕板橋三先生不僅為板橋林家帶來文藝書風，同時也影響臺灣書畫。繼謝穎蘇之後，許筠為板橋林家西席，許筠「善楷、草書，筆劃厚重，具顏、柳書風。」〔註42〕

另一方面是西渡拜師，維讓、維源兩兄弟一起西渡廈門師事舉人陳南金；〔註43〕根據《板橋林本源家傳》的說法，維讓十七歲即出游陳南金之門，維源也「稍長」與兄維讓同在陳南金門下，兩人直到叔父國芳過世（1862）回臺處理家務，此時維讓已經是四十五歲的中年人了，而維源也有二十五歲了，兩個兄弟待在廈門幾近三十年，而且是在其青壯時期，那麼林家不只與原鄉持續保有關連，在廈門，應該也有置產，而其同門和交遊不知凡幾，所以林維讓回臺後，面對漳泉之爭，翌年（1863）設立「大觀社」，聘請泉州晉江舉人莊正主持，還把妹妹嫁給莊正，十年後（1873）擴增為「大觀義學」，〔註44〕其師資除了莊正外，尚有謝琯樵、楊士芳等並任林家西席，教授維讓子爾昌、爾康。〔註45〕林家在臺所聘西席，幾乎都是出身閩地，除了上述臺灣文風不如福建之外，從平侯、國華、維讓、維源，和對岸都有豐富的連結，當我們再檢視林家的姻親時，幾乎都是中國官宦，也就不為足奇了。

板橋林家是事業在臺灣的大富豪，林家三落舊大厝於咸豐三年（1853）建成，應該已經有在臺長久立基的打算，然而從教育的師資、環境和姻親，都營造一個中國的環境，甚至林家花園都取法中國的留園，與中國有非常強

〔註39〕張馥堂主修，《板橋市志》，頁986。
〔註40〕鄭國瑞編，《臺灣書法家小傳（1662～1945）》，頁165。
〔註41〕張馥堂主修，《板橋市志》，頁986。
〔註42〕鄭國瑞編，《臺灣書法家小傳（1662～1945）》，頁117。
〔註43〕王國璠，《板橋林本源家傳》，頁27、30
〔註44〕王國璠，《板橋林本源家傳》，頁28。
〔註45〕王國璠，《板橋林本源家傳》，頁51。

烈的連結，若許是出於自我優越感（當然也可以說是自卑感），也或許是一種對臺灣長期邊陲感的不安，1895年林維源西渡廈門，即不再回臺，中國確實成為林家的退路。然而另一方面，林家在臺所創造出來的巨大產業，各房子孫也無法切割臺灣，板橋林家，臺灣第一大富豪之家，在日治時期，各房在臺、在中國，都留有生活的足跡。

臺灣另一個大家族，霧峰林家，並沒有在婚姻、交遊上特別經營與中國的連結，在清代大概只有林紹堂的妻子和繼室何智珠、何德珠，和林朝棟的妾張素玉，他們都出身自福州，據麥斯基爾分析，「一個大陸妻子會增加丈夫的聲望」，〔註46〕日治時期林家出的三個詩人，其中林幼春母親即是何智珠，林仲衡的母親即是張素玉，據朝棟的外孫女，幼春的媳婦施璇璣云：「三位是詩人（再加上林癡仙），他們的母親都整日把兒子關在房裡要他唸書。」〔註47〕顯然這個漢文化的連結，是根源於母胎。

到了日治時期，大家族子弟不論是到日本或在臺灣接受公學校或小學校教育，幾乎都另外聘請家教在課餘時教授漢文，不論其國族理念為何，並沒有放棄漢文教育。以頂厝而言，林攀龍幼年入漢學書房，從鹿港施家本學習。〔註48〕林垂凱提到：「（我）也學過舊詩，都利用一兩個月暑假回臺時，請王了庵做我的老師。」〔註49〕王了庵即王石鵬，是櫟社的詩人，著有《台灣三字經》。另外，蔡旨禪（1900～1958）曾任蘭生、垂訓之家庭教師五年，〔註50〕蔡旨禪是五大家族中僅見的女性漢學家庭教師，林瑞騰也曾在黃竹坑聘請陳槐庭為漢學教師。我們可以推測林獻堂的子女雖然都在日本唸小學，必也接受過漢文的教育，林獻堂的《環球遊記》手稿，都經過女兒林關關整理，關關結婚後，林獻堂交由雲龍抄寫〈維蘇威火山遊記〉；〔註51〕另外，林獻

〔註46〕麥斯基爾著、王淑琤譯，《霧峰林家——臺灣拓荒之家》，頁255。
〔註47〕許雪姬編著，許雪姬、王美雪記錄，《霧峰林家相關人物訪談紀錄（下厝系）》，頁75。
〔註48〕國家圖書館特藏組編輯，張子文、郭啟傳、林偉洲撰文，《臺灣歷史人物小傳——明清暨日據時期》，頁282～283。
〔註49〕許雪姬編著，許雪姬、王美雪記錄，《霧峰林家相關人物訪談紀錄（頂厝系）》，頁25。
〔註50〕林獻堂著，許雪姬、周婉窈編，《灌園先生日記（五）：一九三二年》，頁30，日記時間：1932年1月17日。
〔註51〕林獻堂著，許雪姬、何義麟編，《灌園先生日記（三）：一九三〇年》，頁6，日記時間：1930年1月05日。

堂提到：

> 寫〈斯特拉斯堡遊記〉的後篇完了，欲再寫「歐洲各國貨幣對照
> 表」，其貨幣之名欲翻譯漢字，而漢譯人名、地名表中無此名詞，雲
> 龍同余將人名、地名表所用的字，一字一字尋譯出來，如西班牙之
> ペセタ譯作彼塞塔，和蘭之グルデン譯作格盧登，丹麥之フロリン
> 譯作佛羅林，以不正確之標準作標準，較勝於無標準。〔註52〕

林獻堂甚至也親自教林雲龍漢文字音。〔註53〕從這些記載看來，顯然這兩個
子女對漢文有一定的掌握能力。中國意識較強的霧峰林家家族繼續承載著漢
文化的聯繫。另外親日的陳中和也「另聘宿儒為西席訓讀子女」，〔註54〕而辜
振甫三歲開始，在自己家裡接受私塾教育，啟蒙老師辜捷恩，是辜顯榮從泉
州惠安家鄉請來的舉人。〔註55〕他們都沒有放棄漢文的學習，至於顏家資
料，筆者尚未見到，以顏雲年和國年積極參與瀛社漢詩創作，對於漢文，應
該是有傳續下去的。

（二）傳統戲曲傳唱

除了板橋林家與霧峰林家在園林宅第中搭有戲臺，平時登臺賞娛外，另
一個喜歡戲劇的家族是鹿港辜家。1899 年辜顯榮即與林紹堂、楊吉臣諸人，
「醵資購福州子弟數十人，類俊倘可憐，兼聘福州曲師教之，學就登場，大
有可觀。」〔註56〕後來因為這些福州子弟「漫無戶籍，不許滯留……諸子
弟束裝就道，往送者至有泣下。」〔註57〕顯現了許多人對戲曲表演觀賞的
熱愛。

1906 年底至 1907 年初，即有三組人士，包括橋仙三郎、林樹木，王
明月，高蘭提出興建「支那劇場」的申請，其中王明月是基隆顏家的姻親。

〔註52〕林獻堂著，許雪姬、鍾淑敏編，《灌園先生日記（二）：一九二九年》，頁226，
　　　　日記時間：1929 年 8 月 19 日。

〔註53〕林獻堂著，許雪姬、何義麟編，《灌園先生日記（三）：一九三〇年》，頁211，
　　　　日記時間：1930 年 6 月 26 日。

〔註54〕照史，《台灣地方人物趣談第一輯高雄人物》（高雄：勝夫，1975 年），頁41。
　　　　另見，楊玉姿，《高雄市史蹟探原》（高雄市：高雄市文獻委員會，2001 年），
　　　　頁 208～208。

〔註55〕黃天才、黃肇珩，《勁寒梅香：辜振甫人生紀實》，頁23。

〔註56〕〈風飄煙散〉，《臺灣日日新報》1900 年 10 月 7 日，第 5 版。

〔註57〕〈風飄煙散〉，《臺灣日日新報》1900 年 10 月 7 日，第 5 版。

〔註58〕1909 年間，荒井泰治等人合股集資於台北大稻埕興建淡水戲館，是台灣第一座專門上演中國戲劇的劇院。1915 年辜顯榮斥資一萬五千元買下淡水戲館，並將其整修改建，並取法上海「新舞台」的進步精神，於是將其易名為「臺灣新舞台」，〔註59〕在 1924 年永樂座興建之前，臺灣新舞臺一直是最重要表演場所。辜顯榮曾為了讓他延聘的上海天仙班能開演，獨力買收該戲團，以符合規定。〔註60〕而臺灣新舞臺上演的劇目，以天仙班為例，演出的齣目：如 1916 年 5 月 24 日《臺灣日日新報》記載：「日間五臺山、珠砂痣、取洛陽、明月珠、胭脂虎、醉代樓；夜間双投唐、斬黃袍、崔子殺君、孝感天、黃鶴樓、陸蘭芬求子、桑園會等」；「日戲天堂州，精忠傳、賣絨花、孟姜女，夜戲：思念功臣、行善得子、得祿榮歸、大戰金鰲島、發財回家、八仙飄海等」，〔註61〕除了從中國邀請來的劇團，也有臺灣本地的梨園，如臺南「金寶興班」在新舞臺所作的表演：日戲渭水河伐子都，及玉真上京尋夫、連周婆告狀，接審李直止；夜戲為寒江關、由梨山至招親止，出獸頭變化，及雙演梅龍鎮與昭君和番。」〔註62〕都是中國傳統歷史故事，教忠教孝，由此可以看出辜顯榮對傳統戲劇的喜好與投入。據辜振甫言：「父親之唱南管，不太會平劇，卻極喜愛。……父親常說：京戲劇情都是中國歷史，內容蘊涵忠孝節義，反映中國傳統的道德觀、人生觀，也提示許多為人處世的道理。」〔註63〕以 1922 年 5 月 13 日報載「日戲連續大宋歷史，夜間演唐朝薛家將全套。」〔註64〕便可窺見一二。

辜家的臺灣新舞臺雖然在二次世界大戰遭美軍轟炸，1997 年臺灣辜家在臺北信義區創立「新舞臺」，因為辜顯榮的兒子辜振甫，也是一個熱愛傳統戲曲的人。辜振甫五歲，辜顯榮就帶他去「臺灣新舞臺」看戲、聽戲。辜振甫

〔註58〕〈支那劇場の建設願〉，《臺灣日日新報》，1906 年 12 月 25 日，第 5 版；及〈支那劇場の建設に就て〉，1907 年 1 月 13 日，第 5 版。

〔註59〕文化部臺灣大百科全書，〈淡水戲館（台灣新舞台）〉，下載日期：2014 年 4 月 10 日，網址：http://taiwanpedia.culture.tw/web/content?ID=13042。

〔註60〕〈淡水戲館買收‧辜顯榮氏獨力にて〉，《臺灣日日新報》，1916 年 4 月 7 日，第 7 版。

〔註61〕〈上天仙班齣目‧明基隆丸出口回閩〉，《臺灣日日新報》，1916 年 8 月 3 日，第 6 版。

〔註62〕〈梨園開演〉，《臺灣日日新報》，1919 年 2 月 1 日，第 6 版。

〔註63〕黃天才、黃肇珩，《勁寒梅香：辜振甫人生紀實》，頁 206。

〔註64〕〈臺灣新舞臺劇目〉，《臺灣日日新報》，1922 年 5 月 13 日，第 6 版。

說：「對平劇，我一看就迷上了。」〔註65〕辜振甫回憶他還記得「貍貓換太子」演出的盛況。〔註66〕而真正學戲是在 1949 年辜振甫出獄後到香港居住的三年，此時，平劇界的名伶紛紛避居香港，辜振甫先後和平劇界的名家學戲，其中影響他最大的是孟小冬，〔註67〕他由興趣的唱戲到粉墨登場的票戲，他的妻子嚴倬雲也受他感染，一起學京戲，而以戲會友，在做為臺灣代表與對岸交流時，也發揮了作用，辜汪會談時，辜振甫上臺清唱一段「借東風」，而江澤民與汪道涵都是京劇的愛好者，在一次記者訪問中，辜振甫說「他在溫哥華與江澤民會面寒暄中，沒有什麼話題時，兩人就談京戲。」〔註68〕京劇成為辜振甫與對岸交流時最好的工具。

（三）吟唱與交結——詩社文化

日治時期，一方面具有能作漢詩的來臺官員，因其離鄉寄懷而共組詩社；一方面外來少數人的政權為了取得臺地菁英的合作，以詩社加以籠絡。此外，在臺漢人也以詩社為保留漢學的重要場域，故臺灣詩社空前發展。

以世族大家而言，漢學根基深厚者，無不投入詩歌創作，結社以通氣息，志同道合者互傾衷心；利害與共者情意交融。五大家族中與詩社關係密切的有霧峰林家為主所成立的櫟社，以板橋林家為主所成立的臺北鐘社和廈門菽莊詩社，至於基隆顏家則積極參與瀛社。

1. 櫟社

霧峰林家結合親友在 1902 年成立櫟社，成為日治時期三大詩社之一。櫟社由林癡仙、林幼春叔侄和姻親賴紹堯在霧峰林家萊園發起。以參與的詩人而言，林幼春為日治時期三大詩人，林癡仙、林幼春、林仲衡則合稱為霧峰三大詩人。櫟社歷任社長中，賴紹堯為林文鳳之婿，林獻堂、林攀龍父子皆出自霧峰林家。以社員而言，林癡仙、林資修、林獻堂、林仲衡外，林培英、林資瑞等為霧峰林家人，霧峰林家的姻親除了賴紹堯外，吳子瑜、吳燕生、吳上花、蔡惠如、呂厚庵等人，曾為霧峰林家西席並結為親家的有莊嵩、莊幼岳、陳懷澄及擔任林獻堂秘書施家本、葉榮鐘等人。

就成立的目的而言，世家大族多於日本入臺時西渡避難，待臺情勢穩

〔註65〕〈臺灣新舞臺劇目〉，《臺灣日日新報》，1922 年 5 月 13 日，第 6 版，頁 207。
〔註66〕〈臺灣新舞臺劇目〉，《臺灣日日新報》，1922 年 5 月 13 日，第 6 版，頁 206。
〔註67〕〈臺灣新舞臺劇目〉，《臺灣日日新報》，1922 年 5 月 13 日，第 6 版，頁 116。
〔註68〕〈臺灣新舞臺劇目〉，《臺灣日日新報》，1922 年 5 月 13 日，第 6 版，頁 238。

定後返回臺灣，受日人異族統治，不僅原本致力科舉功名的心志煙滅，日本人不平等的差別政策，更使致力傳統漢學者無用武之地，故名之曰「櫟社」，蓋取諸《莊子》「櫟樹不材」之喻，林幼春〈櫟社二十年間題名碑記〉云：

> 櫟社者，吾叔癡仙之所倡也。叔之言曰：「吾學非世用，是為棄材；
> 心若死灰，是為朽木。今夫櫟，不材之木也，吾以為幟焉。其有樂
> 從吾遊者，志吾幟！」〔註69〕

櫟樹不材，不材無用，實為大用，櫟社的成立，也可以說藉詩人們無用於俗，而展其大用於詩。

另外，我們也可以從櫟社春秋聚會或社慶的場所，看櫟社與霧峰林家的關係。1902年在霧峰林家萊園成立大會，其後也多次在萊園舉辦詩會活動。而另一個櫟社集會的重要場所是瑞軒，包括1906年癡仙、幼春等共九人在瑞軒集會，訂櫟社規則十七條，櫟社正式宣告組織化，後以此九人為櫟社創立者。〔註70〕1909年至1911年櫟社每年都在瑞軒舉辦大型活動，〔註71〕1909年四月三日，是櫟社成立第一次大規模的活動，來賓包括臺南、霧峰、臺中詩友與臺中廳長佐藤及其部屬與通譯只四人；〔註72〕1910年「康戌春會，除了社員二十人出席外，並廣邀各地詩友卅一人參加，這一年的詩題之一為「過林剛愍公祠」，〔註73〕「這是瀛社在1909年成立，臺灣三大詩社鼎足分立之勢確定後，全台詩人第一次盛大的共同集會。」〔註74〕1911年櫟社為梁啟超來臺所舉辦的歡迎會，梁啟超出詩題「追懷劉壯肅公」，「櫟社在次年舉辦十週年大會時，又以此一題向全台各地詩人公開徵詩。」〔註75〕這四次的在瑞軒的詩會，場地是下厝的，參與的詩人有霧峰林家下厝與頂厝族人，如林癡

〔註69〕傅錫祺，《櫟社沿革志略》（臺北：臺灣銀行經濟研究室，臺灣文獻叢刊第170種，1963年）所附之《櫟社第一集》，頁43。

〔註70〕廖振富，〈櫟社三家詩研究——林癡仙、林幼春、林獻堂〉（臺北：臺灣師範大學國文研究所博士論文，1996年），頁92。

〔註71〕櫟社在瑞軒聚會只有1909～1911年，1912年即被徵收為臺中公園用地。

〔註72〕傅錫祺，《櫟社沿革志略》（臺北：臺灣銀行經濟研究室，臺灣文獻叢刊第170種，1963年）所附之《櫟社第一集》，頁3。

〔註73〕張麗俊作，許雪姬、洪秋芬編纂‧解讀，《水竹居主人日記（二）》（臺北：中央研究院近代史研究所；臺中：臺中縣文化局，2000），頁342，日記時間：1910年4月12日。

〔註74〕廖振富，《櫟社研究新論》，（臺北：國立編譯館，2006年），頁107。

〔註75〕廖振富，《櫟社研究新論》，頁110。

仙、林幼春、林仲衡、林獻堂；還有許多詩人是林家的姻親或世交；而詩題也表現出下曆關係密切，林剛愍即林文察，讓霧峰站上高峰的第一人，是林文察，他是林季商與林仲衡的祖父，林癡仙的伯父，林幼春的伯祖；而劉壯肅即劉銘傳，劉銘傳對臺灣的建設意義重大，對霧峰林家而言，也是讓林家再次登上高峰的貴人，林朝棟即是受劉銘傳重用而能再次興盛家業。從地點到人物到詩題，都看出霧峰林家與櫟社關係密切。而後瑞軒捐為臺中公園建地，瑞軒走入歷史。

我們可以想見，當瑞軒舉辦櫟社詩友的聚會時，除了主要參與的族人之外，林家其他子弟想必也在耳濡目染下，參與研讀論詩；同時，詩會的舉行，必定吸引了許多愛好詩歌者的親附，如林瑞騰有一名很有名氣的愛妾洪浣翠，可以說是著名的才女，在連橫編《臺灣詩薈》中即有二筆七言絕句的作品：〈繡餘雜詠〉、〈詠物四種〉，《臺灣先賢著作提要》載「善吟小詩，語多淒怨，為以為不永壽也。嗣請業於連橫，橫致以溫柔敦厚之旨，氣質風格果為之變。」〔註76〕連橫是日治時期三大詩人之一，曾經為櫟社成員，寓居於瑞軒，〔註77〕櫟社最早的聚會場所即在季商的瑞軒，而季商與瑞騰為親兄弟，洪浣翠雖離婚並育有一子，仍以其才華受到林瑞騰的眷戀納為妾，成為霧峰林家另一個在詩壇上令人注目的一員。

1937 年禁漢文以來，林獻堂為鼓勵子侄學作詩，也為了延續漢文化傳統，於 1940 年 12 月 23 日組成「漢詩習作」，並邀請傅鶴亭刪改。〔註78〕除了男性之外，林獻堂也曾致信邀請對詩有興趣的三媳楊雪霞、西席蔡旨禪兩位女性加入，惜未有結果。1943 年 3 月開始，漢詩習作立有「讀書、作詩之規約，書讀《史記・列傳》」，第一次即由林獻堂講讀〈伯夷列傳〉之感想。〔註79〕漢詩習作的活動一直進行至 1943 年 12 月，仍有「漢詩習作會忘年會」之舉辦。1941 年開辦「讀詩會」，約有 10 餘人參與，在例會時，以第二回讀詩會為例，除了林獻堂之外，林家子弟參加者尚有資瑞、陳琅、正昌、金生。時

〔註76〕王國璠，《台灣先賢著作提要》（新竹：新竹社會教育館，1974 年），頁 133。

〔註77〕連橫著，鄭喜夫輯，《連雅堂先生集外集》（臺中：輯者，1976 年），〈蔡惠如哀辭〉，頁 115。

〔註78〕林獻堂著，許雪姬、張季琳編，《灌園先生日記（十二）：一九四〇年》，頁 362，日記時間：1940 年 12 月 25 日。

〔註79〕林獻堂著，許雪姬編，《灌園先生日記（十五）：一九四三年》，頁 98，日記時間：1943 年 3 月 12 日。

間進行約三個小時，共讀陸放翁詩七絕五十二首、七律二十六首、五律三十九首，其中若有不理解的詩，鶴亭即為之解釋。除了讀陸游詩之外，也讀杜詩，並且有背詩活動。根據林獻堂日記的記載，這一年共有十次的讀詩會，可見其背後推動此項活動是極其用心的。

在總督府的嚴禁漢文下，櫟社仍持續培養新的漢詩詩人，從漢詩習作到讀詩會，都表現出其寫作的目標：「維持斯文於一線之間」，〔註 80〕斯文，即是漢人民族文化，從漢詩習作第一篇即讀「義不食周粟」的〈伯夷列傳〉，〔註 81〕讀詩會則是以愛國詩人陸游為始，〔註 82〕在在都表現了櫟社與林獻堂維繫漢文的努力。

2. 瀛社

瀛社與櫟社、南社為日治時期三大詩社之一，1909 年於臺北創立，創始人為謝汝銓、洪以南、林湘沅。歷任社長洪以南、謝汝銓、魏清德、李建興、杜萬吉、黃鷗波及陳焙焜，詩社活動至今尚存。

日治時期，瀛社親官方色彩濃厚。首先，擁有多位社員任職於官方報紙《臺灣日日新報》漢文部，使瀛社知名度快速展開；另外，1921 年開始召開全島詩人聯誼會，擴散對全島的影響力，該年會場在臺北，現任總督必宴與會者於官邸，優禮文人。王幼華以為瀛社成立第一、二年例會課題定出了「櫻花」、「恭讀戊申詔敕」、「弔伊籐公爵」、「祝天長節」等題，明顯具有殖民政府的控制意志；〔註 83〕再以日治初期瀛社詩人的背景加以分析，具有功名者，如舉人、秀才、獲頒紳章，其職業為開設書房、基層公職人員、報社工作者、公學校漢文教師、經商等。〔註 84〕

位於臺北的瀛社當然網羅了板橋林家人士，包括林景仁、林熊祥與蘇鏡潭。基隆顏家與瀛社關係則更顯密切，除了顏雲年是社員外，獲頒紳章的經商實業家、後來與顏家成為姻親的謝汝銓、魏清德等人亦為社員；而洪以南

〔註 80〕葉榮鐘，《臺灣民族運動史》（台北：學海，1979 年），頁 12。

〔註 81〕林獻堂著，許雪姬編，《灌園先生日記（十五）：一九四三年》，頁 89，日記時間：1943 年 3 月 5 日。

〔註 82〕林獻堂著，許雪姬編，《灌園先生日記（十三）：一九四一年》，頁 193，日記時間：1941 年 5 月 25 日。

〔註 83〕王幼華，〈日本帝國與殖民地臺灣的文化構接——以瀛社為例〉，《臺灣學研究》第 7 期（2009 年 6 月），頁 40～41。

〔註 84〕王幼華，〈日本帝國與殖民地臺灣的文化構接——以瀛社為例〉，《臺灣學研究》第 7 期（2009 年 6 月），頁 42～43。

是顏雲年世交，當年雲年在清季尋求功名時，其叔顏正春即帶著雲年寄宿在洪以南家；〔註85〕社員張純甫曾為顏家西席，而與同為基隆人的許梓桑交好，1913 年顏雲年次女嫁謝汝銓之長子，即是由當時任基隆區區長的許梓桑和臺北廳參事的洪以南為執柯；〔註86〕魏清德之子魏火曜於 1934 年與顏國年次女顏碧霞成婚。〔註87〕

　　顏雲年自 1908 年起，至 1923 年過世止，曾經在《臺灣日日新報》上發表百餘首詩作；1912 年顏雲年的環鏡樓落成時，有《環鏡樓唱和集》傳世。據《臺灣日日新報》載：

> 顏雲年氏新築高樓，名環鏡，蓋取環山鏡海之義也。樓成自詠，中
> 南北各吟友多和之，得詩百餘首，日前乘落成舉式之期，開瀛社大
> 會，柬邀全島吟朋，開罇擊鉢，花嬌十朵，詩凡三唱，又得佳作什
> 二百餘首，現已錦囊貯滿，裒然成集。〔註88〕

除了瀛社之外，顏雲年曾任瀛桃竹聯吟會會長，也支持援助 1921 年基隆的「網珊吟社」，提振基隆地區文化風氣。顏雲年另有《陋園吟詠》傳世。

　　瀛社詩人，可謂日本殖民政府的協力者，站在殖民統治的一方，「得到殖民政府的『矯歧優遇』的人們，受到優渥的寵惠，成為執行主政者意志的力量。這些社員皆為瀛社的要角，與總督府關係密切，主要臺籍社員皆任職於《臺灣日日新報》」，〔註89〕顏家與曾任瀛社社長、《臺灣日日新報》漢文部主編謝汝銓、魏清德結為親家，提升了顏家的文化層次，也與殖民政府有密切的連結。

3. 菽莊吟社

　　板橋林家雖無人在科舉正科上謀得功名出身，然累世捐納，廣結權貴，一方面與書香世家聯姻，一方面延聘詩書俱佳的文士為西席，故養成子弟多能詩善文，書畫亦佳，並具有鑑賞收藏能力。

　　以《臺灣詩薈》收錄的詩家而言，板橋林家子弟，如大房林熊徵、林熊祥，二房林維源、林爾嘉、林柏壽、林景仁、林履信，三房林鶴壽等都有詩名。林景仁的妻子張馥瑛，則是著名的女詩人。板橋林家的姻親，王貽瑄、龔

〔註85〕唐羽，《基隆顏家發展史》，頁 127。
〔註86〕〈新締朱陳〉，《臺灣日日新報》，1913 年 4 月 21 日，第 4 版。
〔註87〕〈魏顏兩家·結婚披露〉，《臺灣日日新報》，1934 年 4 月 7 日，第 4 版。
〔註88〕〈擬刊環鏡樓唱和集〉，《臺灣日日新報》，1912 年 12 月 3 日，版次 06。
〔註89〕王幼華，〈日本帝國與殖民地臺灣的文化構接──以瀛社為例〉，頁 43。

顯升、陳望曾、陳寶琛、莊正、莊瓊民；其座上西席如呂西村、蘇菱槎、吳鍾善都具詩名。在這樣龐大的能詩善歌的家族成員背景下，附庸風雅、切磋詩藝、交流情誼的詩社，自然因應而起。

板橋林家在乙未變革後林維源即西渡清國未再回臺，其子林爾嘉在廈門鼓浪嶼興建菽莊花園。西渡臺人名紳，多曾到訪駐足，對飲酬唱，臺灣清季三大詩中的許南英（1855～1917）、施士洁（1853～1922）都是林家的座上客。林爾嘉於 1914 年創立於「菽莊吟社」，創立者與參與的詩人多為臺人，故亦被視為臺灣詩社之一。曾參與的臺灣詩人除了許南英、施士洁外，尚有長子林景仁等，當然還含括了福建著名的詩人和文士，如晉江蘇大成、安溪林鶴年等多人。爾嘉的夫人龔雲環出身官宦之家，亦能詩詠，菽莊花園最大的一座橋「四十四橋」落成時，即是以主人爾嘉四十四歲為命名，她集萬安橋字成截句並刻在橋畔巨石上：「四十四橋紀落成，梁空支海渡人行。扶欄百丈水千尺，樂事年年長月明。」〔註 90〕以菽莊花園為載體包括有「節事、喜慶、游覽、唱和」等活動，景物是菽莊詩社詩作的最大宗。

余美玲以林爾嘉一生，因日本殖民統治離開臺灣之後，從鼓浪嶼到瑞士、廬山、香江、上海，若不是國外，就是身處殖民者保護下現代資本主義的社會空間」，〔註 91〕在菽莊的生活，從其詩作中，展現了菽莊園林生活情調，不停歇的傳統節慶、家族喜慶的空間，並提供一個物質與精神之所，吸引來自台灣的遺民，林爾嘉雖自稱『遺民』，自我標榜成分居多，除了文人，還有許多官員幕僚等政商名流；媒體徵詩活動中在品評與按名次給予獎勵，展現他是詩社盟主的權威。〔註 92〕再從林爾嘉的詩作〈庚寅（1950）感榮啟期三樂之言賦此〉詩後所附談及「人生五樂」事：「男尊女卑，我得為男，一樂也，體質完全，二樂也。變亂五十餘載，平安無違志願，三樂也。人生幸福，皆甚享受，四樂也。行年七十六，五樂也。」林爾嘉懷抱傳統，充滿世俗的享樂生活，即便身處戰亂，仍然能為自己覓得「桃花源」，謀求個人的逸樂，以富豪的的身份，浸淫在傳統價值中。〔註 93〕

〔註 90〕陳娟英，《板橋林家與閩臺詩人林爾嘉》（福州：海風，2011），頁 94～95。

〔註 91〕余美玲，〈烏衣國、詩社與「遺民」——林爾嘉生平與文學活動探析〉，《台灣文學研究學報》，第 5 期（2007 年 10 月），頁 81。

〔註 92〕余美玲，〈烏衣國、詩社與「遺民」——林爾嘉生平與文學活動探析〉，《台灣文學研究學報》，第 5 期（2007 年 10 月），頁 135。

〔註 93〕余美玲，〈烏衣國、詩社與「遺民」——林爾嘉生平與文學活動探析〉，《台灣

4. 台北鐘社

在臺灣本島部分，以板橋林家為主體所組成的詩社為「台北鐘社」。台北鐘社，於 1923 年由林爾嘉長子林景仁在臺北創立；林柏壽為社長，林柏壽與景仁為叔侄，但柏壽較景仁年紀小。詩社的主要成員為林柏壽、林景仁和林熊祥叔侄，板橋林家西席蘇鏡潭，姻親莊怡華、王夷瑄為主，並與連橫、魏清德、謝汝銓等多人唱和，〔註94〕薈萃了當時主要的詩鐘名家，社員中約有一半的成員也是瀛社的社員，〔註95〕顯現出台北鐘社的特質。

台北鐘社又稱東海鐘社，創作「詩鐘」，並集有《東海鐘聲》。詩鐘創作，林景仁在序中云：「詩鐘之作，蓋仿刻燭擊缽之遺意。聞前輩言，請濫觴自吾閩。殆騷人墨客，藉此道游戲，以溫修書史，且安頓身心也。」〔註96〕台北鐘社成立的緣由：

> 曩者余侍家君為菽莊吟社，與陳香雪、施耐公、許蘊白、沈傲樵諸老鏖戰，累月不息。弱冠後，南遊印毒諸邦，風塵鞅掌，蓋久不復能唱渭城矣！癸亥七月，自金臺歸，乍入舴艋，蕭然有漁釣舊想，而里闍相善者，殷勤攜袖，邀作文字飲，於是閒日有詩鐘之聚，一笑相樂，不自知其衣焦不申、頭塵不去也。〔註97〕

台北鐘社創立的遠因可以上推至林景仁在其父菽莊吟社與諸詩人共同吟詠的經驗，1923 年 7 月自北京反臺，與諸多親友相聚，於是有詩鐘之聚。每次詩會，社員不僅聯絡情誼，而且亦有競賽的趣味，對仗工整、湊合自然，以展現才氣，可說是富有興味的的休閒活動。其後，「季叔將有遠行，從香江回里治裝，從弟文訪亦至自滬上，瘦民、怡軒、菱槎諸君後先東渡，歲晏業開促席接膝，而鐘聲之盛遂無。」季叔（林柏壽）、文訪（林熊祥）、莊瘦民、王怡軒、

文學研究學報》，第 5 期（2007 年 10 月），頁 135。

〔註94〕連橫，《連雅堂先生全集·臺灣詩薈上》（南投：臺灣省文獻委員會，1992 年），頁 57。

〔註95〕據「智慧型全臺詩知識庫」所載各社社員，資中，台北鐘社共有社員 20 人，其中 10 人與瀛社社員重疊，這 10 個社員為：林熊祥、蘇鏡潭、羅秀惠、劉育英、謝汝銓、林湘沅、黃贊鈞、魏清德、劉克明、張純甫。參見：全臺詩，〈智慧型全臺詩知識庫〉，下載日期：2014 年 2 月 1 日，網址：http://cls.hs.yzu.edu.tw/twp/c/c01.htm；http://cls.hs.yzu.edu.tw/twp/c/c01.htm。

〔註96〕連橫，《連雅堂先生全集·臺灣詩薈上》（南投：臺灣省文獻委員會，1992 年），頁 57。

〔註97〕連橫，《連雅堂先生全集·臺灣詩薈上》，頁 57。

蘇菱槎等主要成員相繼離臺，於是歲末之際即解散。

台北鐘社留下作品為《東海鐘聲》，由林景仁加以刪選得 254 聯輯，成分 8 期刊載於《臺灣詩薈》。林景仁也在序中介紹了他所知道的詩鐘的十四種格式：嵌字、魁斗、蟬聯、鷺拳、八叉、分詠、籠紗、晦明、合詠、鼎足、碎錦、流水、雙鉤、睡蛛。在半年的詩會中，所作詩鐘，「諸格悉備，計不百餘十題」。今以「怕老婆項羽　分詠格」為例，略觀《東海鐘聲》，林景仁收錄詩有：「霸王時去騅無力，娘子軍興虎有威　潤庵」；「季常有癖終憐汝，亞父無才可悟君　茂笙」；「玉斗憤爭當席碎，金梭駭作斷機投　蕉麓」；「車驅塵尾驚王導，劍舞鴻門怒范增　雪漁」；「半生心膽摧獅子，一笑頭顱贈馬童　小眉」；「氣盡大風高后雉，力窮末言美人騅　小眉」。主人林景仁，參與人員有魏清德、黃欣、羅秀惠、謝汝銓等，都是當時著名的詩人，詩作以兩句七言對句，詩題為「怕老婆項羽」，「項羽」是歷史上顯赫的人物，「怕老婆」是非常現代的語言，兩辭相合即顯趣味，似乎在外叱吒風雲的英雄，在家中也得敬太座三分，像似與會者共同的心聲；格式採用「分詠格」，林景仁解釋分詠格：

> 如眼字為月白風輕，則以月白嵌於一句，以眼字對眼，或眼字更相調換，如白月對清風，風月對清白亦可。惟須化此四眼字之本義，為另樣意思，使讀者不覺痕跡，始為作手。此格最苛，老於此道亦望而生畏。〔註98〕

簡而言之，即是要求上、下聯內容分別表達兩個不同的主題或事物，以不犯題字為原則，即題字不出現於上、下聯句中。所以詩繁用典故，項羽有關的詞彙如「霸王、亞父、玉斗、鴻門、范增、頭顱贈馬童」；與「怕老婆」有關的詞彙則出現與「項羽」相應的對句上「季常、王導」都是歷史上出名的怕老婆之人，「斷機投」很鮮明的暴力動作、「獅子」是用河東獅吼的典故，「高后雉」則是劉邦強悍的皇后呂雉。欲尋典故，作詩的工具書如《佩文韻府》等，是非常方便檢索的，但台北鐘社規定規矩甚嚴，不許攜帶參考書，連《辭源》亦禁在場查閱，完全要詩人以平日之學養加以發揮。但另一方面也顯示鐘詩的特色，確實較似文人文字遊戲，以逞才、聯誼為樂事，非常適合板橋林家的氣質。

〔註98〕連橫，《連雅堂先生全集・臺灣詩薈上》，頁62。

中華民國時代，林爾嘉回臺，成立「亦小壺天吟社」，林熊祥為了紀念兄長熊徵，也成立了「薇閣詩社」，薇閣是林熊徵的字；另外林家西席吳鍾善創設「寄鴻吟社」於「林家花園」中之方鑑齋，林兵爪（鶴壽）「碧山詞社」等，可見當時文風盛極。

據此，臺灣的五大家族都內化了正統中心信仰，而表現出大家族的中國情結。然而另一方面，經歷了日本五十年的統治和現代化，自不能限隔於一次世界大戰後民主主義與自由主義的風潮。隨之而後是多民族複合國家或殖民地民族之間，民族主義思想抬頭。二次大戰後，所有的殖民地都建立自己的國家，只有臺灣在中國正統信仰下，歡慶回歸「祖國」，卻非常不幸釀成二二八事件。以今日世界貿易大戰為例，我們依舊看到「正統中心信仰」在抵消臺灣的實力，臺灣若不能發展出以臺灣為中心，又如何能站穩走出以全球為中心？而在以全球為中心的前題，必是發展自己的特色，而非只是在親中、親美或親日中失去自己的立場。

第二節　大家族的正統中心信仰之繼承與衝突——以國籍和臺灣議會設置請願運動為中心

清日甲午戰爭，清國戰敗，將臺灣割讓給日本，簽訂馬關條約，其中第五款即有「臺民去留決定日」之相關條約：

> 本約批准互換之後，限二年之內，日本准中國讓與地方人民願遷居讓與地方之外者，任便變賣所有產業退去界外，但限滿之後尚未遷徙者，均宜視為日本臣民。〔註99〕

臺灣民眾可以在二年內選擇歸籍清國，或者歸化為日本籍，而在 1897 年 5 月 8 日未提出申請，亦沒有離開臺灣的住民都將視為日本國民。臺灣人民，選擇回歸清國的有 4456 人，以當時臺灣人口約 280 萬人計，不到千分之二。回歸清國主要原因，最重要有三，「一為大陸有田產者，一為有科舉功名者，一為認為日本大自法政，小至風俗習慣，與中國全然不同，無法長久屈於統治之下。」〔註100〕以五大家族而言，板橋林維源和霧峰林朝棟在清國有產業，同

〔註99〕 薛化元，《台灣地位關係文書》（臺北：日創社文化，2007 年），頁 32。
〔註100〕 臺灣總督府警務局，《台灣總督府警察沿革誌 III》（東京：綠蔭書局，1986 年），頁 668。

時也是廣義的有功名者，故選擇歸籍清國。

臺灣割日後，絕大部分的臺灣人沒有選擇歸籍清國，而是留在臺灣成為日本籍，究其原因乃漢人在臺已土著化。以日本官方調查，臺人歸化為日本人原因有三：「第一：臺灣長久以來就是自家墳墓地，有親戚朋友之處，自然會產生愛鄉之情。第二：於臺灣有房屋田園等不動產，故不忍放棄。第三：從商業上利害之點來盤算。」〔註 101〕

在「臺民去留決定日」之後，仍陸續有國籍移轉的問題，有的是由中國籍轉日本籍，此多為以日本籍在中國經商較安全利益較多為考量，此稱為「籍民」；也有日本籍轉為中國籍者，稱之為「祖國派」，其主張：「為了從日本統治中得到解放，與其採取直接與日本戰鬥，不如回大陸去為祖國的建設效力，俾祖國早日強盛起來，台人的解救才有希望，因此要從利用日本的大學所學到的近代知識參與祖國建設。」〔註 102〕然而「持續開打的軍閥混戰、沿岸各都市的表層充滿著半殖民的腐敗與墮落的現象……『祖國』情勢的負面進步醞釀出，在不違背抗日職志之下，暫時對『祖國』不予期待的想法。這就是『待機派』。」〔註 103〕其原因即在「日本統治所帶來從上而下的畸形近代化——對台灣人而言將永遠是一種負面的國民形成壓力。因此台灣人一方面圖謀自我變革，同時也認為如果不加以抵抗的話，在待機的期間，將會喪失民族的活力。」〔註 104〕故日治時期，舊勢力大家族板橋林家與霧峰林家家族中，有中國籍也有日本籍，有居住在中國，也有居住臺灣，而日本籍中又有長年居住在中國的籍民。

另外就日本學者若林正丈，「按照台灣抗日民族主義的各種潮流，對於臺灣解放構想來分類的話，對以分成下列三種型態，亦即「待機派」、「祖國派」、「台灣革命派」，〔註 105〕另據李筱峰引用譯文可以更清楚說明：「台灣抗日有關民族主義時，分成兩組座標觀察，其在縱座標上是屬於國家認同的層次，分成「統一」和「分離」兩種；在橫座標上是屬於國家認同的層次，分成「革命」和「改良」兩種，依這兩組交叉座標，將運動分成四種型態：

〔註 101〕王學新編譯，《日治時期籍民與國籍史料彙編》（南投：臺灣文獻館，2010年），頁 159～160。

〔註 102〕若林正丈，《台灣抗日運動史研究》（臺北：播種者，2007 年），頁 175。

〔註 103〕若林正丈，《台灣抗日運動史研究》（臺北：播種者，2007 年），頁 175～176。

〔註 104〕若林正丈，《台灣抗日運動史研究》，頁 175～176。

〔註 105〕若林正丈，《台灣抗日運動史研究》，頁 172。

「祖國派」（統一、革命）、待機派（統一、改良）、「台灣革命派」（分離、革命）、及「一島改良主義」（分離、改良）。」〔註106〕本文在論述時，就五大家族而言，革命絕對不會是大家族的選項，〔註107〕以歸籍中國者為祖國派，日本籍而認同中國者為待機派，而與日本關係良好而密切而未投入民族運動者，則以親日派稱之，據此討論五大家族在國籍認同與對臺灣島內民族運動中最重要戰場臺灣議會請願運動的態度，以窺測正統中心信仰在各派中的困境與矛盾。

一、祖國派正統中心信仰的失落

乙未變革之際，林朝棟與丘逢甲等推唐景崧為「臺灣民主國總統」，抵抗日軍，林維源被推舉為臺灣民主國的議長，林推辭不就，日軍登陸後，林維源攜眷內渡，移居廈門，不入日本籍。許雪姬指出林維源棄臺原因和林朝棟、丘逢甲相同的有他們皆認為保臺之戰不可能成功，同時他們在清國都有產業；另外，林維源也考慮他是家族的重心，台北城兵民交變，和他要忠於清廷，〔註108〕所以放棄臺灣，選擇西渡，未再回臺。隨著唐景崧西渡，林朝棟旋亦攜眷西渡，移居泉州，後遷居上海，未再回臺。1904、1905 年林朝棟、林維讓先後去世，繼承他們在清國的產業或爵位的是林季商與林爾嘉。其中，林季商雖曾經有日本籍，後亦歸化為中華民國籍，可以說這四個人在國籍上與在文化上都是認同中國的，中國是他們信仰的正統中心。

林爾嘉，是板橋林家少數未入日本籍者，推究其可能的原因，一是在留在廈門，繼承林維源所留下的產業；二是上文中他自稱的遺民情懷，三則是林爾嘉為林維讓之養子，本家則在福建。林爾嘉原是維讓元配陳氏兄弟陳宗美長子陳石子，陳石子六歲時抱養給陳氏。林爾嘉與陳家關係非常密切，〔註109〕「雖過嗣林家，但仍對陳家恪盡孝道，經常到溪岸陳家噓寒問暖，

〔註106〕 李筱峰，〈一百年來台灣政治運動中的國家認同〉，收於張炎憲、陳美蓉、黎中光編，《台灣近百年史論文集》（臺北：吳三連基金會，1996 年），頁281。

〔註107〕 即使是林季商，投身中國革命事業，仍是與執政當局在同一陣線，並非以推翻執政政權的革命運動。

〔註108〕 許雪姬，〈日治時期的板橋林家——一個家族與政治的關係〉，頁86。

〔註109〕 《林爾嘉日記》在 1931 年 4 月 18 日記載：「雨，請溪岸老二來嶼」，19 日復載：「為溪岸二太祝生日，在本晚大開筵宴，溪岸代表列席。」21 日又有：

每逢春節，便帶龔雲環夫人及其子女景仁、崇智、鼎禮、紅芙回陳家，向庶母石榴及長輩拜年，並自稱：『我是陳家的人』，因而陳家宗親都不稱『爾嘉』，而稱『石子伯、伯公、伯祖公』，極為親切。為感激陳家生育與養育之恩 1907 年春天（此時爾嘉的養父林維讓已在 1905 年過世），時年三十三歲的林爾嘉出資一萬銀圓，重修溪岸陳府（又稱振威第）第二、三落祖居。同時，林爾嘉此行更驚世駭俗之舉，他將四姨太蘭谷和三子鼎禮帶回陳家舉行拜堂儀式，將蘭谷認作生父宗美的媳婦，從而順理成章地把鼎禮歸為宗美的繼嗣。……鼎禮不但事業有成，更恪盡孝道，念念不忘陳家恩德，時常攜帶夫人孫慧英及其子女回溪岸陳家謁拜祭，探望祖母及長輩宗親。」〔註110〕或許在解讀國籍抉擇的認同問題時，母親的位置並非完全沒有角色，而林爾嘉的作法，雖在文化上、國籍上認同中國，但在對傳統的宗法制度，可以說是很大的顛覆。林爾嘉在 1948 年日本投降後攜眷回臺灣，繼續他詩酒吟遊的名士生活。〔註111〕

至於林朝棟原本安排庶出的四子資鏘（子佩）回臺管理他的財產，資鏘 1898 年病逝。再派三子季商、五子瑞騰，二人皆為嫡出，回臺管理家業，入籍日本，〔註112〕總督兒玉源太郎並予接見。〔註113〕足見對林家的重視。1904 年朝棟過世，林季商至清國承爵。林季商一方面在臺灣與中國都有事業經營，在臺事業不順，在中國事業則因為日本籍而受當地人橫阻；另一方面，在臺的反日事件疑與林季商有關，幾經波折，1913 年與家眷取得中華民國籍，1915 年完成放棄日本籍，〔註114〕「依中華民國國籍法及施行細則核准獲得中華民

「早起到溪岸拜壽，諸妾藥兒、義隨行」等，此處二老太即林爾嘉生父陳宗美側室「石榴孺人」。據 2005 年 2 月 23 日《廈門晚報》《「戲說」其實是「正劇」——林爾嘉傳奇人生二三花絮》載：在陳家迄今仍保留著一張林爾嘉的「老頑童」照片，1932 年冬，58 歲的林爾嘉，念念不忘年幼時石榴淑人喂他吃飯的情景，懇求石榴夫人再喂他一次。古稀的老妹欣然應允，在鼓浪嶼林氏又再度拿起碗勺，上演了爾嘉童年時代感人的一幕，當時還拍了照片留念。」參見：柯榮三，〈林爾嘉的一天——從《林爾嘉日記》窺其日常生活〉，頁 40～41。

〔註110〕 陳光從，〈陳林望族・兩岸情緣〉，《臺聲》，2003 年第 8 期，頁 40～41。

〔註111〕 張淵盛，〈林爾嘉及其文學活動探析〉，《臺灣風物》56 卷 3 期（2006 年 9 月），頁 91。

〔註112〕 〈泉紳渡臺〉，《臺灣日日新報》，1898 年 12 月 16 日，第 3 版。

〔註113〕 〈拜謁督憲〉，《臺灣日日新報》，1898 年 12 月 22 日，第 3 版。

〔註114〕 許雪姬，《林正亨的生與死》，頁 8。另，〈國籍喪失餘聞〉載：「既報臺中廳

國國籍，歸籍執照號碼是許字第一號。自乙未台灣割日以來，台灣仕紳內渡者中，正式取得中華民國國籍者，當以林祖密（季商）為第一人，林氏一門常以此自豪。」〔註115〕林季商在中國除了經營實以華對運河為主，也投身中國的革命事業。1915 年孫中山造訪林季商，敦促參加革命，林遂宣誓加入中華革命黨，並變賣家中田產數百甲，得款十萬兩挹注革命軍，林季商以閩南軍司令之職，受陳炯明所嫉，又曾受曹本章誣陷，入獄，陳炯明叛變，又被陳部下所捕，都能順利脫罪獲救，1925 年被張毅派兵捉拿槍斃，家眷釋回後，母親楊水萍、部分妻妾子女歸臺入日本籍。〔註116〕林季商由其弟瑞騰向中央政府及閩督伸冤，長子林正熊立志為父報仇，幾近重演其祖林定邦被殺，長子林文察報父仇，林文明死於彰化縣衙公堂，林家京控的家族血淚史。林季商的四子正元參加抗戰，兩度身負重傷，五子林正亨參遠征緬甸、印度，1950 年在白色恐怖中被補槍斃身亡。霧峰林家林季商一系，以祖國派自許，林季商投身祖國，貢獻他的軍力與財力，卻在遭嫉中身亡；林正亨真正被補的原因是「意圖顛覆政府而著手實行」，簡言之即是以「共匪」之名審判定讞。而「共匪」即是祖國派信仰的正統中心。霧峰林家的祖國派，懷抱祖國夢，投身祖國的建設與革命事業，但都不是死在戰場，而是一場又一場的政治鬥爭與他人對其家產的覬覦中。

二、待機派認同的困境

　　臺灣議會設置的請願運動，是待機派在臺從事的主要政治活動。其請願根據是「日本帝國是立法治國」與「台灣在統治上有必要認可特別制度」的兩項原則，〔註117〕加以臺灣總督府總攬行政、立法、司法三權的現實，要求

下阿罩霧林家一族豪商林季商一家國籍喪失事件，延至今日始獲當道認可，同人國籍喪失目的，一本於事業上之關係，一為已得之中華民國高官，不忍復失，同家財產不動產可五十萬圓，卻負債二十餘萬，現下舉族中林瑞騰，當財政整理之衡，限定一個年內，過期充入國庫，同人外，妻林揚氏好庶子林國元，次男林墩傳，長女林氏双蘭，次女林氏双英暨妾二人，一齊脫籍入支那籍云。」（〈國籍喪失餘聞〉，《臺灣日日新報》，1915 年 04 月 18 日，第 6 版）。

〔註115〕張炎憲、李筱峯、莊永明編，《臺灣近代名人誌》3（臺北：自立晚報，1987 年），頁 45。

〔註116〕許雪姬，《林正亨的生與死》，頁 5～14。

〔註117〕王乃信等編譯，《台灣社會運動史（一九一三～一九三六）》（第二冊政治運動）（臺北：海峽，2006），頁 36。

成立「台灣住民公選出的議員組識的台灣議會」，[註118]制定賦予台灣議會議決將施行於臺灣的特別法律及台灣預算的法律。此運動雖然受質疑，以為時機尚早而不須如此，然而請願者主張「不問請願成果如何，如能由此誘導本島人對一般政治的自覺，同時向海外表示我們對於獲得參政權抱持怎樣的熱意，而使為政者反省。」[註119]蔣渭水更言：

> 雖然有人認為本件請願為時尚早，但是本島人至今還不自己覺醒，則一旦所有權利都壟斷在內地人手中時，後悔就來不及了。展眼看看，像政府對糖業公司土地的讓渡，所有土地都被內地人所佔據，本島人不都是在其下被驅使著。內地人雖在口頭上倡言本島人的向上發展，但其真意卻不喜歡本島人的發展。我們非呼喚不可，不運動不可。[註120]

確實，民族運動者所要召喚的即是臺灣人的覺醒，而臺灣議會的設置請願運動即是在接受日本統治的現實下，所採取的爭取臺灣自治的運動。以大家族而言，尤以霧峰林家而言，幾乎可說是民族運動的主力，然而對日本政權的態度與投入民族運動的強弱實是有個別差異，不只兄弟不同調，甚至父子之間也可能立場迥異。

林紹堂（朝選）是霧峰下厝二房的嫡長，大房朝棟在 1895 年 5 月已「與眷屬後先內渡，居於泉州。」[註121]紹堂留在臺灣，必定賦予保護家產家業的責任。或許在面臨事變時，家族責任分配，不得不然。林紹堂曾在請求補助麾下之隘勇團時，有一段關於他在日軍入臺時，闡述自己對日本統治的貢獻，並藉此表明對日本的忠誠：

> （光緒）二十一年（1895），臺灣全島割歸我大日本帝國，王師甫入臺北，紹堂即遣管事葛竹軒潛乘駁舟往臺北，赴近衛師團司令部，投剌通款，以表歸順真誠。厥後葛竹軒旋歸臺中，被府知事黎景嵩偵知其情，執為私通敵國者，押監囚固，紹堂百計設法使得釋放。

〔註118〕王乃信等編譯，《台灣社會運動史（一九一三～一九三六）》（第二冊政治運動）（臺北：海峽，2006），頁 37。

〔註119〕王乃信等編譯，《台灣社會運動史（一九一三～一九三六）》（第二冊政治運動）（臺北：海峽，2006），頁 40。

〔註120〕王乃信等編譯，《台灣社會運動史（一九一三～一九三六）》（第二冊政治運動）（臺北：海峽，2006），頁 40。

〔註121〕鄭喜夫，《臺灣先賢先烈專輯（第四輯）林朝棟傳》，頁 82。

及王師至臺中，紹堂即勸誘貓羅東西等堡各庄，結綵焚香，立起國旗恭迎軍隊，並獻納軍裝、槍砲、彈子、火藥六百餘担。迨王師至彰化，缺乏粮秣，紹堂倡首備粮，並勸導附近等處三十餘庄人民解送粮米，赴軍前充用。〔註122〕

原始文獻檔案如下所示：

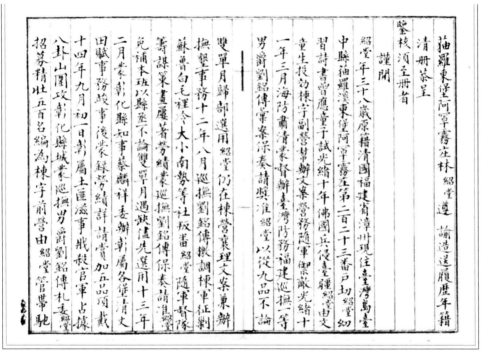

圖1　林紹堂請頒勳章時呈台中縣知事履歷書之一

〔註122〕節錄自徐國章〈核准補助林紹堂麾下之隘勇團〉一文中所引用之「林紹堂請頒勳章時呈台中縣知事履歷書一至三」（取自《總督府公文類纂》V00125/33），刊載於《國史館臺灣文獻館電子報》第25期，2009年02月27日。參見：國史館臺灣文獻館電子報，〈核准補助林紹堂麾下之隘勇團〉，下載日期：2014年5月15日，網址：www.th.gov.tw/epaper/view2.php?ID=25&AID=5。

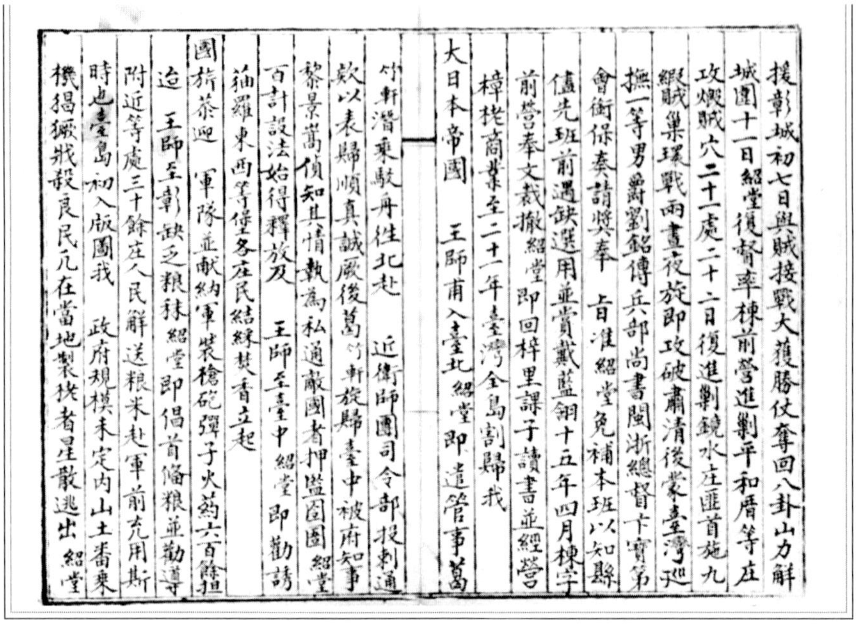
援彰城初七日與賊接戰大獲勝仗奪回八卦山力解
城圍十一日紹堂復督率棟前營進剿平和厝等庄
攻燬賊穴二十一處二十二日復進剿鏡水庄匪首施九
緞賊巢環戰兩晝夜旋即攻破肅清後蒙臺灣巡
撫一等男爵劉銘傳兵部尚書閩浙總督卞寶第
會銜保奏請獎奉　旨准紹堂免補本班以知縣
儘先班前選缺選用並賞戴藍翎十五年四月棟字
前營奉文裁撤紹堂即回梓里課子讀書並經營
樟栳商業至二十一年臺灣全島割歸我
大日本帝國　王師甫入臺北紹堂即遣管事葛
竹軒潛乘駁舟往北赴　近衛師團司令部投誠通
款以表歸順真誠厥後葛竹軒旋歸臺中被府知事
黎景嵩偵知其情執為私通敵國者押監囹圄紹堂
百計設法始得釋放及　王師至臺中紹堂即勸請
貓羅東西等堡各庄民結綵焚香立起
國旗恭迎　軍隊並獻納軍裝槍砲彈子火藥六百餘擔
迨　王師至彰缺乏糧秣紹堂即倡首備糧並勸導
附近等處三十餘庄人民解送糧米赴軍前充用斯
時也臺島初入版圖我　政府規模未定內山土番乘
機猖獗戕殺良民凡在當地製栳者星散逃出紹堂

圖 2　林紹堂請頒勳章時呈台中縣知事履歷書之二

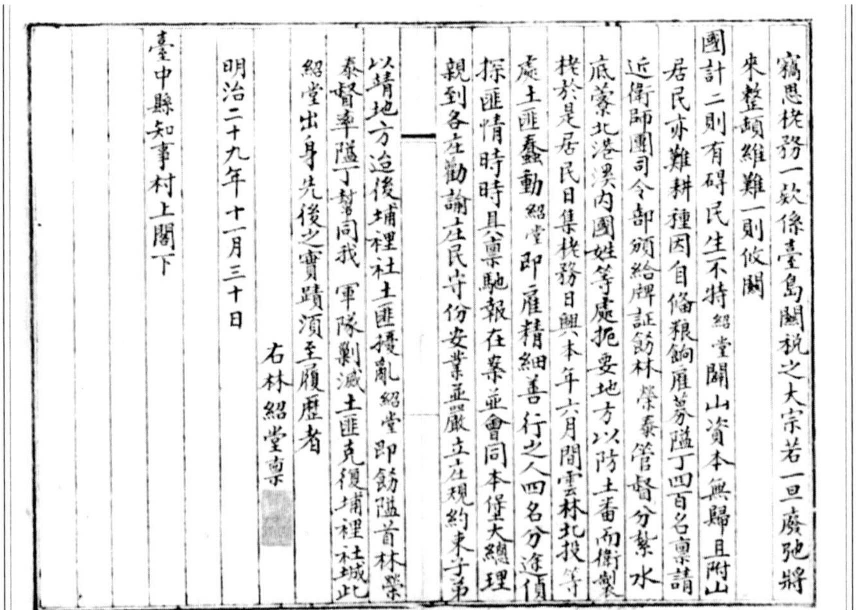
竊思栳務一款係臺島關稅之大宗若一旦廢弛將
來整頓維難一則攸關
國計二則有碍民生不特紹堂關山資本無歸且附山
居民亦難耕種因自備糧餉雇募隘丁四百名稟請
近衛師團司令部頒給牌証飭林榮泰管督分紮水
底寮北港溪內國姓等處扼要地方以防土番而衛製
栳於是居民日集栳務日興本年六月間雲林北投等
處土匪蠢動紹堂即雇精細善行之人四名分途偵
探匪情時時具稟馳報在案並會同本堡大總理
親到各庄勸諭庄民守份安業並嚴立庄規約束子弟
以靖地方迨後埔裡社土匪擾亂紹堂即飭隘首林榮
泰督率隘丁幫同我　軍隊剿滅土匪克復埔裡社城此
紹堂出身先後之實蹟須至履歷者
右林紹堂稟
明治二十九年十一月三十日
臺中縣知事村上閣下

圖 3　林紹堂請頒勳章時呈台中縣知事履歷書之三〔註 123〕

〔註 123〕文中臺灣在清治時期，則用清國年號，在日治時期則用日本年號；稱日本軍隊為「王師」；其中格式有多處使用挪抬、平抬，尤其以最表尊敬的換行形式的平抬，共三處，凡提到日本國則用之。

林紹堂從日軍進臺北城，就急著表明歸順；當日軍入臺中，他把武器獻納；當日軍進到彰化時，解決日軍缺糧的問題，林紹堂在此刻完全以守護身家性命做為最大的考量。林紹堂因協助日軍有功，於明治二十九年（1896）11 月30 日獲授勳五等旭日章，並在 1989 年任臺中縣參事，1909 年任霧峰區街庄長。長子林幼春也在 1914～1919 年任霧峰區區長，然而這似乎是日治時期霧峰林家的傳統，〔註124〕不能以此辨林幼春對日本政權的態度。

　　林幼春出生於福州，他的母親是何氏，福州人，三歲時隨父母返臺定居。在 1895 年時與叔父癡仙、獻堂等族人西渡泉州避難，翌年返回霧峰。據廖振富研究指出，就林幼春詩中所見，最深摯的親情以癡仙為最多，〔註125〕為深遠的師長、前輩，有梁子嘉、洪棄生、梁啟超，梁子嘉出身棟軍，洪棄生抗日意識，梁啟超啟發的民族運動，〔註126〕標誌出林幼春參與民族運動的養成與環境氛圍。對葉榮鐘所謂民族運動的先聲臺灣同化會則持保留態度。〔註127〕林幼春民族運動主要在臺灣文化協會中任評議員、協理，《臺灣》、《臺灣民報》社長，並因治警事件入獄，台灣民眾黨顧問等。1924 年在《臺灣民報》社論上發表〈同牀異夢之內臺人〉〔註128〕與〈這是誰的善變呢？〉〔註129〕「大力鼓吹爭取台人政治及經濟地位之平等，抨擊辜顯榮等人『有力者大會』甘為日本人之鷹犬。」〔註130〕在〈同牀異夢之內臺人〉中，林幼春指內臺的不平等包括：「政治上的地位不平等，經濟上的機會不均等，機會不均等

〔註124〕日治時期霧峰區長或庄街長一職，幾乎都是由霧峰林家所擔任，除了 1901年曾君定為街庄長，1913 年林汝言區長。曾君定與霧峰林家以樟腦業與姻親關係，光緒二十年（1894）春夏間，甲午戰爭發生以前，朝棟與蔡振聲及曾君定合資設立福源棧（即樟腦）館於集集，訂有棧務章程，並在鹿港設棧，自己用船配至香港兜售。嗣因公司設於集集，諸多不便，因此遷至汴仔頭，改號曰福裕源。曾君定為霧峰人，資產約十五萬圓。日治當初曾任日軍討伐雲林時之嚮導，故在 1897 年得賞黃金五百圓，1898 年授佩紳章，同年任林圯埔辦務署參事，1902 年任霧峰區長，1911 年卒，享年 62 歲。（參見：鷹取田一郎，《臺灣列紳傳》，頁 216）明治三十四年（1901）臺中辦務署霧峰區街庄長，其家族與林家有累世姻親關係。如林文鳳妾曾雍即是出自曾君定之家，林攀龍妻曾珠如，林自來嫁曾申甫。林汝言則是霧峰林家宗親。

〔註125〕廖振富，〈櫟社三家詩研究——林癡仙、林幼春、林獻堂〉，頁 251。
〔註126〕廖振富，〈櫟社三家詩研究——林癡仙、林幼春、林獻堂〉，頁 260。
〔註127〕葉榮鐘，〈臺灣民族詩人——林幼春〉，《台灣人物群像》，頁 223
〔註128〕〈同牀異夢之內臺人〉，《臺灣民報》，1924 年，7 月 1 日，第 1 版。
〔註129〕〈這是誰的善變呢？〉，《臺灣民報》，1924 年，8 月 11 日，第 1 版。
〔註130〕廖振富，〈櫟社三家詩研究——林癡仙、林幼春、林獻堂〉125，頁 98。

便失墜了人權，地位的不平等便保不住人格。」〔註131〕對於趨炎赴勢的辜顯榮在《臺灣日日新報》所發表的〈辜氏談臺灣議會〉嚴加批判。〔註132〕面對的時代課題不同，林幼春政治態度與父親林紹堂亦不同，林幼春選擇了堅守民族正義的立場。

霧峰林家下厝子女，多人至於在中國就學。霧峰林家下厝子女。林季商於1913年入中國籍，其子女皆在中國受教育，他的女兒都送去唸洋人辦的學校，兒子都送去唸軍校。〔註133〕林瑞騰、林幼春等的兒女，在臺灣、中國、日本不同地方受教育，聯姻的對象也是三地都有。在文化協會時代「有一股不小的『中國正統中心』力量將台灣推向祖國——中國，中華民國繼清朝是正統，北京、南京都好，知識分子不論是否因為反日、抗日，或其他理由，將都以日本人的身分進入中國，留學、工作，有部分人投向中國國民黨，戰後返臺是為『半山』，成為台灣新貴。」〔註134〕這股留學中國、加入中國國民黨的臺灣半山，果然在日本戰敗後，中華民國政府委以接收工作，或進入公務部門。以霧峰下厝而言，林瑞騰長子林正霖畢業於上海聖約翰大學，與財政處長嚴家淦為同學，後任命為學產管理委員會主任委員；林瑞騰次子林正澍，服務於警總；林幼春之子林培英，曾到臺北當接收員。〔註135〕

霧峰林家的另一系頂厝，族長林文欽與林獻堂父子在對於日本政權的態度則是一脈相傳。林文欽在割日之際，為了照顧年老的母親羅氏（時約六十三歲），於是留在臺灣避難，並盡力在動亂中，努力調和，為地方效力：

> （光緒）二十一年，臺灣有事，大府命起兵；募鄉勇千名，自備餉糈，令堂叔文榮公統之，駐彰化。既而詔命割臺，文武多去，四境俶擾，乃以鄉勇分邏各地，護閭閻、衛行旅，故無盜賊患。嗣見勢蹙，謀內渡；而羅太夫人老，不堪涉波濤，匿跡銷聲，居於幽翳；出鋒入鏑，瀕於殆者數矣。光緒二十二年六月，土匪猝發，襲南投、攻台中，鄰近莊人亦蠢蠢欲動；先考聞其事，遣人諭止之，故無害。軍事稍靖，大府徵辟，屢貲於門；輒婉辭以拒之，而終不出。唯日

〔註131〕〈同牀異夢之內臺人〉。
〔註132〕此部分在下文談辜顯榮時再論。
〔註133〕許雪姬編著，許雪姬、王美雪記錄，《霧峰林家相關人物訪談紀錄（下厝系）》，頁4。
〔註134〕莊萬壽，〈台灣精神史緒論〉，頁309。
〔註135〕許雪姬，《林正亨的生與死》，頁24。

　　　　侍慈幃，教子姪，極家庭天倫之樂；故世稱貞士焉。〔註136〕

林文欽是清朝的舉人，擁有科舉的功名，但他為了盡孝道，並未往清國避
難，而且不接受日本政府的籠絡，選擇退隱，雖入籍日本，仍於清國無貳心，
得到「貞士」的美稱。由傳統儒教培養出的林文欽，可謂忠孝兩全。此後，
林獻堂從事民族運動，是承繼了父親林文欽心志。霧峰萊園的書房是「考槃
軒」，櫟社詩人張麗俊在遊萊園時，記載考槃軒：「此軒僅茅屋數椽，乃兒童
讀書養氣之所。」〔註137〕考槃一辭源自《詩經·衛風》，《毛傳》云：「考，
成；槃，樂。」〔註138〕朱熹《詩集傳》引陳傅良的說明：「考，扣也；槃，
器名。蓋扣之以節歌，如鼓盆拊缶之為樂也。」〔註139〕故考槃有吟詩誦讀
取樂之意；考槃另有一意，《詩序》云：「〈考槃〉，刺莊公也。不能繼先公之
業，使賢者退而窮處。」〔註140〕故考槃有不能為世用而為隱者之意。舉人
出身的林文欽將書房取名為考槃，既有在此吟詩誦讀之意，也有隱退不仕之
意，〔註141〕築萊園娛親自娛，其樂何如！林文欽的心志，也可以從萊園入
口的對聯得到印證：「自題五柳先生傳，任指孤山處士家」，表明了林文欽效
法陶淵明不為五斗米折腰，不出仕為日本政府官，與林和靖梅妻鶴子，不慕
榮利的心志。第二世主人林獻堂也對日本政府維持一定的距離，梁啟超〈萊
園雜詠〉十二絕句中，有〈詠考槃軒〉一詩云：「久分生涯託澗邁，虀鹽送
老意如何，奇情未合銷磨盡，風雨中宵一嘯歌。」〔註142〕也顯現了主人退
隱之意。考槃軒時有用為櫟社聚會之處，也是一新會辦活動的地方、一新義
塾的教室，與櫟社藏書之處，如林癡仙藏書、〔註143〕櫟社藏書之《廿一史》

〔註136〕臺灣銀行經濟研究室，《臺灣霧峰林氏族譜》，〈先考文欽公家傳〉，頁 114。

〔註137〕張麗俊作，許雪姬、洪秋芬、李毓嵐編纂·解讀，《水竹居主人日記（三）》，
　　　　頁 221，日記時間：1912 年 6 月 15 日。

〔註138〕漢·毛亨傳，漢·鄭玄箋，唐·孔穎達疏，《詩經易注疏（十三經注疏本）》，
　　　　卷三，《國風·衛風》，頁 128。

〔註139〕宋·朱熹，《詩集傳》（臺北：臺灣中華書局，1989 年），頁 71。

〔註140〕漢·毛亨傳，漢·鄭玄箋，唐·孔穎達疏，《詩經易注疏（十三經注疏本）》，
　　　　卷三，《國風·衛風》，頁 128。

〔註141〕王世慶、陳漢光、王詩琅撰，黃富三、陳俐甫編，《霧峰林家之調查與研究》：
　　　　「大府徵辟，屢貢於門，輒婉辭以拒之，而終不出，唯日侍慈幃，教子任，
　　　　極家庭天倫之樂，故世稱貞士焉」，頁 124。

〔註142〕梁啟超，〈萊園雜詠〉，收於諸家，《臺灣詩鈔》（臺北：臺灣銀行經濟研究室，
　　　　臺灣文獻叢刊第 280 種，1970 年），頁 248。

〔註143〕林獻堂著，許雪姬、周婉窈編，《灌園先生日記（五）：一九三二年》，頁 114，

等皆置於考槃軒。〔註144〕日治時期因著主人林獻堂緣故，五桂樓、考槃軒
與臺灣民族運動關係密切。

　　林獻堂帶領全家四十餘口至泉州避難。隔年（1896）當時局稍穩定，即
返回霧峰。霧峰林家在臺日籍者，不論是就學〔註145〕或聯姻，〔註146〕多與
日本多有連結。赴日本就學觀光的臺人，感受到「內地的日本人比臺灣的日
本人要來得親切多了。」〔註147〕他們一方面在日本留學吸收現代世界潮流新
知，另一方面感受到日本國內社會的自由，體認日本在臺的不平等統治與日

　　　　　日記時間：1932 年 3 月 11 日。

〔註144〕林獻堂著，許雪姬、周婉窈編，《灌園先生日記（五）：一九三二年》，頁 133，
　　　　　日記時間：1932 年 3 月 24 日。

〔註145〕以就學而言，林獻堂 1910 年親攜攀龍、猶龍二子至日入學，（林獻堂先生紀
　　　　　念集編纂委員會，《林獻堂先生紀念集》（臺北：文海，1974 年），頁 39。）
　　　　　隔年（1911）臺灣日日新報上有「學生歸家」的報導，其中載錄的名單中即
　　　　　有「林獻堂之兩子一姪（林烈堂之子）一甥。（施篤其之子）蔡惠如之三子
　　　　　兩弟一姪。呂蘊白之二子二弟（呂汝玉之子）林瑞騰之一女兩姪。（林仲衡
　　　　　之女）蔡蓮舫之二子。林汝言之二子。林慶岐之二子。楊吉臣石榮火林啟三
　　　　　之子等。此外尚有十數人。」並稱「臺灣學生之留學內地者。以臺中廳為第
　　　　　一」（〈學生歸家〉，《漢文臺灣日日新報》，1911 年 7 月 30 日，第 3 版）一
　　　　　群學生的家長們和霧峰林家關係密切，首先是霧峰林家的子弟，包括頂厝林
　　　　　烈堂、林獻堂之子，下厝林仲衡、林瑞騰之女；姻親鹿港施篤其、蔡惠如、
　　　　　呂蘊白、蔡蓮舫、楊吉臣等。林紀堂也在台中廳廳長枝德二的協助下，（參
　　　　　見：許雪姬，〈介於傳統與現代之間的女性日記──由陳岑、楊水心日記談
　　　　　起〉，頁 229。）於 1911 年送長子槐梧和次子津梁到東京留學，很特別的是
　　　　　林紀堂在東京剪髮。（參見：〈臺中通信／倦游而歸〉，《漢文臺灣日日新報》，
　　　　　1911 年，11 月 20 日，第 3 版。）林紀堂的三子松齡和四子鶴年則是讀完中
　　　　　學之後才往日本，唯有林鶴年取得大學學歷。1912 年，林獻堂又攜雲龍、陸
　　　　　龍二子（陸龍為任）至日，林澄堂的長子林垂明也是其族人亦紛紛遣送子女
　　　　　至日求學，故 1920 年前後，在日本求學的林家子弟人數已達數十人。林獻
　　　　　堂在東京有馬橋別莊，供在日本求學的子弟居住，三子雲龍畢業後，1933 年
　　　　　將馬橋賣與姻親呂伯齡。（參見：林獻堂著，許雪姬、呂紹理編，《灌園先生
　　　　　日記（六）：一九三三年》，頁 219，日記時間：1933 年 5 月 30 日。）

〔註146〕頂厝七世中有多人妻妾為日本籍，包括林垂珠妻妾永島清子、日高玉子，林
　　　　　垂立先後任妻子登茂子、泰江林松齡妻子神長倉敏子，林鶴年妻子明取信
　　　　　子，林猶龍妻子藤井愛子，林雲龍妾鈴木竹，林夔龍妻子潮田樂子，在頂厝
　　　　　七世中十六人中，就有七人娶日本媳婦，足見，不論是教育或是婚姻中，頂
　　　　　厝的日本成分是非常濃厚的。

〔註147〕此為臺灣南島語族組成的日本觀光團所表達的感想。參見：竹中信子著，蔡
　　　　　龍保、曾淑卿、熊凱弟譯，《日治台灣生活史──日本女人在台灣（大正篇
　　　　　1912～1925）》（臺北：時報文化，2007 年），頁 213。

本的人民是區分開來的，所以在爭取臺灣的平等與自治並沒有阻礙與日本人往來。

　　民族運動者在爭取臺灣自治而進行的臺灣議會設置請願，無庸置疑的，臺灣總督必然有所措施勸阻、壓迫。林獻堂、林幼春等 8 人在 1923 年，由內田嘉吉總督接見，稱之為「八駿事件」，內田總督則以此向東京留學生宣傳林獻堂已向總督保證停止臺灣議會請願運動，引發東京留學生的不滿，〔註 148〕而林獻堂又因「財政界蕭條，施行延緩債務貸款回收舊債，……受到履行債務的催促」之迫，〔註 149〕聲明退出請願運動。謝星樓在東京以柳裳君之筆名，撰成小說〈犬羊禍〉，刊於《臺灣》雜誌（1923 年第四期第七號），犬是林獻堂的生肖，羊是指楊吉臣，以暗諷民族運動中，資產階級領導妥協性和動搖性，批判林獻堂、楊吉臣在日本高壓政策下退縮的行為。

　　臺灣議會設置請願運動自 1921 年至 1934 年共進行了十五次請願運動，至少有十次是以林獻堂為領導赴東京向貴族院和眾議院提出請願；臺灣民眾黨之運動之一包括「反對總督府評議會運動」，〔註 150〕林獻堂五次被任命為總督府評議會會員，五次自願或被迫辭去，其中都包含了總督府對民族運動的離間，與林獻堂主張不排斥日本，在日本合法的體制內從事運動有關。然而日本的殖民利益與臺灣民族運動所追求的臺灣人之利益，當然是衝突的，且日本殖民的野心仍在擴張，臺灣議會設置的請願運動終以「大多數之意見謂法西斯之右傾思想近漸有力，又兼國際事情之複雜，日俄日漸惡化，似此情形暫時中止請願亦是可以。」〔註 151〕顯示了內外情勢的緊張，於 1934 年最後一次請願運動後中止，隨著日本軍國主義，戰事紛起，臺灣議會設置運動終歸不是中止，而是終止。

　　林獻堂作為民族運動的代表人物，臺灣總督府不只對他極力拉攏；一旦拉攏不成，卻也極力屈辱。林獻堂在 1951 年日記中有回憶「祖國事件」的情形：

〔註 148〕王乃信等編譯，《台灣社會運動史（一九一三～一九三六）》（第二冊政治運動），頁 52～53。

〔註 149〕王乃信等編譯，《台灣社會運動史（一九一三～一九三六）》（第二冊政治運動），頁 53。

〔註 150〕王乃信等編譯，《台灣社會運動史（一九一三～一九三六）》（第二冊政治運動），頁 238。

〔註 151〕林獻堂著，許雪姬編，《灌園先生日記（七）：一九三四年》，頁 51，日記時間：1934 年 2 月 2 日。

> 一九三六年往上海受華僑聯合會之歡迎，在席上有言：「此番歸來祖
> 國視察」，因「祖國」二字，台灣軍部聞之，請林獻堂語支那為祖國
> 而不認日本為祖國，真是大逆不道，參謀長荻洲〔立兵〕與日日新
> 報社共謀，使流氓〔賣間善生衛〕打余，因是而起波瀾。余遂不得
> 不辭總督府評議員、新民報社社長。〔註152〕

此事起因於 1936 年 3 月林獻堂與階堂、猶龍參加臺灣新民報所組織之華南考
察團歷遊廈門、福州、上海各地，五月《臺灣日日新報》揭發，大加撻伐，6
月 17 日應邀參加臺灣始政慶祝園遊會遭賣間毆辱（批右頰）。當時林獻堂五
十六歲，我們大概可以想像當眾被批臉頰的屈辱感之深重。1936 年正是日本
積極準備與中國開戰之際，林獻堂在上海的發言後的風波是被運作的，林獻
堂是推動臺人民族運動的代表，總督府一方面推行皇民化運動，一方面對臺
人的認同不免心生存疑，林獻堂正好是一個樣板，大概也有警示臺灣民族運
動人士的作用。在日本的統治下，日本籍的林獻堂以華僑身份稱中國為祖國
似乎不是問題，但在中日兩國對抗的情形下，任何一絲親中的說辭，都不見
容於日本。這實在是臺灣人缺乏主體性的悲哀。林獻堂當時的決定就是把民
族運動的新民報社社長與日本總督府評議員兩職一併辭去，緩解對立，以淡
化事件的衝突。

第十七任總督小林躋造，於 1936 年 10 月 1 日抵達臺北上任，日本軍國
主義抬頭，文官總督結束。武官總督小林在訓示中提到他的施政重點包括「續
加強推動皇民化」、「推動台灣工業化，把台灣建設實現成南進基地的使命」。
〔註153〕「皇民化運動的本質，可分為兩方面來談。就理念而言，它是『同化
主義』的極端形式；就實際需要而言，它是日本帝國戰爭動員重要的一環。」
〔註154〕1937 年中日戰爭爆發之後，臺灣的漢文化所延伸的認同問題必須積
極處理，禁漢文成為總督府強力執行的政策。1941 年成立皇民奉公會，臺灣

〔註152〕林獻堂著，許雪姬編，《灌園先生日記（廿三）：一九五一年》（臺北：中央
研究院臺灣史研究所，中央研究院近代史研究所，2012），頁 2，日記時間：
1951 年 1 月 2 日。

〔註153〕末光欣也，《臺灣歷史日本統治時代的台灣》（臺北：致良，2012 年），頁
397。

〔註154〕周婉窈，〈從比較的觀點看台灣與韓國的皇民化運動（1937～1945）〉，收於
張炎憲、李筱峰、戴寶村主編：《台灣史論文精選（下）》（臺北：玉山社，
1996 年），頁 163。

人不能避免成為日本戰爭動員的一員。

以五大家族而言，都成為了皇民奉公會的一員。林獻堂加入皇民奉公會的原因，包括「林的性格、日本政府的壓力、台灣安全、內台平等、台灣人的出路。」〔註155〕其中有現實的壓力，也有林獻堂的寄望。皇民奉公會，包括「宗教與社會風俗」、「國語運動」、「改姓名運動」、「志願兵制度」幾個面向。就大家族而言，他們是社會的標竿，總督府總是要求大家族配合政策，成為群眾效法的對象。我們可以逐一檢視林獻堂的態度，他並不是全面配合，有所為也有所不為，其有所為的原因也未必是總督府的用意。

社會風俗所涉極廣，此處先論宗教，這一方面林獻堂對於使用日本「神官」式，〔註156〕並不反對，如1935年林文欽銅像的除幕式，林獻堂就以神官式進行；〔註157〕在臺中的林姓宗廟，也在1938年開始「祭禮式用神官」，包括「開祭之前有國旗揭揚、國歌合唱、皇居遙拜諸禮式」，〔註158〕日期也配合神官式而改舊曆為新曆。〔註159〕可以說在皇民化運動時，林獻堂就必須配合政策，以日本的神道信仰進行祭祖和對父親林文欽的紀念。敬祖是林獻堂的堅持，從女兒林關關出嫁必須向祖先行禮的堅持可見，〔註160〕而只要能持續敬祖，外在儀式是何種方式，顯然，林獻堂也必須妥協在日本的統治之下。

其次是「國語運動」。在日治時期出生，受日本教育的自然就是講日語的。而林獻堂雖然也學習日語，也經常在日本長時間停留，但在公開場合，他不講日語，只說臺語。「改姓名運動」，林獻堂也有所堅持，林獻堂以「日本人之姓林者不少」，不贊成「無意義而輕率亂改」，在面對警察課長要求他改姓，他則「默然不答」處理；〔註161〕他對民族運動的伙伴陳炘言「改姓

〔註155〕許雪姬，〈皇民奉公會的研究——以林獻堂的參與為例〉，《中央研究院近代史研究所集刊》第31期（1899年6月），頁186～188。

〔註156〕所謂「神官」，乃指日本神道的祭祀人員。

〔註157〕林獻堂著，許雪姬編，《灌園先生日記（八）：一九三五年》，頁311，日記時間：1935年9月5日。

〔註158〕林獻堂著，許雪姬編，《灌園先生日記（十一）：一九三九年》，頁2。日記日時：1939年1月2日。

〔註159〕林獻堂著，許雪姬編，《灌園先生日記（十一）：一九三九年》，頁84，日記時間：1939年2月21日。

〔註160〕上文第四章第二節。

〔註161〕林獻堂著，許雪姬、張季琳編，《灌園先生日記（十二）：一九四〇年》，頁307，日記時間：1940年11月7日。

名是有關人格信用」,〔註162〕且多次言及「絕對不改」。〔註163〕然而在官方壓力下,林獻堂的侄甥有多人改姓名,而同為待機派的民族運動夥伴也有改日本名的:侄甥如林變龍改名為林孝祐,變龍長女良子,改名為優子;〔註164〕呂煉石改姓名為宮下煉造〔註165〕;林仲衡次女林雙彎為劉明朝妻,改姓名時易名為雪子。〔註166〕其中林變龍與劉明朝都任公職,有來自政策上的壓力。而民族運動者林呈祿改名為林貞六,他的兒子林益謙,後改姓名為林益夫。「1941 年年底,全臺改為日本姓名的,共有 9547 戶、71785 人」〔註167〕改姓名並非以強迫方式進行,還有資格的認定:「一是家庭成員都要講國語(日語)的『國語家庭』;一是要對日本統治有信心、有『皇民』精神的人。」〔註168〕改日本姓名可以說是一種榮譽,同時也能享有日本人的權益。然而,漢人的姓名,卻也意謂著來自父母和祖先的連結,絕大多數的人,若非有所迫或有所求,是不輕易改姓名的。基隆顏家顏欽賢也不改姓名,〔註169〕雲年與國年家則各有一子改姓,顏德潤則改姓為芳川德潤,顏滄海則改姓為立川滄海,或許顏家也是考慮族中有一人改為日本姓,是家族中利益的考量。

最後是志願役,林獻堂家族有多以日本人的身分赴戰場,戰死的有林垂

〔註162〕 林獻堂著,許雪姬編,《灌園先生日記(十三):一九四一年》,頁 401,日記時間:1941 年 12 月 1 日。

〔註163〕 林獻堂著,許雪姬、張季琳編,《灌園先生日記(十二):一九四〇年》,頁306,日記時間:1940 年 11 月 6 日;林獻堂著,許雪姬編,《灌園先生日記(十三):一九四一年》,頁 57,日記時間:1941 年 2 月 2 日。

〔註164〕 興南新聞社編,《臺灣人士鑑》(臺北:興南新聞社,1943 年),頁 324。

〔註165〕 呂煉石,〈臺中縣神岡鄉三角村北田房呂氏系統圖〉,收於呂煉石編,《臺中神岡鄉三角村筱雲山莊呂氏家譜簡要》(臺中:自刊本,1965 年),頁10。

〔註166〕 興南新聞社編,《臺灣人士鑑》,頁 445。

〔註167〕 許雪姬、張隆志、陳翠蓮訪談,賴永祥等紀錄,《坐擁書城——賴永祥先生訪問紀錄》,頁 58〜59。

〔註168〕 許雪姬、張隆志、陳翠蓮訪談,賴永祥等紀錄,《坐擁書城——賴永祥先生訪問紀錄》,頁 58〜59。

〔註169〕 「其於國族,當日據之末葉,其人厲倡皇民化,由是臺之諸多閩閫之士,受於脅,輒改日姓求自保,顏瓜不能免焉。唯欽賢,敢對日吏云:『余家顏氏,復聖後也,於至聖為大弟子。東洋與中國,同文字之邦耳。史以來,奉儒而興,崇聖尚矣。君欲顏家改姓名,當從孔子起,顏家亦步之,毋違命!』日吏啞然。」參見:陳青松編撰,《基隆古典文學史》(基隆:基隆市文化局,2010 年),頁 347。

珠子英輝,「二十初頭時參加日本志願軍死在東帝汶島」,〔註170〕林垂凱則在1943 年入營一年九個多月,直到日本投降;〔註171〕林津梁原本在 1944 年志願為海軍工員往南海,因船舶關係已無期延期矣;〔註172〕甚至林獻堂的三子雲龍也在 1942 年申請為志願兵,林獻堂的態度是「余甚感其熱誠而又勇感〔敢〕」,〔註173〕林獻堂並非以忠君愛國看待兒子申請入營之事,而是就其熱誠勇敢的心靈深感欣慰。事實上臺灣人願意當日本的志願役,有一個很大原因,即是在長久的差別對待中,臺灣人要證明自己並不輸給日本人,所以願意赴戰場,證明自己的實力。〔註174〕林獻堂對於「大東亞戰爭一週年,皇軍戰無不勝,攻無不克」,也深感大幸,並非是為日本勝戰而稱幸,而是臺灣能夠「免敵軍之攻擊而得平安過日」。〔註175〕

　　林獻堂在皇民奉公會時期,確實也參與了皇民奉公會的任務,但是他在關於標示文化的「漢語」和「姓名」的部分非常堅定,明顯地在文化上展現他的中國情結,但在神官儀式和志願役上,則配合總督府政策。然而,即使林家子弟諸多人有意或參與戰事,並非基於對日本忠誠,而是臺灣人本身的考量,可以說是待機派在中國情結上,有堅持,也有合於現實的展現。

　　日本戰敗,臺灣歸還中國,似乎待機派所等待的時機已經到來,中國終於成為大國,文化的正統中心與政權上的正統中心合而為一,對林獻堂而

〔註170〕許雪姬編著,許雪姬、王美雪記錄,《霧峰林家相關人物訪談紀錄（頂厝篇）》,頁 13～14。

〔註171〕林獻堂著,許雪姬編,《灌園先生日記（十五）：一九四三年》,頁 413,日記時間：1943 年 12 月 29 日。

〔註172〕林獻堂著,林獻堂著,許雪姬編,《灌園先生日記（十六）：一九四四年》,頁 164,日記時間：1944 年 5 月 8 日;頁 356,日記時間：1944 年 10 月 25 日。

〔註173〕林獻堂著,許雪姬編,《灌園先生日記（十四）：一九四二年》,頁 40,日記時間：1942 年 2 月 7 日。

〔註174〕周婉窈曾歸納臺灣青年志願當志願兵的原因：「殖民政府的強迫手段外,尚有殖民政府給志願兵制度塗上極為濃厚的精神色彩、地方政府藉由各種管道發動年輕人提出志願書、同年齡層的壓力、殖民地人民對志願兵制度的反應在某種層面上多少關係到民族尊嚴。」其中關於民族尊嚴,以前日本軍軍人陳奮祥回憶為例：「（我們）經由各種猛烈訓練而脫胎換骨的身體完全處於為虎添翼的狀況,不輸於日本出身之一般士兵,相當優秀。」（參見：周婉窈,〈從比較的觀點看台灣與韓國的皇民化運動（1937～1945）〉,頁 187～189。）

〔註175〕林獻堂著,許雪姬編,《灌園先生日記（十四）：一九四二年》,頁 314,日記時間：1942 年 12 月 8 日。

言，毫無疑惑、歡欣接受這一天的到來，在林獻堂的日記中清楚記載著當他 8 月 15 日知道日本天皇終戰降書時，「不意其若是之速也」，〔註 176〕顯然他的心中早已經有此期待，再看他接下來兩天的日記，都因精神興奮，到半夜 1 點多仍睡不著。在 10 月 25 日參加受降典禮，並在下午光復慶祝大會中任主席，高呼國家至上、民族至上，蔣主席萬歲，中國國民黨萬歲，中華民國萬歲等口號。〔註 177〕此刻不論是祖國派或待機派，都沉浸在回歸中國的喜悅中。

然而，這一年的前半年，臺灣人還在皇民奉公會為日本戰爭動員服務，而這一刻卻已在歡慶臺灣回歸中國，對待機派而言，這其中並沒有什麼需要跨越的溝線，但對中國來臺的行政長官陳儀而言，卻無法信任曾是皇民奉公會的臺籍人士，而這些人物即是當時臺灣的領導階層，五大家族都名列其中。1945 年中國接收臺灣時，8 月 20 日前後有中宮悟郎為主與林熊祥、辜振甫、徐坤泉等人所策劃的「臺灣獨立事件」，陳儀在 1946 年 2 月 21 日開始逮捕林熊祥等人，林獻堂由於前一日由服務於警總侄孫林正澍陪同林獻堂去見警備總部司令部調查室主任陳達元，經過問話及三項保証後才得以無事。〔註 178〕1947 年爆發二二八事件，原本是當時臺灣經濟、社會問題所引爆的衝突，卻在這種不信任的關係中，成為加害曾參與皇民奉公會臺籍人士的藉口。林獻堂因為保護嚴家淦，得以免於迫害，然而不論是從事民族運動或親日的大家族，包括與林獻堂關係密切良好的陳炘、林茂生，板橋林家的林宗賢、〔註 179〕

〔註 176〕林獻堂著，許雪姬編，《灌園先生日記（十七）：一九四五年》，頁 245，日記時間：1945 年 8 月 15 日。

〔註 177〕李汝和主修，《臺灣省通志》（臺北：臺灣省文獻委員會，1969 年），卷十，〈光復志〉，頁 31～33。

〔註 178〕許雪姬，《林正亨的生與死》，頁 24。

〔註 179〕「1947 年二二八事件發生時，林宗賢是國民參政員的身分，算是中央民意代表。他和林茂生（1887～1947）等都去中山堂開會，曾在會場中站起來發表意見，又被推派到美國領事館交涉。這些事蹟國民政府都知道，事件之後，他被捉進去關，花了很多錢，才買得性命。前後被關了三個月。被釋放出來後，事情並未完全了結，曾為他出力的那些人仍然纏著不放，慫恿他開糖廠、紙廠，由他掛名當董事長。但這些人事實上只要騙錢，並不是認真在做生意，不到一年工廠就都收起來了。總計為了二二八事件，林宗賢之財產幾乎花去一半。林衡道對於堂叔林宗賢這段經歷，最後總結說：「林宗賢死後，訃聞是我寫的，我記載：二二八事件期間，擔任國民參政員，以『置自己安危於度外，為鄉里爭取利益。』數字而敷衍過去。」參見：張炎憲、高淑媛著，《混亂年代的台北縣參議會（1946～1950）》（臺北：臺北縣文化中心，1996 年），頁 122。

顏欽賢、顏滄海等，〔註180〕有的被通緝、有的被逮捕，甚至有的被槍殺。

　　林獻堂於 1949 年 9 月以赴日療病為由，留下妻兒飛往日本，終生未再回臺。林獻堂不回臺的理由，《灌園先生日記》中記載著：

> 危邦不入，亂邦不居。曾受先聖人之教訓，豈敢忘之也。臺灣者，
> 危邦、亂邦也，豈可入乎、居乎。非僅危亂而已，概無法律，一任
> 蔣氏之生殺與奪。若我歸去，無異籠中之雞也。〔註181〕

在日治時期，林獻堂可以用合法的方式從事民族運動，而國民黨政府卻無法律可言，概由人治。對於林獻堂這樣的指標性人物，在可以利用時仍可保無事，一旦被認為無利用價值或有礙其利益，難保其性命安全。臺灣，他的故鄉，在國民黨的統治之下，成為危邦、亂邦。以一個具有中國情結的傳統仕紳，他的中國正統情結也在國民黨政府來臺之後完全幻滅。另一方面中華民國政府也於 1949 年 12 月遷臺，政治上的正統中心落到北京的中共政權，歷史的弔詭，統治臺灣的中華民國，其政權又落入非正統中心。

三、親日派的認同矛盾

　　板橋林家與霧峰林家由於族人眾多，在中國、臺灣都有龐大的產業與人際網絡，在國籍上有不同抉擇與安排；而陳家、辜家與顏家則發跡較晚，在國籍認同上趨於一致，然而其代表家長，其成長養成階段多在於清朝，在文化的認同上則仍是以臺灣漢文化為主，儘管如此，對於臺灣總督府的統治，則出現了認同上的矛盾，其中各家族又有差異。板橋林家在進入日治時期已有巨額資產，在認同上較富商人性格，在第一屆臺人參與總督府評議員會議中，討論日本民法在臺施行的見解，林熊徵「不建一議，不贊一策」，〔註182〕幾乎都是以日本民法為依歸。〔註183〕而高雄陳家並沒有出現在第一屆臺人總

〔註180〕顏欽賢列入「二二八事變首謀叛亂在逃主犯名冊」三十人名單，遭到通緝；滄海被逮捕，顏家積極營救，始獲釋放。

〔註181〕林獻堂著，許雪姬編，《灌園先生日記（廿七）：一九五五年》（臺北：中央研究院臺灣史研究所，中央研究院近代史研究所，2013），頁 473，日記時間：1955 年 10 月 14 日。

〔註182〕王國璠，《板橋林氏家傳》，頁 77。

〔註183〕當時「林熊徵、黃欣兩人，因在該評議會上，對長子繼承，同姓婚姻等制度表示贊同之意，即導致輿論沸騰，通過報紙或寄送信痛罵他們：『身為漢族而破壞漢民族的美風，屈從異族的陋習』，責難、攻擊無所不至。」參見：王乃信等編譯，《台灣社會運動史（一九一三～一九三六）》（第一冊文化運動）（臺北：海峽，2006），頁 225。

督府參議員名單上，所以其家族對於臺灣自治、臺灣漢文化習俗等，也較不易見到其公開表達意見，然而陳中和親日色彩是明確的。另外辜家與顏家都是在日本統治下成長壯大的，受日本政府、商團的幫助影響很大，顏雲年年輕時志在舉業，而辜顯榮在成為日本人時已經三十歲了，所以一方面，他們成為日本政權的代言人，另一方面在文化上又多少保留了漢文化的認同，出現了國籍與文化上認同的矛盾。這個矛盾尤其表現在辜顯榮身上。以下分別論板橋林家、陳家、顏家與辜家國籍認同，辜家與顏家對於臺灣自治的立場與態度。

以板橋林家而言，是日本政府積極拉攏臺灣第一富豪之家，以作為治臺樣板。林維源乙未內渡，然而林家偌大的產業也須要有人入日籍繼承，自三房林彭壽、二房林祖壽起，各房陸續入日籍以繼承家產。維源過世後，三大房分家，多人再入日本籍，以大房林熊徵為例，在 1909 年入日本籍，當然也是受日本政府特別的禮遇，才能以「雇人之疏漏而使該人怠於申報」為由申請入籍。〔註184〕二房林爾嘉則留在廈門鼓浪嶼，接管了林家在中國的產業，未入日本籍。而後，林家大房二房（指包括林爾嘉的兒子們）的戶籍多設在臺灣，只有三房又將戶籍設在中國。〔註185〕以教育而言，日本政府對林家特別禮遇，1910 年板橋林家大房的林熊祥、林熊光和二房松壽、林爾嘉子林崇智、林履信赴日留學。〔註186〕進入日本皇家學習院就讀，當時院長乃木希典訓示林本源子弟，謂：

> 學習院為帝國皇家學校，不易對外開放，要他們有所覺悟，以林家
> 為皇家藩屏。〔註187〕

皇家學習院畢業後繼續留在日本受高等教育的都進入了東京帝國大學，林熊光畢業於經濟科、林履信畢業於文科。林熊光的兒子也都入皇家學習院。〔註188〕

再就與日人聯姻而言，林熊徵與盛關頤離婚後，再婚日籍高賀智慧子為妻。林熊光妻子石原文子為日人，兩人於 1918 年 5 月在東京結婚，〔註189〕8

〔註184〕王學新編譯，《日治時期籍民與國籍史料彙編》，頁 233。
〔註185〕杜淑純口述，曾秋美、尤美琪訪問整理，《杜聰明與我——杜淑純女士訪談錄》，頁 28。
〔註186〕〈蟬琴蛙鼓〉，《漢文臺灣日日新報》，1910 年 5 月 17 日，第 5 版。
〔註187〕陳三井、許雪姬訪問，楊明哲紀錄，《林衡道先生訪問紀錄》，頁 16。
〔註188〕陳三井、許雪姬訪問，楊明哲紀錄，《林衡道先生訪問紀錄》，頁 23。
〔註189〕〈熊光在京結婚〉，《臺灣日日新報》，1918 年 5 月 18 日，第 5 版。

月在臺北鐵道旅館披露宴時，下村民政長官，代表來賓起立致辭時，謂：

> 內地人本島人間之結婚，當推此回披露宴之林熊光君與石原保太郎
> 氏令媛文子，最為名門相當，新郎新婦此後夫婦相和，互相輔助，
> 家庭圓滿，蓋不獨林家幸福，好影響於全島甚大。〔註190〕

這樁婚姻是「內臺婚」臺日名門聯姻的重要代表，不只是林家的背景，而且其時間上也相當早。〔註191〕許雪姬於〈林熊光傳〉中稱林熊光是「台人中最徹底日化的人。」〔註192〕至於在臺灣讀樺山小學，日本成城中小學，日本仙臺東北帝國大學的林衡道，他則坦言：「我如果有錢，就會住在日本或瑞士，根本不會住在沒有法治環境的臺灣。」〔註193〕林衡道著眼的不是國籍，也不是文化，而是政治社會的秩序。

　　高雄陳家，在臺灣割日時前已與日本有許多的貿易往來，而且在日本東京設有分店，以商人的角度而言，他歡迎日軍入高雄，日本官方資料有如下記載：

> 豈圖有苓雅人陳中和者能通國語，先來於我先鋒表誠曰：我賈人也，
> 年十六，初投身于海商，估舳屢次往復于日本，故我詳悉事情。此
> 地今歸貴國疆域，我亦已日本人也！何歡如此，乞安其意，苓雅察
> 已非敵地也。〔註194〕

陳中和因通日語，出面與日軍交涉，並且以能為日本人為樂。陳中和並「派遣三名曾在橫濱任職的店員擔任通譯，使日軍得以順利進入打狗。日人領台後，他又提供約二甲的土地供臨時守備隊建設房舍。」〔註195〕當領導南部抗日軍隊林少貓把目標轉至支援日軍的富商，陳中和和興公司受突襲，

〔註190〕〈林家披露結婚〉，《臺灣日日新報》，1918年8月24日，第6版。
〔註191〕大正九年（1919）11月20日的報紙報導，當時全島內臺聯姻的夫妻共有136
　　　　對，據報導，職業從官員到苦力橫跨所有階級，但是無資產者的比例少之又
　　　　少，大多是擁有一千圓這上的資產家。參見：竹中信子著，蔡龍保、曾淑卿、
　　　　熊凱弟譯，《日治台灣生活史——日本女人在台灣（大正篇1912～1925）》，
　　　　頁213。
〔註192〕林獻堂著，許雪姬編，《灌園先生日記（一）：一九二七年》，頁59～60，日
　　　　記時間：1927年2月1日註2。
〔註193〕林衡道口述，卓遵宏、林秋敏訪問，林秋敏紀錄整理，《林衡道先生訪談錄》
　　　　（新北：國史館，1996年），頁115。
〔註194〕張炎憲、李筱峯、莊永明編，《臺灣近代名人誌》5，頁14。
〔註195〕宮崎健三郎，《陳中和翁傳》，（臺北：臺灣日日新報社，1930年），頁12。

陳中和受傷，舉家遷往廈門避難。1897 年秋天乃木希典總督透過日本駐廈門領事上野傳達了台灣秩序大致平定，力邀陳中和回台，陳中和 11 月回臺後，12 月給予勳六等，並頒瑞寶章。〔註 196〕陳啟貞並曾當過總督府評議員。

在教育與聯姻方面，陳家是早期留學日本的家族之一，1900 年當時陳中和託其橫濱分公司負責人周端立攜子弟啟貞、啟亨、啟瀛、啟南、有禮、瑞泰、清源、龍門等八人至日留學，在臺灣協會的協助下，商請慶應義塾特為他們開一班級，予以特別指導。〔註 197〕陳中和八子中，除了幼子陳啟輝外，〔註 198〕都安排進入慶應義塾就讀。至於和日本人聯姻的，陳中和本人即有日本妾，次子陳啟南即有一半的日本血統，陳中和七子陳啟琛則與日人熊野包子聯姻，後歸化日本，居東京。〔註 199〕

顏家是一個非常親日的家族，金、煤鑛業雖是家族沿襲下來的事業，但在日治時期與日本財團的合作，將顏家推向家族的高峰。在認同日本上〔註 200〕，首先，顏雲年當過通譯，與日人合作事業，雲年的日語能力應是非常佳的，另外，顏雲年參加親日色彩的瀛社，雲年與國年都擔任過總督府評議會員。1923 年，基隆顏家還招待過裕仁太子。〔註 201〕顏雲年與顏國年的子女幾乎都在日本受教育；在服裝儀容上，由於顏家經常與日本人合作，所以為了表示友好，1910 年國年將辮子剪掉，1919 年後就不再穿中式服；〔註 202〕許雪姬曾就顏國年於 1925 年《最近歐美旅行記》一書中論及遊記中對日本、中國的書寫，稱日本則「我日本」，稱中國則多以日本人對中國的稱呼「支那」一詞，總之，「顏的旅行是帶著日本為的眼睛來觀察這一切的，因此他的認同

〔註 196〕張炎憲、李筱峯、莊永明編，《臺灣近代名人誌》5，頁 15。
〔註 197〕吳文星，《日治時期臺灣的社會領導階層》，頁 121。
〔註 198〕照史，《高雄人物述評第二輯》，則載陳啟輝「慶應大學畢業」，則陳中和 8 子皆就學於慶應，頁 27。
〔註 199〕戴寶村，《陳中和家族史——從糖業貿易到政經世界》，頁 183。
〔註 200〕比較特別的是在日治時期，顏家並沒有與日本人聯姻，顏欽賢的長子顏惠民在 1970 年與日人一青氏結婚。唐羽，《魯國基隆顏氏家乘》（臺北：基隆顏氏家乘纂脩小組，1997 年），頁 387。
〔註 201〕臺陽礦業的顏氏家族，為日本昭和太子建了一棟行館，今稱之為太子賓館，但昭和太子來臺在基隆地區視察時，卻下榻基隆顏家，並未到太子賓館，之後，則改為臺陽礦業的俱樂部。
〔註 202〕葉立誠，《臺灣顏、施兩大家族成員服飾穿著現象與意涵之研究》，頁 98～99。

的國家是日本。」〔註203〕許多面向顯示，顏家在日治時期是親日、認同日本的。

　　顏雲年曾對於臺灣的自治，抱持著否定態度。〈論今日臺灣與自治制〉一文為例：

　　顧人有老少，惟地亦然，吾臺鹿走羊亡，不知其幾千萬歲，然自開闢以來，三百年於茲，即以荷人為胚胎，以鄭氏為誕生，以滿清為孩提，以領臺後至今日為成童，以今後之自治為弱冠，將擔當家事時代可也。然則吾臺猶青年也，來日方長，前途甚遠，吾欲乘此青年時代，謹一言自警，以冀不負世界的之名稱，少年臺灣其共勉之乎！夫人貴有志，生既頭角崢嶸，則當乘青年時代，奮發自為，以求達世界的之實，不然，徒有虛名，雖沃野千里，高山萬疊，將視如蟻垤，不幾負此青年乎！奮發何如？則當乘此新制頒布之日，一身一家，一庄一市，人人自為制裁，自為團體，守約奉公，勉力自治，如人之代父母治家事，責無旁貸，不以父母在而不為，不以年少而不學，在家為孝子，在國為良民，則雖年少未諳，上有父母之指導，下有兄長之師資，自熟練之日也，若必待年高閱歷而後為，平居又不奮發，則自暴自棄，永無自治之日矣。雖然，以今日而論自治，則尤當自覺何也？蓋我同胞，雖沐維新，時日尚淺，試問欲舉地方自治之實有誰可以負完全之責任？故新制雖頒，而人選甚難，不特郡守市尹無其人，即街庄之長亦少適任者，其程度可知矣，故自外視之，雖似可喜，自內觀之，當竦然自懼，如受重荷……自治之制雖頒，而大學之設未成，今日之島人，類多中學程度畢業大學者，寥寥無幾，以文化未興之會民，行自治之美制，能無汲長鯁〔綆〕短之患乎？故大學之創設，若能繼自治而生，菁莪棫樸，造就成材，猶為島民之幸福也，蓋島民本來面目，自其歷史上觀之，祖國支那雖有四千餘年之治化，而移居本島，不過二百餘載，更就領臺之日觀之，改絃易轍，開維新之途徑者，不過二十餘年，揆以樹人樹木之義，如此短日月，不誠幼稚乎？然則今日島民之自治，恰如新嫁娘，三日初入，廚下洗手，學作羹湯，雖鹽梅珍饈，羅列

〔註203〕許雪姬，〈林獻堂《環球遊記》與顏國年《最近歐美旅行記》的比較〉，《臺灣文獻》第 62 卷第 4 期（2011 年 12 月），頁 210。

滿前，終未諳翁姑之食性，能不背地低聲，先求小姑為之一嘗乎？
此予對於今日自治之感想也，雖然，臺灣青年孺子，固可教也，世
上本無難事，要在人之勤勉，寄語同胞，各自奮發，毋自暴自棄也
可。〔註204〕

顏雲年是日本統治下的獲利者，除了個人能力外，當然受力於總督府的庇蔭，
從他在短短二年之間，升任三次至臺為第一任的總督府評議員可知。他並未
對總督府消極治臺政策批評，而認為臺人程度未佳，大學未設，大學畢業者
寥寥無幾，如何能承擔自治之責。同時，他不斷以家庭為喻，認為臺灣受日
本統治不過二十餘載，正如剛進入人生的青年階段，又如何能夠承擔治家之
責；又以十年樹人百年樹木之義，言臺灣在日本維新統治只在幼稚階段；最
終以臺灣甫入自治，正如新嫁娘，要小心伺候婆婆。果然十足反映他男尊女
卑與長幼之序的傳統理念，同時又將之比附為臺灣與日本的關係，誠卑恭至
極。

　　另外，從雲年的文中可以觀察兩點。首先是地方自治與臺灣自治的差
別。臺灣在 1920 年 10 月，總督府宣稱臺灣進入「地方自治」，標榜採地方分
權主義原則，制定州、市、街庄制度，是行政區，同時也是地方公共團體，有
獨立的法人資格。〔註205〕而臺灣自治，在臺灣議會設置請願運動的設計下，
則是要求臺灣在日本帝國之下對於實行在臺灣的特別法與預算，臺灣議會擁
有議決權，這不只是地方自治，更是臺灣自治，這是對統治臺灣總督府的批
判，也是要求總督府讓出立法權。而顏雲年對於地方自治都表達如此卑微，
其所言幾似總督府代言人，對於臺灣自治當然就更不待多論。另外，臺灣所
謂的地方自治，與日本國內大不相同，在行政職上由上一級長官指派，而協
議會完全官選，只是諮詢機構，並無議決權，仍深具中央集權的官治主義性
格，與日本行政職由國內公民公選與議會有議決權實有很大的差別。〔註206〕
臺灣文化協會等民族運動者在報紙批評和各地演講、辦學、辦活動等啟發民
心，總督府在民意的壓力下，於 1935 年和 1939 年二次開放各級協議員半數
名額提供給人民公選。〔註207〕這裡要指出的是，期待臺灣總督府為啟發民

〔註204〕〈論今日臺灣與自治制〉，《臺灣時報》，大正十年二月（1921 年 2 月）。引
　　　　自「日治時期《臺灣時報》資料庫」。
〔註205〕吳文星，《日治時期臺灣的社會領導階層》，頁 185。
〔註206〕吳文星，《日治時期臺灣的社會領導階層》，頁 186。
〔註207〕吳文星，《日治時期臺灣的社會領導階層》，頁 191。

智、教育臺民，並不符合在臺日本人的利益，無異是緣木求魚，從 1915 年臺人共同捐設的臺中中學校為例，〔註 208〕臺人所期望的是一所私立的，「比照日本內地中學校」學程的中學校；在總督府運作下，臺中中學校，成為公立的，臺人入學名額稀少，除了名稱「中學校」外，實與朝鮮的高等普通學校無異，其學制、課程內容都較日本內地中學校程度低，也無法與日本本國的學制連接，而「中學校」名稱也在 1918 年台灣教育令之後被刪除，改稱高等普通學校。〔註 209〕啟發民智，不能期待總督府，而讓總督府改變的唯有強大的民意。

　　辜顯榮從基隆迎日軍進臺北城始，即是向世人宣稱他的國籍認同。其後議設保良局，維護治安，並成為臺北保良總局長，在日俄戰爭時指揮偵察俄國經過臺灣海峽的艦隊；創辦「公益會」、「有力者大會」與臺灣文化協會對抗，都是他效忠日本政權的表現。另外辜顯榮與總督府長官交好，在 1903 年辜顯榮發起為第一任民政長官水野遵（任職時間：1895～1897）在臺北圓山建立銅像，且支付了大部分的費用；再以民政長官後藤新平、總督佐久間為例，辜顯榮在總督府長官將離職時或離職後贈送價值連城的藝術品，還特別邀請福建、廣東名匠，以上好的木料，花上數年時間，在自家宅院完成。〔註 210〕

〔註 208〕臺中中學校即今之臺中一中，日治時期臺中中學校原為招收臺灣學子，而招收日本學子的臺中二中，其課程與學程都較臺中一中深而長，能夠與日本學制相銜接。

〔註 209〕若林正丈著、許佩賢譯，〈總督政治與臺灣本地地主資產階級——公立臺中中學校設立問題（1912～1915 年）〉，《臺灣風物》52 卷 4 期（2002 年 12 月），頁 107～146。

〔註 210〕辜顯榮〈追憶後藤伯爵〉載，後藤新平辭去民政長官一職，於離開之際，辜顯榮以雕刻品贈送後藤伯爵當作紀念。這雕刻係由福建聘請清朝一流的名玉匠三十名，特設一間工廠，花費兩年的歲月才雕刻完成。其材料選用樟木及黃楊木，圖案乃從二十四孝與三國志取材，是一座大風格雕刻。後藤極為稱心滿意，後來將之奉獻給皇上〔天皇〕，為此，後藤新平還特別寫信給辜顯榮，讚賞辜顯榮所贈雕刻品為「稀世之雕刻，誠可謂中國美術之精華。成為辜顯榮引以為傲的光榮。（參見：辜顯榮翁傳記編纂會原著、楊永良譯，《辜顯榮傳》，頁 195～196。）另外，1915 左右，後藤朝太郎去鹿港拜訪辜顯榮，「那時，我（後藤朝太郎）看到他從廣東趙州請來刻紫檀的名匠至他自宅內，正在製作四座龐大而精細無比的花台。辜顯榮說：『這四座花台完成之後，一對準備送給要回仙台的佐久間前總督，另一對要送給後藤民政長官。因此，我要雕刻師傅盡最大的努力去雕刻。』他說，他特意從廣東聘請數十個名匠，已經製作數年。我仔細觀察其精巧的圖案、結構，以具、線鋸、鑿子、銼刀等。……後藤新平也對這花台鍾愛不已，後來他製作了一個美麗

離職時或離職後尚且如此殷切，就更不必說在職之刻了。「日本統治期間，截至辜顯榮去世之前，皇族共二十七次訪台，每一次辜顯榮都單獨獲皇族召見。日本政府回報給辜顯榮的除了政治上名位，與經濟上的利益，尤其是 1934 年「貴族院議員」，是全臺第一位、是日本政府敕選十二位議員中之一。辜顯榮家族在日治時期舉行的禮俗無不是日本式，包括妻妾與自己的喪禮。〔註211〕可以說，他是日本人是蓋棺論定的。

辜顯榮在政治身分認同日本人，他認為自己並不是文化協會所批評的漢奸、賣國賊，在 1924 年 11 月所著《台灣思想問題》中第六章〈身為日本帝國臣民〉自辯：

> 那些攻擊我出賣台灣、圖富貴顯達，究竟有何種證據？以中國古來
> 之大義而言，侍奉當時的朝廷之官吏，不管其地位職務如何低微，
> 如再侍奉其他朝廷，也就被稱為服侍二朝，而列為不忠不義之頂點。
> 然而若是平民而不是官吏，則能免其責。〔註212〕

辜顯榮認為臺灣割日前，他是清朝之民，不是清朝之吏，所以沒有變節的問

書，頁 195～196。）

〔註211〕 在日治時期，辜顯榮家族即是採用日式禮俗。就《臺灣日日新報》所載，包括 1926 年如夫人翁富，（參見：〈辜如夫人公弔‧遠近有志多到〉，《臺灣日日新報》，1926 年 8 月 30 日，第 4 版。）1934 年元配陳笑，和 1937 年辜顯榮本人的喪禮都是完全採日本喪禮中佛教儀式進行。以陳笑喪禮為例：「辜顯榮氏德配陳夫人告別式，既如所報，去十一日午前十時在其鹿港街宏大私第洋樓前空地，臨時建設華麗式場，莊嚴舉行。場中設壇，壇上安置夫人寫真，及靈旌，案上陳列內臺官紳供物，尤以生花花環軸聯，左右懸結布置，極其堂皇精彩。先是九時一號砲發轉柩，九時半二號砲發準備，樂音嘹喨，一般會葬者，紛紛著席，十時三號砲發，告別式始，內臺僧侶誦經，副葬儀委員長李崇禮氏，朗讀式辭，謝會葬者諸位。」（參見：〈鹿港辜家告別式‧在其廣大私第莊嚴執行‧島內各界名士千餘名參列〉，《臺灣日日新報》，1934 年 4 月 13 日，第 4 版。）不論是靈堂的佈置，或是程序的進行，「極其堂皇精彩」，備極哀榮。另外，關於辜顯榮的葬禮，1937 年 12 月 18 日夜晚：「親屬及家屬聚集於鹿港自宅，經過協商討論，考慮到時節問題，決定打破台灣舊有習慣，不延長殯殮。預定二十九日上午十時，於鹿港女子公學校前廣場設置靈堂，葬禮採佛教式。並決定委託小松吉久擔任葬禮委員會長，墓地決定設於彰化快官，辜顯榮正妻陳笑墓地之旁，行列等儀式，為了給台灣人當示範，一切採日式進行。（參見：辜顯榮翁傳記編纂會原著、楊永良譯，《辜顯榮傳》，頁 621。）

〔註212〕 辜顯榮翁傳記編纂會原著、楊永良譯，《辜顯榮傳》，頁 413。

題，而清朝政府將臺灣割給日本，所以他是堂堂正正成為日本帝國的臣民，一點也不須避諱。另一個角度是，他是日本政權的議員，意即他必須效忠的是日本總督府。在政治上認同日本，除了政治上的因素，另外，就他在「辜氏談臺灣島政」時，指出：

> 中華民國，已閱八年。自袁氏妄圖帝制，南北分離，兵連禍結，至今未解……若台灣今日，仍屬中國統治，則我三百萬同胞，其得燕安無事乎？〔註213〕

臺灣在日本統治下，進行了現代化的建設，包括了日月潭水力電氣、官佃溪埤圳工事，西海岸的鐵道線，加上現代化教育的推行等，強化了辜顯榮認同日本統治，並且認為是對臺灣的恩惠。〔註214〕就政治、社會的角度而言，他以身為日本人為榮。

　　辜顯榮極力成為一個日本人，然而在文化上，他卻又是一個中國人。他的養成都是漢文化式的，比如上一節所述改建孔廟，推崇儒教精神，重視綱常之教，他認為：「東亞文化的長處，一言以蔽之，就是人道。所謂人道就是倫理綱常。」〔註215〕東亞文化便包涵了臺灣、日本與中國，辜顯榮認為日本的道德與中國的道德都源自儒教，臺北新舞臺搬演中國教忠教孝的戲劇，讓小孩受漢文家教，他自己講漢語，用中國姓名，另外，他修建寺廟不遺餘力。〔註216〕他對「同化」的意見是「將台灣的中國民族同化為日本人。」〔註217〕然而他認為在食、衣、住、社會儀式與宗教信仰與社會制度之法制，臺灣不易同化，也未必要同化；而需要同化的是國語（日語）之普及、忠君愛國之觀念與日台人間通婚。〔註218〕以忠君愛國而言，傳統儒家不也是講忠君愛國？他忠君愛國又有什麼可批判的？何彩滿認為辜顯榮在「保留台

〔註213〕辜顯榮翁傳記編纂會原著、楊永良譯，《辜顯榮傳》，頁375～376。
〔註214〕辜顯榮翁傳記編纂會原著、楊永良譯，《辜顯榮傳》，頁377。
〔註215〕辜顯榮，《臺灣思想問題》，收於辜顯榮翁傳記編纂會原著、楊永良譯，《辜顯榮傳》，頁385。
〔註216〕在《辜顯榮傳》中記錄著他是一個信仰虔誠之人，修建寺廟不遺餘力，捐獻超過一萬元有：1917至1924年，劍潭寺建築捐款共6萬元；1920至1925年，龍山寺建築捐款額共4萬元；1925至1932年，孔子廟建築捐款額共5萬元；1935年鹿港媽祖宮捐款額1萬5仟元，同時他還是天后宮和龍山寺的管理人，（辜顯榮翁傳記編纂會原著、楊永良譯，《辜顯榮傳》，頁160～163、355。）
〔註217〕辜顯榮翁傳記編纂會原著、楊永良譯，《辜顯榮傳》，頁425。
〔註218〕辜顯榮翁傳記編纂會原著、楊永良譯，《辜顯榮傳》，頁426。

灣文化獨特性與國家認同之間並沒有衝突。但是他始終未能明白衝突的產生來源，台灣的獨特性正是為了日本殖民政府得以拖延平等公平權而存在。」〔註219〕然而辜顯榮真的不明白這種衝突的來源嗎？

　　辜顯榮對於在臺灣內臺之間的不平等，他的說法與總督府說法如出一轍，是基於民智程度未能及得上日本人：「然比〔此〕現在民智程度，則使吾台人民循序漸進，殊為恰何〔合〕時宜之舉措。」〔註220〕在臺灣議會的請願運動過程中，可以看到辜顯榮的轉變。臺灣議會的請願運動與推展該運動所組成的臺灣文化協會都在 1921 年展開，1923 年 11 月辜顯榮與親日的仕紳另組「公益會」，辜顯任會長，林熊徵為副會長。臺灣議會的請願運動在 1924 年 7 月 5 日已經進行第五回請願了，〔註221〕在此之前，辜顯榮再組於 6 月 27 日再組「有力者大會」，其決議即是以「臺灣議會請願其中一部藉口於請願非議臺灣之制度文物以惑人心」，〔註222〕這是很明確的誤謬，因為議會請願之所以有需要，即是針對當時的總督府制度。有力者大會並沒能夠阻礙臺灣請會的請願運動，甚且還在第五回請願的前二天（七月三日），舉辦「無力者大會」，林獻堂與林幼春都親自登臺演講以聲討「有力者大會」。〔註223〕而辜顯榮在 7 月 25 日所發表的〈辜氏談臺灣議會〉，以「今其請願旨趣既變」為理由而反對，然而就官方資料顯示「第五次請願，只止於字句的訂正。均用本要旨（第一次請願書）繼續請願。」〔註224〕顯然辜顯榮所持的理由是站不住腳的。當辜顯榮批評議會請願運動旨趣改變時，林幼春即在報上發展「這是誰的善變呢？」一文評論批評辜顯榮，議會請願運動並未變，而是辜顯榮善變。

　　從議會請願運動進行第三次後，辜顯榮才受總督府策動成立公益會與有力者大會加以抗衡。顯然一開始，他並沒有明顯反對的立場，面對臺灣民眾，他不會明確表達反對議會請願運動，而是先虛迤委迤地說他的他的意見原本

〔註219〕何彩滿，〈辜顯榮的多重身份認同〉，《二十一世紀雙月刊》112 期（2009 年 4 月），頁 110。

〔註220〕辜顯榮翁傳記編纂會原著、楊永良譯，《辜顯榮傳》，頁 377。

〔註221〕王乃信等編譯，《台灣社會運動史（一九一三～一九三六）》（第二冊政運動），頁 24。

〔註222〕〈這是誰的善變呢？〉載有力者大會決議。

〔註223〕廖振富，〈櫟社三家詩研究──林癡仙、林幼春、林獻堂〉，頁 98。

〔註224〕王乃信等編譯，《台灣社會運動史（一九一三～一九三六）》（第二冊政運動），頁 188。

和議會請願運動是一致的：「今觀報紙所揭示出清瀨代議士在請願委員會所介紹說明，可藉知釋明書內容，覺與吾人素所主張者，殆為一致，同一出於希望尊重民意，圖臺灣政治的改善，又其性質，可明白為可能性。故余不獨毫無反對，且逢人便稱道今次在京請願團委員各位之賢明能斟酌現狀，行以合理的政治運動。」〔註225〕然而今日反對的理由除了「旨趣既變」外，他更進一步認為有「實際上不可能」：

> 實際者何？時與場所，及民智之程度與實力三者。時與場所為客體，民智之程度與實力為主體，適於主體與客體者為可能，不適者為不可能，譬彼冬裘夏葛者，各從其是，是時，南北氣溫有異，生活狀態不同，場所也。民智之程度與實力，即帆飽舟輕，菓熟蒂落，善行無轍迹，善言無瑕謫，亦不外順物之性及自然而已。是謂之實際。又所謂實際者，不在於現狀維持滿足，恆於實際上求進步求發展，斯為可貴，宋人之助苗長，法非實際，施肥灌溉之助長者，乃為實際。辜某至今或受人譏罵者，為誠心誠意，求臺灣實際的進步發展故，而譏罵余者，雖亦可出於求臺灣之進步發展，卻不知余為實際上，欲求夫所謂曲則全者之苦心，至於個人，可信別無何等恩怨，余自信此心，俯仰無愧，要對得起同胞，且晨夕禱告天地神祇，希望臺灣有發達進步之可能性。〔註226〕

辜顯榮很努力用了很多的中國典故要說明臺灣實施自治在實際上的不可能，其理由與三年前顏雲年主張相同，不外是民智程度不足。在《台灣總督府警察沿革誌》中即指出「在島內持反對論者大都是內地人」，〔註227〕指出了在推行日本與臺灣的平等政策中反對最強烈的是在臺灣的日本人，原因很簡單，即是林幼春〈內臺人的同牀異夢〉所言的「同牀異夢之內臺人，利害既然相反、感情又拿甚麼法子去調和呢？」〔註228〕這也就是為什麼辜顯榮會被批評為漢奸，因為他是寄生在日本政權下的獲利者，他的利害與日本人相同，感情自然是在日本總督府那一邊的，而受剝削的是臺灣人。我們可以再以他關於臺灣議會請願問題，所提出的三個疑問：一、台灣總督之委任立法權將何

〔註225〕〈辜氏談臺灣議會〉，《臺灣日日新報》，1924 年 7 月 25 日，第 4 版。
〔註226〕〈辜氏談臺灣議會〉，《臺灣日日新報》，1924 年 7 月 25 日，第 4 版。
〔註227〕王乃信等編譯，《台灣社會運動史（一九一三～一九三六）》（第二冊政運動），頁 40。
〔註228〕〈同牀異夢之內臺人〉。

去何從？而帝國議會對此委任立法機關又將如何？二、台灣議會主張台灣全體住民組成之，而台灣漢人、日本人、生蕃、熟蕃民情習慣迥異，將成為鬥爭紛擾之討論場。三、台灣議會之議員選舉法是限制選舉或普通選舉？〔註229〕辜顯榮必須站在臺灣總督府的角度，質疑臺灣人的能力，而將臺灣人同化為日本人，他又認為在文化習俗上不必與日本同化。辜顯榮終究是選擇與臺灣總督府同一立場同一感情，在這個選擇的過程中，既不能單純反對臺灣議會請願運動，於是只好發表一些似是而非，充滿矛盾的話語，也正映出他內心的衝突與矛盾。

以上海臺灣青年會曾對有力者大會發出〈向自封為台灣有力者逕自召開大會的諸位致檄〉一文為例，指出了臺人對於辜顯榮與林熊徵等御用紳士的批判：

> 以辜顯榮、林熊徵為首，僭稱有力者，召開自封有力者大會的各位先生！你們是受到台灣總督府的特別照顧，而享有特權，諸如鴉片、酒、鹽、菸草等，無一不是政府為餵養諸位而供給的資源。直言之，你們不過是台灣總督府所飼養的走狗罷了。你們素來和總督狼狽為奸，剝削我們的自由和膏血。這樣，你們又如何能區別有力者和無力者呢？你們罔顧台灣之大局，毫不顧慮台灣之民意，只以糾合同類走狗為能事，捏造輿論，提供總督府作為壓迫民權運動的材料。你們僅計較自己的利益，追求勳章，憧憬特權。這些行為既是沒良心的各位所長於表現的，所以本也不足為怪，但民意是不能加以矇蔽的，輿論也是不能加以捏造的。你們為何瞻〔膽〕敢如此？誠如古人所說：「千夫所指無疾而死」。政府實應嘉獎你們的作為。但同胞唾棄你們的行徑。難道你們不願偃旗息鼓，還要繼續作奇奇怪怪的勾當嗎？難道你們今後仍要自欺欺人，終而自取公眾的羞辱嗎？需要反省啊！我們台灣人的臉被你們徹底丟光了。雖然你們不必愛惜自己的台灣人顏面，但也不要忘記省思一下我們同胞的處境喲！〔註230〕

至今這一篇檄文仍充滿了現實感，仍然觸動關心臺灣未來的心靈，那些檯面

〔註229〕辜顯榮翁傳記編纂會原著、楊永良譯，《辜顯榮傳》，頁429～432。

〔註230〕王乃信等編譯，《台灣社會運動史（一九一三～一九三六）》（第一冊文化運動），頁88～89。

上獲利的領導者，實須嚴肅加以批判。

投身臺灣議會請願運動的林獻堂，不止在政治上與辜顯榮相對，夫婦兩在家族的活動上，都不願與辜顯榮有牽連。如其侄林垂芳（林烈堂子）原本請辜顯榮為証婚人，辜顯榮因病不克前往，楊水心聞之甚喜，林獻堂以請顯榮為証婚人，殊有礙林家之面目。〔註231〕林獻堂夫婦沒有先以人道立場關心辜顯榮的病況，反因辜顯榮不能前來而開心，辜顯榮此時雖已貴為日本貴族院議員，若是只求自身的利益，而故意對臺灣人立場視而不見，在人格上是不會被尊重的。

當「中國正統中心信仰」，遇上了「非正統中心信仰」，便有機會轉化為「臺灣正統中心」，當臺灣有自己獨立的國格，在世界上與各國交流，如此，在全球化下，方不致淹沒在中國的網羅中，能真正成為地球的一員，以走向地球為中心。筆者在臺灣的民族運動中看到了可行性，首先是對臺灣歷史的認識，其次是深化民主，以民意為依歸。臺灣的歷史教育，過去曾經是空白的，現在則有一中架構下的史觀之爭，這些都是不利於臺灣的主體性建立。只要真誠客觀將臺灣歷史事件呈現，尋繹先民在懷抱中國情結下的失落與困境，便知道以臺灣為中心，建立臺灣的主體性，才是可長可久之道；至於表面懷抱中國情結，實為謀求或鞏固家族政商利益者，其私慾之心，當為世人所摒棄。其次是深化民主，拜教育普及，還有傳播方式不再受限於統治者與財團，臺灣民智大開，民意的表達更為多元。今日臺灣的民主是不夠深化的，三年或四年一次的選舉，便名之曰民主，選上的在威權傳統下，真自以為是民眾之主了，而真正的民意常是被輕忽的。真正落實民主，絕非只是三、四年一次的數人頭選舉，更應該有一套良好的監督機制，打破威權思想，真正「以百姓心為心」。〔註232〕

〔註231〕林獻堂著，許雪姬編，《灌園先生日記（八）：一九三五年》，頁453，日記時間：1935年12月26日。
〔註232〕晉・王弼注《老子》（臺北：學海，1989年），四十九章，頁57。

第六章　結論：兼論五大家族對臺灣社會的遺響

一、結論

　　臺灣的仕紳望族在家族的領域中，受傳統漢文化的影響非常深遠。在政治立場上，通常大家族與當權者站在同一方，同時獲得諸多利益的回饋；即使在不同種族統治的日治時期，擁有中國正統信仰的家族，參與民族運動，仍必須與當政者保持一定的關係，以保護族人與家產。在社會上，他們是領導階層，以極佳的社經背景，擁有最先獲取新知識、新觀念上的機會，從而批判傳統的孝道、三妻四妾、男尊女卑的社會觀念。然而在私領域上，大家族仍然顯得相當的傳統守舊，尤其是傳統文人，其生活形態與生命情調，多為傳統所形塑，一方面受新思潮的激盪，對傳統有所省思，便產生個人內在、外在的矛盾，與代際之間、倫際之間的衝突。

　　臺灣如何從一個南島語系的社會轉變成為一個以儒教為主的社會？其中有那些阻力與助力？荷治時期的以羅馬拼字書寫平埔族語的「紅毛字」，推延了漢字的進展；村落頭人制則有助於儒教父權主義的植入。而平埔族的儒化從社學開始，以利祿為誘導，逐步影響了平埔族的社會習俗，使平埔族閩客化。而在臺灣的漢人社會，尊奉儒教明、清政權的統治下，建立起一個以四書五經為內涵、科舉功名為手段的文教制度與措施，形成一個以儒教的生活空間。在儒教生活空間形成的背景下，原本即鼓勵家族的興盛；清朝與日本統治政策，也促成了大家族的的發展。首先清廷視臺灣為邊陲彈丸之地，對

於臺灣的治理相對消極，「民變」與「分類械鬥」不斷，實是吏治不清、治理不彰的結果，家族必須有自己的武力保護生命財產的安全，大家族才有能力養兵；另外，外患不斷，終究讓清廷重視臺灣的重要，而有的「開山撫番」、「清丈」的推動，清廷必須仰賴大家族為助力，而大家族又在開發中獲取巨利，是大家族壯大的原因。在日治時期，承繼著清末的土地政策，進行土地調查與林野調查，更有多項的專賣事業，提供大家族發展累積資本，並以名位加以籠絡，大家族進一步在政商關係中取得優勢。

在家族崛起的部分，每個家族獲取家族最關鍵的資產而崛起的要素，與儒家倫理並沒有多少關連，然而在經營上，則以傳統儒教的家族企業模式，不論是經營人才、資金網絡，多以血緣、姻親、地緣為最主，這種重視人治的企業，缺乏制度，或沒有經營才能出眾的子嗣接棒，與政策、時勢的配合，很難長遠。而在分產繼承時，傳子不傳賢，原本是父親對兒子的愛護照顧，卻成為家庭紛爭的戰場。其中，因禮法鬆弛，受寵妾的地位，在日治時期已非傳統可比，進而引發嫡庶之爭，在林澄堂與陳中和分產繼承中成為衝突的事端。日本的家督繼承，資產不會因諸子均分而稀釋，顏雲年與辜顯榮家族都受此影響，雖然諸子分產，但經由會社方式，以長子為主要代表人，以達到資產不稀釋的效果。至於中華民國時期，女子也可以與男子均分財產，實際上仍面臨傳統觀念女子不能繼承家產的限制，即使是講究男女平等的林獻堂，即使是同為女子的林獻堂夫人楊水心，都難以在當下坦然接受。

以家庭倫理而言，首先是居住的空間，從霧峰林家的三座宅第，即展現了家族中重視孝道、長幼有序、男女有別的倫理觀念。家祠是孝道傳承處，以居室的分配而言，以左尊右卑、後尊前卑為原則。以房舍的大小高低而言，地位愈高者，則屋舍的高度愈高，寬敞度愈大。而花廳的前的戲臺男女的位置、屋舍的進落的出入的規矩，都在男女之防上有明顯界線。在孝道的繼承上，這也是大家族非常重視的一環。從家傳、方志中，紀錄許多孝行，為人子孫的無不極力宣揚家中長輩的孝行，而對家族長輩批評的記載，即使是文間文學的形式，仍會帶給子孫很大的痛著，著名的事件即是林幼春對臺灣民間文學中「壽至公堂」的中爭札。在居家生活上也展現孝親的一面，林文欽粉墨登臺娛親引人注目。而喪禮更是傳統展現孝道的場域，即便是有新思想的林獻堂在處理庶母的喪禮時，仍謹守傳統喪禮繁複的禮俗。然而在傳統孝道維護上，我們也看到了兩代之間的衝突，不同禮俗之間的衝突，以林獻堂為

例，長子林攀龍與女婿高天成都是虔誠的基督徒，在婚禮不敬拜祖先，對林獻堂而言是非常難以忍受的；林幼春因為寵妾問題與兒子林培英發生過嚴重衝突，還以此告誡子孫不得再蓄妾。至於對於家族中的婦女，大家族對於婦女有嚴格的規矩必須遵守，主要是男女有別的貞節觀念，對婦女的人身自由產生很大限制。這一套規矩，對象包含了未出嫁的女兒、嫁入的媳婦，夫亡的寡婦（其中還有未婚妻嫁神主牌守寡一生之例）。而另一個角度，則是妻妾成群的婚姻制度，其影響包括家庭內衝突不斷，家族中寡婦非常多。在日治時期，守貞觀念雖然有所突破，但是，在大家族內，仍然以守貞不改嫁為主，仍然有其局限性。

關於大家族的認同，包括文化的認同與政治上的認同。在大一統思想背景下，大家族中受傳統教育的家長，大都懷抱著中國情節，在文化習俗上，多以中國為正統中心，不論是在命名文化、仕祿的追求，傳統書畫、戲曲、詩歌的興趣，都表現了對中國文化上的認同。然而臺灣受不同種族的日本統治，在國籍認同上，在民族運動的態度上出現了差異。而政治上與文化上，皆以中國為正統中心的祖國派與待機派，都面臨了臺灣發展上的困境；而文化上以中國為正統，政治上認同日本的親日派，則不免有言行前後矛盾，逐利自家的批判，而這樣的批判，並不會因為蓋棺論定而停止，而是在臺灣的史冊中留下爭議的一頁。

政治上的正統中心信仰，是不可行的，文化上是否也要抹去正統中心信仰？筆者以為對於傳統的漢文化，要清楚的認識，並能自我覺查，在面臨傳統與現代的衝突時，才不致迷惘、對立，而能進一步突破，比如說現今大家很關注的多元成家議題，可以讓我們對於家族有不一樣的思考。然而傳統並不需要全部切割，因為今是的傳統也曾是過去的現在，我們應當真誠面對臺灣的歷史過程，對於臺灣的傳統客觀審視，於是「台灣不是要擺脫漢字、漢文化，而是把台灣自己的漢文化獨立於中國之外，切斷中國的文化情結，才能使之重新與南島、日、美等文化融合成一現代的台灣新文化。」〔註1〕這就是我們突破的方向，也是臺灣最誠懇、最平實的文化之路。

二、五大家族對臺灣社會的遺響

臺灣五大家族所承載的家庭倫理，其主要內涵為父系家族社會的道德，

〔註1〕莊萬壽，〈台灣文化的困境與台灣國民意識的建構〉，頁281。

顯現為家族主義與父權主義，是傳統儒教社會與資本主義結合的結果。直至今日的社會，仍然普遍存在臺灣社會中，缺乏理性的精神、更沒有公民意識，成為臺灣社會邁向現代化公民社會的阻礙。

（一）家族主義的弊害——環境倫理與社會責任的缺乏

以家族主義而言，家族利益至上，在擴張家族利益時，因為缺乏環境倫理與社會的責任感，極容易以剝削土地、剝削中低階級為手段，累積其大量的財富。原本大家族仕紳領導階級，比大多數人掌握了更多的資源，包括政治、經濟、教育等面向，在地方上具有領導的作用，理應成為社會進步的領頭羊。但是在家族利益至上的考量下，我們看到臺灣多少企業是因污染或破壞這塊土地而獲取家族極大利益，只要看看最近臺塑六輕空污〔註2〕和日月光高雄 K7 廠廢水污染〔註3〕等不斷爆發的環保問題，就知道臺灣這些企業缺乏足夠的環境倫理，其作為最終原則是家族獲利，而非環境永續。就五大家族而言，在開山撫番政策下，其中之一的目的就是為了取得臺灣山地的樟腦資源。然而我們可以再往前推，原本臺灣平地也富有樟腦，平地的樟腦被砍伐殆盡，所以要往山上開發，平地的樟腦何以殆盡，其原因不外是漢人向土地取得樟腦，卻沒有思考應該再栽植，平地的樟腦終究告竭。日治時期，帶來現代化的觀念，在砍伐的同時，也進行造林，但臺灣樟腦業還是沒落了，人工合成的樟腦因不斷研發而降低成本，臺灣自然合成的樟腦也就失去了市場性，這個百年前盛行一時、創造出霧峰林家的產業，就此走下臺灣產業的舞臺。另一個曾是臺灣最大外銷產量的糖業，其中獲利的一環即是剝削農民而來。以林本源製糖會社為例，資本家壟斷整個製糖工業的產銷，1924 年因壓低甘蔗的收購價錢，引起與蔗農抗爭，以爭取合理的利潤，此「二林事件」後續進一步擴及全島；而陳家的新興製糖於 1925 年也因收回佃農土地，爆發了「鳳山農林組合抗爭事件」。〔註4〕對照今日臺灣社會，「台股去年上市櫃企業獲利年增率高達 41.9%，如果扣除潤泰集團一次性獲利的認列，企業年增

〔註2〕台灣環境資訊協會環境資訊中心，〈六輕氫火・雲環局：空污法處理〉（2014年 3 月 5 日），下載日期 2014 年 5 月 1 日，網址：http://e-info.org.tw/node/97808。

〔註3〕中央社即時新聞，〈日月光 K7 廠排廢水・高市重罰〉（2013 年 12 月 9 日），下載日期：2014 年 5 月 1 日，網址：http://www.cna.com.tw/news/aloc/201312090325-1.aspx。

〔註4〕矢內原忠雄著、林明德譯，《日本帝國主義下之台灣》，頁 268～273；又戴寶村：《陳中和家族史——從糖業貿易到政經世界》，頁 108～109。

率起碼也有 35.7%，都是歸功於企業海外接單暢旺為合併獲利帶來好成績。」〔註5〕企業獲利超過 3 成 5，員工的薪資卻少有動靜，青年世代，仍徘徊在 22K〔註6〕上下，卻又得面臨物價上漲的雙重剝削，兩相對照，何等相似，又是何等不正義。再回到 1924 年的「二林事件」後，文化協會曾對二林蔗農設講座，並安排林獻堂等人演講，對蔗農多有啟蒙，團結一致向林本源爭理合理利潤，並達到目的；簡吉等在「鳳山農林組合抗爭事件」中，帶領農民抗議、演講，被控違返「治安警察法」起訴。林獻堂或受世界民主思潮影響，承擔起社會責任的重擔，巫永福稱他是「有良心的員外」〔註7〕，但也只是曇花一現。真正的社會公平正義維持，在儒教家族主義之下，很難在大資產家家族中出現。以文化協會分裂而言，協會中的地主階級顯得保守，林獻堂也只能在反抗與屈從中游走。真正承擔起臺灣社會公平正義，而奮力爭取的，多是新知識份子，如蔣渭水是醫師，賴和是醫師也是文學家，〔註8〕簡吉是教師，楊逵是文學家。〔註9〕

（二）父權主義下的繼承風暴

父權主義是藉宗法制度推衍出來的，展現在臺灣大家族的面貌上，即是一夫多妻妾，家產概由諸子均分或諸子爭奪。今日王永慶家族四房認祖的官

〔註5〕鉅亨網新聞，〈企業獲利成長挹助台股馬年動能・指數坐八望九〉（2014 年 2 月 3 日），下載日期：2014 年 5 月 1 日，網址：http://news.cnyes.com/Content/ 20140203/KITKHKPJ5JG52.shtml。

〔註6〕清大彭明輝的部落格，〈22K 是什麼問題？〉（2013 年 1 月 30 日），下載日期：2014 年 5 月 1 日，網址：http://mhperng.blogspot.tw/2013/01/22k.html。

〔註7〕許雪姬編著，許雪姬、王美雪記錄，《霧峰林家相關人物訪談紀錄（頂厝系）》，頁 123。

〔註8〕從日治時期，臺灣的醫生即成為臺灣社會菁英的代表。究其原因，以日本統治而言，「1919 年止，總督府對於臺灣人，未曾普遍性的授以高等專門教育，只在占領臺灣之初，認為衛生狀況極待改良，由後藤民政長官辦理了醫學校。」以臺灣人而言，「臺灣總督府的醫學校，早於 1899 年 3 月開辦，專收臺灣子弟，至 1919 止，為台灣人唯一專門學校。蓋臺灣人頗多擁有相當多資產的資本家，而具有醫師開業的財力，醫師又是自由職業，毋須仰賴官廳及資本家的雇用。尤其政治界及實業界的進路完全為日本人獨占而受阻塞的情形下，無不使臺灣人知識分子，去當醫師。目前臺灣的民眾文化、政治及農民勞工運動的先驅台指導者，多為醫師，其原因在此。」參見：矢內原忠雄著、林明德譯，《日本帝國主義下之台灣》，頁 109。

〔註9〕1926 年，簡吉與趙港、楊逵等創組台灣農民組合，為台灣日治時期組織最為完整的農民運動團體。

司未了，二房與三房之間也有多場官司進行著，當我們閱讀報導：「二房長子王文洋先前質疑三房李寶珠獨攬父親海外『遺產』四千五百多億元，在香港等地打官司，他日前再出招，具狀給高等法院，主張當了五十多年『三娘』的李寶珠『不是王永慶配偶』，無權成為四房子女認祖訴訟案當事人，形同公開對李『打臉』。」〔註10〕這些新聞素材，彷彿是筆者在閱讀1930年林澄堂過世後的相關紀錄與報導。海外資產，一定是在臨終前最親愛的那一房，以王永慶而言，即是李寶珠；以林澄堂而言，即是賴麵。海外龐大的資產，以房為單位的爭奪，有聯合有敵對，相互之間的較勁，似乎在大家族中不斷的重演，造成各房對簿公堂，以幾近撕裂家族關係之舉措，進行財產搶奪。究其原因有二：一是妻妾成群，一是家產傳子。大家族妻妾成群，絕不是因為缺乏子嗣，而是比照帝室、官品，是一種身份地位的表徵，打著子孫繁衍名號，實際是滿足男性淫慾。每個妻妾自成一房，房與房之間爭戰從妻妾延伸到以房為單位的子女，自然是為了爭奪家產，這是妻妾成群與家產傳子的必然結果。

以中西富豪相較而言，「2000年蓋茲與妻子共同創辦了比爾和梅琳達·蓋茲基金會……這個基金會擁有高達380億美元資金，已經為中國、非洲等地的農業技術發展與艾滋病等各方面事業進行了多項捐贈。……2010年，比爾·蓋茲和沃倫·巴菲特共同倡議發起『捐贈誓言』活動，號召富豪們在一生中或死後將自己一半的財富捐給慈善機構，……有57位億萬富翁迅速響應加入這個活動，在這些人當中，亞洲富豪不到10位。當年6月，蓋茲和巴菲特還邀請50位中國最富有的人參加慈善晚宴，大約有三分之一的人拒了邀請。」〔註11〕亞洲的富豪較西方的富豪更難拿出家產對社會盡責，其中氣度立見高下。但幸運的，在臺灣，辜寬敏就回應了「捐獻誓言」的活動，據報載：「辜寬敏指出，他的財產一半由太太及兒子們繼承，另外一半則要回饋社會，他將1億美金、約合台幣30億元的財產交付信託，每年分紅孳息約有1億元，基金會成立文化、教育、社會三個委員會來運用這筆錢。王美琇（辜寬敏妻子）說，台灣歷史小說獎是文化委員會推動的第一個活動，要鼓舞更多

〔註10〕蘋果日報，〈爭4千億遺產·王文洋告三娘「非王永慶配偶」〉（2014年04月16日），下載日期：2014年5月1日，網址：http://www.appledaily.com.tw/appledaily/article/headline/20140416/35769045/。

〔註11〕鉅亨網新聞，〈比爾·蓋茲勸中國富人多做慈善〉（2014年5月1日），下載日期：2014年5月1日，網址：http://news.cnyes.com/Content/20140409/KIUSN2YV7131I.shtml。

人投入創作。」〔註12〕辜寬敏是辜顯榮最小的兒子，他的母親是日籍的岩瀨芳子，辜氏雖出身臺灣傳統的大家族，然其價值觀融鑄了中、日成分，這是臺灣的資產，不必親中，也不必親日，而是以臺灣為主體，吸納各家優點，形成臺灣為主體的特色。另一個成功的企業家王品集團的戴勝益，他堅決主張「不讓子女進入他的餐飲王國，不要說是『接班』了，連去任何一個事業體『上班』都不行。他不只擋了他們的『前途』，甚至還斷了他們的『財路』。明年〔註13〕王品股票即將掛牌上市，戴勝益瀟灑宣布要捐出個人八○％的財產做公益，只各留五％給兒女，而且還設下三十五歲才能動用的限制條款。」〔註14〕這是資產與經營權對父權主義的雙重切割，不是缺少父愛，而是拿掉父權的陰影，也證明了儒教式的傳子不傳賢，實不利於企業發展。

（三）全球化下的金權文化的延續

今日全球化風起，我們更清楚的看到社會出現 M 型兩極化，貧富差距不斷加大。當我們研究臺灣的上層統治階級，看到豪門大族的保守性與封閉性時，再看當前臺灣社會制定政策的現象，實在令人感到憂心。當然我們無法抗拒資本主義，更無法抗拒全球化的洪流，只是在政策制定時，我們必須關心是否能將社會責任納入考量；還是在政商關係緊密的背後，只求上層階級自家的興榮，而一般百姓只有血汗勞役，只能在豪門恩怨再起，再驚嘆一個又一個天文數字的資產，和一幕又一幕露骨的爭產糾紛，再興嘆大家族妻妾成群的景況。

推諸今日臺灣的社會，卻仍然是金與權密切相連，十大金控集團中，除了公營色彩濃厚的金控公司外，其餘幾乎都是金控大家族所有，如吳家的新光與台新金控、蔡家的國泰與富邦金控，辜家的中信、與開發金控，林家的華南金控。辜家與林家是日治時期的大家族；吳家與蔡家是新起金融財團，

〔註12〕中央社即時新聞，〈辜寬敏：捐 30 億財產回饋台灣〉（2014 年 3 月 17 日），下載日期：2014 年 5 月 1 日，網址：http://www.cna.com.tw/news/aipl/201403 170272-1.aspx。

〔註13〕實際上市時間是 2012 年 3 月 6 日。參見：自由時報，〈王品上市首日衝到 492 元〉（2012 年 3 月 7 日，下載日期：2014 年 5 月 1 日，網址：http://news.ltn.com.tw/news/business/paper/566339。

〔註14〕親子天下雜誌，〈王品集團董事長戴勝益：我為何斷絕孩子的退路〉18 期（2010 年 11 月），下載日期：2014 年 5 月 1 日，網址：http://www.parenting.com.tw/article/article.action?id=5021403。

而在這些家族「大者恆大」，成為臺灣的金融霸權，動見觀瞻。政府在制定政策時，是否向財團傾斜？而財團在政治場域中又有意透露的什麼立場，我們都當關注、監督並批判。所以筆者認為，我們研究的不只是歷史上的大家族，其實也是眼前大家族的面貌，持續了解臺灣的大家族，能否走出儒教的框架，吸取新思潮、新視野，讓全球化在臺灣社會上發揮正面的效應。

參考文獻

一、古籍文獻

1. 周・左丘明傳、晉・杜預注・唐・孔穎達等正義,《左傳注疏（十三經注疏本）》。臺北：藝文印書館，2001 年。

2. 漢・毛亨傳，漢・鄭玄箋，唐・孔穎達疏,《周易注疏（十三經注疏本）》。臺北：藝文印書館，2001 年。

3. 漢・司馬遷撰、劉宋・裴駰集解、唐・司馬貞索隱、唐・張守節正義,《新校本史記三家注并附編二種》。臺北：鼎文書局，1981 年。

4. 漢・班固撰、唐・顏師古注、楊家駱主編,《新校本漢書集注并附編二種》。臺北：鼎文書區，1986 年。

5. 漢・趙岐注、宋・孫奭疏,《孟子注疏（十三經注疏本）》。臺北：藝文印書館，2001 年。

6. 漢・鄭玄注、唐・孔穎達疏,《禮記注疏（十三經注疏本）》。臺北：藝文印書館，2001 年。

7. 漢・戴德,《大戴禮記》。臺北：臺灣商務，1965 年。

8. 魏・何晏注、宋・邢昺疏,《論語注疏（十三經注疏本）》。臺北：藝文印書館，2001 年。

9. 晉・王弼注《老子》。臺北：學海，1989 年。

10. 晉・王弼、韓康伯注，唐・孔穎達疏,《周易注疏（十三經注疏本）》。臺北：藝文印書館，2001 年。

11. 晉‧郭象注、唐‧成玄英疏、清‧郭慶藩集釋，《莊子集釋》。臺北：廣文，1971年。

12. 宋‧朱熹，《詩集傳》。臺北：臺灣中華書局，1989年。

13. 明‧黃宗羲，《賜姓始末》。臺北：臺灣銀行經濟研究室，臺灣文獻叢刊第25種，1958年。

14. 明鄭‧楊英，《從征實錄》。臺北：臺灣銀行經濟研究室，臺灣文獻叢刊第32種，1958年。

15. 清‧《清實錄》第六冊。北京：中華書局，1986年。

16. 清‧丁紹儀，《東瀛識略》。臺北：臺灣銀行經濟研究室，臺灣文獻叢刊第2種，1957年。

17. 清‧允陶、傅恆、張廷玉、蔣溥、陳大受、阿克敦等編纂，《欽定大清會典》。臺北：臺灣商務，景印文淵閣四庫全書（第619冊），1983年。

18. 清‧王松，《臺陽詩話》。臺北：臺灣銀行經濟研究室，臺灣文獻叢刊第34種，1959年。

19. 清‧朱仕玠，《小琉球漫誌》。臺北：臺灣銀行經濟研究室，臺灣文獻叢刊第3種，1957年。

20. 清‧朱景英，《海東札記》。臺北：臺灣銀行經濟研究室，臺灣文獻叢刊第19種1958年。

21. 清‧江日昇，《臺灣外記》。臺北：臺灣銀行經濟研究室，臺灣文獻叢刊第60種，1960年。

22. 清‧余文儀，《續修臺灣府志》。臺北：臺灣銀行經濟研究室，臺灣文獻叢刊第121種，1962年。

23. 清‧吳子光，《臺灣紀事》。臺北：臺灣銀行經濟研究室，臺灣文獻叢刊第36種，1957年。

24. 清‧呂子振輯，《家禮大成》。臺北：武陵，1989年。

25. 清‧周元文，《重修臺灣府志》。臺北：臺灣銀行經濟研究室，臺灣文獻叢刊第66種，1961年。

26. 清‧周鍾瑄，《諸羅縣志》。臺北：臺灣銀行經濟研究室，臺灣文獻叢刊第141種，1962年。

27. 清‧周璽,《彰化縣志》。臺北:臺灣銀行經濟研究室,臺灣文獻叢刊第 156 種,1962 年。

28. 清‧俞正燮,《癸巳類稿》。臺北:世界書局,1961 年。

29. 清‧胡建偉,《澎湖紀略》。臺北:臺灣銀行經濟研究室,臺灣文獻叢刊第 109 種,1961 年。

30. 清‧范咸,《重修臺灣府志》。臺北:臺灣銀行經濟研究室,臺灣文獻叢刊第 105 種,1961 年。

31. 清‧倪贊元,《雲林縣采訪冊》。臺北:臺灣銀行經濟研究室,臺灣文獻叢刊第 37 種,1959 年。

32. 清‧高拱乾,《臺灣府志》。臺北:臺灣銀行經濟研究室,臺灣文獻叢刊第 65 種,1960 年。

33. 清‧崑岡等奉敕撰《欽定大清會典事例》。臺北:文海,1992 年。

34. 清‧張汝誠輯,《家禮會通》。臺北:大立,1985 年。

35. 清‧清高宗敕纂,《景印摛藻堂四庫全書薈要》。臺北:世界書局,1985 年。

36. 清‧陳文達,《臺灣縣志》。臺北:臺灣銀行經濟研究室,臺灣文獻叢刊第 103 種,1961 年。

37. 清‧陳培桂,《淡水廳志》。臺北:臺灣銀行經濟研究室,臺灣方志第 172 種,1963 年。

38. 清‧陳壽祺纂、魏敬中重纂,《福建通志臺灣府》。臺北:臺灣銀行經濟研究室,臺灣文獻叢刊第 84 種,1960 年。

39. 清‧黃叔璥,《臺海使槎錄》。臺北:臺灣銀行經濟研究室,臺灣文獻叢刊第 4 種,1957 年。

40. 清‧劉良璧,《重修福建臺灣府志》。臺北:臺灣銀行經濟研究室,臺灣文獻叢刊第 74 種,1961 年。

41. 清‧劉銘傳,《劉壯肅公奏議》。臺北:臺灣銀行經濟研究室,臺灣文獻叢刊第 27 種,1958 年。

42. 清‧蔣師轍,《臺游日記》。臺北:臺灣銀行經濟研究室,臺灣文獻叢刊第 6 種,1957 年。

43. 清‧蔣毓英，《臺灣府志》。臺中：臺灣省文獻委員會，1993 年。

44. 清‧薛凝度修，吳文林纂，《雲霄廳志》。臺北：成文，1967 年。

45. 清‧懷蔭布奉勒編脩，《泉州府志》。出版地不詳：賴全源，1964 年。

46. 清‧林焜熿纂，《金門志》。臺北：臺灣銀行經濟研究室，臺灣方志第 80
種，1960 年。

二、近人著作

1. H. B. Morse，1957 年，〈1882～1891 年臺灣淡水海關報告書〉，收於臺
灣銀行經濟研究室編，《臺灣經濟史六集》，頁 85～107。臺北：臺灣銀
行經濟研究室，臺灣研究叢刊第 54 種。

2. 子安宣邦，1997 年，〈從當今日本質問儒教〉，收於國立成功大學中國文
學系主編，《臺灣儒學研究國際學術研討會論文集》，頁 393～402。臺南：
臺南市文化中心。

3. 山本禮子，1999 年，《植民地台湾の高等女学校研究》。東京：多賀出版。

4. 不著輯者，1987 年，《雍正硃批摺選輯（二）》。臺北：大通。

5. 王乃信等編譯，2006 年，《台灣社會運動史（一九一三～一九三六）》（第
一冊文化運動）。臺北：海峽。
2006 年，《台灣社會運動史（一九一三～一九三六）》（第二冊政治運
動）。臺北：海峽。

6. 王世慶、陳漢光、王詩琅撰，黃富三、陳俐甫編，1991 年，《霧峰林家
之調查與研究》。臺北：林本源中華文化教育基金會。

7. 王國璠，1974 年，《台灣先賢著作提要》。新竹：新竹社會教育館。
1975 年，《板橋林氏家傳》。不著出版者。
1984 年，《板橋林本源家傳》。臺北：林本源祭祀公業。

8. 王學新編譯，2010，《日治時期籍民與國籍史料彙編》。南投：臺灣文獻館。

9. 丘秀芷，1998 年，《剖雲行日──丘逢甲傳》。臺北：世界河南堂丘氏文
獻社。

10. 北一女百年特刊編輯委員會編纂，2003 年，《典藏北一女（上冊）》。新
店：正中。

2003 年，《典藏北一女（下冊）》。新店：正中。

11. 司馬嘯青，1987 年，《臺灣五大家族》。臺北：自立晚報。

12. 末光欣也，2012 年，《臺灣歷史日本統治時代的台灣》。臺北：致良。

13. 申子佳、張覺民，1993 年，《辜振甫傳：辜振甫的戲夢人生》。臺北：書華。

14. 矢內原忠雄著、周憲文譯，2002 年，《日本帝國主義下之臺灣》。臺北：海峽學術出版社。

15. 矢內原忠雄著、林明德譯，2004 年，《日本帝國主義下之台灣》。臺北：財團法人吳三連台灣史料基金會。

16. 伊能嘉矩，1985 年，《臺灣文化志（中卷）》。臺中：臺灣省文獻委員會。1985 年，《臺灣文化志（下卷）》。臺中：臺灣省文獻委員會。

17. 竹中信子著，蔡龍保、曾淑卿、熊凱弟譯，2007 年，《日治台灣生活史——日本女人在台灣（大正篇 1912～1925）》。臺北：時報文化。

18. 佐倉孫三，1961 年，《臺風雜記》。臺北：臺灣銀行經濟研究室，臺灣文獻叢刊第 107 種。

19. 吳文星，2008 年，《日治時期臺灣的社會領導階層》。臺北：五南圖書。

20. 吳德功，1961 年，《彰化節孝冊》。臺北：臺灣銀行經濟研究室，臺灣文獻叢刊第 108 種。

21. 呂煉石，1965 年，〈臺中縣神岡鄉三角村北田房呂氏系統圖〉，收於呂煉石編，《臺中神岡鄉三角村筱雲山莊呂氏家譜簡要》。臺中：自刊本。

22. 李壬癸、土田茲，2001 年，《巴宰語辭典》。臺北：中央研究院語言學研究所籌備處。

23. 李日章，2008 年，《還原儒家告別儒家——形塑後現代臺灣心靈的第一步》。新北：康德。

24. 李汝和主修，1969 年，《臺灣省通志》。臺北：臺灣省文獻委員會。

25. 李卓，2004 年，《中日家族制度比較研究》。北京：人民。

26. 李昭容，2002 年，《鹿港丁家之研究》。彰化：左羊。

27. 李欽賢，1988 年，〈從附庸風雅到啟蒙時代的臺灣美術〉，收於張炎憲主

編，《歷史文化與臺灣》頁 351～359。臺北：臺灣風物。

28. 李筱峰，1996 年，〈一百年來台灣政治運動中的國家認同〉，收於張炎憲、陳美蓉、黎中光編，《台灣近百年史論文集》，頁 275～301。臺北：吳三連基金會。

29. 李毓嵐，2008 年，〈〈林紀堂日記〉與〈林癡仙日記〉的史料價值〉，收於許雪姬總編輯，《日記與臺灣史研究——林獻堂先生逝世 50 週年紀念論文集》（上冊），頁 64。臺北：中研院臺史所。

30. 李獻璋編著，1989 年，《臺灣民間文學集》。臺北：龍文。

31. 杜淑純口述，曾秋美、尤美琪訪問整理，2006 年，《杜聰明與我——杜淑純女士訪談錄》。新店：國史館。

32. 周婉窈，1996 年，〈從比較的觀點看台灣與韓國的皇民化運動（1937～1945）〉，收於張炎憲、李筱峰、戴寶村主編：《台灣史論文精選（下）》，頁 161～201。臺北：玉山社。

33. 林文龍編著，2011 年，《百年風華：臺灣五大家族特展圖錄——鹿港辜家》。南投：國史館臺灣文館。

34. 林吳帖，1969 年，《我的自述》。臺中：素貞興慈會。

35. 林礽乾、莊萬壽、陳憲明、張瑞津、溫振華總編輯，2004 年，《台灣文化事典》。臺北：師大人文中心。

36. 林芳媖出版，吳昆儒、高譜倫等編輯，2012 年，《霧峰林家花園、菜園、五桂樓：台灣歷史建築瑰寶再創新生命》。臺中：明台高級中學。

37. 林資詮，1992 年，《仲衡詩集》。臺北：龍文。

38. 林熊祥、李騰嶽監修，1958 年，《臺灣省通志稿》。臺北：臺灣省文獻委員會。

39. 林衡道口述，卓遵宏、林秋敏訪問，林秋敏紀錄整理，1996 年，《林衡道先生訪談錄》。臺北新店：國史館。

40. 林衡道口述、洪錦福整理，1984 年，《臺灣一百位名人傳》。臺北：正中。

41. 林獻堂先生紀念集編纂委員會，1974 年，《林獻堂先生紀念集》。臺北：文海。

42. 林獻堂著，許雪姬編，2000 年，《灌園先生日記（一）：一九二七年》。

臺北：中央研究院臺灣史研究所籌備處，中央研究院近代史研究所。

2001 年，《灌園先生日記（四）：一九三一年》。臺北：中央研究院臺灣史研究所籌備處，中央研究院近代史研究所。

2004 年，《灌園先生日記（七）：一九三四年》。臺北：中央研究院臺灣史研究所，中央研究院近代史研究所。

2004 年，《灌園先生日記（八）：一九三五年》。臺北：中央研究院臺灣史研究所，中央研究院近代史研究所。

2004 年，《灌園先生日記（九）：一九三七年》。臺北：中央研究院臺灣史研究所，中央研究院近代史研究所。

2004 年，《灌園先生日記（十）：一九三八年》。臺北：中央研究院臺灣史研究所，中央研究院近代史研究所。

2006 年，《灌園先生日記（十一）：一九三九年》。臺北：中央研究院臺灣史研究所，中央研究院近代史研究所。

2007 年，《灌園先生日記（十三）：一九四一年》。臺北：中央研究院臺灣史研究所，中央研究院近代史研究所。

2007 年，《灌園先生日記（十四）：一九四二年》。臺北：中央研究院臺灣史研究所，中央研究院近代史研究所。

2008 年，《灌園先生日記（十五）：一九四三年》。臺北：中央研究院臺灣史研究所，中央研究院近代史研究所。

2008 年，《灌園先生日記（十六）：一九四四年》。臺北：中央研究院臺灣史研究所，中央研究院近代史研究所。

2010 年，《灌園先生日記（十七）：一九四五年》。臺北：中央研究院臺灣史研究所，中央研究院近代史研究所。

2011 年，《灌園先生日記（十九）：一九四七年》。臺北：中央研究院臺灣史研究所，中央研究院近代史研究所。

2011 年，《灌園先生日記（二十）：一九四八年》。臺北：中央研究院臺灣史研究所，中央研究院近代史研究所。

2011 年，《灌園先生日記（廿一）：一九四九年》。臺北：中央研究院臺灣史研究所，中央研究院近代史研究所。

2012 年，《灌園先生日記（廿三）：一九五一年》。臺北：中央研究院臺灣史研究所，中央研究院近代史研究所。

2012 年,《灌園先生日記(廿四):一九五二年》。臺北:中央研究院臺灣史研究所,中央研究院近代史研究所。

2013 年,《灌園先生日記(廿七):一九五五年》。臺北:中央研究院臺灣史研究所,中央研究院近代史研究所。

43. 林獻堂著,許雪姬、鍾淑敏編,2001 年,《灌園先生日記(二):一九二九年》。臺北:中央研究院臺灣史研究所籌備處,中央研究院近代史研究所。

44. 林獻堂著,許雪姬、何義麟編,2001 年,《灌園先生日記(三):一九三〇年》。臺北:中央研究院臺灣史研究所籌備處,中央研究院近代史研究所。

45. 林獻堂著,許雪姬、周婉窈編,2003 年,《灌園先生日記(五):一九三二年》。臺北:中央研究院臺灣史研究所籌備處,中央研究院近代史研究所。

46. 林獻堂著,許雪姬、呂紹理編,2003 年,《灌園先生日記(六):一九三三年》。臺北:中央研究院臺灣史研究所籌備處,中央研究院近代史研究所。

47. 林獻堂著,許雪姬、張季琳編,2006 年,《灌園先生日記(十二):一九四〇年》。臺北:中央研究院臺灣史研究所,中央研究院近代史研究所。

48. 金耀基,1992 年,《中國社會與文化》。香港:牛津大學。

49. 姉齒松平原著、程大學等編譯,1983 年,《日據時期祭祀公業及在臺灣特殊法律之研究》。臺中:省文獻會。

50. 涂照彥,1994 年,《日本帝國主義下的台灣》。臺北:人間出版社。

51. 施永南,1998 年,《納妾縱橫談》。北京:中國世界語。

52. 洪汝茂總編輯,2005 年,《日治時期戶籍登記法律及用語編譯》。臺中縣豐原市:臺中縣政府。

53. 洪棄生,1993 年,《寄鶴齋駢文集》。南投:台灣省文獻委員會。

54. 若林正丈,2007 年,《台灣抗日運動史研究》。臺北:播種者。

55. 韋伯,1989 年,《中國的宗教:儒教與道教》。台北:遠流。

56. 韋政通,1998 年,〈簡論儒家倫理與台灣經濟〉,收於劉小楓、林立偉主

編《經濟倫理與近現代中國社會》，頁 181～188。香港：香港中文大學。

57. 唐羽，1997 年，《魯國基隆顏氏家乘》。臺北：基隆顏氏家乘纂修小組。
1999 年，《臺陽公司八十年志》。臺北：臺陽。
2003 年，《基隆顏家發展史》。南投：國史館臺灣文獻館。

58. 孫中興，1989 年，〈從新教倫理到儒家倫理——瞭解、批判和應用韋伯論點〉，收於杜念中、楊君實編，《儒家倫理與經濟發展》，頁 181～225。臺北：允晨文化。

59. 宮崎健三郎，1930 年，《陳中和翁傳》。臺北：臺灣日日新報社。

60. 翁聖峯，2007 年，《日據時期臺灣新舊文學論爭新探》。臺北，五南。

61. 馬國明，1988 年，〈為什麼讀《新教倫理與資本主義》〉，收於韋伯著，于曉、陳維綱等譯，《新教倫理與資本主義精神》，頁 I～XI。新店：谷風。

62. 高明士，1999 年，《中國教育制度史論》。臺北：聯經出版事業公司。

63. 國立歷史博物館展覽組編輯，1995 年，《慶祝本館四十週年館慶——台灣早期書畫展圖錄》。臺北：國立歷史博物館。

64. 國家圖書館特藏組編輯，張子文、郭啟傳、林偉洲撰文，2003 年，《臺灣歷史人物小傳——明清暨日據時期》。臺北：國家圖書館。

65. 崔詠雪撰稿，胡怡敏、林曉瑜、陳國欽翻譯，2004 年，《翰墨春秋：1945年以前的台灣書法》。臺中：臺灣美術館。

66. 康培德，2000 年，〈荷蘭時代村落頭人制的設立與西拉雅社會權力結構的轉變〉，收於國立臺灣師範大學歷史學系、臺灣省文獻委員會合編，《回顧老臺灣展望新故鄉——臺灣社會文化變遷學術研討會論文集》，頁 1～21。臺北：國立臺灣師範大學歷史學系。

67. 張炎憲、李筱峯、莊永明編，1987 年，《臺灣近代名人誌3》。臺北：自立晚報。

68. 張炎憲、高淑媛，1996 年，《混亂年代的台北縣參議會（1946～1950）》。臺北：臺北縣文化中心。

69. 張國剛主編，2007 年，《中國家庭史（民國時期）》。廣州市：廣東人民。

70. 張運宗，2004 年，《台灣的園林宅第》。臺北：遠足文化。

71. 張馥堂主修，1988 年，《板橋市志》。新北：板橋市公所。

72. 張麗俊作，許雪姬、洪秋芬編纂・解讀，2000 年，《水竹居主人日記（二）》。臺北：中央研究院近代史研究所；臺中：臺中縣文化局。
2004 年，《水竹居主人日記（九）》。臺北：中央研究院近代史研究所；臺中：臺中縣文化局。

73. 張麗俊作，許雪姬、洪秋芬、李毓嵐編纂・解讀，2004 年，《水竹居主人日記（三）》。臺北：中央研究院近代史研究所；臺中：臺中縣文化局。
2004 年，《水竹居主人日記（五）》。臺北：中央研究院近代史研究所；臺中：臺中縣文化局。
2004 年，《水竹居主人日記（六）》。臺北：中央研究院近代史研究所；臺中：臺中縣文化局。
2004 年，《水竹居主人日記（七）》。臺北：中央研究院近代史研究所；臺中：臺中縣文化局。

74. 梁啟超，1970 年，〈萊園雜詠〉，收於諸家，收於《臺灣詩鈔》，頁 248。臺北：臺灣銀行經濟研究室，臺灣文獻叢刊第 280 種。

75. 莊萬壽，2003 年，《台灣文化論》。臺北：玉山社。
2005 年，〈台灣精神史緒論〉，收於國立台灣師範大學台灣文化及語言文學研究所主編《第四屆台灣文化國際學術研討會論文集「台灣思想與台灣主體性」》，頁 301～311。臺北：萬卷樓。
2011 年，《中國民族主義與文化霸權：儒教及其典籍之解構》。臺北：允晨文化。

76. 許伯埏著，許雪姬主編，蔡啟恆、川島真日語編輯，傅奕銘中文摘譯，1996 年，《許丙・許伯埏回想錄》。臺北：中研院近史所。

77. 許俊雅、楊洽人編，1998 年，《楊守愚日記》。彰化：彰化縣立文化中心。

78. 許雪姬，1996 年，〈日治時期的板橋林家——一個家族與政治的關係〉，收於張炎憲、李筱峯、戴寶村主編，《臺灣史論文精選（下）》，頁 77～130。臺北：玉山社。
2001 年，《林正亨的生與死》。南投：臺灣省文獻委員會。
2000 年，《板橋林家——林平侯父子傳》。南投：臺灣省文獻委員會。
2005 年，〈張麗俊生活中的女性〉，收於王見川等著，《水竹居主人日記

學術研討會論文集》，頁 69～122，臺中：臺中文化局。

79. 許雪姬、張隆志、陳翠蓮訪談，賴永祥等紀錄，2007 年，《坐擁書城——賴永祥先生訪問紀錄》。臺北：遠流。

80. 許雪姬訪問、曾金蘭紀錄，1995 年，《藍敏先生訪問紀錄》。臺北：中央研究院近史所研究所。

81. 許雪姬編著，許雪姬、王美雪記錄，1998 年，《霧峰林家相關人物訪談紀錄（頂厝系）》，《中縣口述歷史》叢書第五輯。豐原：臺中縣立文化中心。

   1998 年，《霧峰林家相關人物訪談紀錄（下厝系）》，《中縣口述歷史》叢書第五輯。豐原：臺中縣立文化中心。

82. 許雪姬總策劃，2004 年，《臺灣歷史辭典》。臺北：文建會。

83. 許雪姬、徐裕健、夏鑄九等，1981 年，《板橋林本源園林研究與修復》。臺北：國立臺灣大學土木工程學研究所都市計劃室規劃（研究編號：交通 6712）。

84. 連橫，1960 年，《臺灣詩乘》。臺北：臺灣銀行經濟研究室，臺灣文獻叢刊第 64 種。

   1962 年，《臺灣通史》。臺北：臺灣銀行經濟研究室，臺灣文獻叢刊第 128 種。

   1992 年，《連雅堂先生全集・臺灣詩薈上》。南投：臺灣省文獻委員會。

85. 連橫著，鄭喜夫輯，1976 年，《連雅堂先生集外集》。臺中：鄭喜夫。

86. 陳三井、許雪姬訪問，楊明哲紀錄，1992 年，《林衡道先生訪問紀錄》。臺北：中研院近史所。

87. 陳小沖，1996 年，〈宗族勢力與明清閩南農村社會〉，收於莊英章、潘英海編，《臺灣與福建社會文化研究論文集（三）》，頁 27～38。臺北：中央研究院民族學研究所。

88. 陳其南，1988 年，〈中國人的家族與企業經營〉，收於文崇一、蕭新煌主編，《中國人：觀念與行為》，頁 129～142。臺北：巨流圖書。

   1989 年，《台灣的傳統中國社會》。臺北：允晨文化。

89. 陳青松編撰，2010 年，《基隆古典文學史》。基隆：基隆市文化局。

90. 陳昭瑛，1997 年，〈文昌帝君的信仰與儒家道統意識──台灣儒學研究之一〉，收於國立成功大學中國文學系主編，《臺灣儒學研究國際學術研討會論文集》，頁 403～430。臺南：臺南市文化中心。

91. 陳昭瑛，2000 年，《臺灣儒學：起源、發展與轉化》。臺北：正中書局。

92. 陳柔縉，2011 年，《總統的親戚：揭開台灣權貴家族的臍帶與裙帶關係》。臺北：時報文化。

93. 陳娟英，2011 年，《板橋林家與閩臺詩人林爾嘉》。福州：海風。

94. 陳紹馨纂修，1964 年，《臺灣省通志稿》。南投：臺灣省文獻委員會，1964 年）。

95. 陳慈玉，2003 年，〈婚姻與家族勢力，日治時期台灣顏家的婚姻策略〉，收於游鑑明主編，《無聲之聲（II），近代中國的婦女與社會》。臺北：中研院近史所，頁 175～202。

96. 陸炳文，1988 年，《台灣各姓祠堂巡禮》。台中：台灣省政府新聞處。

97. 麥斯基爾著、王淑琤譯，1986 年，《霧峰林家──臺灣拓荒之家》。臺北：文鏡。

98. 傅錫祺，1963 年，《櫟社沿革志略》。臺北：臺灣銀行經濟研究室，臺灣文獻叢刊第 170 種。

99. 彭美玲，1987 年，《古代禮俗左右之辨研究──以三禮為中心》。臺北：國立臺灣大學出版委員會。

100. 華嚴，1991 年，〈恍同隔世憶童年〉，《華嚴短文集》。台北：躍昇出版。

101. 辜顏碧霞著、邱振瑞譯，1999 年，《流》。臺北：草根。

102. 辜顯榮翁傳記編纂會原著、楊永良譯，2007 年，《辜顯榮傳》。臺北：財團法人吳三連台灣史料基金會。

103. 黃子寧，2008 年，〈林獻堂與基督教 1927～1945〉，收於許雪姬主編，《日記與台灣史研究》下冊，頁 674～730。臺北：中央研究院台灣史研究所。

104. 黃天才、黃肇珩，2005 年，《勁寒梅香：辜振甫人生紀實》。臺北：聯經出版事業股份有限公司。

105. 黃紹恆、陳鴻圖、林蘭芳編著，2012 年，《台灣社會經濟史》。新北：國立空中大學。

106. 黃富三，1887 年，《霧峰林家的興起（1729～1864）》。臺北：自立晚報。
1992 年，《霧峰林家的中挫（1861～1885）》。臺北：自立晚報。

107. 鈴木清一郎著、馮作民譯，1989 年，《增訂台灣舊慣習俗信仰》。台北：眾文圖書。

108. 楊玉姿，2001 年，《高雄市史蹟探原》。高雄市：高雄市文獻委員會。

109. 楊君實，1989 年，〈儒家倫理，韋伯命題與意識形態〉，收於杜念中、楊君實編，《儒家倫理與經濟發展》，頁 227～261。臺北：允晨文化。

110. 楊瑪利、楊麗君等，2003 年，《一兆兩千億黃金世家：和信辜家傳奇》。臺北：天下雜誌。

111. 照史，1975 年，《台灣地方人物趣談第一輯高雄人物》。高雄：勝夫。
1985 年，《高雄人物述評第二輯》。高雄：春暉。

112. 葉立誠，2010 年，《臺灣顏、施兩大家族成員服飾穿著現象與意涵之研究》。臺北：秀威資訊。

113. 葉榮鐘，1979 年，《臺灣民族運動史》。台北：學海。
1995 年，《台灣人物群像》。臺北：時報文化。

114. 廖振富，2006 年，《櫟社研究新論》。臺北：國立編譯館。

115. 熊秉真、江東亮訪問，鄭麗榕記錄，1990 年，《魏火曜先生訪問紀錄》。臺北：中研究近史所。

116. 臺灣省文獻委員會編印，1994 年，《臺灣史》。南投：臺灣省文獻委員會。

117. 臺灣慣習研究會原著、臺灣省文獻委員會譯編，1984 年，《臺灣慣習記事（中譯本）》第壹卷下。臺中：臺灣省文獻委員會。
1986 年，《臺灣慣習記事（中譯本）》第貳卷上。臺中：臺灣省文獻委員會。
1987 年，《臺灣慣習記事（中譯本）》第參卷下。臺中：臺灣省文獻委員會。
1988 年，《臺灣慣習記事（中譯本）》第參卷上。臺中：臺灣省文獻委員會。

118. 臺灣銀行經濟研究室，1957 年，《臺灣經濟史六集》。臺北：臺灣銀行經濟研究室，臺灣研究叢刊第 54 種。

1959 年，《安平縣雜記》。臺北：臺灣銀行經濟研究室，臺灣文獻叢刊第 52 種。

1960 年，《鄭氏關係文書》。臺北：臺灣銀行經濟研究室，臺灣文獻叢刊第 69 種。

1961 年，《臺灣私法人事編》。臺北：臺灣銀行經濟研究室，臺灣文獻叢刊 117 種。

1966 年，《清會典臺灣事例》。臺北：臺灣銀行經濟研究室，臺灣文獻叢刊 226 種。

1971 年，《臺灣霧峰林氏族譜》。臺北：臺灣銀行經濟研究室，臺灣文獻叢刊第 298 種。

119. 臺灣總督府警務局，1986 年，《台灣總督府警察沿革誌 III》。東京：綠蔭書局。

120. 劉湘吟，2004 年，《風中的波斯菊：林媽利的生命故事》。臺北：圓神。

121. 劉澤民、林文龍編著，2011 年，《百年風華：臺灣五大家族特展圖錄——基隆顏家》。南投：國史館臺灣文獻館。

122. 劉永毅，2003 年，《霧峰林家等待明天》。臺北：新新聞。

123. 蔡采秀，1998 年，《臺中縣的佛寺》。臺中：臺中縣立文化中心。

124. 蔡培火，2005 年，〈灌園先生與我之間〉，收於林獻堂先生紀念集編纂委員會，《林獻堂先生紀念集》，頁 3～18。臺北：海峽。

125. 蔡獻榮，1999 年，〈中國多妻制度的起源〉，收於鮑家麟編著，《中國婦女史論集》，頁 79～110。臺北：稻鄉出版社。

126. 鄭振滿，2009 年，《明清福建家族組織與社會變遷》。北京：中國人民大學出版社出版。

127. 鄭國瑞編，2009 年，《臺灣書法家小傳（1662～1945）》。高雄：復文出版社。

128. 鄭喜夫，1979 年，《臺灣先賢先烈專輯（第四輯）林朝棟傳》。臺中，臺灣省文獻委員會。

129. 鄭鵬雲、曾逢辰纂輯，1959 年，《新竹縣志初稿》。臺北：臺灣銀行經濟研究室，臺灣文獻叢刊第 61 種。

130. 橋本白水，1999 年，《臺灣統治と其功勞者》。臺北：成文。

131. 興南新聞社編，1943 年，《臺灣人士鑑》。臺北：興南新聞社。

132. 靜思，1999 年，《辜顯榮傳奇》。臺北：前衛。

133. 戴寶村，2008 年，《陳中和家族史——從糖業貿易到政經世界》。臺北：玉山社。

134. 濟南基督長老教會編，1996 年，〈故高林關關女士告別禮拜〉。臺北：濟南基督長老教會。

135. 薛化元，2007 年，《台灣地位關係文書》。臺北：日創社文化。

136. 謝世忠，1987 年，《認同的污名——臺灣原住民的族群變遷》。臺北：自立晚報社。

137. 謝金蓉，2005 年，《蔡惠如和他的時代》。臺北：臺灣大學出版中心。

138. 謝國興，2002 年，《陳逢源：亦儒亦商亦風流（1893～1982）》。臺北：允晨文化。

139. 鍾志邦，1997 年，〈儒家思想與新加坡治國之道〉，收於國立成功大學中國文學系主編，《臺灣儒學研究國際學術研討會論文集》，頁 431～455。臺南：臺南市文化中心。

140. 鷹取田一郎，2009 年，《臺灣列紳傳》。桃園：華夏書坊。

三、期刊論文

1. 干治士著、葉春榮譯註，1994 年，〈荷據初期的西拉雅平埔族〉，《臺灣風物》44（3）：193～228。

2. 王一剛，1957 年，〈凱達格蘭族的源流及分佈〉，《臺北文物》5（3）：25～28。

3. 王世慶，1987 年，〈林本源之租舘和武備與乙未抗日〉，《臺灣文獻》38（4）：35～58。

4. 王幼華，2009 年，〈日本帝國與殖民地臺灣的文化構接——以瀛社為例〉，《臺灣學研究》7：29～49。

5. 王振勳，2008 年，〈從林獻堂日記看傳統家／族長的角色與權力〉《朝陽學報》13：359～378。

6. 王啟宗主講，1982 年，〈第十五次「臺灣研究研討會」紀錄〉（清代臺灣教育），《臺灣風物》33（2）：99～105。

7. 王雅萍，1994 年，〈他們的歷史寫在名字裡——透過姓名制度的變遷對臺灣原住民史的觀察〉，《臺灣風物》44（1）：63～80。

8. 王詩琅，1976 年，〈日據初期的籠絡政策〉，《臺灣文獻》26（4）／27（1）：31～41。

9. 王爾敏，1993 年，〈清廷《聖諭廣訓》之頒行及民間之宣講拾遺〉，《中央研究院近代史研究所集刊》22：255～276。

10. 伊能梅陰子手記、楊南郡譯註，1997 年，《隨觀抄記》，《臺灣風物》47（2）：73～128。

11. 何彩滿，2009 年，〈辜顯榮的多重身份認同〉，《二十一世紀雙月刊》，112：102～112。

12. 余美玲，2007 年，〈烏衣國、詩社與「遺民」——林爾嘉生平與文學活動探析〉，《台灣文學研究學報》5：79～140。

13. 李毓嵐，2009 年，〈日治時期臺灣傳統文人的女性觀〉，《臺灣史研究》16（1）：87～129。
2012 年，〈林獻堂生活中的女性〉，《興大歷史學報》24：59～98。
2013 年，〈1920 年代臺中士紳蔡蓮舫的家庭生活〉，《臺灣史研究》20（4）：51～98。

14. 彼得‧伯格、蕭新煌、文崇一、李亦園、吳榮義、黃光國，1984 年，〈「現代化第二個例子」的文化探索〉，《中國論壇》222：24～34。

15. 彼得‧柏格著、任元杰譯，1984 年，〈世俗性——西方與東方〉，《中國論壇》222：14～23。

16. 施志汶，2000 年，〈台灣史研究的史料運用問題：以清代渡台禁令為例〉，《台灣史蹟》36：127～166。

17. 柯榮三，2007 年，〈林爾嘉的一天——從《林爾嘉日記》窺其日常生活〉，《台灣研究集刊》95：38～44。

18. 洪去火，1947 年，〈鬼話臺灣〉，《論語半月刊》130：553～555。

19. 洪敏麟，1776 年，〈纏腳與臺灣的天然足運動〉，《臺灣文獻》27（3）：

143～159。

20. 若林正丈著、許佩賢譯，2002 年，〈總督政治與臺灣本地地主資產階級——公立臺中中學校設立問題（1912～1915 年）〉，《臺灣風物》52（4）：107～146。

21. 張守真，2011 年，〈「橫濱順和棧」產權轉承問題探討〉，《臺灣文獻》第 62（4）：367～392。

22. 張怡敏，2007 年，〈日治時代霧峰林澄堂緣故關係地所有權之取得試析〉，《臺灣史研究》14（3）：73～96。

23. 張淵盛，2006 年，〈林爾嘉及其文學活動探析〉，《臺灣風物》56（3）：61～104。

24. 曹永和，1953 年，〈鄭氏時代之臺灣墾殖〉，《臺灣銀行季刊》6（1）：192～207。

25. 莊萬壽，2013 年，〈現代化與現代性〉，《國文天地》339：12～14。

26. 許雪姬，1899 年，〈皇民奉公會的研究——以林獻堂的參與為例〉，《中央研究院近代史研究。

1994 年，〈臺灣總督府的「協力者」林熊徵——日據時期板橋林家研究之二〉，《中央研究院近代史研究所集刊》23：55～88。

2002 年，〈反抗與屈從：林獻堂府評議員的任命與辭任〉，《國立政治大學歷史學報》19：259～296。

2008 年，〈介於傳統與現代之間的女性日記——由陳岑、楊水心日記談起〉，《近代中國婦女史研究》16：227～250。

2011 年，〈林獻堂《環球遊記》與顏國年《最近歐美旅行記》的比較〉，《臺灣文獻》62（4）：161～220。

27. 陳支平，2004 年，〈福建向臺灣移民的家族外植與聯繫〉，《中國社會經濟史研究》2：4～19。

28. 陳光從，2003 年，〈陳林望族兩岸情緣〉，《臺聲》，8：40～42。

29. 陳其南，1985 年，〈房與傳統中國家族制度〉，《漢學研究》3（1）：127～183。

30. 程大學，1985 年，〈祭祀公業問題之初探〉，《臺灣文獻》36（3/4）：279

～327。

31. 黃秀政，1990 年，〈清代治台政策的再檢討：以渡台禁令為例〉，《興大文史學報》20：49～66。

32. 黃典權，1989 年，〈清代臺灣南部的開發〉，《歷史月刊》15：106～114。

33. 黃富三，2011 年，〈清季臺灣之外來衝擊與官紳關係：以板橋林家之捐獻為例〉，《臺灣文獻》62（4）：131～159。

34. 楊緒賢，1989 年，〈中部的開發〉，《歷史月刊》15：115～122。

35. 葉仁昌，2003 年，〈東亞經濟倫理的澄清與辯思：韋伯、儒家與基督新教〉，《獨者》3：31～43。

36. 葉憲峻，1994 年，〈清代臺灣的社學與義學〉，《臺中師院學報》18（2）：45～70。

37. 廖振旺，2008 年，〈「萬歲爺意思說」──試論十九世紀來華新教傳教士對《聖諭廣訓》的出版與認識〉，《漢學研究》26（3）225～262。

38. 廖振富、張明權，2013 年，〈〈傅錫祺日記〉所反映的親人互動及其家庭觀〉，《臺灣史研究》20（3），頁 125～175。

39. 趙岡，1988 年，〈儒家思想與經濟發展〉，《中國論壇》，307：75～80。

40. 趙祐志，2011 年，〈日治時期高雄陳家的資本網絡分析：以企業經營與投資為中心〉，《臺灣文獻》62（4）：367～392。

41. 樂融融，1967 年，〈臺灣民間宗教信仰及巫術〉，《臺灣風物》17（4）：74～75。

42. 潘朝陽，2008 年，〈從《易繫辭傳》論儒家在台灣的空間實踐〉，《北京聯合大學學報》（人文社會科學版）6（3）：74～128。

43. 謝浩，1985 年，〈科舉制度在臺述略〉，《臺灣文獻》36（3/4）：389～431。

44. 顏義芳，2011 年，〈基隆顏家與臺灣礦業開發〉，《臺灣文獻》62（4）：105～130。

四、學位論文

1. 王美惠，2008 年，〈1930 年代台灣新文學作家的民間文學理念與實踐──以《台灣民間文學集》為考察中心〉。臺南：國立成功大學歷史學系

博士論文。

2. 李惠萍，2006 年，〈清代後期臺灣霧峰林家與官府關係研究〉。廈門：廈門大學碩士學位論文。

3. 林金城，2006 年，〈古蹟永續經營管理之可行性研究──以台中縣第二級古蹟霧峰林宅為例〉。臺中：逢甲大學建築研究所碩士論文。

4. 張怡敏，2001〈日治時代臺灣地主資本累積研究──以霧峰林澄堂系為個案〉。臺北：政治大學地政學系博士論文。

5. 曾文亮，1999 年，〈台灣法律史上的祭祀公業〉。臺北：國立臺灣大學法律學研究所碩士論文。

6. 黃佩萱，2009 年，〈從臺南劉家看臺灣基督教長老教會家族與地方社會的關連（1849～1970 年）〉。臺中：東海大學史學研究所碩士論文。

7. 詹慧蓮，2001 年，〈魏晉時期夫婦關係之研究〉。臺北：國立臺灣師範大學國文學系碩士論文。

8. 廖振富，1996 年，〈櫟社三家詩研究──林癡仙、林幼春、林獻堂〉。臺北：臺灣師範大學國文研究所博士論文。

五、電子資料庫及網頁資料

1.《漢文臺灣日日新報》資料庫（漢珍知識網【報紙篇】），下載日期：2014 年 3 月 1 日，網址：http://0-oldnews.lib.ntnu.edu.tw.opac.lib.ntnu.edu.tw/cgi-bin2/Libo.cgi?。

2.《臺灣日日新報》資料庫（漢珍知識網【報紙篇】），下載日期：2014 年 3 月 1 日，網址：http://0-oldnews.lib.ntnu.edu.tw.opac.lib.ntnu.edu.tw/cgi-bin2/Libo.cgi?。

3.《臺灣民報》資料庫，下載日期：2014 年 2 月 1 日，網址：http://0-taiwannews.lib.ntnu.edu.tw.opac.lib.ntnu.edu.tw/。

4. 中央社即時新聞，〈日月光 K7 廠排廢水‧高市重罰〉（2013 年 12 月 9 日），下載日期：2014 年 5 月 1 日，網址：http://www.cna.com.tw/news/aloc/201312090325-1.aspx。

5. 中央社即時新聞，〈韋寬敏：捐 30 億財產回饋台灣〉（2014 年 3 月 17

日），下載日期：2014 年 5 月 1 日，網址：http://www.cna.com.tw/news/aipl/201403170272-1.aspx。

6. 中央研究院臺灣史研究所，〈臺灣日記知識庫〉，下載日期：2014 年 3 月 30 日，網址：http://taco.ith.sinica.edu.tw/tdk/%E9%A6%96%E9%A0%81。

7. 中央研究院臺灣史研究所，〈臺灣總督府職員目錄系統〉，下載日期：2014 年 3 月 30 日，網址：http://who.ith.sinica.edu.tw/s2g.action?viewer.q_authStr=1&viewer.q_dtdIdStr=000088&viewer.q_fieldStr=allIndex&viewer.q_opStr=&viewer.q_valueStr=%E6%9E%97%E7%86%8A%E5%BE%B5。

8. 文化部臺灣大百科全書，〈功名〉，下載日期，2013 年 10 月 22 日，網址：http://taiwanpedia.culture.tw/web/content?ID=3678。

9. 文化部臺灣大百科全書，〈百日〉，下載日期：2014 年 4 月 5 日，網址：http://taiwanpedia.culture.tw/web/fprint?ID=4458。

10. 文化部臺灣大百科全書，〈阿立祖〉，下載日期：2014 年 3 日 30 日，網址：http://taiwanpedia.culture.tw/web/content?ID=12009。

11. 文化部臺灣大百科全書，〈做三年〉，下載日期：2014 年 4 月 5 日，網址：http://taiwanpedia.culture.tw/web/fprint?ID=11610。

12. 文化部臺灣大百科全書，〈淡水戲館（台灣新舞台）〉，下載日期：2014 年 4 月 10 日，網址：http://taiwanpedia.culture.tw/web/content?ID=13042。

13. 文化部臺灣大百科全書，〈理蕃〉，下載日期：2013 年 10 月 22 日，網址：http://taiwanpedia.culture.tw/web/fprint?ID=3719。

14. 文化部臺灣大百科全書，〈楠仔腳蔓社學堂遺蹟〉，下載日期，2013 年 10 月 22 日，網址：http://taiwanpedia.culture.tw/web/content?ID=8063。

15. 文化部臺灣大百科全書，〈監生〉，下載日期，2013 年 10 月 22 日，網址：http://taiwanpedia.culture.tw/web/fprint?ID=3679。

16. 日治時期《臺灣時報》資料庫，下載日期：2014 年 2 月 1 日，網址：http://8080-news.lib.ntnu.edu.tw.opac.lib.ntnu.edu.tw/twjihoapp/start.htm。

17. 世新大學數位影音暨網路教學中心，〈認識台灣‧走向世界舞臺的台灣‧台灣開港與世界貿易〉，下載日期：2014 年 4 月 10 日，網址：http://192.192.159.187/9taiwan/taiwan2.htm。

18. 台灣環境資訊協會環境資訊中心，〈六輕氙火·雲環局：空污法處理〉（2014 年 3 月 5 日），下載日期 2014 年 5 月 1 日，網址：http://e-info.org.tw/node/97808。

19. 全臺詩，〈智慧型全臺詩知識庫〉，下載日期：2014 年 2 月 1 日，網址：http://cls.hs.yzu.edu.tw/twp/c/c01.htm。

20. 自由時報，〈王品上市首日·衝到 492 元〉（2012 年 3 月 7 日，下載日期：2014 年 5 月 1 日，網址：http://news.ltn.com.tw/news/business/paper/566339。

21. 國史館臺灣文獻館電子報，〈核准補助林紹堂麾下之隘勇團〉，下載日期：2014 年 5 月 15 日，網址：www.th.gov.tw/epaper/view2.php?ID=25&AID=5。

22. 國史館臺灣文獻館電子報，〈能吏？酷吏？大島久滿次〉，下載日期：2014 年 2 月 1 日，網址：http://www.th.gov.tw/epaper/view2.php?ID=56&AID=757。

23. 清大彭明輝的部落格，〈22K 是什麼問題？〉（2013 年 1 月 30 日），下載日期：2014 年 5 月 1 日，網址：http://mhperng.blogspot.tw/2013/01/22k.html。

24. 陳啟川先生文教基金會，〈創辦人——陳啟川先生傳略〉，下載日期：2014 年 4 月 15 日，網址：http://www.frank～chen.org.tw/jiashi.asp。

25. 鉅亨網新聞，〈比爾·蓋茲勸中國富人多做慈善〉（2014 年 5 月 1 日），下載日期：2014 年 5 月 1 日，網址：http://news.cnyes.com/Content/20140409/KIUSN2YV7131I.shtml。

26. 鉅亨網新聞，〈企業獲利成長挹助台股馬年動能·指數坐八望九〉（2014 年 2 月 3 日），下載日期：2014 年 5 月 1 日，網址：http://news.cnyes.com/Content/20140203/KITKHKPJ5JG52.shtml。

27. 網易新聞中心，〈金正日守喪 3 年才正式接班〉，下載日期：2014 年 5 月 13 日，網址：http://news.163.com/11/1220/05/7LMMTK270001121M.html。

28. 臺北市殯葬管理處，〈喪葬禮節〉，下載日期：2014 年 4 月 2 日，網址：http://www.mso.taipei.gov.tw/ct.asp?xItem=15231&CtNode=2880&mp=107011。

29. 臺北市殯葬管理處，〈喪禮流程說明〉，下載日期：2014 年 4 月 2 日，網址：http://www.mso.taipei.gov.tw/ct.asp?xItem=15231&CtNode=2880&mp=107011。

30. 數位典藏與數位學習聯合目錄，〈禮部為旌表屢世同居和睦無間事〉，下載日期：2014 年 5 月 1 日，網址：http://catalog.digitalarchives.tw/item/00/28/de/13.html。

31. 親子天下雜誌，〈王品集團董事長戴勝益：我為何斷絕孩子的退路〉18 期（2010 年 11 月），下載日期：2014 年 5 月 1 日，網址：http://www.parenting.com.tw/article/article.action?id=5021403。

32. 霧峰林家下厝營運管理工作站，〈霧峰林家博物園區‧全區圖〉，下載日期，2014 年 5 月 10 日，網址：http://linbentang.com/area.php。

33. 蘋果日報，〈爭 4 千億遺產‧王文洋告三娘「非王永慶配偶」〉（2014 年 4 月 16 日），下載日期：2014 年 5 月 1 日，網址：http://www.appledaily.com.tw/appledaily/article/headline/20140416/35769045/。

附　錄

一、五大家族世系表 [註1]

（一）板橋林家世系表

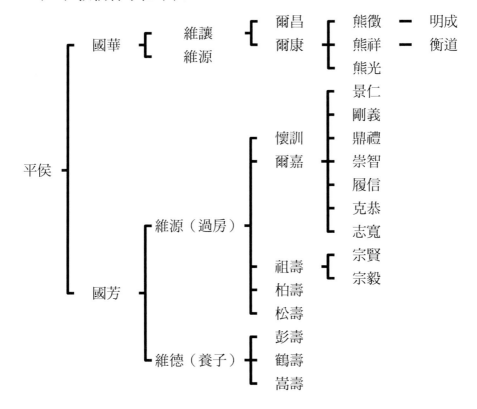

（二）霧峰林家世系表

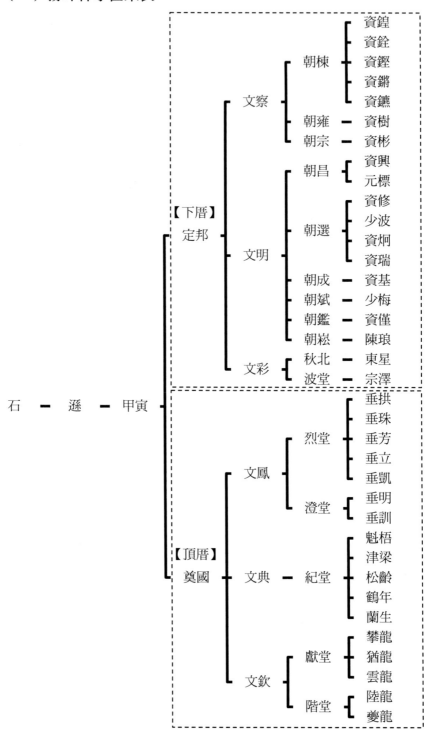

（三）高雄陳家世系表

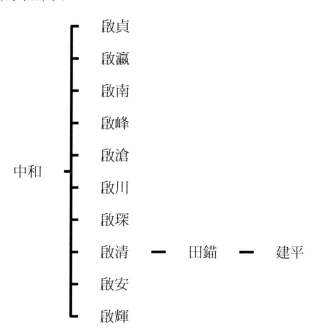

中和
- 啟貞
- 啟瀛
- 啟南
- 啟峰
- 啟滄
- 啟川
- 啟琛
- 啟清 ── 田錨 ── 建平
- 啟安
- 啟輝

（四）鹿港辜家世系表

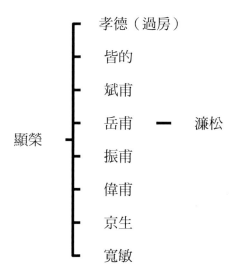

顯榮
- 孝德（過房）
- 皆的
- 斌甫
- 岳甫 ── 濂松
- 振甫
- 偉甫
- 京生
- 寬敏

（五）基隆顏家世系表

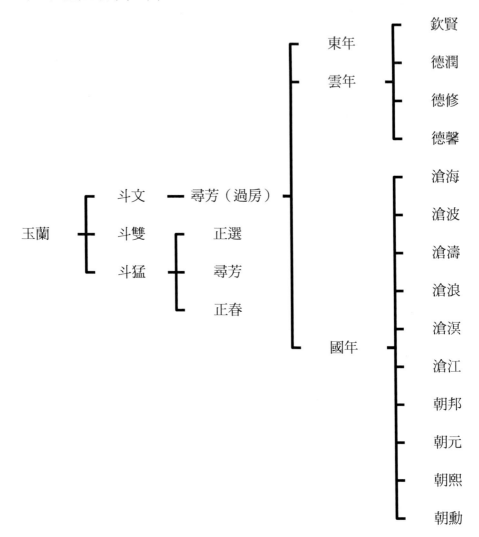

二、五大家族婚姻表〔註2〕

（一）板橋林家婚姻表

姓　名	配　偶	備　註
林平侯（1766～1844）	正室王勖帥（1767～1848）	優貢生王天台女
	姜黃氏（1802～1852）	
林國華（1803～1857）	姜鄭氏	維讓母
	姜鍾氏	維源母
林國芳（1820～1862）		
林維讓（1818～1878）		
林維源（1838～1905）	正室陳氏	
	姜黃進喜（等九人）	
林維德（？～1889）		
林爾昌（？～1881）		
林爾康（1865～1894）	陳芷芳	陳寶琛異母妹
	姜施氏	
林爾嘉（1875～1951）	龔雲環	晉江翰林龔顯曾之女
	四姨太蘭谷	
	五姨太蘭冠	
林祖壽（1895～1944）	蔡嬌霞	清水蔡蓮舫之女 霧峰林家姻親
	姨太太多人	
林柏壽（1895～1986）	陳瓊枝	臺南進士陳望曾女
	李金格	本省人
林松壽（1899～1938）	胡淑瑛	紹興府蕭山縣大官家之女
	玉瑛	上海人
	張妙瑛	上海人
林彭壽（1883～1917）		
林鶴壽（1884～1937）		
林嵩壽（1886～1934）	楊氏	福州南臺楊合春楊樸生侍讀之姪女公子

〔註2〕下表以以筆者所能見資料為本，並非毫無缺漏之完整之婚姻表，尚祈諒察。

林熊徵（1888～1946）	盛關頤	盛宣懷之女
	高賀智慧子	日籍
林熊祥（1896～1973）	陳師桓	福州陳寶琛女兒
	蕭翠紅	福州人
林熊光（1897～1974）	石原文子（～1978）	日籍牧師石原保太郎女
	姜銀子	日籍
林慕蘭	嚴琥（1897～1962）	福州嚴復之子
林慕安	沈成棟	福建沈葆楨之孫
林景仁（1892～1940）	張福英	印僑張煜南之女
林剛義（？～1914）	王臻英	神戶僑領王敬祥女
林鼎禮	孫慧英	福建都督孫道仁女
林崇智（1897～1996）	周竹英	道台周南女
林履信（1899～1954）	王寶英	王臻英妹妹
林克恭	高瑞英	法國人
林志寬	李麗英	法國人
林宗賢（1915～）		
林宗毅	劉秀英	劉明朝林雙彎女 霧峰林家姻親
林宗慎		板橋市長
林明成（1943～）	顏絢美	基隆顏家顏德修五女
林衡道（1915～1997）	杜淑純（1923～）	淡水杜聰明林雙隨之女 霧峰林家姻親
林蒨	嚴僑（1920～1974）	福州嚴家嚴琥之女
林紅薇	吳鴻裕	
林紅芸		越南華僑

（二）霧峰林家婚姻表

1. 一至五世婚姻表

姓　名	配　偶	備　註
林石（1729～1788）	陳益娘（1743～1826）	
林遜（1762～1782）	黃端娘（1762～1835）	黃氏之父為鹿港海防同知書辦
林甲寅（1782～1838）	董悅娘（1791～1861）	

林定邦（1808～1850）	戴蔥娘（1808～1883）	
林奠國（1814～1880）	正室賴貴娘（1812～1871）	
	繼室羅蕉娘（1832～1921）	
	妾廖梅娘（1829～1899）	
林文察（1828～1864）	正室曾琴娘（1833～1874）	
	妾許富娘（1844～1899）	
	妾何春娘（1842～1863）	
	妾孫賽金（1843～1867）	
	妾吳含笑（？～1899）	
林文明（1833～1870）	賴錫娘（1835～1885）	
林文彩（1848～1881）	游周娘（1849～1879）	
林文鳳（1840～1882）	正室陳勤娘（1843～1870）	
	妾莊彩鶴（1853～1889）	
	妾曾雍娘（1851～1919）	霧峰曾家
林文典（1852～1877）	正室邱彩藻（1848～1910）	邱彩藻為邑孝廉維南先生之長女，邱維南當即郵位南，道光二十三年（1843）中舉
	妾張棠娘（1859～1929）	
林文欽（1854～1899）	許鷥娘（1856～1913）	

2. 下厝六世婚姻表

姓　　名	配　　偶	備　　註
林朝棟（1851～1904）字蔭堂	正室楊水萍（1848～1930）	彰化楊家，楊吉臣姊
	妾胡治娘（1854～1895）	先娶進門的妾
	妾張素玉（1861～1894）	福州人
	妾吳梨花（？～1904）	
林朝雍（1962～1908）字熙堂	正室吳緞（1963～1884）	
	繼室吳降仙（1868～1913）	
	洪氏葵（1875～？）	
林輯堂（1864～1901）字輯堂	正室阮及（1868～1889）	
	繼室張玉如（1875～）	
	妾陳薄燕（1879～？）	

林朝昌（1853～1914） 字壽堂	正室陳燕（1851～1906）	
林朝選（1859～1909） 字紹堂	正室何智珠（1862～1891）	福州人
	繼室何德珠（1874～）	福州人，何智珠妹妹
林朝成 字繼堂	正室張素英	
林朝斌（1867～1906） 字沛堂	正室陳穗（1868～1890）	
	繼室謝閨（1883～1906）	
林朝鑑（？～？26歲） 字朴堂	正室陳西（？～？34歲）	
林朝崧（1875～1915） 字俊堂 號癡仙	正室謝端（1873～1913） 妾謝儞	

3. 頂厝六世婚姻表

姓　名	配　偶	備　註
林紀堂（1874～1922）	妻莊賽金（1874～1919）	霧峰林家西席
	妾陳岑（1875～1939）	彰化人其兄陳杰夫曾在棟軍服務，朝棟曾委以照顧在臺子弟
	妾許悅（1892～1990）	曾任林紀堂看護
林烈堂（1876～1947）	妻蔡珮琨（1877～1906）	清水蔡蓮舫的妹妹
	繼室陳甜（1889～1939）	
	妾張省（1877～1922）	妾先正妻娶進門
	妾何美（1897～？）	可能是從婢女收來的
林獻堂（1881～1956）	妻楊水心（1882～1957）	彰化楊晏然長女
林澄堂（1882～1929）	妻吳映雪（1884～？）	弟吳子瑜
	妾簡輕煙（1886～？）	北勢媽曾雍陪嫁
	妾賴麵（1902～1979）	
林階堂（1884～1954）	施金紗（1883～1945）	鹿港施瑞成
	陳榕紉（1899～？）	

4. 頂厝六世女婚姻表

父	姓　名	配　偶	備　註
林文鳳		員林賴紹堯（1871～1917）	櫟社創始人
林文鳳	林金盞	東勢丘樹甲（1873～1900）	
林文鳳	林金玉	鹿港施家施篤其	
林文鳳	林金葉	永靖陳家	
林文欽	林金鵬	三角仔呂琯星（1878～？）	1910 年入櫟社
林文鳳	林金良		蘇家
林文鳳		彰化楊子欽	
林文欽	林銀鬌	新竹李家	

5. 下厝七世婚姻表

姓　名	配　偶	備　註
林資鍠（1869～1884）	楊幼（1869～1895）	彰化楊春華女。
林資銓（1877～1940） 字仲衡	莊秋藥（1877～1916）	泉州望族
	妾陳類	
	妾王勸	
林資鏗（1878～1925） 字季商	楊嫦娥（1897～）	
	陳雪瑜	周百鍊的表姊
	郭玲瑜（蓮如）	福州人 林季商女林雙蘭、雙英的高中同學。
	李貞瑜	基隆人，買為妾
	嚴摘	北京人，買為妾
	李碧瑜	
林資鏴（1879～1898）	陳采采（1880～）	資鏴未婚而亡以神主牌娶進門
林資鑣（1880～？） 字瑞騰	莊榮榮（1880～）	莊秋藥妹妹
	妾洪浣翠	妾洪浣翠，原陳季良妻。
	妾曾紅杏	由婢收房
	妾黃綢娘	
	妾林瓊花	

林資樹(1900〜1974)字根生	楊雪娥（1900〜1933）	
	繼室翁梅子	
林資彬（1898〜1947）	正室楊秀（？〜1918）	楊水心妹妹
	繼室吳帖	彰化吳德功侄女
林資興（1886〜）	張柔軟（1883〜199）	
	賴束	
林元標（1896〜）	陳雀（1896〜）	
林資修(1880〜1939)字南強號幼春	正室莊能宜（〜1899）	鹿港莊士哲之女
	繼室賴書	
	姜王理	
	何查某	新港奶
林資堃（1888〜1931）	陳娟	
林資炯（？〜1940）	楊彩雪	
林資瑞（1906〜？）	程象	
林資基（1888〜1925）	張金蓮（1883〜）	
林資堂(1883〜1918)字少梅	周蕉（1883〜1936）	清水秀才之女
林資僅（幼亡）		
林陳琅（1914〜）	張完	
林東星		
林宗澤（1904〜）	廖招（1902〜）	

6. 下厝七世女婚姻表

父	姓　名	配偶	備　註
林朝棟	林蘭芬	吳蔭槐	艋舺生員
	林蘭芳	蔡少霞	清水蔡蓮舫家
	林蘭芝	王大貞	北京王家，國民黨員
	林蘭蕙	施雨卿	鹿港施家
	林月森（〜1920）	許地山	許南英子
林朝雍	林月規	楊天錫	清水楊家（楊肇嘉弟）
	林月瓊	吳景徽	吳克明次子京都醫科博士，雲林縣長。
林朝宗	林月波	蔡伯汾	清水蔡家
	林月環	吳上花	彰化吳家

林朝斌	林月嬌	呂敦禮	三角仔呂家
林朝崧	林綿紅	陳西庚	醫生
	林佩英	周氏	

7. 頂厝七世婚姻表

姓　名	配　偶	備　註
林垂拱（1897～）	陳瓊碧（1896～1921）	廣東陳望曾之女
	繼室陳瓊珍（1904～1930）	廣東陳望霖之女
	彭妙雲（1912～？）	服侍陳瓊珍婢女
林垂珠（1902～）	永島清子（1909～）	日媳
	日高玉子（1908～）	日媳
林垂芳（1914～）	劉秀霞（1914～）	臺南劉家
林垂立（1914～）	楊秀香	未婚而亡列入族譜
	登茂子	日籍
	泰江	日籍
林垂凱（1918～）	林秀麗	嘉義林寬敏女兒
林垂明（1905～1945）	呂雨	三角仔呂家
林垂訓（1925～）	鄭順娘（1928～）	新竹鄭家
林魁梧（1900～）	楊碧霞	清水楊肇嘉妹妹
林津梁（1907～1962）	呂婉如	三角仔呂家
林松齡（1910～1987）	神長倉敏子	日媳
	曾明珠	
林鶴年（1914～1994）	陳綺霞	臺中陳朔方醫生女
	明取信子	日本貴族名醫名取甚作女
林蘭生（～1932）		
林攀龍（1901～1983）	曾珠如（1915～）	霧峰曾家
林猶龍（1902～1955）	藤井愛子（1909～1941）	日媳
	豔秋	
林雲龍（1907～1959）	楊雪霞（1912～）	梧棲楊子培女
	姜林多惠（鈴木竹）	日籍
林陸龍（1905～1938）	楊素英	彰化楊子欽之女
林夔龍（1907～）	潮田樂子	日媳
	鄭美雲	

8. 頂厝七世女婚姻表

父	姓　名	配　偶	備　註
林烈堂	林月霞	張煥珪	大雅張家
	林碧霞	張天錫、羅萬俥	張煥珪堂弟
	林如嫻	陳瑚	洪浣翠與陳季良之子
	林如閨	張銀淮	后里
	林如容	謝仲逸	福州人
	林梨雲	那天祥	滿人
	林燕珍	孫鴻義	移民巴西、從商
林獻堂	林關關（1906～1996）	高天成（1904～1964）	台南高家，基督徒 醫生；東京台灣青年會社 會科學研究部
林澄堂	林自來	曾申甫	曾珠如之弟
	林織雲	李漢墩	台中縣議長李晨鐘子
	林湘雲	賴瑞雍	賴天生兒子

9. 下厝八世婚姻表

名	配　偶	備　註
林正熊	張瓊枝	大雅張家
林正傳（？～1976）	蔣岷生	福州牧師女
林正乾（阿淡、亞澹）	楊金釧	彰化楊家
林正元	秀麗	中國人
林正亨（1915～1950）	沈寶珠	印尼華僑
林正利	和子	日籍
林正添	未婚	
林正寬	在日亡	
林正信	高麗玉	
林少聰（1901～1966）	王克純	王大貞女兒；親上加親
林正澍	陳秀琳	中國人，1946 逝於上海
林正昌	陳換治	陳朝元女兒 陳朝元正室林月眉是林資修妹妹

林正雄（～1996）	張敏子	張錦燦與李德和長女
林正熊（幼亡）		
林培英（1907～）	施璇璣	林蘭蕙之女（朝棟女）
林太平（～1932）	許燉煌	
林逢源	婚藍炳妹	
林金闕	林王月	
林金生（1903～1975）	鍾俊英	
林金昆	蔡力秀（1909～1939）	
	張梅嬌	

10. 下厝八世女婚姻表

父	名	配　偶	備　註
林資銓	林雙隨（1901～1957）	杜聰明（1893～1986）	
	林雙彎（1903～？）	劉明朝（1895～1985）	新民會會員
林資鏗	林雙蘭	台南王姓的望族	
	林雙英		南洋華僑
	林雙吉	林天祥	印尼華僑
	林雙意	蔡漢基	蔡伯毅子
	林雙盼	魯明	
	林雙鳳	陸鵬飛	
	林雙昭		
林資鑣	林雙娟	蔡珍曜	清水蔡家
	林雙慶		清水蔡家
	林雙全	楊景山	彰化楊吉臣之孫
	林雙璧		
	林雙菱	陳培坡	
林資修	林雙桂	吳信瑜	新竹人，醫生
	林少櫻	軍人	
	林晚芳		

（三）高雄陳家婚姻表

姓　名	配　偶	備　註
陳中和（1853～1930）	吳榮困 孫款 劉玉	
陳啟貞（1883～？）		養子
陳啟瀛（？～1908）		
陳啟南（1888～1956）	周秀絨	
	黃錦瑟	
陳啟峰（1892～1984）	盧旦（1894～1973）	
	李金杯（1910～1971）	
陳啟滄（？～1908）		
陳啟川（1899～1993）	潘秀汝	
	王昌	
	黃雪	
	葉清金	
	周淑容	
陳啟琛（1901～1993）	熊野包子	歸化日本，居東京
陳啟清（1904～1989）	李開娥（1904～1929）	屏東萬目望族李南次女
	黃金川（1907～1990）	黃朝琴之妹，1930 婚 東京精華高等女學校
	李阿雪	
陳啟安（1908～1988）	王麗卿	
	洪滿	
陳啟輝（1914～）	鄭泌香	
	毛秀花	
陳梅（1895～？）	葉宗仁	旗後葉家
陳聘（1901～1996）	張仲護	哨船頭
陳英（1906～1996）	李開榮	李開娥同為李南子女
陳柳（1910～1991）	鄭宏成	新竹鄭家

（四）鹿港辜家婚姻表

姓　名	配　偶	備　註
辜顯榮（1866～1937）	陳笑	
辜皆的（？～1929）	池田君子	日籍
辜斌甫	楊詠詩	楊吉臣女
辜岳甫（1911～1937）	顏碧霞（1914～2000）	三峽顏家 臺北第三高女
辜振甫（1917～2005）	黃菖華	總督府評議員黃欣侄女 台南女子中學 東京美術學校家政科
	嚴倬雲	林熊徵甥女 上海聖約翰大學
辜偉甫（1918～1982）	後藤具味	日籍
辜京生（1920～）	賴淑容	
辜寬敏（1926～）	蔡國儀	上海聖約翰大學
	王美琇	
辜敦治	丁瑞彬	鹿港丁家日本明治大學
辜註治	陳贊（棧）治	鹿港陳家北京法政大學
辜津治	黃逢平	日本一橋大學
辜秀治	蕭成美	

（五）基隆顏家婚姻表

姓　名	配偶名	備　註
顏東年（1868～1920）	郭仁（1871～？）	
顏雲年（1874～1923）	柯玷（1878～1971）	童養媳
	藍眸（1888～1909）	歌妓
	穆匏（1892～1960）	
顏國年（1886～1937）	謝滿（1888～1956）	
	林寄市（1894～1968）	
顏木生（1891～1939）	吳色（1892～）	吳心婦長女 郭太夫人乞養於家
顏扁	周碧（1882～？）	瑞芳公學校訓導 雲泉商會庶務課長

顏欽賢（1901～1983）	郭美錦（1909～1981）	士林郭邦彥之女 父曾任辯務署通譯 第三高等女子學校
顏德潤（1905～1979）	藍錦綿（1909～1984）	藍高川庶女 臺北第三高等女子學校
顏德修（1907～1991）	許碧霞（1914～1984）	許丙長女 臺北第一高等女子學校
顏德馨（1919～）	蘇春江（1925～）	蘇嘉和，屏東望族 臺北第三高等女子學校
顏詩（1895～1918）	王青山	王月明：大稻埕李厝街人
顏善（1897～）	謝師熊	謝汝銓，台南秀才，瀛社第二任社長
顏領（1906～）		
顏媞（1912～）	陳逸松（1907～1999）	祖父陳輝 羅東望族，律師
顏嫆（1909～）	陳啟招	
顏真（1913～）	羅萬俥（1898～1963）	埔里，留美、留日。羅萬俥後與顏真離婚，再娶林碧霞。
顏滄海（1909～1978）	張女英（1914～）	張錦燦女 日本女子大學文科
顏滄波（1914～1994）	簡淡月（1916～）	簡郭洽，士林望族，醫生 東京女子高等師範學校
顏滄濤（1915～1995）	施素筠（1923～）	鹿港施家 東京女子高等師範兒童保育科
顏滄浪（1917～1943）	未婚過世	
顏滄溟（1920～）	林秀鸞（1925～1988）	林清造，基隆人，經商 基隆高等女子學校
顏滄江（1923～1943）	未婚過世	
顏朝邦（1918～1995）庶	王珍珍（1922～）	王祖派之四女 臺北第三高等女子學校
顏朝元（1922～）庶	蘇舜華（1927～1985）	蘇喬才次女 靜修女子高等中學校
顏朝熙（1924～）庶	蔡雪如（1924～1974）	蔡海定長女
	高柳氏禮子	駒澤大學

顏朝勳（1928～1971）庶	林瑞賢（1933～）	林冠世長女 高級中學
顏梅（1907～1993）	丁瑞鈇（1904～）	鹿港丁家 日本商科大學
顏碧霞（1912～）	魏火曜（1908～1995）	桃園魏家，瀛社 東京帝國大學醫科
顏碧秋（1914～）	劉青（清）和 （1914～1981）	臺南劉瑞山五子 柏林大學化學博士
顏碧仙（1928）	炳華	東山子，羅東望族 東京醫科大畢
顏麗珠（1912～）庶	雲霖	
顏淑貞（1926）庶	錦明	

三、五大家族教育任宦表〔註3〕

（一）板橋林家教育任宦表

姓名	教育	任宦
林平侯	從父學、貢生王天台學	柳州太守
林國華	延請呂西村師事之	
林國芳	延請呂西村師事之	恩賜舉人
林維讓	師事呂西村、廈門名士陳南金	候選知府三品道銜
林維源	師事廈門名士陳南金	太常寺少卿
林維德		
林爾昌	師事謝琯樵、楊士芳 年十七，遊於庠	
林爾康	師事謝琯樵、楊士芳	
林爾嘉	師事舉人王蘭生	侍郎銜賞二品頂戴 捐知府銜 四品京堂 民國國會議員 段祺瑞執政時，聘為華僑會總裁
林祖壽	10歲入晉江孝廉宋雲五先生門	臺北州州協議會會員

〔註3〕下表以以筆者所能見資料為本，並非毫無缺漏之完整之教育仕宦表，尚祈諒
　　　　察。

林柏壽	1910 日本東京修習經濟學 1914 中國修習漢學、英語 1924 倫敦大學經濟學 1926 法國巴黎修習法律	
林松壽	林松壽就讀學習院中學部	北京政府交通署署長
林彭壽	年二十，赴龍溪縣學試，以限例被摒	
林鶴壽	有譽庠序間	
林嵩壽	年十七，遊於庠；	
林熊徵	光緒 32 年，應龍溪縣學試，不獲售。	臺北廳庶務課參事 大稻埕區長 臺北州協議會員 臺灣總督府評議會員
林熊祥	1899～1906 書房教育 幼從太傅（舅、岳父）陳寶琛（進士）學 姑丈鄭帆星（舉人）陳觀泉、陳樵琴、 1906 臺北太平公學校校長室學日語 3 年 1917 日本東京皇家學習院中學科、高等科（哲學）	臺灣總督府評議會員
林熊光	1906 臺北太平公學校校長室學日語 皇家學習院 東京國大學經濟學部商科	臺北州州協議會會員 臺灣總督府評議會員
林景仁	母龔太夫人督課 聘外國人當家教，英文很好	
林剛義	神戶高等工業學校	
林鼎禮	師事南安名儒吳桂生（進士） 劍橋大學經濟科	
林崇智	師事吳增，時為釋經疏。立能鑒通。 日本東京皇家學習院 日本東京帝大理學部植物學科	
林履信	日本東京皇家學習院 日本東京帝大文學部社會學科	

林克恭	劍橋大學法科後專政美術	
林志寬	劍橋大學法科	
林宗賢	京都帝國大學法學部	板橋街敕任街長 板橋鎮長 國民參政員
林宗毅	臺北帝國大學醫學部及文學部	
林衡道	臺北樺山小學 日本成城小學 成城高等學校 日本東北帝國大學法文學部經濟學科	

（二）霧峰林家教育任宦表

姓名	教育	任宦
林紹堂		欽加五品御廣東候補道 臺中縣參事 霧峰區街庄長
林朝崧	邑庠生嗣食餼	
林秋北	邑庠生	
林幼春	從林克宏、王君右學讀經史 梁子嘉學詩 1903年赴中國遊學	霧峰區區長
林紀堂		霧峰區街庄長
林烈堂		臺中廳稅務課參事 臺中市協議會員 臺中州州協議會員
林獻堂	師事何趨庭，接受啟蒙教育 1897家塾老師白煥圃傳授經史	臺中廳霧峰區區長 臺中廳庶務課參事 臺中州州協議會員 臺灣總督府評議會評議員 省參議員 國民參政員
林澄堂		霧峰區區長 霧峰庄庄長
林階堂	漢學	霧峰庄庄長

林垂拱	日本慶應義塾大學	
林垂珠	日本明治大學	
林垂芳	日本早稻田大學	
林垂立	日本明治大學商科	
林垂凱	日本早稻田 音樂大學	
林垂明	日本接受小學、中學教育	
林垂訓	蔡旨禪學漢學詩文 5 年 霧峰公學校 1939 臺中中學 1944 臺中高等農林	霧峰鄉長
林魁梧	日本誠之小學 日本中學	
林津梁	日本小學 日本中學	
林松齡		
林鶴年	何趨庭為啟蒙老師 櫟社竹山學習詩詞、楹聯及文章 霧峰公學校 台中一中 日本東洋音樂大學	臺中縣縣長
林蘭生	蔡旨禪學漢學詩文 5 年 林竹山為漢文老師	
林攀龍	小日向尋常小學校 高等師範附屬中學 第五高等學校 東京帝國大學法學部政治科 英國牛津大學念文、哲、神學 法國索爾本大學選修 德國慕尼黑大學學德文	
林猶龍	小日向臺町尋常小學校 東京高師附屬中學校 東京商科大學豫科 日本東京商科大學	霧峰庄庄長 臺中州州會議員

林雲龍	東京青柳尋常小學校 東京聖學院中學 法政大學豫科法學部政治科	霧峰庄庄長 臺灣省臨時省議會第一屆議員
林陸龍	日本慶應大學	
林夔龍	日本中央大學	霧峰區區長
林自來	插班霧峰公學校 1935 臺南長老教女學校 1937 入東京（岩佐四年制女學校） 1939 婚	
林湘雲	霧峰公學校 1937 台南長老教女學校 1939 往東京 1940 大江女學院歸臺	
林織雲	霧峰公學校 台南長老教女學校	
林關關	東京礫川小學校 淑德高等女學校 長榮女中 東京女子大學肄業	
林陳琅	淡水中學	
林正熊 林少密	上海聖約瀚先修班 福州十三中學	林季商長子 台灣省黨部委員
林正傳	福州十三中學 北平中國大學法科	
林正元	軍事學校	抗日在江西任連長
林正亨	美術專科學校 南京中央陸軍軍官學校	
林正利	京都大學 應慶大學	
林正霖 林少聰	7 歲上海讀書 上海聖約翰大學理科 （與嚴家淦同學）	
林正需 林沂水	在臺北就讀中學 後入軍隊	

林正雄	赴日求學 慶應預科	
林正方	台中一中	
林正熊	福州公學校	林幼春長子，幼亡
林培英	福州公學校 上海大夏大學文科 東京早稻田大學政治經濟科	
林太平	大夏大學文科	
林逢源	臺南長老教中學 東京法政大學經濟科（肄業）	
林長洪	台中一中	
林遠志	淡水中學	
林正魁 林物華	中國受教育	
林金闕	臺灣受教育	
林鎮山	中國受教育	
林正賢	中國受教育	
林漢忠	日本同志社大學法學部經濟科	
林金生 林家驤	台南長榮中學 大夏大學文科	
林文寶		林少波孫，林金闕子，霧峰鄉長
林雙隨	東京富士見小學校幼稚園 穩原子學校 青山女學院	
林雙彎	北一女第一位臺籍畢業生	
林雙蘭	集美中學	
林雙英	集美中學	
林雙吉	集美中學 香港聖保羅學校 山東齊魯大學、金陵女大	
林雙意	在黃子坑向陳槐庭學漢文	
林雙盼	在黃子坑向陳槐庭學漢文 重慶暨南大學	
林雙鳳		

林雙昭	台南長老教高女	
林雙娟	留日	
林雙慶		
林雙全	在黃子坑向陳槐庭學漢文	
林雙璧	在黃子坑向陳槐庭學漢文	
林雙鼷	在黃子坑向陳槐庭學漢文	
林雙安	在黃子坑向陳槐庭學漢文	
林雙桂	淡水女學畢業	
林淑媛	上海留學	

（三）高雄陳家教育任宦表

姓名	教　育	任　宦
陳中和		高雄州第一屆州協議會員
陳啟貞	漢學 廈門同文書院 慶應義塾中學	臺南廳庶務課參事 高雄州州協議會員 臺灣總督府評議會會員
陳啟南	打狗公學校 慶應義塾普通部	
陳啟峰	苓雅公學校 慶應義塾大學商科畢	高雄州高雄市協議會員 高雄州州協議會員 高雄州州會議員
陳啟川	苓雅公學校 慶應義塾商工部預科 香港大學	高雄州高雄市協議會員 高雄市長
陳啟琛	幼年即赴日 全程在慶應受教育，歸化日本	高雄州高雄市會議員 高雄州高雄市參事會員。
陳啟清	苓雅寮公學校 慶應義塾中普通部 明治大學	日政府任命為第一屆高雄市會議 員，兼苓雅寮區長 高雄市參議員 全省及全國商聯會理事長 制憲國民大會代表 臺灣省政府委員 第一商業銀行董事長等要職

陳啟安	慶應義塾 法政大學	
陳啟輝	法政大學專科畢或慶應大學畢	
陳田錨		高雄市省轄市市議員 高雄市省轄市市議長 高雄市直轄市市議員 高雄市直轄市市議長 總統府資政
陳建平		法委員 大眾曾銀行之董事長

（四）鹿港辜家教育任宦表

姓名	學歷	任宦
辜顯榮	師事清朝進士黃玉書，習讀漢學	臺中縣鹿港辦務署參事 臺中廳庶務課參事 臺中州州協議會員州協議會員 臺灣總督府評議會評議會員； 貴族院議員，其位階中以「貴族院議員」為最高，
辜皆的	1894 兄辜忠死亡，繼承戶長	
辜斌甫	1928 斌甫分家、皆的分戶	
辜岳甫	台中一中 早稻田大學	
辜振甫	台北太平公學校 樺山小學校 台北高等學校尋常科、高等科 台北帝國大學文政學部政學科	
辜偉甫	台中一中 臺北帝國大學農林專門部	
辜京生		
辜寬敏	國立台灣大學政治學系肄業	
辜津治	臺中高等女學校	

（五）基隆顏家教育任宦表

姓名	教　育	任　宦
顏尋芳		
顏正春		水返腳辨務署石碇堡第十二區庄長 水返腳辨務署第八區街庄長 基隆辨務署第二十一區街庄長 臺北廳鰈魚坑區區長
顏雲年	漢學	臺北廳庶務課參事 臺北廳瑞芳區區長 臺北州州協議會員 臺灣總督府評議會
顏國年	漢學	臺北州州協議會員 臺灣總督府評議會評議會員
顏欽賢	瑞芳公學校 基隆公學校 日本群馬縣高崎中學 東京市礫訓小學校（臺灣官紳年鑑） 群馬縣立中學校 京都立命館大學經濟科	臺北州基隆市協議會員 臺北州州會議員 基隆市議會參議員 臺灣省參議會第一屆參議員 制憲國大代表 臺灣省政府委員 增補選國民大會代表
顏德潤 芳川德潤	1914 年到日本 東都小學 東都中學 立命館大學法科	基隆市議會參議員
顏德修	東都小學 東都中學 立命館大學法經學部經濟科	
顏德馨	明治大學政治經濟學部	
顏滄海 立川滄海	基隆公學校並受漢學二年 日本湯島小學 東京第五中學 臺北一中 慶應義塾大學法學部經濟系學士	臺北州基隆市會議員
顏滄波	臺北帝國大學理學部地質系	

顏滄濤	臺北帝國大學理學部農化系	
顏滄浪	臺北高等學校 東京帝國大學法科 日本高等文官考試外交官及格	
顏滄溟	基隆中學校 明治大學商學部	
顏滄江	基隆中學校 明治大學商科	
顏朝邦	日本東京工業大學電氣工學科	
顏朝元	自幼留日 明治大學政治經濟學部	
顏朝熙	自幼留日 明治大學商學部	
顏朝勳	私立大同高級中學	
顏梅	基隆公學校 11 歲赴日就讀礫川小學校 東京府立第一高女 因關東地震回臺轉學臺北第一高女 東京女子高等師範學校（現御茶水女子大學）文科（日文系）畢 基女教日文	
顏碧霞	基隆高女、日本女子大學文科	
顏碧秋	雙葉小學校、日本女子大學	
顏碧仙	雙葉小學校 台北女子專科學校